T0126633

CLASSIQUES JAUNES

Économies

Pour une socioéconomie engagée

Pour une socioéconomie engagée

Monnaie, finance et alternatives

Sous la direction de Farinet

PARIS
CLASSIQUES GARNIER
2021

Farinet est le pseudonyme utilisé par les éditeurs de cet ouvrage (Jérôme Blanc, Isabelle Guérin, Isabelle Hillenkamp, Solène Morvant-Roux et Hadrien Saiag). Cette référence à Farinet, faux-monnayeur valaisan des années 1870, est un clin d'œil à Jean-Michel Servet : tous deux Savoyards se moquant des frontières, tous deux versés dans la monnaie – de manière assez différente certes.

Couverture :
© farinet.org

ISBN 978-2-406-09970-3 (livre broché)
ISSN 2417-6400

PRÉAMBULE

Farinet est le pseudonyme utilisé par les éditeurs de cet ouvrage.

Jérôme Blanc : Sciences Po Lyon ; Unité mixte de recherche (UMR) Triangle,

Isabelle Guérin : Institut de recherche pour le développement (IRD) ; UMR du Centre d'études en sciences sociales sur les mondes africains, américains et asiatiques (CESSMA, UMR 245, IRD, Sorbonne Paris Cité),

Isabelle Hillenkamp : Institut de recherche pour le développement (IRD) ; UMR du Centre d'études en sciences sociales sur les mondes africains, américains et asiatiques (CESSMA, UMR 245, IRD, Sorbonne Paris Cité),

Solène Morvant-Roux : Université de Genève, Faculté des Sciences de la Société, Institut de démographie et de socioéconomie (IDESO),

Hadrien Saiag : Centre national de la recherche scientifique (CNRS) ; Institut interdisciplinaire d'anthropologie du contemporain – Laboratoire d'anthropologie des institutions et des organisations sociales (IIAC-LAIOS).

Les auteurs dont les textes sont rassemblés dans ce livre sont des collègues de travail et d'anciens doctorants qui ont côtoyé Jean-Michel Servet au cours de son parcours, de l'université Lumière Lyon 2, où il a été formé et où il a démarré sa carrière d'enseignant-chercheur, à l'Institut des hautes études internationales et du développement (IHEID) à Genève, en passant par l'Institut français de Pondichéry (IFP) et l'Institut universitaire d'études du développement (IUED). Ce livre collectif ne constitue pas des *mélanges* au sens classique du terme car, au-delà de l'hommage, il se veut une mise en débat et un prolongement d'un travail toujours en cours.

INTRODUCTION –
POUR UNE SOCIOÉCONOMIE ENGAGÉE

Monnaie, finance et alternatives

Farinet

Ce livre propose d'engager un dialogue sur les principaux concepts et objets de recherche abordés et développés par Jean-Michel Servet (JMS)[1], principalement à travers sa contribution à une socioéconomie de la monnaie, de la finance et des alternatives. Des monnaies primitives à la microfinance, au Nord et au Sud, et à la critique de la financiarisation contemporaine, du passage à l'euro des populations en situation de précarité aux systèmes d'échange local et à l'économie solidaire, ses multiples objets de recherche s'articulent autour de questions telles que le lien social et l'exclusion, la lutte contre les inégalités, la solidarité et le partage, les alternatives démocratiques et les voies de sortie à la crise. Il les aborde par une démarche singulière qui intègre l'histoire de la pensée économique, la recherche de terrain dans de nombreux pays, et le dialogue transdisciplinaire avec des courants de pensée en anthropologie économique, sociologie économique et économie politique, notamment. Centrés sur les pratiques monétaires et financières et attentifs aux institutions, à la nature des rapports sociaux autant qu'aux initiatives et à leur potentiel démocratique, ses travaux se veulent une contribution à une socioéconomie engagée au service d'une réflexion sur de nombreux enjeux globaux contemporains.

Un premier texte de Pierre Dockès, qui a été son directeur de thèse, retrace le parcours intellectuel de JMS en l'associant à la socioéconomie,

---

[1] Le nom de Jean-Michel Servet va nécessairement apparaître à de très nombreuses reprises tout au long de cet ouvrage. Cette multiplicité d'occurrences justifie d'utiliser à son endroit une forme abrégée, certes peu élégante mais commode (JMS).

élargissement de ses premières amours en anthropologie économique. Les chapitres de ce livre sont ensuite organisés autour de trois parties : il s'agit d'abord d'évoquer et de discuter certains aspects de ses travaux sur la monnaie ; de se concentrer ensuite sur les dimensions financières ; d'aborder enfin la question des alternatives démocratiques permises grâce à la contestation par l'économie solidaire de la dualité classique État/marché. Le texte d'André Tiran, dont il a été le directeur de thèse, clôt cet ouvrage en abordant un aspect important de ses travaux : l'ancrage de sa réflexion dans la lecture des textes fondateurs l'a conduit à s'engager sur le chemin riche, long et exigeant de la traduction de textes écrits par d'autres. Dans cette introduction, on présente successivement le cadre de chacune des trois parties de l'ouvrage.

LA MONNAIE :
DES COUPURES ET DES LIENS (PREMIÈRE PARTIE)

Plus d'une décennie durant, depuis les années de sa formation intellectuelle à l'université Lumière Lyon 2 avec la rédaction de son mémoire de diplôme d'études supérieures (DES, 1974) à la soutenance de sa thèse de troisième cycle (1977) puis de son doctorat d'État (1981) et à la publication de *Nomismata* (1984), les premiers travaux de JMS se sont concentrés sur les questions monétaires, en les abordant d'emblée d'une façon originale, qui le mettait en porte-à-faux avec les travaux de ses pairs économistes : en articulant un travail de terrain, « exotique » qui plus est (en Basse-Casamance) et méthodologiquement ancré dans l'anthropologie économique, et un travail d'histoire de la pensée s'intéressant aux origines de l'économie politique. Déjà à cette époque le terrain comme l'histoire de la pensée n'étaient pas les meilleures des voies pour réussir dans une carrière d'économiste universitaire ; ils marquaient la profonde originalité du parcours dans lequel s'engageait Jean-Michel et son refus des sentiers battus.

L'ANTHROPOLOGIE ET L'HISTOIRE
CONTRE LA FABLE DU TROC

De toutes les idées reçues des économistes qu'il n'a cessé de contester, le troc a probablement été sa première cible. Il en a combattu le mythe à partir de plusieurs types de réflexions et selon des méthodes différentes.

L'idée selon laquelle la monnaie est l'invention humaine qui résulte des nécessités du marché face aux inconvénients du troc peut, tout d'abord, être datée historiquement et intellectuellement. JMS situe son émergence sur une petite dizaine d'années, autour de textes de Turgot, Smith, Steuart et Beccaria, entre 1767 et 1776[2]. Révéler l'origine de ce récit ainsi que son utilité première, qui est de penser la monnaie sans l'État, permet de le dénaturaliser et d'en discuter la pertinence.

Ce rapport à l'histoire a toujours hanté JMS par la suite. Spécialement sous la forme de l'histoire des idées, à laquelle il n'a jamais cessé de prendre part, même si la période de forte activité dans ce champ court surtout jusqu'au début des années 2000. Dans cet esprit, il a notamment dirigé et participé à l'édition et à la traduction de plusieurs textes monétaires, depuis des textes médiévaux jusqu'à des écrits de David Ricardo[3]. Sa contribution à l'édition des œuvres complètes d'Auguste et Léon Walras, ce projet fondateur au cœur de la création du Centre du même nom en 1984, n'a cependant pas porté sur les questions monétaires. Son rapport ultérieur à l'histoire des idées s'est détaché du travail éditorial, et a davantage été marqué par la nécessité de lire et relire des textes d'auteurs majeurs, au premier rang desquels Karl Polanyi[4], en vue de penser lui-même l'organisation plurielle de la production, de l'échange, du financement et de la consommation – expression qu'il aime substituer au mot « économie », comme on ouvre une boîte noire. Si certains de ses textes d'histoire de la pensée poussent loin l'investigation de détail, c'est moins par goût de l'érudition que dans un souci de précision nécessaire pour dévoiler la signification de discours que des décennies et parfois des siècles d'exégèse ont pu obscurcir : ainsi peut-on lire son travail sur Malestroit par exemple[5].

---

2 Servet (2001), p. 23 ; voir aussi Servet (1977, 1979b).
3 Successivement, trois textes médiévaux publiés sous la direction de Claude Dupuy en 1989 (Nicole Oresme, Jean Buridan, Bartole de Sassoferrato), certains écrits monétaires de David Ricardo traduits sous la direction de Bernard Courbis et Jean-Michel Servet en 1991 ainsi qu'un texte de Thomas Mun publié en 1994 dans le numéro 22 des *Cahiers Monnaie et Financement*. Il faut ajouter le projet inachevé de traduction de la *Staatliche Theorie des Geldes* de Georg Friedrich Knapp, engagé par Annie Jeoffre dans la seconde moitié des années 1980.
4 Voir notamment Servet (1993, 1998c).
5 Voir notamment Servet (1985a). Cet article, publié dans les *Cahiers Monnaie et Financement*, dont il a été directeur de publication, fait partie d'un numéro où se trouvent pêle-mêle

JMS a aussi été hanté par l'histoire des pratiques, monétaires et financières en premier lieu, traitant par exemple de l'origine des pièces en Grèce ancienne ou des pratiques financières en Égypte et Mésopotamie antiques[6]... Au-delà de la monnaie et de la finance, l'étude des pratiques est un réservoir inépuisable de réflexions, comme le sont par exemple celles des corporations[7]. Mais l'étude des pratiques dans l'histoire n'est jamais que la déclinaison historique d'une socioéconomie des pratiques monétaires et financières, qui peut s'exercer sur tous types de contextes et de sociétés : pour ce qui concerne la monnaie, cela va des pratiques en Casamance à l'euro en projet, en passant par les systèmes d'échange local en France[8]. C'est que les pratiques importent plus que tout, qu'elles soient anciennes ou actuelles, d'ici ou d'ailleurs : c'est à partir d'elles, et de cadres théoriques compréhensifs, qu'il est possible de rendre intelligible la variété des organisations possibles de la production, de l'échange, du financement et de la consommation, et qu'il est possible, sur cette base, de contester à la fois la naturalité, l'efficacité et le caractère supposé émancipateur du marché. C'est pourquoi le travail de Jean-Michel Servet a souvent consisté à aller voir ailleurs (ici autrefois, ailleurs aujourd'hui, ailleurs autrefois), pour ensuite revenir et porter alors la critique au cœur de la modernité occidentale, *hic et nunc*.

L'un de ses premiers faits d'armes a donc consisté à déconstruire la « fable du troc ». Celle-ci a des effets très profonds, puisqu'elle façonne le regard couramment porté sur les pratiques monétaires et d'échange « exotiques », c'est-à-dire différentes de la modernité occidentale. Déconstruire cette fable suppose de recourir à l'histoire et à l'anthropologie, qui toutes deux « [...] éclairent les racines des conditions actuelles des fonctions de paiement, de compte et de réserve » – selon une formulation fonctionnaliste qu'il critiquera lui-même plus tard[9]. L'origine des pièces en Occident a ainsi été interrogée sous l'angle de

---

des textes d'histoire monétaire (Jean-Louis Corriéras, Claude Dupuy et Bernard Courbis) et d'histoire de la pensée monétaire (Thierry Vissol et Jean-Michel Servet), de la période médiévale à l'avénement de l'Europe moderne ; et un texte sur les « monnaies traditionnelles du pays Sara, sud du Tchad » écrit par Josette Rivallain : un condensé des méthodes mobilisées alors par Jean-Michel pour éclairer un même phénomène.

6   Respectivement, et sans exhaustivité, Servet (1982, 1984).

7   Servet (2015b).

8   Respectivement, Servet (1978a, 1998a, 1999a).

9   Servet (1984), p. 169 pour la citation ; et Servet (2012b) pour l'autocritique de son fonctionnalisme des débuts.

ses déterminants, dans *Nomismata*[10]. L'origine commerciale n'est pas avérée ; comme l'explication fiscale aussi bien que culturelle semblent elles aussi insuffisantes, la monnaie est alors renvoyée à un phénomène politique ou, pour le formuler comme Mauss, à un « fait social total » : « Dans la mesure où le fondement politique des cités canalise et assimile les autres dimensions de ces sociétés, cette hypothèse [politique] est compatible tant avec des usages cultuels ou financiers que commerciaux des pièces. L'usage des pièces est en Grèce un *fait social total*[11]. »

Quant à l'anthropologie, elle a été mobilisée et pratiquée autour d'une question fondamentale, sur laquelle bien des années plus tard JMS a été conduit à revenir, dans *Les monnaies du lien* (qui renouait sous forme d'autocritique et de prolongement avec les travaux de ses débuts, en publiant aux Presses universitaires de Lyon un livre reprenant des travaux lyonnais au tournant des années 1980)[12] : le présent de sociétés sans État[13] ou les pratiques héritées de telles sociétés informent-ils sur le passé des sociétés occidentales et de l'humanité tout entière ? Si les échanges ne sont pas réalisés au moyen d'instruments similaires aux nôtres (dans la forme et dans les fonctions), qu'est-ce donc, si ce n'est pas du troc ? Plus largement, que nous dit sur l'essence de la monnaie ce que l'on observe d'étonnant dans des pratiques exotiques – comme par exemple ces échanges à volume égal chez les Diola de Basse-Casamance où l'on séparait le riz, élément central de la culture diola, des pièces et billets considérés comme d'une culture étrangère, *via* l'intermédiation de l'arachide[14] ? Il y a, dans la démarche adoptée par JMS, cette recherche de l'archaïsme, défini par lui non pas comme « un vestige mais un fondement essentiel commun à l'ensemble des sociétés humaines ». Ce qui l'intéresse n'est pas la survivance (« un résidu qui aurait été préservé par suite d'une sorte de miracle ») mais « des propriétés communes au fait monétaire en général [et] certaines dimensions cachées de nos monnaies[15] ».

---

10 Servet (1984).
11 Servet (1984), p. 112.
12 Servet (2012b).
13 Qu'on les appelle sociétés « traditionnelles » ou sociétés « primitives », ou encore « sauvages » comme, note-t-il avec regret, Pierre Dockès et lui ont intitulé l'un de leurs travaux communs en 1980 : Dockès et Servet (1980), évoqué dans Servet (2012b), p. 11.
14 Voir Servet (1978a).
15 Servet (2012b), p. 21.

L'ESSENCE DE LA MONNAIE ET LE BIAIS CATALLACTIQUE

À une époque où les travaux de Polanyi distinguant « *all purpose money* » et « *special purpose money* » ne sont pas encore bien connus en France, JMS pose le concept de *paléomonnaie* pour qualifier des objets à la fois proches et distants de la monnaie telle qu'on la connaît : ces monnaies sont « unies entre elles par l'affinité de leurs fonctions et avec nos formes et pratiques monétaires par leur devenir potentiel » ; l'expression « paléomonnaie » « marque l'antériorité historique – de notre point de vue logique – entre les unes [les monnaies dites primitives] et les autres [nos formes monétaires] tout en exprimant une différence[16] ». Différence et unité peuvent se rapprocher de l'articulation *all purpose / special purpose money*. L'analyse des paléomonnaies le conduit à raisonner sur l'existence de sphères d'échanges cloisonnées, dans la foulée de Karl Polanyi ou Paul Bohannan, remettant en cause le postulat économiste de fongibilité de la monnaie[17].

À ce stade toutefois, l'approche servétienne de la monnaie souffre de deux limites qui seront bientôt levées : d'une part, une visée évolutionniste, sur laquelle il reviendra sous forme d'autocritique dans *Les monnaies du lien*, cet ouvrage intrigant composé de parties « opposées et complémentaires » ; d'autre part, un travail relatif à l'univers des paléomonnaies qui ne formule pas de critique fondamentale sur la monnaie des sociétés modernes, et que les travaux ultérieurs portant sur les SEL (systèmes d'échange local), puis l'euro et enfin la pensée des communs déplaceront vers cette dernière – mais la critique aura d'abord été dirigée vers les dimensions financières[18].

Le regard porté sur l'autre, cet étranger, l'interprétation biaisée des pratiques de l'autre et les effets de cette interprétation ont été des interrogations chroniques et profondes de JMS. En témoignent ses textes sur les « figures du troc du XVIe au XIXe siècle », sur la « rencontre des imaginaires monétaires » et les processus de « démonétarisation et remonétarisation » en Afrique[19]. C'est dans ce cadre qu'il s'est intéressé aux travaux de l'ethno-archéologue africaniste Josette Rivallain[20], autour des

---

16   Servet (2012b), p. 94 et p. 9, respectivement.
17   Polanyi (1957/1975b) et Bohannan (1959).
18   Respectivement Servet (2012b, 1998a, 1999a, 2017).
19   Respectivement, Servet (1977, 1992, 1998b).
20   Rivallain (1994a), ouvrage présenté par un court texte de Jean-Michel Servet.

récits de voyageurs en Afrique portant sur les échanges et les pratiques monétaires, du XVᵉ au XIXᵉ siècle. Dans ce volume, Josette Rivallain revient sur certains aspects des pratiques monétaires africaines confrontées à la poussée coloniale de l'Occident, où la rencontre d'imaginaires et de formes monétaires très différentes, dans un contexte où la volonté de contrôle des Occidentaux qui passe par l'imposition de nouvelles pratiques et de règles, engendre des transformations douloureuses. La monnaie apparaît comme « une entité bien vivante ».

Dans les années 1990, le parcours intellectuel de JMS le conduit à rejoindre un groupe d'économistes, anthropologues, historiens et psychologues réuni par Jean-Marie Thiveaud pour un cycle de séminaires intitulé « Souveraineté, légitimité, confiance », soutenu par la Caisse des dépôts et consignations, et qui débouchera sur *La monnaie souveraine*[21]. Il s'agit d'un moment clé de convergence de travaux d'économistes qui jusqu'ici avaient été développés séparément tout en émergeant à peu près à la même époque : ceux de Carlo Benetti et Jean Cartelier, de Michel Aglietta et André Orléan, de Marie-Thérèse Boyer-Xambeu, Ghislain Deleplace et Lucien Gillard[22]. La période de travail collectif qui s'engage autour d'Aglietta et Orléan aboutit à la publication de l'ouvrage collectif *La monnaie souveraine* dont l'introduction constitue un jalon majeur de l'institutionnalisme monétaire francophone[23]. La confiance, thème travaillé précédemment dans un autre projet de JMS, interdisciplinaire également[24], aboutit ici à une formulation canonique lorsqu'elle est appliquée à la monnaie, autour du triptyque confiance méthodique, confiance hiérarchique, confiance éthique. Curieusement, ce moment de convergence intellectuelle autour de la monnaie d'un groupe interdisciplinaire (mobilisé cependant par des économistes cherchant à conceptualiser et théoriser) se produit alors que les travaux de JMS prennent une double inflexion, entre le milieu des années 1990 et le début des années 2010 : celle des pratiques financières (voir la deuxième partie de cet ouvrage) et d'une socioéconomie plus engagée où sont travaillés la méthode et les outils, principalement polanyiens (voir la

21   Aglietta et Orléan (1998).
22   Benetti et Cartelier (1980), Aglietta et Orléan (1982), Boyer-Xambeu, Deleplace et Gillard (1986). – Voir l'introduction d'une anthologie de textes sur l'institutionnalisme monétaire francophone composée par Alary, Blanc, Desmedt, Théret (2016).
23   Aglietta et Orléan (1998).
24   Bernoux et Servet (1997).

troisième partie de cet ouvrage). Les questions proprement monétaires sont mises en veilleuse, mais les avancées que réalise JMS par ailleurs les travaillent souterrainement.

Il en résulte, au tournant de 2010, un retour progressif à la monnaie, alimenté par un regard rétrospectif jeté sur ses premiers travaux, une autocritique sur l'évolutionnisme et la catallactique supposés de leur orientation ainsi que des travaux du groupe interdisciplinaire précédemment cité, et l'introduction de nouvelles problématiques liées aux communs et au partage. Le regard rétrospectif critique se traduit par la publication des *Monnaies du lien* déjà cité. Il formalise alors cette ambivalence de la monnaie, qui est d'être à la fois vecteur par essence du lien social, et opérateur, par le paiement, de sa coupure. La monnaie est donc en réalité une « impossible coupure » :

> Nous vivons, par la façon dont est compris parmi nous le paiement, avec l'illusion que la remise contractuelle d'une contrepartie, pensée comme contre-valeur, est à un niveau micro-relationnel ce qui peut nous rendre quitte et autonome de façon générale. On croit pouvoir ainsi ne pas dépendre des autres, alors que tout paiement est un moment dans une chaîne sans fin de relations que l'interdépendance mécanique des marchés réalise à l'insu même de ceux qui échangent. (Servet, 2012b, p. 361.)

Dans cet ouvrage, Jérôme Blanc interroge notamment la signification de cette « liberté frappée », terme dostoïevskien, au travers de la figure double, historique et romanesque, de Farinet, faux-monnayeur valaisan des années 1870.

Quant à la catallactique, la critique servétienne s'alimente des travaux d'Annette Weiner[25]. Celle-ci établit un parallèle, si ce n'est une filiation, entre les mécanismes autorégulateurs du marché dans le libéralisme classique à la Smith, et ceux de la réciprocité dans l'anthropologie selon Malinowski et Mauss. Or JMS insiste à juste titre sur le réductionnisme qu'implique une focalisation sur la seule circulation des ressources. Qu'il le nomme « catallactique » appelle une discussion, dans laquelle Bruno Théret s'est engagé dans ce même volume (voir la troisième partie). Il n'en reste pas moins que, suivant Weiner, Servet met l'accent désormais sur l'existence de biens inaliénables par laquelle le caractère exclusif, et peut-être le primat, de la circulation dans la reproduction matérielle des

---

25 Weiner (1992), que cite Servet (2012b), p. 335.

sociétés ainsi que dans l'essence de la monnaie comme lien sont remis en cause. C'est ce sur quoi porte également le texte de Jean-Pierre Warnier dans ce volume, qui insiste sur le biais qu'a introduit la lecture de Marcel Mauss par Claude Lévi-Strauss : « [Lévi-Strauss] tira le fameux "Essai" dans un sens partial et partiel qui consiste à considérer que *tout* doit circuler entre les humains, que c'est la circulation, l'échange des femmes et la communication qui fondent leur humanité, et que la parenté est première par rapport au reste » ; ainsi, conclut Jean-Pierre Warnier, « il faut relire Marcel Mauss à l'école de Annette Weiner plutôt qu'à l'école de Claude Lévi-Strauss ».

Avec l'inaliénabilité vient la thématique des communs et celle du partage. C'est là le dernier domaine en date dans lequel Jean-Michel Servet a pénétré et qui lui permet de continuer à penser la monnaie sous un jour nouveau. Il qualifie désormais son approche d'essentialiste, qu'il oppose à l'approche historique et fonctionnelle de ses débuts[26]. Il aborde cette thématique *via* les monnaies locales, qui constituent des manifestations actuelles d'aspirations citoyennes à refonder la communauté monétaire[27]. La question monétaire est ainsi devenue un vecteur de la socioéconomie engagée qui est la sienne.

INCLUSION FINANCIÈRE AU SUD ET AU NORD
Entre protection, marchandisation et émancipation
(deuxième partie)

Les travaux de JMS sur la monnaie ont ainsi pris la forme d'analyses historique et épistémologique de la théorie monétaire, mais aussi de terrains d'observation considérés comme exotiques par rapport à la modernité occidentale. C'est ainsi qu'il débuta l'observation *in situ* au Sénégal, chez les Diola de la Basse-Casamance.

Le travail de terrain de JMS s'inscrit alors dans un mouvement émergent mais marginal, notamment en économie, sur les pratiques

---

26   Le terme est justifié par lui dans les *Monnaies du lien*. Voir notamment Servet (2012b), p. 16.
27   Servet (2015c, 2017). La thématique est aussi abordée par Meyer (2012), Dissaux et Fare (2016), ou Blanc (2016).

et circuits informels d'épargne et de crédit[28]. C'est également à cette époque qu'il intègre le réseau thématique « Circuits officiels et réseaux parallèles de financement en Afrique » animé par Michel Lelart au sein de l'Association des universités partiellement ou entièrement de langue française (AUPELF) qui deviendra l'Agence universitaire de la francophonie (AUF) en 1998. Réunis physiquement lors de colloques ou d'assemblées, intellectuellement du fait de leurs réflexions sur des articles ou ouvrages collectifs, ou bien encore amicalement autour d'un verre de *bunuk* sur le terrain, ce réseau de chercheurs va jouer un rôle déterminant dans la mise en visibilité des pratiques financières dites informelles.

En 1984, JMS faisait soutenir la première thèse en économie sur les tontines (par Jacques Nsolé, devenu ensuite cadre de banque centrale). En dehors d'un cercle d'initiés, mais tout en faisant écho à quelques travaux également précurseurs mais relativement isolés[29] ce type de pratique était alors considéré comme archaïque et symptomatique des « retards » de l'Afrique (et du Sud en général). Même les sociologues et les anthropologues n'y prêtaient guère attention. Il va ensuite devenir un champ d'étude à part entière. Avec l'abandon des illusions sur les politiques macroéconomiques de développement, les informalités, y compris financières, vont susciter un regain d'intérêt. Décideurs et intellectuels les plus en vue constataient qu'elles rechignaient à disparaître, mais plus encore s'interrogeaient sur l'existence d'un gisement insoupçonné de ressources. Les tontines, du fait de leur force considérable de mobilisation d'épargne, faisaient soudainement pâlir d'envie les banquiers et leurs instances de régulation. Chercheurs et décideurs ont alors été de plus en plus nombreux à s'intéresser à ce foisonnement de pratiques.

Sur la base de travaux effectués au Sénégal, au Niger, au Mali, au Tchad, en Éthiopie et en Égypte, JMS, accompagné de compagnons de route comme Eveline Baumann, Claude Dupuy, Eddy Bloy, Bernard

---

28 Nous pouvons noter les recherches réalisées par Bouman (1977) dans le premier numéro de la revue *Savings and Development*, Seibel and Massing (1974) ainsi que les travaux d'anthropologues tels Ardener (1964), Geertz (1962), Bascom (1952), Little (1957), Soen et Comarmond (1972) et Wu (1974). Chez les francophones, on pense aux travaux de Peo (1936) en Chine, de Lelart (1976, 1978) en Thaïlande et aux Philippines, de Guy (1974) et Nicolas (1974) en Afrique subsaharienne.

29 Voir par exemple Von Pischke, Adams et Donald (1983) ; relayés en France par Kessler et Ullmo (1985).

Haudeville, Michel Dromain, propose une analyse pionnière et toujours d'actualité des informalités financières. L'ouvrage collectif *Épargne et liens sociaux*, paru en 1995, regroupe diverses études de cas qui permettent de monter en généralité et de rejeter trois hypothèses étroitement articulées et alors largement répandues : répression financière, dualisme financier et raisonnement des acteurs en termes de coût/avantage. Selon cette vision, les informalités n'étaient qu'un pis-aller, une réponse fonctionnelle, individuelle et économique aux inefficiences de la finance formelle. Battant en brèche cette interprétation économiciste étroite, l'ouvrage mettait en évidence l'existence d'un *continuum* de pratiques formelles et informelles, non pas cloisonnées de manière étanche mais entremêlées. Il soulignait le foisonnement et la pluralité des informalités, tout en identifiant un soubassement commun : leurs fondements sociaux et culturels et leur enracinement dans un rapport au groupe faisant ainsi écho aux travaux de Douglas et Isherwood[30]. Face à la myopie économiciste, les observations de JMS et de ses collègues offrent la possibilité de « repenser les pratiques informelles, semi-formelles et formelles à travers le cadre culturel qui les supporte, de découvrir des solidarités et des réseaux humains là où la plupart des économistes voudraient ne voir que la confrontation d'offres et de demandes » (Servet, 1995, p. 11). L'*interdépendance* comme condition de reproduction des sociétés apparaît en filigrane.

Cette grille permet de saisir les échecs cuisants des systèmes financiers formels de nombre de pays du Sud, souvent importés du Nord et incapables de gagner la confiance des populations locales. Ce détour par des contrées éloignées des centres où se constitue le savoir économiste dominant va également permettre de nourrir une réflexion sur les potentialités émancipatrices de la finance, réflexion à l'époque résolument novatrice. Puisque la finance est d'abord et avant tout un lien social avant d'être une transaction économique, pourquoi ne pourrait-elle pas être mobilisée comme vecteur de confiance, de lien social et *in fine* de lutte contre l'exclusion ? Le premier sommet du Microcrédit a lieu en 1997, annonçant le début d'une montée en puissance qui verra son point d'orgue en 2006 avec la nobélisation de Mohammed Yunus et de la Grameen Bank. En collaboration étroite avec David Vallat, dont la thèse de doctorat vient de démarrer, JMS initie des travaux précurseurs

---

30   Douglas et Isherwood (1980).

sur un thème en émergence. Là encore, il fait figure de pionnier, puisque le microcrédit (élargi ensuite à la microfinance) va rapidement devenir un champ d'intervention mais aussi académique à part entière, tant en matière de recherche que de formation. Une décennie plus tard, victime en quelque sorte de son succès, la microfinance est absorbée par les logiques capitalistes et marchandes, reproduisant le mal qu'elle était supposée combattre. JMS, accompagné de plusieurs doctorant.es, va alors consacrer une bonne part de son énergie à combattre cette dérive. En 2006, il publie *Banquiers aux pieds nus*. Situé à mi-chemin entre l'ethnographie comparative et le pamphlet politique, l'ouvrage plaide pour une finance *solidaire*, et non pas capitaliste et commerciale. Là encore, les informalités financières apparaissent comme un prisme d'analyse essentiel pour comprendre les formes multiples d'appropriation, de contournement, mais aussi de rejet et de dérives de la microfinance. Aux exemples ouest-africains, ses premiers terrains de prédilection, s'ajoutent des exemples asiatiques et notamment indiens, nourris par un séjour de dix-huit mois à l'Institut français de Pondichéry. La crise financière de 2008 va l'amener à changer d'échelle : l'observation des pratiques quotidiennes s'articule désormais à celle de ce qu'il appelle « l'empire de la liquidité ». Par rapport à la littérature alors foisonnante sur le sujet, et en écho avec les travaux de l'équipe de Rural Microfinance and Employment (RUME) sur le surendettement – auxquels il participe et qui regroupe une partie de ses anciens doctorant.es – sa contribution consiste à étudier la dimension macro du phénomène.

Son ouvrage de 2015, *La Vraie Révolution du microcrédit*, synthétise et actualise l'édition de 2006, et notamment prolonge la réflexion sur la finance solidaire par le biais des communs (voir troisième partie).

Les textes présentés dans ce volume illustrent à la fois la fécondité des analyses de Jean-Michel, très brièvement résumées ici mais reprises plus en détail dans les chapitres qui suivent, et la manière dont elles ont été enrichies, nuancées ou encore renouvelées, contribuant à l'émergence de que l'on pourrait qualifier une « école » de la socioéconomie de la finance (et par extension de la finance et de l'économie solidaire). Celle-ci se poursuit aujourd'hui avec les générations suivantes que sont les doctorant.es et anciens doctorant.es des anciens doctorant.es de JMS…

Un premier thème de renouvellement est celui de l'ambivalence de la finance. S'il apparaît clairement dans ses travaux, c'est finalement de manière disparate et par le biais de terrains ou de niveaux d'analyses déconnectés (la finance solidaire comme lien émancipateur ; la servitude pour dette comme lien d'exploitation ; la financiarisation comme processus globalisé de ponction financière, etc.). Les travaux empiriques de Solène Morvant-Roux, Hadrien Saiag et d'Isabelle Guérin[31] montrent à quel point cette ambivalence doit être saisie dans sa quotidienneté. Ces travaux pointent aussi la nécessité d'interroger les conditions d'une finance solidaire, non pas uniquement à travers des principes normatifs comme ceux de l'économie solidaire ou du partage (voir la troisième partie de cet ouvrage) mais par le biais d'investigations à micro-échelle sur les pratiques *ordinaires* (niveau d'analyse privilégié par JMS mais sans se prêter toutefois à des ethnographies fines). Ces travaux approfondissent aussi la question des hiérarchies sociales, notamment celle de l'appartenance de sexe qui reste un impensé de ses travaux (qu'il reconnaît d'ailleurs bien volontiers). Ici aussi, ses anciens doctorants vont s'attacher à combler ce déficit, nuançant ainsi certaines conclusions sur les vertus supposées de la finance ou de l'économie solidaire.

Concernant la critique de l'hypothèse de répression financière, qu'en reste-t-il aujourd'hui ? Certains la jugeront désuète, voire vieillotte. Si le terme n'est plus guère employé, la norme sous-jacente – une finance enchâssée dans des relations personnelles serait incompatible avec le progrès – reste l'horizon à atteindre des approches dominantes contemporaines, aussi bien dans le champ académique que celui des actions de développement. L'un comme l'autre sont aujourd'hui irrigués, ou plutôt inondés, par l'économie comportementale. Or celle-ci est elle-même surplombée – sans nécessairement que ses auteur.es en aient conscience – par une croyance invétérée en la supériorité normative de l'autonomie individuelle et un déni absolu des interdépendances et de tout « ce qui fait lien ». Les travaux récents de Jean-Michel se sont d'ailleurs attaqués à dénoncer ce qu'il interprète comme une nouvelle justification du néolibéralisme, d'autant plus insidieuse qu'elle reste implicite et échappe à tout une partie de la pensée critique. Dans leur analyse des arcanes de la psychologie individuelle, les comportementalistes accordent une attention forte aux normes sociales, au mimétisme et au poids des routines donnant ainsi l'illusion qu'ils ont tordu le cou de l'*homo œconomicus*. « Chassé par la porte », celui-ci revient en fait « par

---

31   Voir dans ce volume les chapitres d'Hadrien Saiag et d'Isabelle Guérin.

la fenêtre[32] » puisque l'*homo œconomicus* reste l'idéal à atteindre, la voie à poursuivre pour soi-disant tendre vers un monde meilleur et plus juste. Les conceptions (et prescriptions) en matière d'épargne, très en vogue au moment où nous rédigeons cette introduction (mars 2017) sont à cet égard édifiantes. L'entrelacs de dettes et de créances dans lequel les personnes sont impliquées sont reconnues et désormais mesurées (du moins dans leur dimension monétaire) – on note ainsi une certaine avancée depuis les années 1970 – mais elles restent appréhendées comme une entrave à l'idéal de liberté individuelle. Si les pauvres peinent autant à épargner, nous disent les comportementalistes, c'est en raison de diverses anomalies de comportement (comme l'incapacité à se projeter dans l'avenir, la procrastination, l'incapacité à se contrôler, etc.) mais aussi du fait d'une pression sociale excessive : que les personnes soient constamment sollicitées pour subvenir aux besoins de leurs proches serait une raison majeure de « sous-épargne ». Les requêtes incessantes sont ainsi qualifiées de « taxe communautaire[33] », ignorant tout de leur dimension sociale et identitaire. Non pas qu'il faille romantiser ces pratiques réciprocitaires, qui restent traversées d'asymétries et de hiérarchies multiples, mais leurs diverses fonctions ne sauraient être ignorées, qu'il s'agisse de sécurité matérielle sur le long terme, de reconnaissance, de respect, de statut ou tout simplement d'appartenance à un collectif. Les occulter revient à plaider pour une condition humaine dépouillée de sa raison d'être, et pour une société qui ne serait qu'un agrégat d'individus. Une étude expérimentale menée au Malawi conclut par exemple que les comptes d'épargne « ciblés » (*commitment savings accounts*) sont plus efficaces que les comptes d'épargne volontaires parce qu'ils permettent aux personnes de se protéger contre les sollicitations de leur réseau social[34]. Une autre étude au Kenya sur le rôle de l'épargne en matière de santé aboutit à des résultats similaires et les explique par un effet de « comptabilité mentale » qui considère les montants épargnés comme « hors de vue », les protégeant de la sorte des requêtes de l'entourage[35]. Instrumentalisé lorsqu'il s'agit de réduire les risques de prêter aux pauvres dans le cadre du microcrédit, le réseau social est en revanche perçu comme somme de prédations inefficaces dès lors qu'il s'agit de promouvoir l'épargne

---

32   Servet (2018).
33   Platteau (1997), Karlan *et al.* (2014).
34   Brune *et al.* (2016).
35   Dupas et Robinson (2013).

formelle. Comme s'il était en pratique possible de dissocier les deux logiques[36]. On notera ici l'extraordinaire capacité des économistes à absorber les acquis de l'anthropologie et de la sociologie économique : la notion de cloisonnement monétaire en est un illustre exemple. JMS avait observé ces pratiques de marquage – affecter tel flux monétaire ou tel support d'épargne à tel usage – sans nécessairement les nommer ainsi (il parlait « d'épargne projet »), et l'on doit à Viviana Zelizer d'avoir su populariser l'expression et la rendre intelligible[37]. La plupart des comportementalistes se sont saisis de cette notion, et au premier abord on peut s'en réjouir, mais en la dépouillant de sa signification originelle – montrer à quel point les transactions monétaires restent indissociables de relations sociales – pour au contraire imaginer des techniques, ou plutôt des dispositifs au sens foucaldien du terme, visant à extirper les personnes de leur environnement social afin de les rendre plus efficaces et soi-disant plus libres. Prenant le contre-pied de ce type d'approche, le chapitre d'Eveline Baumann montre toute l'actualité d'une socioéconomie de l'épargne. Renouant avec l'ouvrage de 1995 auquel elle avait activement contribué, elle prolonge la réflexion en étudiant les ressources renouvelables comme une forme d'épargne *commune*.

Les mutations récentes du paysage financier contribuent également à réinterroger l'articulation entre finance formelle et informelle et entrent en résonnance avec l'ascension de ce que JMS appelle l'empire de la liquidité. Deux aspects méritent d'être mentionnés. Le premier concerne l'apparition ou la généralisation dans de nombreux pays émergents de politiques publiques de transferts sociaux. La manière dont ces transferts se combinent avec les pratiques financières est précisément l'objet de deux chapitres de ce volume, qu'il s'agisse de leurs manifestations ordinaires ou de leur articulation avec les politiques d'inclusion financière[38]. Cette dernière articulation coïncide avec l'avènement de ce que Philip Mader nomme « l'inclusion financière digitalisée », à laquelle participe également le *mobile banking* ou portefeuille électronique et son rôle croissant dans les pays les plus pauvres de la planète, depuis la fin des années 2000. En dépassant certaines des barrières multiples et persistantes pour toucher les plus vulnérables, celui-ci a fait naître

---

36 Voir Morvant (2006).
37 Zelizer (1994).
38 Voir respectivement le chapitre d'Hadrien Saiag ainsi que celui de Cyril Fouillet et Solène Morvant-Roux (première et seconde partie de ce volume).

l'espoir de repousser encore plus loin la fameuse frontière de l'exclusion financière « formelle ».

L'usage du téléphone portable pour effectuer des opérations financières s'est de fait très vite propagé dans les pays en développement et notamment dans les pays d'Afrique subsaharienne. Le succès est pour l'essentiel venu des citadins et des ruraux émigrés en ville par leurs pratiques de transferts d'argent à destination de la famille restée au village. C'est ce qui explique l'essor fulgurant de M-Pesa au Kenya, accompagnant le rapatriement des revenus vers les campagnes[39]. Là où la microfinance n'a fait que promouvoir le crédit, laissant de côté une large portion des transactions effectuées par les pauvres, la téléphonie mobile a permis de rendre visible (et de marchandiser, rentabiliser) l'ampleur des solidarités familiales qui s'inscrivent dans ce que James Ferguson a récemment qualifié « d'économie morale de la distribution[40] ». Elle a aussi permis de relier des territoires et des populations enclavés où, du fait notamment de la faiblesse des infrastructures de communication et de leur faible rentabilité aux yeux des acteurs bancaires plus traditionnels, la sécurisation du *cash* est particulièrement problématique. Dans des pays où le taux de pénétration du téléphone portable est supérieur à 100 %, l'intérêt du portefeuille électronique est manifeste. Il fluidifie les envois et paiements en évitant à ceux qui expédient l'argent ou ceux qui le réceptionnent de se déplacer, de risquer de se faire voler l'argent ou encore de dépendre d'intermédiaires multiples, indiscrets et peu sûrs. Enfin, le gain de temps explique aussi ce succès fulgurant. Le portefeuille électronique fabrique également de nouveaux répertoires de pratiques comme le fait de payer ses factures d'eau, électricité ou les frais de scolarité. Les opérations de dépôt et de retrait se sont aussi popularisées parmi les commerçant(e)s ou autres transporteurs habitués à voyager avec de grosses sommes.

Si la confiance dans le système était le principal obstacle au démarrage (erreur liée au numéro de téléphone, disparition du transfert, etc.), les opérateurs ont redoublé d'efforts pour couvrir plus de trois cents millions d'utilisateurs africains en quelques années, alors qu'après trois décennies de croissance, la microfinance à l'échelle mondiale peine à dépasser les deux cents millions de clients. Il y a de quoi faire frémir

---

39 Heyer et Mas (2010); Johnson (2013).
40 Ferguson (2015).

les acteurs traditionnels. Les opérateurs ne cachent pas leur ambition de promouvoir un monde « sans *cash* ». De même, l'articulation entre compte bancaire classique et portefeuille électronique se développe mais certains utilisateurs rêvent de pouvoir rompre définitivement tout lien avec les banques qu'ils considèrent comme inefficaces. L'usage du téléphone portable révolutionne donc le paysage financier.

On ne peut nier le confort qu'apportent ces nouvelles technologies comme les gains de temps, sécurité, rapidité, information en temps réel de l'arrivée effective de l'argent. Ces gains améliorent indéniablement la capacité de réaction familiale face à tous types d'imprévus et en particulier les urgences médicales.

Ces évolutions entrent néanmoins en résonance avec ce que JMS nomme « l'empire de la liquidité » qui éclaire les instruments financiers au prisme de nouvelles formes d'exploitation *via* une prédation institutionnalisée. Dépôts, retraits, transferts et même les paiements *via* le téléphone portable donnent lieu à des commissions. L'État n'est pas en reste puisque chaque opération est sujette à taxation. Les pratiques financières ancrées dans le quotidien et les solidarités familiales des populations du Sud se trouvent ainsi mises à jour et taxées au même titre que s'il s'agissait d'activités lucratives formelles. L'ambition est de raccrocher l'ensemble des pratiques informelles (y compris les tontines, en Côte d'Ivoire). Prélevées sur des millions de transactions, les sommes générées sont colossales et les projections de croissance vertigineuses. Mais la tendance profonde que sous-tendent ces deux dynamiques (digitalisation des transferts sociaux et *mobile banking*) va bien au-delà de la captation de richesse. Elle accompagne aussi l'émergence d'un « néo-individualisme », expression de Berndt et Boeckler pour désigner l'individu que l'on souhaite dépourvu des anomalies comportementales par l'élimination des pratiques jugées archaïques, non modernes[41]. Ils ouvrent la voie à des politiques de développement fondées sur les « *reminders and commitment devices*[42] » pour amener les pauvres (voire tout un chacun) à se comporter de la manière la plus efficace, transformant ainsi les enjeux sociaux en simples défis techniques et marquant le pas vers un individu « désencastré » c'est-à-dire libéré de toutes logiques et obligations collectives.

---

41   Berndt et Boeckler (2016).
42   Dispositifs permettant le rappel constant et le respect des engagements.

Ce contexte pousse encore davantage à interroger le potentiel transformateur d'approches alternatives de la finance face à cette accélération de la financiarisation des économies domestiques mise au service de l'idéologie néolibérale. L'émergence de monnaies électroniques solidaires, comme c'est le cas au Brésil, méritent dans ce contexte toute notre attention[43]. L'un de leurs objectifs est précisément de mettre en place leur propre plate-forme de paiement et de garantir ainsi une appropriation communautaire des gains issus des taxations financières.

Il restera à la socioéconomie à continuer à faire entendre une voix dissonante pour contribuer à saisir les nouvelles formes de l'agir solidaire dans des contextes de plus en plus inégalitaires. Cette réflexion sur les alternatives est une troisième facette des travaux de JMS, exposée dans la partie suivante.

UNE SOCIOÉCONOMIE ENGAGÉE
Alternatives démocratiques et économie solidaire
(troisième partie)

DÉMOCRATIE, SOLIDARITÉ ET « PETITS MATINS »

C'est dans un horizon démocratique, tracé par les principes d'égalité de tous avec tous et d'interdépendance de chacun avec le tout social, que JMS projette les alternatives contemporaines aux mécanismes, notamment financiers, de reproduction de la domination et des inégalités. Au sein d'une génération de penseurs qui ont dénoncé les dérives bureaucratiques, voire autoritaires de la gauche étatiste – on y trouve notamment, en France, des proches de JMS comme Jean-Louis Laville ou Bruno Théret – il se situe dans le courant de la gauche démocratique qui voit dans les initiatives de la société civile le moteur du renouvellement de la solidarité et de l'égalité. Selon cette vision, la solidarité entre pairs dans les pratiques économiques est au centre des alternatives à la vague néolibérale mondiale qui s'étend à partir des années 1980. Ce projet trouve un écho important en Amérique latine, à l'intérieur

---

43   Dissaux et Meyer (2017).

du courant qui se consolide à la même époque autour de l'économie solidaire (*economía solidaria*), conçue comme une transformation solidaire et démocratique de l'économie populaire, laquelle se caractérise par la mobilisation du travail et des ressources locales et par son imbrication dans les structures domestiques[44]. Sur les terrains africains, la position de JMS se rapproche également de celles d'anthropologues comme Keith Hart, voire Jane Guyer, que leur étude des informalités financières et monétaires[45] et de l'organisation domestique[46] amène à rejeter tout réductionnisme économiciste et tout évolutionnisme modernisateur.

C'est bien la fine connaissance de ces pratiques – y compris de leur ambivalence, liée aux frontières ténues entre solidarité, protection et domination[47] – conjuguée à la conscience des rapports de domination qui conduit ces auteurs, et parmi eux JMS, à centrer leur recherche d'alternatives sur la transformation graduelle des pratiques, des institutions et des principes qui les orientent. JMS se plaît à rappeler qu'il préfère les « petits matins » de l'économie solidaire au « grand soir » d'une illusoire révolution, que celle-ci soit d'ailleurs anticapitaliste ou néomodernisatrice. L'économie sociale et solidaire des francophones, l'économie populaire et solidaire des latino-américains, l'économie *humaine* (*human economy*)[48] des anglophones est présente en puissance dans les pratiques existantes. Elle est constituée, dans les mots de JMS, « d'initiatives anticipant un futur déjà présent[49] ». Réaliser ce potentiel demande à ses yeux de développer la solidarité comprise comme « interdépendances recherchées et reconnues voire revendiquées comme telles par les personnes ou par les groupes[50] », soit, comme le formulent par ailleurs Hart, Laville et David Cattani « d'apprendre à être auto-suffisant à un haut degré et à appartenir aux autres[51] ». Marqué par la pensée personnaliste, en particulier celle du dominicain Louis-Joseph Lebret qui fonda à Lyon en 1941 l'association Économie et Humanisme (éditrice de la revue du même nom, de 1942 à 2007), JMS place l'égalité dans

---

44   Voir notamment, en français, Coraggio (2007), França Filho (2005), Singer (2006).
45   Hart (1973), Guyer (2004).
46   Guyer (1983).
47   Servet (2007b). Voir également Guérin (2013).
48   Hart (2008).
49   Servet (2010), p. 195.
50   Servet (2013b), p. 197.
51   Traduction en français, d'après Hart, Laville et Cattani (2010).

le respect des différences au centre de son éthique. Ce fondement de l'engagement et de la socioéconomie de JMS sont explicités et analysés ici par Sophie Swaton depuis la philosophie économique.

ÉCHELLES ET REGARDS SUR DES PROCESSUS
ET DES ALTERNATIVES COMPLEXES

Une originalité de l'approche des alternatives par JMS est de combiner deux traditions distinctes. La première met l'accent sur des expériences à micro-échelle qui rompent avec les logiques dominantes de financement, de production, d'échange et de consommation : systèmes d'échanges locaux[52], tontines, associations villageoises d'épargne et de crédit, ou encore épargne en nature[53]. La seconde consiste en l'analyse des ressorts, au niveau des structures à macro-échelle, des rapports d'exploitation et de domination. JMS y contribue en pointant les nouvelles formes d'exploitation contenues dans la financiarisation des rapports sociaux et leur responsabilité dans la crise actuelle[54]. S'agissant du microcrédit, il montre comment il a été soumis à l'hégémonie des principes de concurrence et de propriété privée et mis au service du néolibéralisme[55]. La propriété privée attribue de manière exclusive et absolue des droits d'usage sur les ressources à des individus, groupes d'individus ou entreprises ; quant à la concurrence, JMS y voit un mode d'interdépendance singulier, dans lequel les individus sont considérés comme interchangeables, sur la base exclusive d'un système de prix, sans référence à des principes éthiques sur lesquels pourrait se construire une communauté politique.

Dans ce cadre, les alternatives sont nécessairement multiscalaires. Elles sont ancrées dans les initiatives locales, sans pour autant se replier sur ce niveau, car elles visent également à transformer les logiques macroéconomiques dominantes. À ce second niveau, l'attention prêtée aux alternatives conduit à s'éloigner des discours uniquement critiques. S'agissant de la financiarisation, cette démarche conduit à ne pas se contenter de réclamer son recul et, comme le montre aussi Isabelle Guérin à partir de ses enquêtes sur la microfinance en Inde[56], à prendre acte que celle-ci a

---

52   Servet (1999a).
53   Servet (1995).
54   Servet (2010).
55   Servet (2015a).
56   Guérin (2015).

fait naître de nouveaux besoins auxquels il est fondamental de répondre dans une démarche solidaire. De manière générale, l'analyse multiscalaire et attentive aux alternatives s'inscrit dans une position épistémologique singulière pouvant être illustrée par un « double regard[57] » : à la fois « possibiliste[58] », sensible aux initiatives et soucieux de déconstruire les schèmes dominants et de rendre justice à la multiplicité des manières d'être, de faire et de penser ; et critique, interrogeant en permanence la nature des rapports sociaux dans lesquels s'inscrivent initiatives et pratiques plurielles.

Chez JMS, la combinaison de ces deux regards se traduit par une attention permanente à la complexité des processus et aux contradictions qui les traversent. Pour ce qui est de la financiarisation, cette démarche s'appuie notamment sur l'identification de trois niveaux d'analyse interdépendants : la *monétarisation* des conditions d'existence engendrée par la régression de l'autoconsommation et la marchandisation, qui ont rendu nécessaire l'usage de la monnaie au quotidien afin d'assurer la reproduction des foyers ; l'*intermédiation* croissante de l'endettement, de l'épargne, des paiements et des transferts de revenu par de multiples institutions financières ; enfin, la mise en interdépendance de ces institutions et des apporteurs de capitaux à l'échelle planétaire à travers des *marchés financiers spéculatifs*[59]. Ce cadre rend compte à la fois du drainage de ressources et de l'exploitation au profit des institutions et des marchés financiers, permis par l'interdépendance entre les pratiques monétaires des populations et les flux d'argent à grande échelle, et de l'hétérogénéité des acteurs, animés par des mobiles et des logiques spécifiques : populations, banques commerciales ou d'investissement, institutions de microfinance, syndicats, associations mutualistes issues de la société civile, organisations non gouvernementales (ONG), Églises, programmes gouvernementaux, etc.

La possibilité d'alternatives solidaires se situe précisément dans l'hétérogénéité des acteurs et de ces institutions. Les exemples sont donc eux aussi divers : fonds internationaux de garantie permettant d'engager des prêts à partir des ressources épargnées dans des pays en surliquidité

---

57 Guérin, Hillenkamp et Verschuur (2016).
58 Hirschman (1971). Voir aussi l'approche des alternatives de production depuis l'épistémologie des émergences de Boaventura de Sousa Santos et César Rodríguez Garavito (2013).
59 Servet (2006a).

bancaire ; institutions de microfinance améliorant l'inclusion financière des populations en offrant des services qui reconnaissent leurs besoins et capacités contributives spécifiques[60] ; monnaies locales et citoyennes[61], etc. On peut considérer que leur point commun est de faire que la monnaie et la finance servent de liens à des communautés politiques, en s'appuyant sur la gestion des ressources en tant que biens communs comme alternative à l'hégémonie du double principe de propriété privée et de concurrence caractéristique de la financiarisation néolibérale[62].

DE POLANYI ET OSTROM À SERVET : POUR UNE SOCIOÉCONOMIE ENGAGÉE

Les questions soulevées, dans l'analyse des pratiques monétaires et financières, en matière d'interdépendances, solidaires et démocratiques ou non, de complexité des processus, de rapport des individus au tout social et à la communauté politique, constituent la base d'une proposition théorique plus large de JMS. En relisant et réinterprétant les travaux de Karl Polanyi tout d'abord, d'Elinor Ostrom par la suite, JMS cherche à construire un cadre de compréhension de la pluralité des logiques sous-jacentes aux pratiques de production, de financement, d'échange et de consommation et aux règles d'usage des ressources. C'est dans cette pluralité, et dans les tensions, voire les contradictions qu'elle contient, qu'il engage à découvrir les pratiques et les germes d'une économie solidaire.

En s'appuyant sur l'approche de Polanyi[63], JMS enjoint tout d'abord à distinguer les institutions économiques des principes généraux qui les animent. Les institutions sont des ensembles concrets d'habitudes et de normes, écrites ou orales, historiquement et socialement situées, qui orientent les pratiques[64]. Elles sont extrêmement diverses : places de marché, entreprises, banques, foyers, collectivités territoriales, institutions de protection sociale, ou encore – dans le domaine de l'économie sociale et solidaire – coopératives de consommation, de production ou

---

60 Guérin (2015).
61 Blanc (2013), Fare, de Freitas et Meyer (2015), Saiag (2015a).
62 Servet (2015a), chap. v ; Saiag (2015b).
63 En particulier le chapitre iv de *La Grande Transformation* (Polanyi, 1944/1983), le texte « L'économie comme procès institutionnalisé » (Polanyi et Arensberg, 1957/1975b), ainsi que l'ouvrage posthume *La subsistance de l'homme* (Polanyi, 1977/2011).
64 Servet (2007b).

d'épargne et d'endettement. Les principes sont des idéaux-types ou des modèles abstraits, tirés par Polanyi des travaux d'anthropologues comme Margaret Mead, Richard Thurnwald et Bronislaw Malinowski.

Polanyi en identifie initialement quatre : le principe de redistribution, centré sur un modèle (*pattern*) de centralité ; celui de réciprocité, fondé notamment sur un modèle de symétrie ; celui de *householding*[65], fondé sur l'autarcie ; et le principe de marché, fondé sur la rencontre d'un groupe d'offre et d'un groupe de demande. Distinguer les principes d'intégration des institutions est fondamental pour saisir que les institutions concrètes sont parcourues par plusieurs principes, et sont donc nécessairement hybrides. Ainsi, par exemple, les marchés, en tant qu'institutions régissant les échanges, prennent des formes historiquement changeantes ; à des degrés divers, ils sont « encastrés », selon l'expression de Polanyi, dans des normes sociales, culturelles ou religieuses dans lesquelles la logique de concurrence et de propriété privée est loin d'avoir toujours dominé et de toujours dominer aujourd'hui, en dépit du discours ambiant[66].

Pour Polanyi, ces principes permettent de décrire la manière dont le « processus économique » est intégré dans la société à travers les institutions : les principes orientent les institutions qui elles-mêmes assurent l'unité du processus économique, grâce à l'interdépendance de ses parties, et sa stabilité, à travers à la récurrence des parties[67]. Cette vision rencontre celle de JMS sur la nature, variable, des interdépendances entre individus et avec le tout social, dont la solidarité constitue pour lui une modalité particulière. Réinterprétant Polanyi, il propose une actualisation des principes comme formes d'interdépendance entre personnes et entre groupes sociaux induites par les diverses institutions et, plus largement, par les différentes manières selon lesquelles l'économie est intégrée dans la société. À partir de ce choix, qui se différencie notamment de l'opérationnalisation

---

65 Ce principe apparaît au chapitre IV de *La Grande Transformation*. Il a été traduit en français par « administration domestique », bien que la notion d'administration ne soit pas présente dans le concept original de *householding*. JMS le rapproche plutôt de l'autosuffisance et, dans certains cas, du « partage domestique ». Par ailleurs, le *householding* disparaît de certains textes de Polanyi postérieurs à *La Grande Transformation* (notamment *Les systèmes économiques dans l'histoire et dans la théorie*) avant de réapparaître dans *La subsistance de l'homme*, conduisant certains auteurs à le négliger en ne retenant que les trois principes de redistribution, réciprocité et marché.

66 Hillenkamp et Servet (2015).

67 Polanyi (1957/1975b), p. 248.

des principes par le type de ressources qu'elles utilisent[68], JMS souhaite redonner aux principes leur capacité d'analyse des rapports de production. Il s'élève contre une réduction des principes à la seule sphère « de la circulation », fruit selon lui du double effet d'une lecture réductrice de Polanyi par certains auteurs marxistes[69], et du néolibéralisme triomphant, focalisant l'attention sur la sphère de la circulation, au détriment des rapports de production et des règles d'usage des ressources – une position qui est débattue ici par Bruno Théret.

Dans ce cadre, JMS propose une nouvelle définition du principe de réciprocité comme « complémentarité entre éléments distincts occupant des positions symétriques[70] ». Il s'éloigne en cela de la définition originale de Polanyi axée sur la seule symétrie, jugée trop étroite dans le contexte contemporain. Il s'oppose de plus à son interprétation en termes de don contre-don maussien[71], dont il considère qu'elle repose sur une relation inégale, relevant du principe de redistribution plus que de réciprocité, et qu'elle attire l'attention sur la seule circulation des choses, au détriment des rapports de production. JMS se prononce, par ailleurs, pour une réhabilitation du principe de *householding*, qu'il relie – sans toujours expliquer ses propres variations – au partage, à l'autosuffisance et à la solidarité.

Sur cette base, JMS définit l'économie solidaire à partir de ses logiques de fonctionnement, évitant ainsi de l'assimiler à un ensemble prédéterminé d'organisations, qui seraient caractérisées par leur forme légale. Reconnaissant que les solidarités peuvent prendre appui tant sur le principe de redistribution, de *householding* que sur la réciprocité, c'est à cette dernière qu'il identifie finalement le fondement théorique de l'économie solidaire, car elle oppose la symétrie au « rapport hiérarchique

---

68 Degavre et Nyssens (2008); Lemaître (2013).

69 Il s'agit notamment de l'introduction de l'édition française de *Trade and Market in the Early Empires : Economies in History and Theory* par Maurice Godelier, traduite, sous son influence, par *Les systèmes économiques dans l'histoire et dans la théorie* (Polanyi et Arensberg, 1957/1975a). Godelier considère qu'un rapport social n'est déterminant que s'il joue le rôle de rapport de production, ce que Polanyi n'aurait pas saisi et ce qui expliquerait son incapacité à réélaborer le matérialisme historique. Dans une nouvelle édition en français de l'ouvrage (Karl Polanyi, Conrad M. Arensberg, Harry W. Pearson (dir.), *Commerce et Marché dans les premiers empires. Sur la diversité des économies*, Lormont, Le bord de l'eau, 2017), Jérôme Maucourant revient de manière critique sur cette interprétation de Polanyi par Godelier.

70 Servet (2013b), p. 196.

71 Voir notamment Godbout (1992) ainsi que Caillé (2003), en particulier la note n°9, p. 232.

(imposé ou accepté) entre éléments centraux et périphériques[72] » typique de la redistribution.

Tournée vers une approche institutionnelle des alternatives et de l'économie solidaire, propre à rendre compte de la complexité contemporaine de ce champ, la réinterprétation de Polanyi par JMS n'est pas sans laisser des questions ouvertes, ni sans soulever des débats de fond. Spécifier et opérationnaliser les principes, en particulier la réciprocité et le *householding*, reste une tâche non entièrement résolue. Plusieurs propositions de caractérisation du principe de *householding* se croisent. Marlyne Sahakian propose ici de lire ce principe comme une forme de partage entre pairs ; Isabelle Hillenkamp[73] le caractérise par ailleurs par la recherche d'autosuffisance au sein d'un groupe clos quoique non nécessairement autarcique, ce qui n'exclut pas des formes inégalitaires ni des rapports de pouvoir. Pour ce qui est du principe de réciprocité, Sophie Swaton montre ici, à partir de l'éthique du *care* liant interdépendance et vulnérabilité, que ce principe peut être émancipateur – une démonstration qui fait écho aux positions développées par ailleurs depuis le féminisme par Florence Degavre et Magalie Saussey[74]. Voyant dans les écrits récents de JMS une superposition, à géométrie variable, entre réciprocité, commun et partage, Bruno Théret critique pour sa part le rejet par JMS de la conception de la réciprocité en termes de don contre-don. Il y voit le signe d'une attirance pour un principe dont « tout conflit est évacué » et le refus d'« une conception de la réciprocité moins idéaliste, plus agonistique et pouvant être non égalitaire », laquelle est présente chez Mauss. Hillenkamp montre également ici, à partir de l'expérience brésilienne de l'économie solidaire, que la recherche d'alternatives démocratiques ne peut se limiter aux initiatives et aux institutions économiques, fussent-elles abordées à leurs différents niveaux. Les sujets politiques, les mobilisations et les luttes pour la démocratisation, et avec elles la place du conflit, sont pour elle centrales dans la construction des alternatives.

Enfin, ces dernières années, la multiplication d'acteurs aux horizons variés se réclamant de nouvelles logiques de partage a conduit JMS[75] à

---

72   Servet (2013b), p. 196.
73   Hillenkamp (2013b), p. 215-239.
74   Degavre et Saussey (2015).
75   Servet (2014).

infléchir ses catégories d'analyse pour tenter d'en distinguer les modalités solidaires et démocratiques. JMS recroise la trajectoire de David Vallat qui relève lui aussi, à l'occasion de son chapitre, les paradoxes inhérents à l'économie dite « collaborative » et identifie, en croisant la grille polanyienne et celle des sciences de gestion, des idéaux-types pour baliser ce champ. De la même manière, Marlyne Sahakian part ici de l'hétérogénéité des initiatives se revendiquant de l'économie du partage, qu'elle propose de distinguer par différentes formes de gouvernance dans les rapports de *householding*.

Parmi les acteurs de l'économie du partage ou collaborative, on trouve en effet des éléments aussi divers, voire opposés, que, d'une part, des mouvements contestataires s'opposant à la privatisation des ressources et à la destruction d'espaces publics, et, d'autre part, des formes de location, de participation au capital et, plus largement, de marchandisation présentées comme de nouvelles modalités de partage. Au sein même des mouvements contestataires, la revendication d'une gestion collective des ressources cache des dissensions entre ceux qui entendent confier cette gestion à la puissance publique et ceux qui prônent la construction de modes d'organisation communautaire. L'affichage de nouveaux slogans altermondialistes ne saurait résumer la diversité des initiatives locales.

Face à ce foisonnement, JMS met l'accent sur les règles d'usage et d'accès aux ressources. Il propose de situer les logiques de partage sur un *continuum* allant de la simple division des ressources – ce qui constitue à ses yeux un « détournement mercantile » de cette logique – au partage dans un commun à caractère solidaire et démocratique. Ce second pôle correspond à un idéal-type de gestion des ressources par une communauté dont les règles se caractérisent selon lui par :

> … la démocratie régissant les rapports entre les diverses parties prenantes de l'usage ou de la co-production de ces biens et services qui en sont le support ; le souci des autres (présents et avenir) à travers les conditions [du] renouvellement [de la ressource] et donc la recherche d'une soutenabilité de l'usage ; et le partage, non pas au sens d'une division mais d'un accès et d'un usage établis en proportion des besoins reconnus de chacun. (Servet, 2014, p. 28.)

On retrouve ici les éléments clés de démocratie et de solidarité de la pensée de JMS sur les alternatives, appuyés désormais sur le cadre d'analyse de la gouvernance des ressources en commun élaboré par

Elinor Ostrom[76]. Cohérente avec l'approche méthodologique polanyienne distinguant principes et institutions, l'approche institutionnaliste qui sous-tend cette proposition considère le commun non pas comme une simple forme de propriété, mais comme le résultat d'un ensemble de règles d'accès et d'usage. Il suppose la définition du groupe de producteurs et d'usagers de la ressource, la connaissance des conditions d'accès, le contrôle de l'usage, la capacité à arbitrer d'éventuels conflits et à appliquer des sanctions, ainsi qu'à s'adapter aux changements[77]. La ressource elle-même est définie comme un rapport entre des moyens et des fins socialement construits.

En rétablissant la complexité du commun en tant qu'institution, il est possible de considérer que sa gouvernance obéit, selon des configurations variables, aux principes de réciprocité, de *householding* et de redistribution. JMS voit dans les deux premiers cas – réciprocité et *householding* – l'institutionnalisation de formes *solidaires* de partage, alors que la prédominance du principe de redistribution correspond pour lui à une institutionnalisation de formes de protection[78]. Cette conception des communs comme institutions hybrides traversées par les différents principes d'intégration économique, se combine finalement avec celle des marchés, abordés dans le même cadre. Elle invite, fondamentalement, à porter l'attention sur les *articulations* : articulations entre ces principes mais aussi entre institutions, ce qui conduit JMS à l'hypothèse qu'« aucun marché ne saurait exister sans l'accès des participants à des ressources partagées[79] ».

Cette hypothèse le démarque finalement de ceux, y compris Ostrom, qui voient dans les communs une « troisième voie » entre marché et État, comme s'il était possible d'isoler ces institutions et de les réduire à une logique unique. La prise en compte de la complexité institutionnelle et de la pluralité des principes confère sa richesse à la socioéconomie de JMS, en même temps qu'elle suscite des besoins permanents de précision, d'opérationnalisation et de cohérence interne. Ce livre témoigne de ce flux d'échange, d'avancées collectives et de controverses constamment nourries, y compris bien sûr et peut-être plus encore depuis sa retraite, par Jean-Michel Servet lui-même.

---

76 Ostrom (2005), Ostrom *et alii* (2002), Ostrom et Basurto (2013).
77 Servet (2014), p. 32-33.
78 *Ibid.* p. 36.
79 *Ibid.* p. 36.

JEAN-MICHEL OU LA SOCIOÉCONOMIE

Pierre DOCKÈS
Université Lumière Lyon-2 ;
laboratoire TRIANGLE,
UMR CNRS 5206
Mons, août 2015

Ce titre est un clin d'œil, un hommage aussi ; il reprend, modifié, le titre que Jean-Marie Auzias avait donné aux pages qu'il consacrait au tout jeune Jean-Michel Servet en 1976[1]. J'aurais d'ailleurs pu conserver le titre exact faisant référence à l'anthropologie économique, mais « socioéconomie » convient mieux à l'élargissement du domaine opéré au cours du temps par Jean-Michel (peut-être faudrait-il ajouter micro à socioéconomie pour mettre l'accent sur sa volonté constante de s'intéresser au microsocial ?). L'anthropologue Jean-Marie Auzias était un éveilleur, il avait ouvert un séminaire dès l'immédiat lendemain de mai 1968, le jeune étudiant en économie qu'était Jean-Michel fut passionné, emporté, même au sens littéral puisqu'à l'été 1970 il partit au Sénégal avec une petit équipe dirigée par Jean-Marie. Ce dernier fut son premier maître, il l'introduisit à Bronislaw Malinowski, à Marcel Mauss, à Claude Lévi-Strauss, lui fit découvrir les travaux de Maurice Godelier, de Claude Meillassoux. Si grâce à lui Jean-Michel fit ses premiers pas en anthropologie économique, il compléta ensuite son panthéon avec Georg Simmel, et sa *Philosophie des Geldes* (1900), Michel Foucault qui avait écrit *Les mots et les choses* en 1966, Karl Polanyi et, d'abord, *The*

---

1   Auzias (1976), p. 161-165 : *« Jean-Michel ou l'anthropologie économique »*. L'interprétation par Jean-Marie Auzias de l'anthropologie économique du jeune Servet est biaisée vers le marxisme, plus du fait de la position d'Auzias (alors) et de l'esprit du temps que des positions effectives de Jean-Michel.

Great Transformation (1944)[2], plus tard Elinor Ostrom et *Governing the Commons* (1990).

Le choc initial se trouve sans doute dans les deux premiers voyages au Sénégal chez les Diola, une découverte qui l'orienta pour la vie, l'ouvrit au bonheur intellectuel dans l'exotisme (avec une certaine méfiance, tout au moins une prudence, envers les paillettes et la fascination qu'il peut exercer), lui donna le goût du terrain, lui fit découvrir ce qui resta son thème de recherche majeur, l'observation et l'analyse à une échelle microsociale jointes à l'idée qu'à ces niveaux se joue l'essentiel. La Basse-Casamance fut pour sa jeunesse ce que Pondichéry deviendra pour son âge mûr, un terrain et une source d'inspiration.

C'était un temps jeune que ces toutes premières années 1970. L'économie s'ouvrait alors à d'autres disciplines, mille fleurs s'épanouissaient à la curiosité intellectuelle. La critique du capitalisme avait donné au marxisme un statut particulier, hégémonique même, du moins en certains lieux, et probablement dans le nouveau département des sciences économiques de la nouvelle université Lyon 2. Jean-Michel en était effleuré ; au-delà de l'esprit du temps, l'influence d'Osiris Cecconi a compté[3]. Ne parlons pas des marxistes orthodoxes d'obédience diverses qui sévissaient alors ; ils ne pouvaient qu'être des adversaires pour un esprit aussi libertaire que celui de Jean-Michel ; de Marx lui-même il retenait la puissance d'analyse, la méthode critique, mais restait à distance des néo-marxistes, même de ceux qui ne reprenaient ni la théorie de la valeur-travail, ni le primat des forces productives.

Je me souviens de l'étudiant brillant, des discussions animées sur la façon de refaire le monde. Je me souviens d'un exposé d'une puissante originalité sur la théorie de la valeur de Jean-Joseph Louis Graslin dans son *Essai analytique sur la richesse et sur l'impôt* (1767). Déjà Jean-Michel faisait preuve de ses qualités de créativité et d'une grande liberté intellectuelle. Il est un combattant sur le terrain des idées, appuyé sur un esprit percutant, rapide et synthétique. Et avec cela une gaieté et un enthousiasme qui emportent l'adhésion. Comment n'aurait-il pas, aussi, les défauts de ses qualités ?

Je me souviens encore que son attirance pour l'ethnographie ou l'ethnologie n'était pas sans relation avec la question de l'identité de

---

2   Servet (1993), Maucourant, Servet et Tiran (1998).
3   Cecconi (1975).

ses ancêtres enracinés dans l'espace de langue franco-provençale centré sur la Savoie, le Genevois, le canton de Vaud et Lyon, avec même une légère tendance à prêter l'oreille au régionalisme autonomiste (Auzias, d'ailleurs, était lui-même un passionné de régionalisme et de langues régionales). Pour un lecteur de Lévi-Strauss, la dimension mythologique ne pouvait qu'être assumée, comme par exemple l'histoire de cette branche familiale de Savoyards de tradition catholique, mais athées, qu'il découvrit d'ancienne souche protestante, donc probablement convertis de force, avec un parfum d'hétérodoxie médiévale, car il n'est guère besoin de creuser profond dans notre région pour retrouver les traces de Pierre Valdo. Peut-être l'avais-je déçu en lui disant que son patronyme, loin de venir de *servi fugitivi*, forcément révoltés, était, selon Jean-Pierre Poly, caractéristique des grandes familles gallo-romaines christianisées. Mais qu'importe qu'elle soit héritée ou non, il porte fièrement l'hétérodoxie à sa boutonnière.

Jean-Michel est intellectuellement un rôdeur de frontières comme l'étaient les colporteurs savoyards de jadis, ses ancêtres et il a joué un rôle important dans le rapprochement des disciplines, anthropologie, sociologie, économie. Il n'en reste pas moins un économiste, certes sévèrement critique envers l'économisme, mais d'autant plus nécessaire pour la compréhension de l'économie, donc de l'échange, des marchés, de la monnaie, des liens qu'ils tissent, aux antipodes d'une économie desséchée par la formalisation mathématique. Économiste, il a d'ailleurs joué un rôle crucial dans les équipes de Lyon 2. Ainsi, au sein du Centre « Monnaie-Finance-Banque » avec Bernard Courbis, Éric Froment, Michel Karlin, Eddy Bloy, puis André Tiran, Claude Dupuy. Avec les deux premiers, il a rédigé deux importants articles de théorie monétaire[4]. De même au sein d'« Analyse, épistémologie, histoire économiques » (AEH) qui allait un jour donner naissance au Centre Auguste et Léon Walras ; j'y reviendrai bien sûr. Dans ces deux équipes, il a aussi affirmé ce qui allait devenir une de ses spécialisations, l'histoire de la pensée économique, publiant (avec Courbis) les écrits monétaires de Ricardo, rédigeant la présentation du *Traité des monnaies* de Nicolas Oresme édité avec d'autres écrits par Claude Dupuy, réinterprétant magistralement Malestroit[5].

---

4   Courbis, Froment et Servet (1990 et 1991).
5   Servet (1994a).

Cependant, l'essentiel se trouve dans l'analyse critique de l'échange, des marchés, de la monnaie et de la genèse de ses formes. Avec d'abord la fable du troc esquissée dès 1974 (il a 23 ans) dans son mémoire du diplôme d'études supérieures, développée en thèse de troisième cycle[6] en 1978. C'est l'histoire de la construction d'un mythe au XVIIIᵉ siècle (qui est cependant déjà présent chez Nicolas Oresme au XIVᵉ siècle[7] et chez Aristote dont il s'inspire). Il est à son sommet avec Adam Smith (lui aussi fortement marqué par Aristote, mais qui ne l'était pas ?). Ce mythe est l'invention de la monnaie comme moyen de faciliter les échanges : au départ la faculté humaine d'échanger des biens comme des mots, d'où le troc et ces récits où s'échangent daims et castors, arcs, flèches et saumons ; puis, raffinement quasi naturel, nécessaire et efficient, l'invention de la monnaie allait permettre le développement indéfini des échanges. Jean-Michel montre la puissance de conviction de ces histoires sans fondements historiques qui plaquaient la réalité de l'économie marchande de l'Angleterre d'alors sur les comportements de sauvages imaginaires, la perpétuation de ce mythe au XIXᵉ siècle et jusqu'à nous, son imprégnation des croyances des économistes. L'échange, source d'efficacité productive *via* la division du travail qui, en retour, le multiplie, l'échange créateur du lien social à l'origine de la société, déborde bientôt toutes les frontières, d'où le « doux commerce » de Montesquieu. Jean-Michel déchire le voile, ramène la théorie au mythe et montre qu'il s'agit d'une propagande (aussi au sens classique) faisant du marché, son bras armé par la monnaie, l'activateur du procès de civilisation[8].

---

6   Servet (1978). Voir également Servet (1988, 1994b, 2001).

7   Voir *Traité des monnaies de Nicolas Oresme et autres écrits monétaires du XIVᵉ siècle*, chapitre premier : « À quelle fin la monnaie a-t-elle été inventée ? » : « [Après que les fils d'Adam se dispersèrent] les hommes se multiplièrent sur la terre et les biens furent répartis comme il convenait. De ce fait, d'une chose donnée, l'un eut plus que de besoin, tandis qu'un autre en eut peu ou point, et ce fut l'inverse pour une autre chose. [...] Les hommes commencèrent donc à commercer sans monnaie : l'un donnait à l'autre un mouton pour du blé, un troisième donnait son travail pour du pain ou de la laine, et ainsi de suite [...] Mais, de cette façon, cependant, bien des difficultés se présentèrent dans l'échange et le transport des choses. Pour les diminuer, les hommes imaginèrent l'usage de la monnaie : elle serait l'instrument de la permutation des richesses naturelles, celles qui permettent d'elles-mêmes de subvenir aux besoins humains. » (Dupuy, 1989, p. 48.)

8   Trois décennies plus tard, il me semble que ce mythe a été construit sciemment, et particulièrement par Adam Smith, contre celui que Thomas Hobbes avait imaginé, celui du contrat social forgeant l'État afin que les engagements tiennent et que se soudent les liens

Mais si la monnaie n'est pas inventée comme facilitateur d'échanges, quelle est son origine ? Ce sera la thèse d'État que j'ai eu l'honneur et le bonheur de diriger. Jean-Michel déplace la vieille question grâce au concept de paléomonnaie et en raisonnant sur la genèse des formes monétaires, et non plus sur « l'origine de la monnaie ». Ce faisant, il est amené à repositionner historiquement la question de la valeur, la resituant comme construction sociale. Il n'y a pas *une origine* de *la monnaie*, tous ces mots sont pervertis, moins encore une invention, mais des objets qui vont être utilisés à des fins qui seront ultérieurement pensées et regroupées comme monétaires. Cette quête interroge le passé de l'Antiquité grecque et moyen-orientale de même que les espaces longtemps restés à l'abri de nos civilisations, un double exotisme riche d'enseignements. Cette genèse des formes monétaires mêle la gestion des grands domaines et des cités, le religieux et la répartition des parts du sacrifice, les dons et contre-dons maussiens, des modalités d'échange, souvent à longue portée, où l'importance sociale des échangistes détermine la valeur d'échange, le politique et la répartition des prébendes, rétributions et honneurs, et des objets les plus divers, les haches et les trépieds, le sel, les bœufs et le riz, les cauris...

Finalement, jusqu'à ce que l'État y mette son sceau et bon ordre, établisse son monopole et son privilège, non seulement la diversité règne – faisant éclater le concept de monnaie et le cadre de ses trois fonctions canoniques en des objets pluriels – mais l'économisme des origines perd toute pertinence, la monnaie devenant un élément crucial de la reproduction sociale. La monnaie n'appartient-elle pas à la communauté (et à tous ceux qui la composent), comme l'expliquait Oresme citant Aristote et Cicéron (chap. VI ; XX-XXXIII) ? L'économisme qui nous domine aujourd'hui est reconstruit comme aboutissement d'un processus historique d'autonomisation socialement marqué à la Polanyi. Sans l'anthropologie, sans le Sénégal, une telle quête aurait été impossible.

Jean-Michel en tirera rapidement *Nomismata*, un ouvrage correspondant à la première partie de la thèse, soit la genèse des formes monétaires dans l'Antiquité grecque[9] et, plus tardivement, *Les monnaies du lien* qui

---

qui constituent la Cité. Pour Smith, la sauvagerie est située avant l'échange, la division du travail et la monnaie, pour Hobbes, avant l'État. Deux économies politiques sont issues de ces deux courants, celle issue de Hobbes raisonne en termes de pouvoir, l'autre, fille de Smith, ne retient que l'échange et le marché ; la première a été marginalisée par la seconde.

9   Servet (1984).

réactualise, et complète, la seconde partie de la thèse consacrée aux paléomonnaies exotiques[10].

Précocement, *La fable du troc* avait amené Jean-Michel sur les chemins de l'histoire de la pensée économique. Il ne les quittera pas, même s'ils finirent par devenir secondaires. Il ne s'agit nullement d'un hobby, mais d'une façon d'obtenir une profondeur de champ grâce à l'histoire. Aux temps héroïques des centres de recherche lyonnais, « Monnaie-Finance – Banque » et « Analyse, épistémologie, histoire économiques », l'histoire de la pensée inspira les travaux de Jean-Michel. En particulier, dans le cadre d'AEH, il coordonna *Idées économiques sous la Révolution* ; lui-même rédigea « Existe-t-il une pensée économique sous la Révolution[11] ? ». Je veux dire aujourd'hui combien j'ai apprécié notre collaboration, pas seulement le travail en commun, mais les discussions, l'échange de nos découvertes au gré de nos lectures, les divergences qui finalement nous faisaient progresser en une dialectique d'une tonalité souvent vive. Je me souviens que, plus historien, marqué par Duby et Braudel, j'étais réticent à l'égard de Polanyi ; devenu un des plus subtils connaisseurs de son œuvre, Jean-Michel m'a amené à m'en rapprocher, et je crois en avoir tiré un grand enrichissement.

Nous avons rédigé ensemble une typologie des modes de production de l'histoire de la pensée qui avait comme objectif de dépasser les oppositions de Richard Rorty ou Mark Blaug[12]. Nous avons aussi réuni deux de nos textes dans *Sauvages et ensauvagés*[13], lui « Ordre sauvage et paléomarchand » et moi « Révoltes bagaudes et ensauvagement ». Au-delà du titre et de la couverture, ils n'avaient guère en commun que le concept de « sauvage ». Je me souviens qu'un illustre anthropologue, choqué par ce terme jugé dépréciatif, nous en fit la remarque critique, et qu'Alain Buffon dut lui expliquer que nous parlions de « sauvage » et d'« ensauvagement » au sens où Senghor et Césaire parlait de « nègre » et de « négritude » !

Bien sûr, je ne saurais oublier le Centre Auguste et Léon Walras que nous avons fondé en 1984, Jean-Michel et moi avec Pierre-Henri Goutte, Claude Hébert, Claude Mouchot et Jean-Pierre Potier[14] et la publication

10 Servet (2012b).
11 Servet (1989).
12 Dockès et Servet (1992).
13 Dockès et Servet (1980).
14 Au départ, on comptait aussi Annie Jeoffre et le père de Claude Hébert venu nous donner un coup de main.

des *Œuvres économiques complètes* de ces deux auteurs qui s'ensuivit. Ce fut une épopée, une course au trésor, un combat de gladiateurs, une *disputatio* permanente, mais aussi un cénacle, un lieu de convivialité. Nous y sommes arrivés, comme l'écrira plus tard Claude Mouchot, grâce à une complémentarité de qualités et de défauts étonnamment divergents mais ce fut une longue marche. Elle avait commencé par notre découverte du « fonds de Lyon » entassé dans des cartons à chaussures, l'obtention d'un bureau, une sorte de réduit dans un coin perdu de la bibliothèque universitaire et la découverte dans la bibliothèque de Montpellier – par une équipe que Jean-Michel dynamisait – de deux volumes inédits de Léon Walras, préparés avec soin par celui-ci en vue d'une publication et jusqu'ici parfaitement ignorés[15]. Je me souviens des batailles homériques autour des modalités éditoriales, de la structure de l'édition, des choix à opérer pour la présentation des textes d'Auguste et Léon. Ainsi, par exemple, on sait que les *Études d'économie politique appliquée* et les *Études d'économie sociale* de Léon Walras sont des ouvrages constitués d'articles dispersés dans le temps, parfois très anciens ; Jean-Michel, radical, était partisan d'un dynamitage de ces livres et de la publication dans l'ordre chronologique de la rédaction des articles. On hésita, la solution était tentante, on n'osa pas. C'est aussi grâce à Jean-Michel tout particulièrement que nous nous sommes gardés du ridicule de notes se voulant interprétatives de la pensée des Walras : nous avions en tête celles, aujourd'hui décalées, naïves et ridicules, ou carrément erronées, que les économistes libéraux du XIXᵉ siècle plantèrent le long des textes de leurs prédécesseurs. Au-delà de celles nécessaires à une édition *variorum*, nos introductions, nos notes, nos « la vie et l'œuvre de » visaient essentiellement à contextualiser pour mieux comprendre ce que nos auteurs voulaient dire et faire. Finalement, Servet et Goutte se spécialisèrent sur Auguste ; Hébert, Potier, Mouchot et moi sur Léon, mais il était entendu qu'il s'agissait d'une œuvre collective, chacun coopérant à la production du « commun ».

Je me souviens que nous avons réussi à financer un déplacement collectif à un colloque de l'American Economic Association à Harvard, étonnant les Américains par notre nombre, notre enthousiasme et notre

---

15 Le professeur Étienne Antonelli avait opéré une discrète « *translatio studii* » de ces écrits, de Lyon à Montpellier où il enseignait alors, afin d'en préparer la publication. Mais la politique l'avait absorbé et les deux manuscrits sommeillaient depuis dans la bibliothèque.

objectif, mais ébauchant ainsi, autour de nous, un premier réseau des études walrasiennes avec Donald Walker, Jan Van Daal, bientôt Pascal Bridel et le Centre Walras Pareto de Lausanne, Roberto Baranzini. Nous avons régénéré et relancé les études walrasiennes. Nous avons montré l'influence considérable des idées d'Auguste sur celles de son fils, explicité et réalisé le vœu de Léon Walras de voir publier ses œuvres avec celles d'Auguste. Nous avons surtout imposé l'idée que l'œuvre walrasienne est comme une cathédrale (romane !) dont le chef d'œuvre est sans doute les *Éléments*, mais qui a été pensée comme un tout orienté par les thèses sur la justice sociale et la justice dans l'échange.

Enfin, n'est-ce pas grâce aux études walrasiennes que Jean-Michel et moi eurent l'occasion d'arpenter ensemble New York[16], découvrant à l'angle de Wall Street et de Water Street, au grand plaisir de Jean-Michel, le célèbre Tontine Coffee House, et Boston (où nous tentions vainement d'obtenir des passants un renseignement essentiel : où étaient enterrés « Nicola and Bart » afin de nous rendre sur leurs tombes ?).

Le Centre Walras n'avait pas, loin de là, que les Walras en tête, et cela grâce en particulier à Jean-Michel. L'étude du pluralisme monétaire, des monnaies sociales, plus généralement l'économie sociale et solidaire (avec une dimension d'histoire des faits et des idées) devinrent un axe essentiel qu'aujourd'hui Jérôme Blanc dynamise au sein de l'unité de recherche Triangle (dans laquelle le Centre Walras est venu se fondre en 2005).

Une autre œuvre de Jean-Michel en histoire de la pensée est la traduction de *An Inquiry into the Nature and Causes of the Wealth of Nations* d'Adam Smith ; avec Philippe Jaudel coordonnant une équipe de traducteurs, Jean-Michel assurait la direction scientifique. Ce fut le temps de ce que Jean-Michel nommait, après Flaubert, le « gueuloir », toute l'équipe réunie autour d'une grande table, la *Richesse des nations* était lue à voie haute[17]. Une expérience qui lui permit de mettre en pratique ses thèses originales sur la traduction d'auteurs anciens et qui offre au lecteur une réflexion sur les concepts smithiens, et, au-delà, sur nombre de nos concepts économiques actuels.

---

16 Dans le superbe petit appartement que nous avait prêté Jean Baudrand, il nous fallut même pratiquer une forme d'*embeddedness* ne devant rien à Polanyi.

17 Une œuvre encore incomplète puisqu'on attend toujours le volume de notes pour l'essentiel déjà rédigées.

Si je voulais tenter de cerner le passage à la maturité de l'œuvre de Jean-Michel, il me semble que je choisirais les travaux sur la confiance et le lien de confiance. Dès 1993, dans « Le chapeau[18] », il en fait la condition du vivre ensemble et note ses trois conditions : la légitimité des règles, la croyance en l'autre, et la transparence (un savoir commun) entre tous ceux qui sont impliqués. Nous sommes ici à proximité des théories de l'auto-*enforcement* des contrats par les effets de réputation et la construction d'une relation de confiance développées par la théorie des jeux (je pense à Duncan Luce et Howard Raiffa, Benjamin Klein et Keith Leffler ou à Kenneth Binmore, bien sûr à Thomas Schelling) et par les néo-institutionnalistes, Oliver Williamson en particulier, mais avec des différences majeures et si un rapprochement peut être fait, c'est avec les thèses conventionnalistes ou celle de Jean-Pierre Dupuy.

Pour Jean-Michel, en effet, l'horizon n'est pas la réduction du coût de l'*enforcement* sur les marchés, mais, dans la mesure où les marchés sont en question, leur construction sociale. L'approche utilitaire et individualiste est récusée[19] ainsi que l'hypothèse opportuniste qui lui est consubstantielle et cela au profit d'une insertion nécessaire dans un groupe, une position holiste. Si l'engagement suppose un gage, la valeur de celui-ci n'est pas prédéterminée (économisme), mais déterminée par les rapports sociaux (entre groupes et personnes) ; la visée est la formation de liens de solidarité et de réciprocité dans de microcommunautés en l'absence de ou contre le marché ; la formalisation mathématique est considérée comme appauvrissante[20]. En d'autres termes, « la confiance n'est pas établie entre des êtres égoïstes qui, calculant des coûts transactionnels ou estimant des avantages comparatifs, comprendraient et adopteraient la confiance parce que ce serait un mode de transaction moins coûteux ou plus rentable qu'une logique opportuniste[21] ». La considération d'autrui et l'affection sont des motivations aussi puissantes, à proximité de la sympathie smithienne. Pour la confiance comme pour la monnaie, Jean-Michel reconnaît cependant une ambivalence entre égoïsme et générosité.

---

18 « Le chapeau », introduction au séminaire « Nouvel Institutionnalisme / La confiance » est un document de travail du Centre Auguste et Léon Walras qui date de novembre 1993. Une nouvelle version est parue, voir Servet (1997). Voir également Servet (1994c).
19 Jean-Michel a été proche du Mouvement anti-utilitariste en sciences sociales (Mauss).
20 Voir Servet (2006a), p. 322 *sqq.*
21 Servet (2006a), p. 330.

Ces thèses sur la confiance au sein de microsociétés holistiques viennent couronner des travaux sur les tontines[22], sur les systèmes d'échange local (SEL)[23] et surtout permettent de fonder une économie sociale et solidaire aux antipodes du *social business* qui, souvent, a pris en otage le microcrédit. Jean-Michel analyse de façon équilibrée les multiples formes de microcrédit ou de microfinance. S'il salue certains « banquiers aux pieds nus », il observe les illusions entretenues (en particulier sur l'investissement, car pour l'essentiel il s'agit de prêts à la consommation, pour la santé…) par ceux qui font croire que le microcrédit offre une substitution aux politiques publiques d'assistance et de subvention, et surtout il critique les dérives du microcrédit libéral. Il montre comment, devenu une forme nouvelle d'usure hautement rentable, en particulier en Inde, celui-ci a conduit à un surendettement tragique des paysans, et entraîné des vagues de suicides, d'où la nécessaire intervention de l'État pour contrer les effets de ce microcrédit usuraire. Il critique sévèrement la proposition d'Esther Duflo de « libérer » totalement les taux d'intérêt, ce qui revient à permettre l'essor de ces nouveaux usuriers[24], et certaines des pratiques de Muhammad Yunus et de sa Grameen Bank, bien avant l'effondrement, dès 2010, du « banquier des pauvres ».

La confiance mène à l'analyse du lien de confiance et à opérer un retour sur la monnaie et la finance. Dans *Les monnaies du lien* déjà cité, Jean-Michel explique :

> Anthropologiquement et historiquement, les relations financières sont des liens – au sens d'un attachement – entre les membres d'une communauté. Il suffit de rappeler l'étymologie de termes comme « obligation » ou sa traduction anglaise « *bond* », pour retrouver dans « obligation » la racine « lig », autrement dit une ligature, et dans « *bond* » le double sens financier d'obligation mais aussi de rapport de servitude. (Servet, 2012b, p. 364-365.)

Cependant, ce lien ne se conçoit pas dans une relation bilatérale (« la position relative de l'un par rapport à l'autre » : Servet, 2012b, p. 367), mais socialement. À proximité de travaux de Michel Aglietta, d'André Orléan et de Bruno Théret et de leur collectif transdisciplinaire[25], si la condition d'existence de la monnaie est la confiance, il s'agit d'une

---

22   Servet (1985b et 1990).
23   Servet (1998d), Bayon et Servet (1998), Bayon et Servet (1999) et Servet (1999a).
24   Servet (2006b), Servet (2015a), Fouillet, Guérin, Morvant-Roux, Roesch et Servet (2007).
25   Voir notamment Aglietta et Orléan (1998) et Théret (2007a).

construction sociale, et le lien de confiance inhérent à l'usage de la monnaie et aux relations financières ne peut être pensé que dans une communauté. « La monnaie représente la société comme totalité[26]. »

La critique de la financiarisation et du néocapitalisme patrimonial d'une part, et d'autre part, ses analyses du lien social, du lien de confiance, spécialement en matière monétaire et financière, débouchent sur des propositions alternatives axées sur la solidarité, la lutte contre l'exclusion, en particulier financière, la réciprocité et le partage ou le don, la citoyenneté. Dans les écrits de Jean-Michel s'accroît au cours du temps l'importance à attribuer aux *commons* et il applique à la monnaie et à la finance les principes de gestion des « communs » avancés par Vincent et Elinor Ostrom[27].

Si l'économie sociale et solidaire est sa patrie intellectuelle, si les logiques et les expérimentations microsociales constituent le centre de gravité de ses travaux, Jean-Michel ne s'en remet pas aux seules initiatives locales ; il perçoit les dérives du microcrédit ou de la microfinance, il ne se livre pas à une critique systématique de la finance formelle (qui reste nécessaire) et demeure attentif aux régulations globales.

C'est en macroéconomiste qu'il a précocement analysé la mutation du capitalisme mondial, la montée des inégalités, la financiarisation et leurs conséquences, la grande récession de 2007[28]. Loin de s'arrêter aux observations et aux analyses, il pense la sortie de crise comme dépassement radical du système socio-économique. La sortie de crise qu'il esquisse va, en effet, bien au-delà de régulations nationales ou globales. Au sein de l'économisme, pour Jean-Michel, il n'est pas de voie pour un « renouveau » en profondeur et dans la longue durée, et même la critique du libéralisme ne suffira pas. La solution structurelle ne saurait être un rafistolage interventionniste, un retour aux « Trente Glorieuses » ou une conversion aux idées keynésiennes, elle ne sera apportée que grâce à cette économie sociale et solidaire qui émerge et se développe sous nos yeux, une démocratie réelle fondée sur les relations de réciprocité et de solidarité au sein de communautés vivantes, ouvertes.

Utopie ? Oui, une utopie concrète. Pas plus que de bonne littérature, on ne fait de bonne économie avec de bons sentiments et l'analyse

---

26   Servet (2012b), p. 336. Voir Swaton (2013), p. 165-170.
27   Servet (2015c).
28   Servet (2010).

que donne Jean-Michel de certaines dérives du microcrédit et de la microfinance le montre. Comme Jean-Michel, je crois aux forces de l'esprit communautaire. Ce fut le cas hier et ce sera le cas demain. Avec Bernard Rosier, nous avions pu « observer » la dynamique des communautés paysannes et des communautés de métiers du Moyen Âge, le rôle des compagnonnages, les combats ouvriers pour retrouver l'autonomie que ceux-ci connaissaient à l'origine. Nous prenions en compte les conséquences des « communs » en termes de surexploitation de la ressource, particulièrement le surpâturage des communaux. Nous savions que « ce qui est commun au plus grand nombre fait l'objet des soins les moins attentifs [car] l'homme prend le plus grand soin de ce qui lui est propre, il a tendance à négliger ce qui est en commun » (Aristote, *Politique*, liv. II, chap. III) ou, plus trivialement, que « l'âne de la communauté est toujours le plus mal bâté ». Garrett Hardin s'est rendu célèbre en reprenant les arguments traditionnels de l'immense littérature sur le sujet, ceux déjà d'Aristote et de Thomas d'Aquin, mais surtout de la cohorte des libéraux. Pour répondre aux simplifications de la « tragédie des communs[29] », les principes de gestion de ces communs proposés par Vincent et Elinor Ostrom sont essentiels. C'est seulement en ce sens, parce que la réponse « communautaire » est pertinente, qu'il faut reconnaître les pressions holistiques, se souvenir que le village traditionnel, et plus généralement les petites communautés rurales, ici ou ailleurs, hier ou aujourd'hui, peuvent constituer un terrifiant *panopticon*. Ceci explique en partie l'exode rural des jeunes : « l'air de la ville rend libre[30] », cette ville où l'individu peut se perdre, éviter la transparence sociétale. Naturellement, il en va de même du collectif de travail qui peut être oppressant pour les individus, où l'ostracisme et l'exclusion sont d'une extrême dureté. Dans le même esprit, il ne faut pas négliger les dérives de la solidarité financière lorsque celle-ci, d'une façon ou d'une autre, s'impose sous la pression du groupe ou est imposée d'en haut. Pour cela, le démantèlement de ces communautés, la fin des corporations et la formation du marché libre et ouvert, ont pu être accueillis avec joie par certains, voire par beaucoup, et pas seulement les forts, les riches

---

29 Voir Hardin (1968).
30 Je me souviens avoir longuement discuté avec des jeunes ruraux de Basse-Casamance qui m'expliquaient ainsi l'attirance de la grande ville, de Dakar.

et… les exclus[31]. Bévue tragique de ceux qui ne pouvaient anticiper qu'avec le marché s'amorçait l'exploitation capitaliste.

D'où la nécessité de liens sociaux solides fondés sur les accords individuels et le respect des accords, d'où le caractère essentiel du lien de confiance : c'est cela la solidarité, non la pression holistique. On revient à Thomas Hobbes, le théoricien du lien civil, mais Hobbes délivré de l'obsession autoritariste, et où l'autorité se fonde sur la légitimité démocratique. Loin de la vulgate, Hobbes montre comment se constituent des liens de réciprocité, les engagements pour la paix et l'échange de bons procédés et de marchandises ; comment, une fois le *covenant* signé, seul le *fool* ne tiendrait pas ses promesses lorsque l'autre les a remplies. Le lien de confiance n'est pas si éloigné de celui qui naît du *tit for tat* où chacun joue la paix tant que nul ne joue la guerre, au bénéfice évident de tous. Las ! ajoute-t-il, « *something more is needed*[32] ». Les passions en effet viennent troubler le jeu, surtout les passions comparatives, non que chacun se livre à l'opportunisme, mais chacun craint que l'autre ne s'y livre ou pense seulement que l'autre risque de s'y abandonner. « Ce quelque chose en plus », c'est l'État ou la *Cité* qui fait tenir fermement le lien (un dieu lieur cher à Georges Dumezil) par la crainte de la violence légitime (*timor*). Cette crainte suffit ; en général, la violence n'a pas à s'exercer. Avec la démocratie, cela devient la citoyenneté. Sans l'État, dans le lien de confiance le doute s'insinue et, dans la faille, les passions se glissent et les croyances dans les passions des autres. Pensons justement à la monnaie qui naît avec la société, avec la Cité et où le sceau de César s'impose pour faire de la confiance une donnée sociale (et un *common knowledge*). Mais qui le sait mieux que l'auteur du *Prince masqué*[33] ?

Les textes de Jean-Michel nous invitent à poser ces questions vitales et à en débattre. Comment ne pas terminer en soulignant qu'il est aussi un éveilleur, passionnant ses lecteurs, ses étudiants, les emportant sur les chemins du gai savoir, dirigeant des thèses importantes[34] ! Partout,

---

31 Ce que semble reconnaître Jean-Michel dans sa mise en pièce du plaidoyer de Laurence Fontaine en faveur du marché et du libéralisme.

32 Il faut aller plus loin.

33 Servet (1979b).

34 Je pense à tous ceux dont Jean-Michel a dirigé la thèse, en particulier à Jérôme Maucourant et André Tiran, à Jérôme Blanc, Gilles Jaccoud, Emmanuel Foko, à Seydi Ababacar Dieng, à Alain Benausse, Isabelle Guérin, Cyrille Ferraton, Hadrien Saiag, à d'autres encore.

il a suscité des disciples sur les thèmes qui lui sont chers, en histoire de la pensée, sur les questions monétaires, la microfinance, l'économie sociale et solidaire, sur les économies, les communautés et les expériences africaines, indiennes. Avec la plupart, il continue à coopérer et ainsi un réseau se construit en France, en Suisse, aux quatre coins du monde. Si parfois des divergences apparaissent, tous reconnaissent le rôle majeur de Jean-Michel dans leur formation, tous savent qu'il est l'un de ceux qui produisent l'étincelle de la curiosité intellectuelle et transmettent la flamme de la recherche. Que ce livre en soit le témoignage.

PREMIÈRE PARTIE

LA MONNAIE

DES COUPURES ET DES LIENS

FARINET OU LA MONNAIE

Jérôme BLANC
Sciences Po Lyon ;
laboratoire TRIANGLE,
UMR CNRS 5206

> Dieu du prodigue et de l'avare…
> Je ne me nomme pas Jésus,
> Mais je porte au rang de Crésus
> Tout ce qui n'était que Lazare ;
> Enfin, pour vous parler plus net,
> Je suis le bon Dieu Farinet.
> Opérette jouée sur la place publique du
> Châble, commune de Bagnes, Suisse, 1879.

Diogène, comme son père banquier accusé de faux-monnayage, introduisait le doute dans l'esprit de ses contemporains en « transformant les mœurs comme les monnaies[1] ». Il donnait un coup de fouet philosophique aux idées en place et contestait les conventions sociales. Beaucoup plus près de nous, un individu du nom de Farinet contestait et subvertissait l'autorité en frappant de fausses pièces, dans le Valais des années 1870. Farinet soumettait la monnaie à un principe de liberté. Jean-Michel Servet poursuit leur œuvre à sa manière, glissant sa pièce dans les débats pour dénoncer les idées fausses.

Beaucoup de ces idées portent sur la monnaie et tiennent en particulier à son essence et à ce qui se joue dans son usage. Dans *Les monnaies du lien*, c'est l'affirmation de la construction du lien social par la monnaie

---

1 Laërce (1965), p. 14.

dans notre société, et pas seulement dans les sociétés anciennes ou sans État, qui est au cœur de la réflexion[2]. La figure complexe de Farinet, personne et personnage, réalité historique et phantasme populaire et littéraire, est un guide utile pour travailler ce point et plus largement la complexité de la monnaie.

La catégorie du faux doit être prise avec bien des précautions. On s'intéressera ici au trouble produit par Farinet non seulement sur l'authenticité mais plus largement sur la nature multidimensionnelle de la monnaie. Keith Hart a utilisé la métaphore des deux côtés d'une pièce pour distinguer deux logiques, celle du chiffre et celle de l'autorité[3]. Bruno Théret ajoute à cette dualité la tranche de la pièce, qui lui donne son épaisseur : le monnayage[4]. On retiendra ici « pile » (*tails*) : le chiffre, soit la valeur de la monnaie décidée par l'autorité ; « face » (*heads*) : le symbole, soit la représentation de la souveraineté au nom de laquelle la monnaie est émise ; « tranche » : le monnayage, soit les règles et procédures par lesquelles la monnaie entre dans la circulation. Le cas de Farinet requiert une réflexion à ces trois niveaux complémentaires. La figure historique de Farinet est en effet celle d'un faux-monnayeur légitimement préoccupé de son industrie et de ses bénéfices ; le chiffre est donc premier (section 1). Mais Farinet a été par la suite construit en personnage de fiction ; sous la plume de Charles Ferdinand Ramuz, il est devenu une figure de la souveraineté de l'individu ; ce n'est plus alors le chiffre qui importe mais le symbole ou la représentation de la liberté (section 2). Dans tous les cas, la monnaie doit être mise en circulation ; ce monnayage repose sur des relations sociales particulières où interviennent des rapports non marchands. Là apparaît l'homme dans sa communauté – qu'il érode ou conforte, selon la finalité de la contrefaçon (section 3).

---

2   Servet (2012b).
3   Hart (1986), p. 637-656.
4   Théret (2008), p. 813-841.

VÉNALITÉ :
JOSEPH-SAMUEL FARINET OU L'EMPIRE DU CHIFFRE

Joseph-Samuel Farinet contrefaisait des pièces helvétiques de vingt centimes frappées en 1850 et 1858. Il avait une patrie, la montagne, écartelée entre trois pays mais unie par la culture franco-provençale. Il naquit en 1845 d'une famille paysanne dans les États de Savoie, à Saint-Rhémy-en-Bosses, sur le versant valdôtain du col du Grand-Saint-Bernard[5]. C'est la justice d'Italie qui le condamna par contumace en 1869, à Aoste, à dix-huit mois de prison pour vol. Il se réfugia dans la commune valaisanne de Bagnes, de l'autre côté du col, en Suisse, puis à Martigny-Bourg. Utilisant parfois de faux noms, il fabriqua et écoula plusieurs milliers de francs en fausses pièces. Au fil des traques, arrestations, condamnations (à plusieurs reprises par contumace) et évasions, il installa son activité en particulier au Val de Bagnes mais dut la déplacer à plusieurs reprises. Après sa condamnation en 1879, on le retrouva à Martigny, à Saxon puis à Saillon… C'est là qu'il mourut au bout de cinq jours de siège en avril 1880, dans les gorges étroites de la Salentse, un torrent qui se jette dans le Rhône en amont du village. On ne sait si sa mort fut accidentelle, s'il fut abattu ou s'il se suicida.

La description que la presse valaisanne de l'époque donne de lui laisse entrevoir une « petite frappe » : un petit malfrat ayant réussi à travailler durablement dans cette « industrie » (c'est le terme employé) et à agglomérer autour de lui un nombre significatif d'affidés. Il fut raconté par les médias locaux de son vivant et bénéficia toujours d'un traitement différent de celui des autres faux-monnayeurs[6]. À l'instar de Mandrin, une *Complainte* lui fut écrite au lendemain de sa mort[7]. On y présente Farinet comme un Don Juan victime de la jalousie d'un mari cocu qui l'aura dénoncé.

---

5   Sur la vie de Farinet, ses démêlés avec la justice et sa réception dans les médias de l'époque, voir Donnet (1980) ; Allet-Zwissig (1980), p. 3-83 ; Wottreng (1995).

6   Allet-Zwissig (1980).

7   *Le Confédéré*, 30 avril 1880. Cet hebdomadaire radical-libéral consacre plusieurs articles (et une lourde polémique politique) à Farinet entre 1878 et 1882.

UN CONTEXTE FAVORABLE À LA CONTESTATION MONÉTAIRE
ET À LA FAUSSE MONNAIE

En 1848, la Constitution fédérale a attribué à la Confédération le droit exclusif de frapper monnaie. La loi de 1850 a établi le franc suisse, devant circuler sous forme de pièces de cuivre (1 et 2 centimes), de billon (5, 10 et 20 centimes) et d'argent (1/2, 1, 2, 5 francs). À l'époque où Joseph-Samuel met en circulation ses fausses pièces, dans les années 1870, le Valais reculé a connu une phase de modernisation mais aussi une crise importante liée à la faillite de la Banque cantonale du Valais, fin 1871, qui exacerbe les tensions politiques, le chef de la majorité conservatrice du canton étant impliqué dans la banqueroute. En outre, la circulation monétaire est globalement insuffisante, particulièrement au début de la décennie, et les fausses pièces de Farinet sont perçues comme comblant un manque. C'est ainsi qu'en 1871, lors de l'affaire qui conduit Farinet en prison, « le Conseil fédéral ayant refusé de retirer de la circulation les pièces fausses de vingt centimes dont le nombre était considérable à Martigny, elles continuèrent à circuler, et, vue la rareté du numéraire, à être acceptées conventionnellement dans le canton, bien qu'elles soient sans alliage d'argent ». À cette époque, « l'émission, *connue et prouvée*, s'élève à 8132 francs », mais il aurait émis pour une valeur de près de 50 000 francs. Ce montant total estimé est proche de celui des vraies pièces de vingt centimes en circulation dans les six districts concernés du canton, et cela représente probablement autour de 33 % de la masse de monnaies divisionnaires légales présentes dans ces districts ou autour de 8,5 % de la masse monétaire métallique légale totale dans ces districts[8]. Ces pièces ont donc circulé assez largement en 1870-1871, et probablement dans une moindre mesure en 1878-1880 du fait notamment d'une activité plus chaotique du faux-monnayeur. La population était tendue entre le besoin de petite monnaie et les risques encourus à utiliser les fausses pièces de Farinet. Un homme témoigne, lors de l'hiver 1879-1880 : « Oui, sans le secours de Farinet, nous aurions été bien malheureux cet hiver ». Ainsi peut se comprendre la tolérance dont font preuve les autorités à l'égard des fausses pièces, sinon de leur émetteur[9].

---

8   Calcul réalisé en rapportant la masse des monnaies métalliques émises depuis 1850 (sans tenir compte des pertes) aux districts valaisans concernés, à partir de leur population estimée. Pour les frappes fédérales, voir *Helvetische Münzenzeitung* (1985).

9   Donnet (1980), p. 95, 107 et 498 ; *Le Confédéré*, 24 mai 1878.

Si le contenu métallique de pièces d'argent et d'or importe à leurs détenteurs, le contenu métallique du billon est toujours inférieur à sa valeur faciale. Contrefaire des pièces de vingt centimes produit donc en principe moins d'effets sur la confiance méthodique que contrefaire des pièces de contenu métallique assez pur[10]. La crainte des porteurs de fausses pièces ne peut être celle d'un métal de pureté insuffisante pour justifier la valeur de la pièce, mais celle de monnaies non reconnues par les autorités monétaires. Cela ne touche pas non plus la même population : les notables et la bourgeoisie sont assez peu concernés, et c'est dans les actes quotidiens de la population monétarisée que les effets peuvent se faire sentir.

MISÈRE DE LA VÉNALITÉ DU FAUX-MONNAYEUR TRAQUÉ

En dépit des risques d'être pris et lourdement condamné pour faux-monnayage, il semble qu'un tel crime ait été assez commun dans l'histoire. Dans le Valais lui-même, le faux-monnayage était particulièrement courant à l'époque de Farinet ; Danielle Allet-Zwissig recense soixante-dix-sept cas mentionnés dans la presse valaisanne de 1870 à 1881, mais seulement huit arrestations, Farinet compris, pour en conclure que « la fausse monnaie faisait alors bien plus partie du quotidien que de nos jours[11] ».

Les pièces de vingt centimes millésimées 1850 et qui conduisent Joseph-Samuel Farinet dans les geôles de Sion en 1871 sont d'une circulation très commune, relativement faciles à produire et plus faciles à écouler que des pièces de métal précieux. Il est d'usage fréquent de rassembler les pièces de vingt centimes en paquets ou rouleaux de cinq francs. Il est facile alors de masquer la contrefaçon de la majorité des pièces par quelques vraies. Avec ces rouleaux, on paie des sommes de dix, vingt ou même quatre-vingts francs, davantage peut-être[12]. On les utilise pour faire le change sur une plus forte somme. S'il doit y avoir des dizaines voire plusieurs centaines de pièces à vérifier, la vérification n'est pas menée très loin, d'autant plus en situation de manque chronique de petite monnaie.

Selon les circonstances (et le degré de duplicité des personnes interrogées durant les années 1871-1880 par la justice valaisanne), ces fausses

---

10   Sur les formes de la confiance, voir Aglietta et Orléan (1998).
11   Allet-Zwissig (1980), p. 5.
12   Donnet (1980), p. 41-45.

pièces de vingt centimes ont semblé aisément identifiables, ou difficilement distinguées des vraies. Si l'on en croit les termes du jugement par
lequel Farinet est condamné en 1871, elles sont « très ressemblantes et
fort bien fabriquées ». Mais elles sont aussi fortement vert-de-grisées,
plus pâles que les vraies, leur bord est moins franc et le chiffre 20, moins
net. Farinet est un faux-monnayeur de bas niveau, relativement peu
technique mais persévérant. À l'occasion du procès de 1871, on apprend
les conditions de son activité. Il moulait les pièces dans un alliage d'étain
et de cuivre. Le métal lui coûtait de deux à quatre francs la livre et une
livre lui permettait de produire des pièces pour une valeur de vingt
francs ; il produisait jusqu'à neuf cents francs par semaine, soit le prix
approximatif de neuf vaches[13].

Cet homme condamné par la justice sent la mort le poursuivre tout
au long de la décennie : en juin 1871, sous le coup d'un procès qui le
mènera en prison, il écrit : « J'ai agi comme un homme sans expérience,
le malheur ma réduit au néant il faut s'y soumettre et la mort seul
mettra fin à tant de souffrances [sic]. » En août 1878 : « Je suis Farinet
Joseph-Samuel, condamné à me faire [faire] feu dessus par la justice de
Bagnes. » Farinet vit d'expédients, de crédits non remboursés, de vols,
de dissimulations et de mensonges[14]. De son départ du Val d'Aoste en
1869 à sa mort en 1880, sa vie aura été faite de caches misérables et de
fuites précipitées.

LIBERTÉ :
MAURICE FARINET OU L'INDIVIDU SOUVERAIN

Joseph-Samuel Farinet a donc été un faux-monnayeur sans grande
envergure, qui jamais n'a réussi à sortir de sa condition de faussaire et
qui en est mort, misérablement, en animal traqué, précipité au fond du
gouffre. Il est pourtant aujourd'hui célébré et connu dans le Valais et
au-delà. À Saillon, il est devenu l'objet d'une petite industrie touristique
et d'un culte romantique. Pourquoi la figure de Farinet a-t-elle connu

---

13   Donnet (1980), p. 37-38, 77-78 et 106 ; Wottreng (1995), p. 39.
14   Donnet (1980), p. 16, 402-403 et 406.

une telle envolée dans la légende ? De son vivant, il a été raconté par la presse locale et célébré par tradition orale. Même faux-monnayeur, il n'a pas été perçu comme simplement malfaisant ; sa mort a paru injuste et a fait ressortir la duplicité d'une notabilité qui l'a abandonné après l'avoir protégé. Son origine modeste et la persévérance dont il a fait preuve dans son activité en dépit de ses condamnations ont magnifié une aspiration à la liberté contre les institutions. Enfin, et probablement surtout, Charles Ferdinand Ramuz, grand écrivain suisse de la première moitié du XXᵉ siècle, a publié un roman, en 1932, qui a fait de ce faux-monnayeur le symbole d'une quête irréductible de liberté où celle-ci n'a d'autre alternative que la mort.

VINGT FRANCS D'OR PRESQUE PUR, UN HOMME PRESQUE LIBRE

Ce roman, publié sous le titre *Farinet ou la fausse monnaie*, a manqué s'intituler *Farinet ou la liberté*[15]. Comme Diogène, Farinet est aujourd'hui insaisissable, car pluriel. Fictions et phantasmes abstraient le faux-monnayeur de son activité chiffrée, manifestation d'une vénalité déviante, pour le projeter dans un idéal de liberté.

Ramuz ne réalise pas une biographie romancée du vrai Farinet, il crée un personnage romanesque qui servira son art du récit en amplifiant sa légende. Son Farinet se prénomme Maurice. Si Maurice n'est pas un faux de Joseph-Samuel, du moins en est-il une sorte de double idéalisé – mais aussi inversé du point de vue des motivations du faux-monnayage. Maurice Farinet est le fils d'un contrebandier du Valais suisse, élevé dans le refus de l'autorité gouvernementale, perçue comme extérieure.

Il n'émet pas des piécettes de vingt centimes d'un alliage vil où l'acide tente de donner le lustre des vraies, comme Joseph-Samuel, mais des pièces de vingt francs d'un or particulièrement pur. Il extrait l'or d'une veine étroite que lui a légué Sage, un vieillard du village de Mièges, à près de 3 000 mètres d'altitude, bien au-dessus des pâturages. C'est la plus haute des altitudes couvertes par le roman : celle de la pureté et de la vérité, où rien ne saurait mentir, celle d'où l'on peut observer la vie de la vallée sans y prendre part, celle d'où les explosions destinées à extraire la poudre s'entendent de loin, tel un signal destiné à affirmer

---

15 Fornerod (1990), p. 145-155.

de façon provocante la présence de la liberté au-dessus des contraintes sociales : lorsque Farinet travaille à extraire l'or, on le sait. Parlant aux montagnes, depuis la corniche où se trouve sa veine, il déclare : « Au moins avec vous on est au-dessus des lois et des règlements... » Seul Farinet semble avoir accès à cette altitude[16].

Des cailloux et des paillettes d'or extraits de la veine, Sage ne fabriquait rien : il « se contentait de collectionner son or » dans des cassettes. Farinet également pourrait amasser ce trésor pour lui-même ; il pourrait cependant aussi faire de cette poudre d'or une source de revenus légaux. Il n'y pense même pas : il fabrique de la monnaie. Le vieux Sage lui disait « c'est la liberté pour les hommes ! », lui montrant la poudre et les pépites d'or. « Mais qu'est-ce que c'est que la liberté ? C'est quand on fait ce qu'on veut, comme on veut, quand ça vous chante. C'est quand on ne dépend que de soi. C'est quand tous les commandements partent de vous. » Et d'illustrer ce que cela peut signifier : dormir, se lever, manger, « faire de la monnaie ». Ou encore : « Un grand dessein ; c'est la liberté, c'est d'être seul, c'est de n'en faire qu'à sa tête, c'est d'avoir son or à soi[17]. »

D'autres écrivains que Ramuz ont abordé la monnaie sous l'angle d'un questionnement sur la liberté[18]. La formule de Fedor Dostoïevski prenant la monnaie pour une « liberté frappée » synthétise bien des manifestations particulières de cette idée générale. Une première lecture de cette formule consiste à voir dans la monnaie une institution apte à couper les liens de dette. La monnaie rend quitte[19]. Une seconde lecture consiste à voir dans la monnaie le réservoir d'une infinité de possibles. Dans des termes d'économistes, elle est un moyen de paiement indifférencié si ce n'est universel. Pourtant, le sens donné par Dostoïevski à cette formule appelle une troisième lecture, qui fait sens sous la plume de Ramuz. Dans les *Carnets de la maison morte*, Dostoïevski évoque le rôle de l'argent au sein de ce que Erving Goffman qualifiera plus tard d'« institution totale ». Bien que l'argent et la possession d'outils fussent interdits dans le bagne dont témoigne l'écrivain autrefois interné, ils

---

16   Ramuz (1932/2005), *Farinet ou la fausse monnaie*, p. 704, 713-714, 740 et 756.
17   Ramuz (1932/2005), p. 714, 737-738, 766 et 1424.
18   Restant dans le domaine de la littérature, on ne développera pas ce que les sciences sociales en ont dit : voir à ce sujet en premier lieu Georg Simmel (1900/2013).
19   C'est du moins l'interprétation la plus courante, qu'on interrogera plus loin. – Voir Servet (2012b) ; Blanc (2009), p. 649-688.

sont en fait très présents et ont même un rôle salvateur : « L'argent, c'est de la liberté comptant, et voilà pourquoi, pour l'homme qui est complètement privé de liberté, il est dix fois plus précieux. Quand l'argent tinte dans sa poche, il est déjà à moitié consolé, quand bien même il ne pourra pas le dépenser[20]. »

L'introduction de la monnaie maintient leur humanité aux forçats. Elle subvertit l'emprisonnement en desserrant ses contraintes : elle engendre des interdépendances entre prisonniers, qui ne sont plus sous le seul rapport totalitaire de dépendance à l'institution ; elle soutient la formation de liens sociaux ; elle fait aussi le lien entre les prisonniers et le monde extérieur.

Le Farinet de Ramuz a notamment cet usage de ses fausses pièces : la monnaie lui apparaît comme fondement de sa liberté, non parce qu'elle le libère de ses dettes (elle ne le libère pas de sa condamnation puisque seul un séjour en prison le pourrait) ou parce qu'elle lui permet d'accéder à une infinité de possibles (il n'en a pas même l'occasion), mais parce qu'elle dit son humanité irréductible. Celle-ci pourrait s'exprimer ainsi : la vie sociale d'un homme ordinaire suppose l'usage de la monnaie en cours ; Farinet a quitté cette condition d'homme ordinaire en produisant de la fausse monnaie ; sa condamnation et son refus de purger sa peine l'ont extrait de la société ; en cavale, seule la continuation de son activité de production de monnaie le rattache désormais à la vie sociale, par les rapports sociaux qu'elle suppose. L'individu souverain ne survit donc que par ce qui le raccroche à la vie sociale, c'est-à-dire la monnaie.

La qualité des pièces est précisée à plusieurs reprises par Ramuz, mais de façon changeante si ce n'est contradictoire. Farinet extrait le métal d'une veine d'or et d'argent : autrement dit, il extrait de l'électrum, alliage naturel employé pour les premières pièces antiques. De ce point de vue, Ramuz renvoie l'acte de Farinet à un phantasme sur l'origine de la monnaie : Farinet retourne aux origines. Par ailleurs, l'or de Farinet est plus pur que celui du gouvernement, du moins selon lui et selon les personnages qui le soutiennent. La qualité du métal justifie à elle seule que Farinet batte monnaie. Le principe de souveraineté est ainsi complètement contesté. L'alliage d'or et d'argent donne aux pièces une couleur jaune clair, alors que celles du gouvernement sont faites d'un alliage d'or et de cuivre qui leur donne une couleur rougeâtre. Il reste

---

20   Dostoïevski (1860-1862/1999), p. 38.

qu'« elles ne sont pas toujours bien faites », faute d'outils adéquats. Avec une telle description, il semble évident que les fausses pièces sont aisément détectées ; elles devraient donc être refusées par ceux qui les reçoivent : il n'en est pourtant rien[21]. C'est que cette monnaie n'est pas seulement, pour Ramuz, un symbole de liberté de l'individu qui les frappe, mais aussi un vecteur de liens sociaux et d'identification communautaire : on l'évoquera lorsqu'il sera question du monnayage.

MISÈRE DE LA LIBERTÉ DE MONNAYER

Vu par les autorités comme faux-monnayeur, Farinet paie cher la liberté qu'il revendique de frapper de meilleures monnaies que le gouvernement. Il est emprisonné à plusieurs reprises et s'évade, et finit par se laisser tuer faute de perspective de liberté.

Entre temps, paradoxe de sa revendication viscérale de liberté, Farinet est rarement libre de ses mouvements, rarement à l'air libre, rarement à la lumière du jour : de son cachot de Sion, il s'évade de nuit en se hissant dans l'espace réduit dégagé par ses barreaux sciés ; il extrait l'or tout en haut de la montagne, d'une veine étroite dans laquelle il doit ramper sur le dos et dont il ne sort qu'en se tassant sur la corniche pour ne pas être emporté dans le vide ; c'est dans le froid, l'humidité et le « demi-jour grisâtre » des boyaux de la grotte des gorges de la Salenche qu'il se terre et qu'il fabrique ses pièces, sous les pieds de ses semblables, à Mièges ; sa chute mortelle le précipite plus bas encore et le ramène au niveau de la vallée. « Son sort est d'être tantôt dans les hauteurs de l'air et au-dessus des hommes, tantôt au-dessous d'eux dans les profondeurs de la terre. » Ses mouvements sont faits de lourds frottements et d'équilibres délicats. Lors d'un réveil dans la grotte, il se croit pendant un instant aux galères, à Sion. Quand il sort, c'est de nuit, avec mille précautions, mais alors il circule « en compagnie de la liberté ». Lorsqu'il apparaît au grand jour, il dévale la montagne comme les rochers un pierrier[22].

Dépendant des saisons, dépendant de l'approvisionnement qu'on lui apporte, qu'il soit en prison ou dehors, il est un temps séduit par l'idée de se ranger en se rendant, comme le lui propose Romailler, conseiller municipal dont la fille pourrait alors devenir sa femme après

---

21   Ramuz (1932/2005), p. 703, 705, 721 et 737.
22   Ramuz (1932/2005), p. 747, 751, 754 et 1424.

qu'il aura purgé six mois de prison : il en sortirait pour l'été suivant et commencerait une nouvelle vie[23]. Mais il en va finalement autrement. Les hésitations du Farinet de Ramuz sont à noter : il ressent la contradiction entre la revendication de la liberté de monnayer, qui implique en réalité une série de dépendances mortifères et un risque vital, et la liberté plus simple de vivre au quotidien dans la société des hommes sans être inquiété. Il choisit un temps la seconde mais n'a pas le temps d'y goûter ; il doit se résoudre à assumer les conséquences de la première. C'est donc désespéré, car ayant accepté la perspective de la mort, qu'il invective la gendarmerie et ce qu'elle représente quand, assiégé et affamé, celle-ci donne l'assaut[24].

COMMUNAUTÉ :
ENTRE RESSOURCE ET FINALITÉ

Si la figure du faux-monnayeur historique renvoie au chiffre et au côté pile et que celle du héros de fiction renvoie à la souveraineté et au côté face, il reste à aborder la tranche de la pièce : celle qui relève des conditions de monnayage, qui suppose la mise en cohérence de la valeur et de la souveraineté par un système de règles, et qui passe par un ensemble de pratiques concourant à mettre en circulation la monnaie au sein d'une communauté particulière. Si c'est un enjeu central du monnayage, il en va tout autant du faux-monnayage ; sa fausseté n'est d'ailleurs que question de point de vue ou d'intention du monnayeur. C'est ce qui fait une différence majeure entre Joseph-Samuel et Maurice : pour Joseph-Samuel, dont l'intention est vénale, la communauté est une ressource dont l'instrumentalisation fournit une protection ; pour Maurice, dont l'intention est la liberté, la communauté est l'origine et la fin. Dans les deux cas se pose la question du rapport de la fausse monnaie au lien social, mais d'une façon opposée.

---

23   Ramuz (1932/2005), p. 758.
24   Ramuz (1932/2005), p. 828-829.

LES FAUSSES MONNAIES DU LIEN

Dans *Les monnaies du lien*, Jean-Michel Servet énonce « l'impossible coupure » du lien social par l'usage des paléomonnaies : « [...] impossible, car rompre serait funeste pour la communauté elle-même, en détruisant ce qui relie par un paiement que l'on prétend capable de rendre chacun quitte et totalement autonome par rapport aux autres[25]. » La thèse forte de l'ouvrage est que cette impossible coupure s'applique aussi aux sociétés modernes, contre l'illusion de la « liberté frappée » dont on a parlé plus haut.

> Croire en la capacité d'un instrument de couper le lien en mettant fin à toute obligation grâce au paiement constitue une transformation essentielle. La confiance se déplace alors de la solidité du lien à celle de la capacité de rompre « en bons termes », en ayant « réglé ses comptes », donc toutes ses obligations (Servet, 2012b, p. 369.)

Pour comprendre en quoi la monnaie porte le lien, il faut se départir de toute vision évolutionniste afin de ne pas voir dans cette association un archaïsme condamné à dépérir. La thèse de l'impossible coupure appelle ici quelques commentaires afin de l'approcher du cas de la fausse monnaie dans la diversité que les Farinet nous donnent à voir.

Une première interprétation de cette impossible coupure consiste à souligner l'extériorité essentielle de la monnaie par rapport au marché : elle est certes support de transactions marchandes, mais elle porte aussi des rapports redistributifs et réciprocitaires où le transfert de monnaie n'équivaut pas à la rupture du lien mais, au contraire, participe de sa reproduction : ainsi en est-il du paiement de l'impôt ou de l'échange au sein des SEL (systèmes d'échange local)[26]. Néanmoins une seconde interprétation peut être développée en se situant au cœur même des relations marchandes, sous deux angles très différents. La monnaie apparaît, d'une part, comme un tiers qui rend possibles les relations marchandes bilatérales en y introduisant un système de règles et la totalité sociale transcendante (c'est la thèse formulée de diverses façons par Jean-Michel Servet et par le groupe formé par Michel Aglietta et André Orléan[27]). Mais elle est aussi, d'autre part, productrice de lien au sein même de l'échange marchand. Jean-Michel Servet insiste sur

---

25   Servet (2012b), p. 361.
26   Servet (2012b) ; Servet (1999a).
27   Aglietta et Orléan (1998).

des initiatives solidaires telles que les monnaies locales où l'échange marchand relève de « l'interdépendance autour d'intérêts communs » où se réalisent « des relations de partage au sein desquelles la solidarité devient le principe commun moteur[28] ». Il est possible d'aller plus loin, car l'échange marchand, même non repensé dans des initiatives solidaires, porte des formes de lien social par la répétition routinière, opportuniste ou loyale de l'échange marchand[29].

Jean-Michel Servet ne traite cependant pas de la fausse monnaie. Or, dès lors qu'elle est considérée fausse par certains acteurs ou usagers, elle porte une tromperie qui est en soi antinomique du lien : elle le corrode en instillant une méfiance méthodique dans laquelle tout transfert d'espèces peut requérir la vérification de leur authenticité. Être payé en fausse monnaie ne donne que l'illusion d'avoir rompu en bons termes. La situation que le Farinet de chair et d'os et que celui de fiction laissent entrevoir n'est pourtant pas univoque : la fausse monnaie porte aussi certaines formes de lien. Mais les liens sont constitués par la convergence momentanée d'intérêts vénaux dans le cas de Joseph-Samuel, alors qu'ils sont une construction communautaire dans le cas de Maurice.

CONFRÉRIE OPPORTUNISTE
ET SUPPORT COMMUNAUTAIRE FRAGILE : JOSEPH-SAMUEL

« Monnayer » ne consiste pas seulement à fabriquer de la monnaie : il s'agit aussi de la mettre en circulation dans une opération d'émission monétaire. Or, plus l'activité prend de l'ampleur, plus elle suppose de constituer un réseau dont les motivations, les contacts et les activités sont étroitement contrôlés.

Joseph-Samuel s'appuie sur la « société à Farinet », ainsi qu'on l'appelle en 1879 dans la commune de Bagnes, soit dix-huit « ouvriers » : Farinet n'est pas un loup solitaire mais un véritable entrepreneur. Dans une lettre publiée par *Le Confédéré*, un soi-disant ermite de Bagnes décrit ironiquement cette société comme une « confrérie d'infirmes et de malheureux ». Cela inclut des relais qui écoulent la production. On y trouve un négociant, qui blanchissait les fausses pièces en commerçant avec l'extérieur du canton, mais aussi le receveur de la commune, par ailleurs conseiller communal[30].

---

28   Servet (2012b), p. 370-371.
29   Blanc (2009).
30   *Le Confédéré*, 10 janvier 1879 et 28 mars 1879 ; Wottreng (1995), p. 122.

Face à la justice de ses pairs, le faux-monnayeur sait à peu près ce qu'il encourt, même s'il peut être conduit à sous-estimer ou négliger les risques. Une précaution élémentaire consiste à s'assurer des formes de protection d'un réseau de soutiens permettant d'échapper à la justice : pour être hébergé discrètement, pour être prévenu de l'arrivée de curieux, pour être approvisionné, pour emprunter les sentiers qui permettront de cheminer discrètement (Farinet s'allie pour cela des guides de haute montagne)... La communauté est une ressource que Farinet instrumentalise efficacement pendant une dizaine d'années. Il aime d'ailleurs être généreux et aidé et admiré en retour ; « [...] j'ai des amis qui me supportent ; avec de l'argent, on est bien vu de tout le monde », écrit-il en février 1870 à son frère[31].

Une grande force de Joseph-Samuel est ainsi sa capacité à s'assurer des protections auprès des populations locales. Quelques semaines avant la mort de Farinet, un rapport de gendarmerie dresse la liste impressionnante des soutiens de la population observés dans diverses communes. À Saillon, on rapporte : « La gendarmerie, narguée, sifflée au village et en campagne ; de tous côtés, on nous crie comme après des bêtes fauves[32]. » Comment gagne-t-il le soutien de la population ? Il manie très bien les divisions de l'époque en mobilisant des soutiens des deux côtés de la fracture politique valaisanne : c'est ainsi qu'il « exploite les conflits et les ressentiments locaux pour s'assurer des alliés issus de diverses factions et ainsi mieux se protéger de l'action des autorités[33] ». Mais il paie aussi ses protections : « Il paie généreusement et en monnaie de bon aloi tous les services qu'on lui rend[34]. »

Joseph-Samuel n'est pas seulement protégé par les simples habitants : des notables sont impliqués. Ses relations haut placées réduisent les risques d'enquête : « D'un côté ils renseignaient la Police et se transformaient en agent de cette spécialité ; de l'autre, ils informaient les industriels [les ouvriers] des résolutions manifestées par cette dernière[35]. » L'hebdomadaire radical Le Confédéré s'interroge : y a-t-il « quelque part en Valais, une Camorra dans le genre de celle de Naples[36] » ?

---

31   Donnet (1980), p. 119.
32   Donnet (1980), p. 506-511.
33   Guzzi-Heeb (2008), p. 129.
34   Le Confédéré, 27 février 1880.
35   Le Confédéré, 10 janvier 1879.
36   Le Confédéré, 17 janvier 1879.

Au fond, dans la société valaisanne clivée politiquement, Farinet est un vecteur supplémentaire de division. Son activité à Bagnes finit par rejaillir sur la réputation des villageois. Il cristallise les oppositions politiques et attire à lui des affidés qu'il n'hésite pourtant pas à dénoncer en août 1878 lorsque le vent a tourné, établissant par lettre adressée au président du tribunal une hiérarchie des peines des complices dont il livre les noms[37]. Joseph-Samuel Farinet est, en conséquence, le vecteur d'une société de défiance plutôt que d'une communauté solidaire. Afin de contrecarrer les soutiens dont il dispose, une récompense de 400 francs est fixée pour son arrestation, bientôt portée à 800 francs : elle encourage ses opposants à le dénoncer et elle attaque les soutiens dont bénéficie Farinet en surenchérissant sur l'intérêt pécuniaire que ces protecteurs ont à le soutenir.

LA COMMUNAUTÉ MÉCANIQUE, ORIGINE ET FINALITÉ : MAURICE

Au contraire de Joseph-Samuel, la figure du faux-monnayeur solitaire qu'est à première vue Maurice Farinet masque une aspiration communautaire essentielle. Maurice est certes seul à extraire le minerai, à fabriquer les pièces, et presque seul à les écouler ; ce n'est pas un industriel comme Joseph-Samuel ; mais si Maurice est un individu souverain, la communauté rurale de Mièges se reconnaît en lui, et il lui soumet le sens de son action.

L'émission suppose une double étape qui consiste pour Maurice à passer par des boyaux, comme on l'a vu. Il s'agit d'abord d'extraire du boyau de la mine la poudre d'or, en haut de la montagne, et déjà « c'est la liberté ». Mais ici ce n'est pas le règne de l'homme, c'est le rebord du monde auquel lui seul a accès. Intégrer la société humaine suppose de descendre de la montagne afin de réaliser une seconde opération. Il s'agit alors de transformer la poudre d'or en pièces dans le boyau de la grotte, une sorte d'atelier mystérieux situé au-dessous du niveau auquel vivent les hommes. Là, quelques outils simples mais ésotériques suffisent pour en assurer la conversion, avant que le passeur n'émerge, *via* la cave de la maison avec laquelle communique la grotte, chargé des pièces qui peuvent entrer dans la société des hommes. Par ces deux

---

37 Donnet, (1980), p. 402-406 et 510.

opérations alchimiques, solitaires et obscures, le minerai est extrait des entrailles de la montagne et devient pièce d'or qu'ensuite Farinet distribue autour de lui[38].

Dans la séquence développée par le roman de Ramuz, Farinet ne produit pas pour vendre, il produit par nécessité vitale et il met en circulation soit par don, soit comme paiement d'un bien ou d'une consommation. Lorsqu'il paie, il n'attend pas la monnaie de sa pièce : il paie généreusement. C'est surtout des aliments et du fendant qu'il vient à payer – dans un café à Sion, ou à Mièges auprès du cafetier Crittin qui le protège[39]. Cela évoque la pratique qui consiste à boire ou cuire symboliquement l'argent pour l'intégrer à la communauté[40]. Crittin et les autres sont ainsi les opérateurs de l'ingestion par laquelle la monnaie de Farinet intègre la communauté rurale de Mièges. La « monnaie du gouvernement » apparaît au contraire extérieure à la communauté. Elle s'impose à elle, comme s'imposent ses lois et ses institutions. Elle est le fait d'institutions éloignées, dans une ville (Sion) où règnent l'anonymat et la fausseté des relations et des modes de vie.

Il y a chez Farinet quelque chose de transcendant qui fait de lui un être surnaturel qui n'appelle pas la raison mais l'adhésion. Sa communauté idéale est séparatiste : les seules lois en vigueur devraient être celles de la coutume. Elle est aussi conservatrice : elle est une restauration de la communauté rurale traditionnelle détruite par et dans la modernité, et Farinet est l'agent de cette possible restauration ; c'est pourquoi les villageois le protègent[41]. Ce que Farinet apporte aux villageois, c'est la perspective de la restauration de la communauté mécanique où chacun est reconnu pour son identité et son rôle.

Cette communauté est restaurée par l'émission de la monnaie de Farinet. En conséquence, ce n'est pas une monnaie parasite, comme l'est habituellement la fausse monnaie, mais une monnaie proprement communautaire. C'est une monnaie du lien. Mais elle a pour particularité de n'être pas une valeur circulante que l'on obtient par la vente de biens : elle est aussi un signe que l'on reçoit (par don ou avec le prétexte

---

38   Le vieux Sage, lui, ne réalisait que la première de ces deux opérations, et le minerai restait stocké en cassettes, sans effets sur la communauté. Voir Ramuz (1932/2005), p. 715, 737 et 749-750.

39   Ramuz (1932/2005), p. 705 et 755.

40   Carsten (1989), p. 117-141.

41   Cordonier (1932/2005), p. 1623-1624.

d'un paiement) et que l'on garde par devers soi, comme le symbole de la communauté. Le cafetier Crittin « en a pour au moins mille francs », ce qui laisse entendre qu'il ne remet pas les pièces en circulation. Deux villageois observant l'arrivée des gendarmes ont chacun une pièce dans un mouchoir et espèrent que Farinet pourra leur en donner une autre, en dépit de l'évidente proximité de sa capture – qui tourne mal[42].

Le don est perçu par Ramuz comme un retour impossible à une nature humaine primitive associée à l'idée de Dieu ; Dieu ayant disparu, le don s'est effacé au profit de l'échange : « Car hélas ! nous ne donnons rien, nous *échangeons* », écrit-il dans un texte théorique de septembre-octobre 1931 intitulé « Questions sur l'or ». Ramuz rédige cet article sous le coup de la sortie de l'étalon-or par la Grande-Bretagne le 21 septembre et achève son roman dans la foulée. Conformément à l'un des points abordés dans « Questions sur l'or », Farinet est comme tout être qui a un *don* de naissance : « Toute leur raison d'être [est] justement de donner, à cause d'un *don* préalable, qui leur a été fait à eux ». Mais ce don préalable est une malédiction dans une société où l'échange a remplacé le don : « Ceux-là mêmes qui sont le plus sévèrement soumis aux nécessités de l'échange sont ceux qui devraient l'être le moins[43]. »

Farinet, lui, a contourné le problème en produisant une monnaie devenue celle de sa communauté, qui, en retour, l'a érigé en grand homme et l'a mis en position d'autorité souveraine – avant que son sacrifice le rapproche de la figure d'un messie. Le don et le partage qu'il porte revigorent la communauté déliquescente. Sa monnaie n'est pas le vecteur d'échanges marchands, elle est porteuse d'une appartenance communautaire archaïque. La confiance dans la monnaie combine alors deux dimensions, hiérarchique et éthique. La confiance éthique relève de la revendication d'un droit individuel à fabriquer une monnaie meilleure que celle du gouvernement, en fondant sa qualité sur celle du métal. La dimension hiérarchique, quant à elle, renvoie à des éléments primitifs que Farinet fait revivre dans la communauté villageoise. C'est « la transformation de l'autre en autorité souveraine, en 'Grand Autre' ». Cette confiance est « intériorisée sous la forme d'une puissance protectrice qui octroie son alliance aux individus » et qui prend « les formes de l'ange gardien, des fées, comme celles de la panoplie des esprits ou autres étoiles

42   Ramuz (1932/2005), p. 705 et 811.
43   Ramuz (1931/2009), p. 481-483.

ou signes astraux hantant l'intimité de la personne pour prendre barre sur sa destinée[44] ». Farinet est en effet intériorisé par chacun comme cet être surnaturel qui reconstitue la communauté par sa monnaie.

En ce sens, Farinet radicalise et réalise les aspirations de la communauté en lui fournissant un point fixe : sa matière (l'or) est « quelque chose qui ne vieillit pas, qui ne pourrit, ni ne se gâte, qui ne change pas de couleur, qui ne change pas de poids, une chose fixe, quoi[45] ». Ce point fixe est ce à partir de quoi la communauté rurale définit ses valeurs. Il est le référent ultime. En tant que tel, il n'est pas thésaurisé en vue d'une valeur marchande future mais constitue un trésor inaliénable. Il est l'opposé du nominalisme qui triomphe avec la sortie de l'étalon-or. C'est ainsi que la fausse monnaie de Farinet est pensée par Ramuz comme « la monnaie véritable », selon l'expression de Jean-Joseph Goux[46].

POUR CONCLURE

La fausse monnaie est une monnaie parmi d'autres ; le faux-monnayeur est un monnayeur particulier. Sa production de monnaie n'a de sens que si elle est mise en circulation, autrement dit si elle passe par l'étape du monnayage. Si, dans certains cas, la fausse monnaie peut tromper les usagers en étant peu identifiable, du moins relève-t-elle d'un monnayage différent de celui de la monnaie authentique. Or la figure duale de Farinet montre un faux-monnayage lui aussi dual.

Le Farinet véritable, Joseph-Samuel, recourt aux codes classiques du faux-monnayage pour motif vénal et trompe effectivement les usagers en mobilisant à son avantage les pratiques de l'époque, comme l'empaquetage des pièces en rouleaux. Mais il joue de même sur le besoin de petite monnaie qui est celui des années 1870 dans le Valais, et produit ainsi pour une population plutôt encline à accepter ses fausses pièces même lorsqu'elles sont reconnues telles ; il bénéficie aussi, à son étonnement au début, d'une grande popularité. Le Farinet de fiction

---

44   Aglietta et Orléan (1998), p. 24-25.
45   Ramuz (1932/2005), p. 705.
46   Goux (2000), p. 249.

conçu par Ramuz appelle une tout autre analyse. Dans le contexte de la déréliction monétaire internationale du début des années 1930, Ramuz fait de Maurice Farinet le prophète paradoxal d'un monde perdu, celui qui, contre le nominalisme imposé par des gouvernements abstraits, lointains et arbitraires, restaure, en homme libre, les vraies valeurs en offrant à la communauté villageoise une monnaie au contenu métallique irréprochable.

Le monnayage du faux produit ainsi deux effets opposés quant au lien par la monnaie, où sont potentiellement exacerbées les deux situations polaires de la défiance et de la confiance. Le vénal mais populaire Joseph-Samuel sème les germes de la défiance dans la communauté en instrumentalisant ses divisions ; sa monnaie ne peut que circuler, par défiance, mais aussi et surtout par manque d'espèces, lequel conduit les autorités fédérales à ne pas retirer ses fausses pièces en 1871. Quant à lui, le messianique Maurice se sacrifie au nom de la liberté et soude la communauté rurale. Sa monnaie est gardée comme un trésor par les villageois et constitue un signe de leur appartenance communautaire. Dans les deux cas, au fond, même visiblement fausse, bien des gens sont enclins à accepter la fausse monnaie ; mais le lien qu'elle porte est délétère, car relier les uns se fait contre les autres : une fracture entre la communauté et son extérieur pour le Farinet de fiction, mais aussi à l'intérieur de la communauté pour ce que produit le véritable Farinet.

BIENS INALIÉNABLES
ET MONNAIES DU LIEN

Jean-Pierre WARNIER
Centre d'études africaines
(Institut des mondes africains,
IMAF, Paris)

Fonder en raison l'économie sociale et solidaire, telle est l'urgence pour Jean-Michel Servet. Il s'agit de battre en brèche un individualisme mortifère consubstantiel à une vision catallactique de la monnaie. L'objectif théorique est de manifester les fondements monétaires du vivre ensemble et la manière dont la monnaie fait lien et totalise la société. Rien que ça ! Le néolibéralisme et l'économie néoclassique se sont imposés, pense-t-il, en occultant le partage des communs opéré par la monnaie.

Cette occultation, note-t-il, a une histoire. Comment se fait-il, par exemple, que le partage polanyien ait été rabattu sur le don maussien ? D'une manière plus générale, comment se fait-il que les théories catallactiques de la monnaie et de ses fonctions de paiement et de mesure de valeur dans l'échange aient pris le pas sur toute autre théorie ?

Comment cerner les contours de ce problème ? En conceptualisant le partage, les communs, la réciprocité, le collectif, l'interdépendance, qui seuls permettent de fonder une théorie essentialiste de la monnaie comme lien entre les sujets. Jean-Michel Servet[1] le fait en convoquant le cas des sociétés anciennes telles que les ont analysées Karl Polanyi, les anthropologues Richard Thurnwald, Margaret Mead, Bronislaw Malinowski, Pierre Clastres et, de manière paradoxale à mes yeux, Claude Lévi-Strauss afin de valider la notion de réciprocité thématisée

---

1   Servet (2011).

par Thurnwald. Il émet des réserves sur la relation que Bruno Théret et d'autres établissent entre dette et monnaie[2] au motif que la dette occulterait la réciprocité et le partage en tant que principes de totalisation et fondement de l'institution monétaire.

Mon intention, dans ce chapitre, est d'apporter une pièce au dossier, qui permettra, je l'espère, d'élargir l'assise théorique de la thèse essentialiste développée par Jean-Michel Servet[3] dans la seconde partie de son livre *Les monnaies du lien* dont j'ai par ailleurs souligné la pertinence impressionnante au regard des émissions monétaires du corps du roi dans la royauté sacrée africaine[4]. Cette pièce se rapporte à la contribution d'Annette Weiner[5] sur la distinction entre biens inaliénables constitués par les communs qui fondent le partage et la réciprocité, et biens aliénables.

À L'ORIGINE DU DÉBAT : LA THÉORIE ANTHROPOLOGIQUE DE LA PARENTÉ

Tirant argument de ses enquêtes ethnographiques dans le Pacifique, Annette Weiner estime, à la suite de Marcel Mauss, que la plupart des sociétés humaines distinguent deux catégories de biens : les biens aliénables engagés dans diverses modalités de l'échange d'une part, et les biens inaliénables, que l'on garde par devers soi, d'autre part. Les premiers s'échangent sous la forme du don ou de la marchandise. Les seconds sont objets de transmission d'une génération à l'autre. J'estime que la prise en compte des seconds permettrait de renforcer l'argumentation développée par Servet et de l'affranchir de la tutelle de Claude Lévi-Strauss. En effet, le découpage conceptuel opéré par Weiner s'inscrit en faux contre la priorité de ce qui circule chère à Lévi-Strauss.

Le débat qu'elle ouvre prend place dans une controverse centenaire sur les logiques des *systèmes de parenté* qui n'a été que partiellement

---

2   Servet (2013a).
3   Servet (2012b).
4   Warnier (2009); Warnier (2014).
5   Weiner (1992).

portée à l'attention des sciences sociales, alors que sa connaissance est indispensable à l'intelligence des innovations théoriques effectuées tant par Lévi-Strauss à la fin des années 1940 que par Weiner elle-même à la fin des années 1980. Que le lecteur me pardonne une incursion potentiellement fastidieuse dans le domaine abscons de la parenté.

L'histoire commence avec l'américain Lewis Henri Morgan[6] à la fin du XIXᵉ siècle. Celui-ci, juriste de formation, anthropologue par vocation, est tenu pour le fondateur et le saint patron des études sur la parenté. Il distingue deux relations sociales fondamentales, l'une qui tient du statut et l'autre du contrat. Le statut s'acquiert par la naissance. Il ne fait pas l'objet d'un choix. Il relève de la *filiation*. Le contrat est optionnel. Il inclut l'*alliance* matrimoniale qui fait l'objet d'un choix : qui épouser ? Quels sont les partenaires prohibés ou permis ? La première relation est en quelque sorte *verticale*, entre générations successives. La seconde est *horizontale*, entre sujets d'une même génération qui se choisissent entre eux. Ces deux relations en produisent une troisième, de consanguinité ou d'affinité entre les enfants nés des deux premières, sur laquelle se projettent les deux autres axes (horizontal et vertical) et qui constitue en quelque sorte une diagonale.

Franz Boas ayant préempté l'espace anthropologique américain au début du XXᵉ siècle, la pensée de Morgan en fut chassée. Elle traversa l'Atlantique pour ne revenir sur sa terre natale qu'après 1945. À son arrivée en Europe, elle fut assimilée par l'anthropologie sociale de langue anglaise et d'inspiration durkheimienne. Certains anthropologues s'attachèrent à inventorier, classer et nommer les différents systèmes de parenté en fonction du vocabulaire utilisé pour désigner les parents, ainsi que des règles de filiation, d'alliance et de résidence. D'autres, à l'instar de ceux qui furent formés en Grande-Bretagne, multiplièrent les recherches de terrain sur la parenté, principalement en Afrique. Ils y constatèrent l'omniprésence des groupes de descendance (ou de filiation) – clans, lignages, segments lignagers, sujets de droit et acteurs économiques, politiques et symboliques majeurs. À la remorque des sociétés africaines qu'ils étudiaient, ces anthropologues ont été conduits à considérer que la filiation est logiquement première par rapport à l'alliance matrimoniale, et que les groupes de descendance s'engagent secondairement dans des échanges matrimoniaux, c'est-à-dire dans des

---

6   Morgan (1877).

alliances, afin de pouvoir obtenir des épouses et se reproduire en filiation agnatique ou utérine. Ces recherches aboutirent à la publication d'un ouvrage collectif[7] dirigé par Alfred Reginald Radcliffe-Brown et Daryll Forde en 1950 et qui fit référence.

LA THÉORIE DE LA FILIATION
ET SA CRITIQUE PAR CLAUDE LÉVI-STRAUSS

Pourquoi les fondateurs de l'anthropologie sociale ont-ils accordé une telle primauté à la filiation ? C'est que cette position s'accordait à leur théorie des *corporate groups*. À la différence de son équivalent français de personne morale, l'expression « *corporate group* » a l'avantage d'évoquer directement la métaphore organiciste chère à Durkheim (celle des solida-rités *organiques* qui animent le *corps* social) et les traditions sociologiques, juridiques et philosophiques qui assimilent la société à un collectif et au corps du souverain. Primauté de la filiation et reproduction des *corporate groups* allaient de pair pour les anthropologues sociaux.

C'est cet édifice que Lévi-Strauss est venu raser jusqu'à ses fondations en 1947 avec *Les structures élémentaires de la parenté*[8]. Comment ? C'est là que nous retrouvons Marcel Mauss. Lévi-Strauss prend appui sur l'« Essai sur le don[9] ». Son auteur, dit-il, y explique que les humains accèdent à l'humanité en renonçant au quant-à-soi, en « posant les lances », et en s'obligeant à donner, à recevoir et à rendre don pour don. Au regard des systèmes de parenté, cela revient à dire que la prohibition de l'inceste qui, dans l'espèce *Homo sapiens*, marquerait le passage de la nature à la culture – de l'animalité à l'humanité – a pour contrepartie l'obligation qu'ont les humains de donner leurs filles en mariage hors de leur propre groupe et de prendre les filles des autres pour épouses. L'échange des femmes par alliance matrimoniale est la porte d'entrée qui permet d'accéder à l'humanité. Il est fondateur de toute socialité humaine. Il

---

7   *African Systems of Kinship and Marriage.*
8   Lévi-Strauss (1949).
9   Marcel Mauss (1923-1924/1950), p. 143-279. – Le texte de Mauss « Essai sur le don : forme et raison de l'échange dans les sociétés archaïques » a été initialement publié dans l'*Année sociologique*, seconde série, 1923-1924, t. 1.

motive l'obligation de donner et de rendre des dons qui portent sur le reste : les paroles, les choses, les biens. Pour Lévi-Strauss, l'échange des femmes est premier par rapport à toute autre forme d'échange, et *l'alliance est logiquement première* par rapport à la filiation et par rapport à toute autre transaction. C'est elle aussi qui construit la reproduction biologique en filiation proprement sociale et humaine. Dans cette perspective, il faut d'abord et avant tout que les personnes, les biens et les paroles *circulent* entre les humains. L'échange et la circulation sont les seuls principes de leur humanité.

Lévi-Strauss a pris le contre-pied des théories anthropologiques existantes au regard des systèmes de parenté. Il a énoncé une « théorie de l'alliance » qui s'opposait terme à terme à ce qui devenait par le fait même la « théorie de la filiation » des anthropologues sociaux, principalement de langue anglaise[10]. Notons que les tenants de la théorie de la filiation la pratiquaient comme Monsieur Jourdain faisait de la prose. Ils la tenaient pour une évidence factuelle plutôt que pour une élaboration analytique. Le structuralisme lévi-straussien fut discuté pendant quarante ans sans qu'un nouveau paradigme fût proposé, qui puisse englober et réconcilier ces deux théories tenues pour incompatibles entre elles.

ANNETTE WEINER
ET L'ÉLARGISSEMENT DU PARADIGME

C'est à Weiner qu'on doit l'invention d'un paradigme englobant et d'une critique convaincante du structuralisme lévi-straussien déjà passablement écorné par les recherches de certains parentalistes. Que fit-elle ? D'abord, elle se rendit en Mélanésie, là où Bronislaw Malinowski avait fait ses recherches sur les systèmes d'échange qui contribuèrent à inspirer l'« Essai sur le don » de Marcel Mauss. Mais, alors que l'auteur des *Argonautes* – un homme – avait travaillé sur les échanges masculins, Annette Weiner – une femme – étudia les échanges féminins[11].

---

10 Un exposé classique de ces deux théories a été proposé par Louis Dumont dans *Introduction à deux théories d'anthropologie sociale : groupes de filiation et alliance de mariage* (Dumont, 1971).

11 Weiner (1976).

Ses recherches révélèrent que les Mélanésiens se gardaient bien de *tout* échanger. Le fait que *toutes* les sociétés humaines pratiquent le don et le contre-don n'implique pas pour autant qu'elles engagent *toutes* les catégories de biens dans l'échange. Il y a là un paralogisme auquel n'échappe pas Lévi-Strauss.

En second lieu, elle relut l'« Essai sur le don ». Mauss y affirme que l'obligation de donner, de recevoir et de rendre ne concerne que *certains* biens, et que d'autres sont conservés *en dehors de toute relation d'échange*. Il mentionne ce fait, mais ne s'y arrête pas, car son analyse porte de propos délibéré sur les seuls échanges. Mauss précise en effet :

> Il semble que chez les Kwakiutl, il y avait deux sortes de cuivres : les plus importants, qui ne sortent pas de la famille, qu'on ne peut que briser pour les refondre, et d'autres qui circulent intacts, de moindre valeur et qui semblent servir de satellites aux premiers. Ex. BOAS, Sec. Soc., p. 564, 579. La possession de ces cuivres secondaires, chez les Kwakiutl, correspond sans doute à celle des titres nobiliaires et des rangs de second ordre avec lesquels ils voyagent, de chef à chef, de famille à famille, entre les générations et les sexes. Il semble que les grands titres et les grands cuivres restent fixes à l'intérieur des clans et des tribus tout au moins. Il serait d'ailleurs difficile qu'il en fût autrement. (Mauss, 1923-1924/1950, note 1, p. 224.)

Lévi-Strauss ne retint rien de cette précision. Sa lecture de l'« Essai » s'avérait donc partielle et biaisée. Le structuralisme ne permettait pas de restituer l'ensemble du dispositif dont Boas avait constaté l'existence chez les Kwakiutl et Weiner, à la suite de Malinowski, chez les Trobriandais.

Aux yeux de Mauss et de Weiner, il existe donc deux catégories de biens : les biens *aliénables* (les *commodities* de la langue anglaise, les « marchandises » dans la lecture qu'en donne Arjun Appadurai[12]), et les biens *inaliénables*. Ainsi que le montre Weiner, ces deux catégories sont dialectiquement articulées l'une à l'autre tout comme l'alliance et la filiation – ce qu'elle résume dans le titre de son ouvrage : *Inalienable Possessions. The Paradox of Keeping-while-Giving*[13]. Les biens inaliénables font l'objet d'une *transmission* d'une génération à la suivante (que l'auteure nomme « *reproduction* » en conformité avec la théorie des *corporate groups* qui, en effet, se perpétuent par mode de filiation). Ces biens ne sortent

---

12 Appadurai (1986).
13 Weiner (1992). – Le titre pourrait se traduire par : « Biens inaliénables : le paradoxe de donner tout en gardant » (NdA).

pas de la lignée. Ils sont inclus dans le groupe – clan ou tribu. C'est eux qui lui procurent son identité, son nom, son accès aux ancêtres, son patrimoine. Les biens aliénables, en revanche, font l'objet d'une *circulation*. À l'inverse des précédents, ils ont vocation à sortir des limites du groupe. Les personnes sont aliénables entre groupes et alimentent les échanges matrimoniaux. Les premiers constituent l'axe vertical du rapport social de parenté entre générations successives, les seconds se situent sur l'axe horizontal des relations d'échange entre sujets d'une même génération. Contrairement à ce qu'affirmait Lévi-Strauss, les deux axes se combinent *à égalité* sans qu'aucun des deux ne possède de priorité logique sur l'autre. Les deux situent les humains dans des relations d'échange et dans une continuité collective et identificatrice. Le fameux lien social n'est donc pas constitué d'une seule dimension d'échange et de communication, mais de deux : échange horizontal et transmission verticale.

Le détour par les études sur la parenté n'est pas une coquetterie d'anthropologue. *Seule* l'organisation sociale par la parenté donne la clé des débats qui ont eu lieu autour du don depuis les recherches de Boas et de Morgan à la fin du XIXᵉ siècle. Lévi-Strauss fut le premier à conjoindre systématiquement la lecture de l'« Essai sur le don » à l'étude de la parenté. Mais il tira le fameux « Essai » dans un sens partial et partiel qui consiste à considérer que *tout* doit circuler entre les humains, que c'est la circulation, l'échange des femmes et la communication qui fondent leur humanité, et que la parenté est première par rapport au reste. Il faut continuer dans la voie qu'il a ouverte, mais réorienter le débat en l'élargissant de ce qui circule à ce qui ne circule pas, ce qui fait dépôt, ce qui est partagé par tous les membres d'un collectif et qui n'est pas offert à l'échange : le nom de la lignée, sa langue, les bijoux de famille, les sépultures des ancêtres, le domaine familial, le patrimoine de la République, les joyaux de la couronne, les monuments nationaux. Biens aliénables et biens inaliénables ; alliance et filiation ; axe horizontal et axe vertical de la socialité doivent être articulés dans une lecture d'ensemble ne laissant aucun résidu. Il faut relire Marcel Mauss à l'école d'Annette Weiner plutôt qu'à l'école de Claude Lévi-Strauss. Il faut également remettre la parenté à sa place, qui n'est pas la première.

QUESTIONS AUTOUR DE DIFFÉRENTES LECTURES
DE MARCEL MAUSS

Comment expliquer la lecture réductrice de l'« Essai sur le don » faite par Lévi-Strauss dont l'acuité d'esprit n'a d'égale que sa connaissance de l'œuvre du fondateur de l'ethnologie française ? Si l'on se reporte aux courants intellectuels dominants et innovants dans la France des années 1940 et 1950, une chose saute aux yeux : la linguistique d'inspiration saussurienne était devenue le modèle d'une science humaine et sociale rigoureuse. Elle a entraîné la sémiologie, la sémiotique, l'anthropologie, voire la philosophie dans son sillage, en alimentant les recherches de Roman Jakobson, Roland Barthes, Algirdas Julien Greimas, Jean Baudrillard, Julia Kristeva, Claude Lévi-Strauss, Mary Douglas, Louis Dumont, Luc de Heusch, Daniel de Coppet et bien d'autres. En d'autres termes, le modèle *communicationnel, circulationnel* et catallactique était en passe de devenir non seulement dominant, mais unique. Lévi-Strauss fut partie prenante de cette hégémonie intellectuelle qu'on voit encore à l'œuvre de nos jours chez les sociologues du lien social, réduit à l'échange et à la communication, corrélatif d'une notion étriquée de l'individu manageur de lui-même en relation avec d'autres individus et s'engageant avec eux dans des transactions de nature contractuelle. Lévi-Strauss y échappait d'autant moins qu'il s'était explicitement inspiré des méthodes de la linguistique dans sa quête des structures. Il a souligné la prégnance des oppositions binaires entre traits pertinents mobilisés par les codes phonologiques des langues naturelles, tout comme certaines oppositions structurent les mythes amérindiens qui, à l'en croire, distinguent et opposent le cru et le cuit, le miel et les cendres, la nature et la culture, et qui sont autant de manières de produire du sens par le contraste, la distinction et les codes de communication entre les humains. Dans l'alliance, les partenaires se divisent en deux catégories incompatibles entre elles : permis ou prohibés, de la même manière qu'un trait pertinent (voisé ou non voisé, par exemple) constitue une paire minimale en phonologie.

Il faisait fi de la structure ternaire du don qui échappe encore aujourd'hui à la majorité des commentateurs du fameux « Essai ». En effet, dans le témoignage de Ranaipiri, les dons et les contre-dons ne se font pas entre deux partenaires (les chasseurs et la forêt), mais entre *trois* : les chasseurs, les non-chasseurs qui mangent le gibier, et la forêt qui donne aux chasseurs les oiseaux et qui doit recevoir en retour l'esprit du don. Celui-ci doit refaire en sens inverse tout le chemin parcouru par le gibier, de la forêt aux chasseurs et de ceux-ci aux consommateurs. Les références rassemblées par Jean-Michel Servet[14] montrent qu'un tiers est toujours inclus dans le partage et que, de manière récurrente, les chasseurs qui ont tué du gibier ont interdiction d'en disposer à leur guise, et *a fortiori* de le manger eux-mêmes. L'anthropologie culturelle d'inspiration boasienne, qui fournit la matrice intellectuelle des travaux d'Arjun Appadurai, Igor Kopytoff et Annette Weiner, est restée relativement à l'abri de l'excessive valorisation de ce qui circule, car à ses yeux, à la suite de la synthèse accomplie par Johann Gottfried Herder entre la tradition romantique et les Lumières, la culture se *transmet* tout autant qu'elle permet de communiquer. Adolf Bastian recueillit une partie de l'héritage de Herder et le transmit à Boas. La notion de *culture* de l'anthropologie américaine est largement dérivée du *Volkgeist* de Herder. Le texte de Appadurai et surtout celui de Kopytoff[15], publiés dans l'ouvrage collectif dirigé par le premier, sont difficilement accessibles à quiconque n'a pas démêlé cette histoire intellectuelle complexe et – il faut le reconnaître – aussi ésotérique que le sont les Kwakiutl, les Trobriandais, les spécialistes de la parenté et la tribu des anthropologues d'inspiration boasienne.

On s'attendrait à ce que les auteurs regroupés autour de la *Revue du MAUSS* se montrent sensibles aux arguments de Weiner. Mais, lorsqu'ils la citent, c'est pour retenir ce qu'elle dit de la circulation des biens aliénables, tout en laissant de côté la transmission intergénérationnelle[16]. Ils en restent à la *priorité* et à la primauté du don, fondateur,

---

14   Servet (2011), p. 32 ; et Servet (2013a), p. 132.

15   Kopytoff (1986).

16   Dans presque toutes les publications de la revue – par exemple celle sous la direction de Philippe Chanial (2008), *La société vue du don. Manuel de sociologie anti-utilitariste appliquée* – le don est présenté comme « premier » et fondateur unique d'un rapport social solide et durable. Les rares échos adéquats et favorables des travaux de Weiner issus du Mouvement anti-utilitariste en sciences sociales se trouvent sous la plume de Pierre Lantz (1983), « Un changement de paradigme en anthropologie ? Annette Weiner » (p. 61-78) et d'Ilana Silber (2008), « La philanthropie moderne à la lumière de Marcel Mauss » (p. 364-380), et sont restés sans suite. Ilana Silber qui insiste sur le gel de la richesse,

à leurs yeux, de la socialité. Jacques Godbout[17] va même jusqu'à dire que les relations entre générations successives relèvent du don et du contre-don. Confusion absolue, s'il en fût ! Weiner exclut à l'avance une telle hypothèse. Elle souligne que, s'il existe effectivement une solidarité intergénérationnelle, la *transmission* des biens inaliénables est *à sens unique*, à l'instar de la filiation. Elle ne peut revenir en arrière. Elle ne suscite le retour d'aucun contre-don. Les générations successives reçoivent la vie des générations *précédentes* et non l'inverse. Elles contractent une dette de vie insolvable. Elles ne rendent aucun équivalent, sinon parfois des sacrifices et des offrandes aux défunts, qui ne soldent rien et ne constituent que des reconnaissances de dette. En revanche, la relation de don et de contre-don est *à double sens*. On ne peut donc rabattre le sens unique sur du double sens, la transmission sur une relation d'échange, le vertical sur de l'horizontal, ni la filiation sur l'alliance.

La transmission à sens unique des biens inaliénables tout au long des rapports de filiation donne naissance à une dette de vie. Les enfants doivent la vie à leurs parents. Les échanges, eux, à commencer par les échanges matrimoniaux, créent des dettes d'alliance qui sont par essence dissymétriques. Les donneurs procurent une fille qui, dans le groupe des preneurs, devient une épouse. La même femme n'a pas la même valeur dans les deux groupes. L'épouse possède une valeur incommensurable à celle de la fille. Georg Simmel[18] présente un raisonnement analogue par rapport à la valeur. Celle-ci émerge dans l'échange en mettant en présence deux ou plusieurs désirs assortis des sacrifices que chacun est prêt à consentir pour obtenir le bien possédé par l'autre. Or les désirs et les sacrifices ne sont pas équivalents entre eux. L'échange et la transmission laissent donc toujours des soldes en reste, donc des dettes, ainsi que le note Bruno Théret[19], que la monnaie vient partiellement compenser tout en propulsant les partenaires dans le collectif produit par les liens qu'ils ont noués, et qui devient objet de transmission. De plus, les dettes se projettent sur l'axe diagonal de la relation agnatique. Toute fratrie doit son existence aux sujets qui ont été mis en relation et ont contracté les deux sortes de dettes insolvables. Si donc la monnaie

l'arrêt du mouvement de circulation et l'immobilité y voit des pratiques particulièrement dignes d'intérêt.

17   Godbout (2000), p. 148.
18   Simmel (1900/1987).
19   Théret (2009), p. 153-179.

est ce qui fait lien et partage entre les membres du collectif, et si le lien est fait de deux types de relations – verticale et horizontale, de transmission d'inaliénables et d'échanges d'aliénables – alors il me semble avec Bruno Théret et à la différence de Jean-Michel Servet, que la dette est l'autre face de la monnaie du lien. L'analyse de la transmission et de la circulation des biens – inaliénables et aliénables – permet enfin de franchir un seuil dans l'analyse, en extrayant la théorie de la monnaie, du collectif, du partage, du lien et de la dette d'une part, de sa matrice dans les études sur la parenté où le structuralisme lévi-straussien l'avait bloquée d'autre part. Les rapports de parenté ne représentent qu'un cas particulier des diverses transactions identifiées par Annette Weiner.

L'HISTOIRE INTELLECTUELLE
DES ANNÉES 1940-1980

Une déferlante néolibérale s'est abattue sur le monde à partir du début des années 1980. Il y a lieu de se demander comment et pourquoi elle a pu se manifester avec une telle énergie, en développant une hégémonie, en sécrétant un assentiment, qui ont gagné même certains tenants de la social-démocratie européenne blanchis sous le harnais du socialisme[20]. Comment une idéologie politique et économique aussi peu soucieuse du réel, de l'expérience et de la pratique – une dogmatique en un mot – a-t-elle pu s'imposer, y compris à des esprits critiques et informés ? Je n'ai bien évidemment pas de réponse à une aussi vaste question, mais, à force d'écoute et de débat, deux choses me sont apparues, qui éclairent, ne serait-ce que faiblement, cette énigme.

La première, c'est que la victoire de la pensée néolibérale fut préparée de longue date par le succès du modèle circulationnel dans des domaines à première vue très éloignés de l'économie ou de la science politique, la linguistique ou l'anthropologie de la parenté par exemple. Dès lors que la linguistique, inaugurée par le *Cours de linguistique générale* de Ferdinand de Saussure[21] s'imposait pour devenir la science de l'homme et de la

---

20   Voir Harvey (2007), en particulier le chapitre II : « *The Construction of Consent* ».
21   Saussure (1916/1972).

société la plus proche du modèle d'une science dure, elle accréditait le paradigme de l'homme de parole, d'information, d'échange et de communication dans l'ensemble des sciences humaines et sociales. Mais la linguistique n'est pas seule en cause. La philosophie de la première moitié du XXᵉ siècle, exception faite de la phénoménologie husserlienne, a œuvré dans le même sens. Elle restait fermement calée sur le *cogito*, exprimé par le verbe, et fondateur du sujet, et sur le *lógos* en tant que domaine propre de la philosophie et de l'esprit humain. La philosophie analytique, qui se décalque sur le langage, a poussé cette tendance à son point culminant. Avec le structuralisme lévi-straussien, l'échange et la communication remportent une victoire durable en anthropologie, du moins en France. Ils exercent une telle hégémonie qu'ils détruisent tous les anticorps anti-circulationnels que l'on trouve bien présents chez Mauss, dont l'œuvre est antérieure au tournant structuraliste.

Qu'on ne me fasse pas dire que la linguistique, l'anthropologie et la philosophie sont implicitement néolibérales. Cette conclusion n'est pas justifiée par les prémisses. Ce que je dis, c'est que le privilège accordé à la communication laissait les sciences de l'homme et de la société sans défenses immunitaires face à des constructions théoriques ou idéologiques qui partageaient un même air du temps, si bien que tout discours contraire à la doxa était dans l'incapacité de se faire entendre.

La seconde chose qui m'apparaît, c'est que des propositions théoriques fortes à l'appui d'une théorie non catallactique de la monnaie ainsi que de l'économie sociale et solidaire ne pourront pas faire l'économie d'une histoire intellectuelle des années 1920-1980 au cours desquelles se sont manifestées à bas bruit les multiples petites failles et secousses qui ont abouti au séisme des années 1980. Les éléments de cette histoire existent, bien entendu. Reste à les organiser sous l'angle des quelques tropismes intellectuels et culturels qui ont fait le lit du néolibéralisme en politique et assuré le monopole de la théorie néoclassique en économie. Ils sont peu nombreux. Le privilège accordé à ce qui circule et l'oubli relatif de ce qui ne circule pas, qui fait dépôt, trésor et collectif – joyaux de la couronne, patrimoine de la République, collections des musées nationaux, bijoux de famille – sont incontestablement du nombre.

Jean-Michel Servet se propose de construire ces bases théoriques solides. Son propos est convaincant. Mais pour l'être encore plus, il mérite à mes yeux d'être élargi. À cette fin, j'ai relu certains des auteurs dont il discute les œuvres afin de les reclasser, autrement qu'il ne le fait, autour d'un débat central en anthropologie et de ce qu'il permet de comprendre de l'histoire intellectuelle du XXe siècle et de la dépasser. Je pense qu'à la suite de Claude Lévi-Strauss, il se méprend sur la pensée de Marcel Mauss, beaucoup plus proche de Richard Thurnwald et Karl Polanyi qu'il ne le dit. Je tente de montrer que les travaux d'Annette Weiner contribuent puissamment à corroborer ses propres théories et à contrer les théories catallactiques de la monnaie. Cela me conduit à tenter une synthèse entre circulation et transmission, partage, monnaie, dépôt, échange *et dette* qu'il tend à mettre en doute, mais qu'on peut, me semble-t-il, valider dès lors qu'on prend en compte les débats sur le modèle linguistique et communicationnel qui sont sous-jacents à toute cette histoire.

PRATIQUES MONÉTAIRES EN AFRIQUE, DU DÉBUT DU PREMIER MILLÉNAIRE À LA CONQUÊTE COLONIALE[1]

Josette RIVALLAIN
Muséum national d'histoire naturelle

INTRODUCTION

Quels que soient les documents explorés, la monnaie est étroitement liée aux sociétés qui la créent, y ont recours et à leur histoire. Le choix de la forme, de la valeur, des emplois et les lieux où elle est employée, ses appellations sont à décrypter. L'approche pluridisciplinaire de la monnaie nécessite toujours des adaptations de vocabulaire, de formes et de finalités. Si le mot « monnaie » est un pivot incontournable aux yeux de l'économiste, du financier, du numismate, pour l'historien ce sont plus les mots employés pour la décrire, ses usages, son contexte chronologique, politique, social, religieux qui priment. La confrontation de différentes méthodes d'approche incite à de nouvelles réflexions, à des prises de conscience de modes de fonctionnement plus globaux des phénomènes monétaires, notamment en Afrique. Dans le cas présent, la documentation disponible provient en quasi-totalité d'observateurs étrangers au continent.

À l'examen des documents anciens rédigés au cours du dernier millénaire : écrits, iconographie, résultats archéologiques actuels, fiches

---

1   NdA : ces pages reprennent des travaux partagés avec Jean-Michel Servet, notamment dans le cadre de la thèse (1988), de l'ouvrage publié en 1994 (1994a), et des réflexions sur l'œuvre d'Adam Smith. Les références se reportent aux documents d'origine consultés.

de musées et enquêtes de terrain, les échanges marchands apparaissent privilégiés, concentrés sur des zones précises du continent, d'autres restant oubliés. C'est à travers leurs mots que transparaissent des usages locaux et de nouveaux apports.

La connaissance des monnaies à travers la seule donnée marchande est dérangeante, remettant en cause nos bases d'études. Il reste intéressant de comprendre pourquoi les Occidentaux ont créé des expressions et des mots nouveaux pour aborder ce monde bien particulier : tel le troc de la « fable du troc » tant soulignée par Jean-Michel Servet, et, plus récemment, l'invention des mots « prémonnaie », « protomonnaies », « paléomonnaies », comme si des sociétés autres qu'occidentales n'étaient pas dignes de connaître cette noble réalité et la complexité de ses mécanismes. Également, comme si les étrangers ne pouvaient pas accorder de confiance aux mécanismes locaux d'échange et de paiement. Tout cela aide à interpréter les réactions du monde colonisateur et certaines de celles des habitants des zones concernées au XXIe siècle.

LES ÉCRITS ANCIENS

Les chroniqueurs rédigeant en langue arabe, dès la fin du premier millénaire après J.-C. ou les Occidentaux, à partir du XIVe siècle de notre ère, fournirent des informations réclamées par les souverains à la recherche de nouveaux profits. Tout en décrivant des modes de vie, ces écrivains mirent l'accent sur les produits disponibles, tel l'or, et les axes de circulation. Jusqu'au XIVe siècle peu se rendirent sur place tant du côté Proche-Orient, que des mondes occidentaux, s'informant auprès des voyageurs, recueillant les témoignages des commerçants pratiquant des activités à longue distance, puis des navigateurs. Les uns et les autres se recopièrent d'une époque à l'autre.

L'information apparaît ponctuelle, les localisations géographiques imprécises.

Les auteurs arabes insistent sur les transactions en cuivre, sel, étoffes, les évaluant en mitkal, équivalent poids or du dinar, pièce d'or pesant environ 4,5 grammes et monnaie du Proche-Orient. La poudre d'or était pesée à l'aide de poids en verre. Au début du XIIIᵉ siècle, Abu Salih, signala qu'en Éthiopie les taxes étaient payées en pièces de fer[2]. Au XIVᵉ siècle, Ibn Battuta[3] rendit compte de l'importance de commerce du sel et des variations de son cours : selon les villes, il était débité en morceaux pour les besoins des transactions. Circulant au sud du Sahara, Al Umari[4] constata que, dans le royaume de Kanem, à l'est du lac Tchad, des étoffes tissées, débitées à la coudée, servaient de monnaie principale : cauris, verroteries, cuivre, fragments de fer étant de la menue monnaie, à Gao, on payait en sel, en verroterie, en épices. C'est à cette époque que l'usage monétaire des cauris se généralisa au Sahel et apparut comme monnaie principale à Tombouctou, alors qu'à Teghaza, c'était le sel. À Takada, le cuivre long d'un empan et demi, mince ou épais, servait à se procurer des esclaves, des chameaux, des céréales, du beurre. Le prix d'un esclave était évalué à un mitkal, soit six cents à sept cents pièces de cuivre[5].

Dans les empires africains, alors prospères, l'évaluation des prix, les moyens de paiement évoluèrent. Au XVIᵉ siècle, Jean-Léon l'Africain rapporta qu'à Djenné des morceaux de fer évalués au poids servaient à payer les aliments, qu'à Tombouctou, les gros achats se réglaient en morceaux d'or pur, les plus modestes en cauris importés de Perse, quatre cents valant un ducat[6].

Les caravelles portugaises commencèrent leur progression le long de la côte atlantique de l'Afrique aux XIVᵉ-XVᵉ siècles après avoir longé la côte saharienne, échangeant un produit contre un autre en fonction de ce que les habitants leur proposaient. Tôt, les navires ne disposant que d'un faible tonnage, les Portugais pratiquèrent un cabotage d'un point de la côte du golfe de Guinée à l'autre, concurrençant les piroguiers africains, mais découvrant les lieux, les techniques commerciales, les besoins et les modes de paiement.

Au milieu du XVᵉ siècle, sur la côte mauritanienne, à Arguin, Alvise Ca da Mosto, homme d'affaires de Venise qui s'était informé autant auprès des Arabes que des navigateurs occidentaux, relatait qu'ils apportaient des étoffes en laine, en coton, des tapis, du blé, des chevaux en contrepartie d'or et d'esclaves, ces derniers étant acheminés au Portugal.

---

2   Pankhurst (1968), p. 231-237.
3   Voir Cuoq (1975), p. 291-320.
4   Al Umari (1965), p. 177.
5   Jean-Léon l'Africain (1956), p. 126 et 464-469.
6   Ca Da Mosto (1895), p. 313.

Eustache de la Fosse savait également que le sel d'Arguin allait jusqu'à Tombouctou, ville importante de la boucle du Niger.

Toujours évalués en monnaies européennes qui n'apparaissaient pas dans des transactions, les produits échangés différaient d'un secteur de la côte à l'autre : en Sierra Leone, les esclaves s'échangeaient contre des plats en laiton achetés à Séville. De là, les esclaves étaient transportés sur la Côte de l'Or pour travailler dans les mines d'or. Sur cette côte, les échanges se faisaient également en coquilles de *Spondylus senegalensis*, pêchées en Sierra Leone. Au Libéria, on payait en bracelets et en plats en cuivre. Au milieu du XVᵉ siècle, Ca da Mosto nota que de petits coquillages venant du Levant, servaient de monnaie ; ce qui constitue une des toutes premières mentions de l'usage des cauris sur la côte[7].

Alors, les cauris, coquilles de petites cyprées, (*Cypraea moneta* et *Cypraea annulus*) étaient récoltées sur la côte des îles Maldives. Au VIᵉ siècle ap. J.-C., le commerçant grec vivant en Égypte, Cosmas Indicopleustès, en signala sur la côte de la mer Rouge. Il décrivit le commerce du riz du Bengale qui était exporté en Chine à l'est, à l'ouest en péninsule Arabique, et réglé en cauris[8]. Jean-Léon l'Africain, à la suite d'autres auteurs les décrivaient comme originaires de Perse, car c'était une communauté nestorienne originaire de cette région qui gérait ce commerce en Inde[9].

Les Portugais se procurèrent du fer venant de Guinée, arrivant en Casamance, contre du laiton après avoir remarqué que sur bien des points de la côte au XVIᵉ siècle, la valeur du fer était supérieure à celle du cuivre.

MODALITÉS ET INGÉRENCE
DANS LES TRANSACTIONS LOCALES

Il n'y eut pas que les cauris à avoir circulé en Afrique. Au milieu du XVᵉ siècle, Ca da Mosto, se déplaçant dans l'est de la Méditerranée et un peu en Afrique, put décrire les pratiques commerciales de l'intérieur et des côtes africaines de son époque, réalisant que l'usage du numéraire

---

7   Mauny (1949), p. 188 et 190.
8   Maloney (1980), p. 74.
9   Jean-Léon l'Africain (1956), p. 126, 464-469 et 499.

y était inconnu, ayant conscience de la diversité des intermédiaires d'échange d'une région à l'autre et également à l'intérieur d'une même région. Dans la boucle du Niger, « ils ont recours au troc d'un article contre un autre [...] On a recours au cauri blanc, de cette petite variété achetée à Venise en provenance du Levant[10] ».

Comme les commerçants musulmans, les Occidentaux glissèrent peu à peu des produits qu'ils contrôlaient dans les transactions, à la recherche de meilleurs bénéfices. L'aventure des cyprées originaires des îles Maldives est édifiante. Une certaine quantité de ces coquilles a été retrouvée dans les sites de la zone saharienne et sahélienne. Là, elles remplacèrent les coquilles marines plus anciennes collectées sur le littoral mauritanien, les marginelles[11]. Ces dernières paraissent avoir servi à nouveau occasionnellement au fil du temps. La chronique du chérif de Tombouctou rapporte qu'à la fin du XVIIIe siècle, époque au cours de laquelle les Touareg menaçaient les caravanes : « Le pacha Bubakr procéda au remplacement des cauris *koroni* par des cauris blancs après que le cours des *koroni* eut atteint 1000 le mitkal, la barre de sel, 100 000, la mesure de grain n'était alors plus coté en *koroni*, tant son prix était élevé. » Les marginelles étaient sorties de leur cache souterraine pour permettre à la vie de continuer, le pacha rééquilibrant le cours de la monnaie[12].

Commerçant entre la Sierra Leone et la Côte d'Ivoire, les navigateurs notèrent l'usage de la coquille du *Spondylus senegalensis* qui disparut de la sphère marchande au cours des siècles suivants, au profit des bassins et bracelets en laiton, des perles et des étoffes[13].

Les Portugais eurent également recours à des substitutions plus localisées. Au XVIe siècle, le souverain du royaume de Kongo chercha à s'appuyer sur les étrangers afin de renforcer son pouvoir sur ses vassaux. Il contrôlait l'une des monnaies de son pays, le n'zimbu, coquille de l'*Olivancillaria nana*, pêchée sur l'île de Loanda. Les Portugais lui substituèrent une coquille de cyprée, un peu plus volumineuse que celles des Maldives, provenant de la côte du Brésil qui était sous leur contrôle. Une autre monnaie avait cours dans le royaume, carré de raphia tissé localement : le macuta. Les Espagnols procédèrent de même avec

---

10 Ca da Mosto (1895), p. 25-26.
11 Abitbol (1982), p. 41.
12 Mauny (1956), p. 112.
13 Dartevelle (1953), p. 16 et 17.

la monnaie de raphia, faisant tisser et estampiller d'autres carrés de cette étoffe un peu plus au nord et court-circuitant le réseau de ceux produits dans le pays[14].

Ces substitutions avaient pour but d'accroître les bénéfices du commerce avec les nations européennes en tirant partie des opportunités. Force est de constater que les navigateurs occidentaux n'eurent qu'un intérêt relatif à l'égard de ce qui se passait en arrière de la côte, sachant que les produits achetés en venaient ou y partaient, acheminés par caravanes de porteurs. Peu de descriptions concernant l'arrière-pays immédiat ont été rédigées. Une des premières connue date du XVIe siècle et du siècle suivant : Valentin Fernandès cita une foire installée à San Domingos, dans le delta du Niger, soulignant que ceux qui la fréquentaient respectaient des règles de bonne conduite. Au début du XVIIe siècle, Pieter de Marees, une fois sur la Côte de l'Or, découvrit l'organisation des marchés qui avaient lieu à tour de rôle dans la semaine notant la présence active des femmes dans ces lieux et la présence de la poudre d'or dans les transactions. Le marché était également un lieu festif, ainsi que de pratiques sociales et rituelles. À la fin du siècle, Wilhelm Müller fit une description voisine du marché de Fétu[15].

NOUVEAUX MODES D'IMPLANTATION, NOUVELLES HABITUDES

Le tonnage des navires s'étant accru, les côtes étant mieux connues, les souverains des nations européennes affermèrent le commerce avec l'Afrique à des armateurs ; certaines compagnies ne connurent qu'une brève existence. Dans le même temps, les Occidentaux négocièrent l'implantation de comptoirs sur la côte, ce qui facilita les opérations commerciales qui se tenaient sur le pont des navires[16]. On pouvait stocker

---

14 Cenival et Monod (1938), p. 69-71 ; Marees (1987), p. 58-59 et 63 ; Dapper (1686), p. 278 ; voir Jones (1983), « Wilhelm Johann Müller's Description of the Fetu Country, 1662-1669 », p. 134-259.

15 Roussier (1935), « Extrait du journal du sieur Tibierge, principal commis de la Compagnie de Guinée sur le vaisseau "Le Pont d'Or" au voyage de l'année 1692 », p. 51-72.

16 Law (2001), part. 2 ; Law (2006), part. 3.

les marchandises, passer des commandes et attendre l'arrivée des navires pour les embarquer. Le commerce côtier s'organisa, certains produits servant de valeur de référence, avec des nuances, selon les régions de la côte. Les prix, les bénéfices restaient évalués en monnaies européennes qui, bien sûr, n'apparaissaient pas dans les transactions. Les souverains des régions côtières désignèrent des hommes pour servir d'interlocuteurs aux étrangers, mener les négociations, recevoir le montant des transactions. Ces derniers les prirent pour des chefs importants. En retour, ils faisaient passer les commandes à l'intérieur du pays, assuraient le stockage des différents produits arrivés, en attente des navires.

Les archives des compagnies commerciales, les correspondances sont très explicites. Le contrat imposait des normes strictes afin d'éviter que le capitaine ne trafique pour son propre compte. Les résidents européens étaient tenus par leurs souverains et par les responsables des compagnies de vivre dans leur comptoir avant tout des produits apportés par les navires. Cela ne favorisa pas leur connaissance des habitants.

À la même époque, les nations européennes établirent un pacte colonial réglementant le commerce entre les colonies et les métropoles, et entre les colonies, dans l'intérêt exclusif de la métropole. La colonie fournissait ses marchés et en consommait les produits, le pacte établissait une séparation entre la monnaie métropolitaine et la monnaie coloniale, avec un taux de change favorable à la métropole. L'ordonnance de mars 1699 interdit formellement d'exporter des monnaies nationales, afin de ne pas soustraire le numéraire de bon aloi. Au cours du XVIIIᵉ siècle, plusieurs ordonnances royales confirmèrent cette réglementation[17].

Les capitaines des navires rédigeaient un livre de bord rendant compte de la navigation, de la vie à bord et des marchandises qui étaient chargées sur le bateau : les lieux d'approvisionnement de départ, les quantités, les escales, les modalités et les standards d'échange des marchandises, leurs variantes, et, trop rarement, leur description physique ; mais généralement rien sur les destinations et les usages des marchandises débarquées sur la côte africaine, témoignant de critères d'échange de plus en plus normalisés. À partir du XVIIᵉ siècle, des standards de transaction se mirent en place, toujours évalués en monnaies occidentales, reprenant souvent l'aspect de monnaies locales : barre de fer, manille en cuivre ou alliage

---

17 Neurisse (1987), p. 49, note 5.

cuivreux, paquet, once, pièce[18]. Ces unités standard connaissaient bien des variantes d'un secteur de la côte à l'autre, certaines ayant, depuis, pénétré les usages rituels et sociaux, telle la barre de fer, appréciée en Sénégambie. Au XIXe siècle, sur la côte de l'Or et celle de l'Ivoire, avec le krou, la manille, on se procurait de l'huile de palme alors très demandée. De nouveaux produits figurèrent dans les échanges telles les pipes en terre blanche, à long tuyau. La grosse désigna un lot de pipes en terre blanche ; c'était une sorte de monnaie divisionnaire des autres étalons. La côte du golfe de Guinée en conserve de véritables amas, mêlés au sable et à la terre[19]. Les modèles de perles, si importantes dans la désignation du rang des dignitaires, furent copiés dans les manufactures indiennes, mais également en Italie, à Murano, en Bohême, en France.

Quelles conséquences cela eut-il sur les échanges et les systèmes monétaires ? Les interlocuteurs des deux bords cherchèrent à vendre et à acheter à meilleur prix, à affiner la gamme des produits réclamés dans les divers lieux de la côte. Cette étape coïncida également avec l'accroissement du trafic avec l'Amérique où les Occidentaux créaient des colonies et réclamaient de main-d'œuvre pour en exploiter les richesses. L'énumération des produits lors des transactions change, mais l'opération reste à l'état d'énumération.

Dès le XVIIIe siècle, des manilles furent produites dans les manufactures de Liverpool, de Birmingham, de Nantes et en Allemagne. La barre (de fer, produite localement au départ) resta un élément clé dans les paiements sur une large zone partant du Sénégal, à la fois unité de valeur et objet transformable. Des fers importés supplantèrent le métal local, servant à leur tour de matière première pour façonner des outils, entrant dans un processus de désorganisation des échanges et des structures sociales locales[20]. Au milieu du XIXe siècle, l'abbé Boilat écrivait que les Sérères et les Wolofs les utilisaient pour payer leurs taxes au chef du village et pour régler les compensations matrimoniales[21]. Les cauris, venus des Indes orientales, étaient chargés dans les pays du nord de l'Europe, placés en paquets, en ballots, et au fur et à mesure des échanges, les cales libérées pouvaient accueillir d'autres produits.

---

18 Rinchon (1964) ; Neurisse (1987), p. 49, note 5.
19 Rivallain (1994b), p. 9-24.
20 Labat (1731), t. 2.
21 Boilat (1974).

Les étoffes locales qui, autrefois, servaient à payer, furent remplacées par toute une gamme d'étoffes produites en Europe, dans les îles du Cap-Vert, puis en Inde, à moindre coût, portant des noms imagés. La large gamme de leurs variétés permettait de les utiliser comme monnaie divisionnaire.

Les produits importés d'Afrique eurent des répercussions dans une Europe qui développait alors ses industries : les gommes, les colorants entrèrent dans la fabrication des textiles. Une frange de la société occidentale, aisée, s'intéressa aux réalisations esthétiques de l'artisanat, les faisant collecter et rapporter par les agents commerciaux des comptoirs et des forts pour embellir leurs cabinets de curiosité ; mais ces hommes n'eurent pas le souci de collectionner des monnaies africaines, alors que se constituer un médailler était à la mode[22].

Des pièces de monnaie frappées en Amérique centrale, un peu en Europe pour les besoins du règlement de la solde des employés des comptoirs, arrivèrent sur la côte africaine. Elles ne sont pas mentionnées dans les livres de bord.

Particulièrement au XVIIIe siècle, les Européens développèrent une politique que Jean-Michel Servet qualifie de « fable du troc », allant de pair avec la mise en place du « mythe du bon sauvage » : les habitants vivant au loin ne peuvent avoir les mêmes besoins, détenir la même qualité de savoir que les Européens[23]. Alors, les nations européennes se déchiraient en conflits successifs et s'appauvrissaient. Leur richesse reposait sur leur stock d'or, garant de la qualité de leur monnaie. Il n'était pas question d'appauvrir ce stock en frappant un numéraire qui partirait hors des frontières de la nation. On inventa des subterfuges pour protéger les économies fragilisées, et l'on fit accroire que le système du troc était approprié ailleurs, notamment en Afrique. Adam Smith explique bien comment faire entrer les produits indispensables à l'industrie textile de l'Angleterre et de ne faire sortir que les produits susceptibles d'entraîner des bénéfices[24].

---

22 Dam-Mikkelsen et Lundbaek (1980) ; Jones (1994), p. 28-43 ; Rivallain (2012), p. 147-154.
23 Servet (1981).
24 Smith (1776).

LES TOURNANTS DU XIXᵉ SIÈCLE

De nouveaux facteurs intervinrent dès le début du siècle, à la suite des révolutions d'Amérique et de France ainsi que des premières déclarations d'abolition de l'esclavage, le regard changea, les voyages au loin se multiplièrent, la révolution industrielle se profilait.

Les besoins en matière première progressèrent : pour y faire face les voyageurs furent chargés de rapporter des échantillons des produits qu'ils découvraient, selon une liste de priorités. Les monnaies locales n'y figurèrent qu'à la fin, et une sélection d'entre elles fut collectée pour enrichir les collections des musées et en conserver le souvenir[25]. Le commerce côtier avec l'Afrique se poursuivit, perpétrant les habitudes anciennes du commerce de traite et la technique de substitution d'une monnaie contrôlée localement par une copie réalisée à l'extérieur[26]. La demande en huile de palme s'accrut, les barils étant réglés sur la Côte de l'Or en cauris, dont les coquilles venaient de la côte orientale du continent, plus grosses que celles des Maldives.

Lorsque que les premiers Européens s'aventurèrent à l'intérieur des terres, tirant partie des cours d'eau pour se déplacer, payant porteurs, guides, interprètes avec de la menue monnaie de traite, le plus souvent, rarement en monnaie locale. Certains en décrivirent l'aspect et les usages[27]. En réglant leur personnel en monnaie locale ils modifièrent la répartition des richesses dans la société, l'argent étant traditionnellement contrôlé par les Anciens[28], les salariés purent se procurer des biens comme ces derniers et devinrent des personnages importants.

À la même époque, des pièces de monnaies se répandirent en Afrique répondant à des besoins commerciaux. L'Empire turc commanda en Autriche une pièce d'argent de bon aloi, le thaler de Marie-Thérèse,

---

25 Jomard (1862) ; Foville (1907), p. 89 ; Rivallain (1986), p. 86, pl. XXX.

26 Des fers de houe sont conservés au Pitts-Rivers Museum, à Oxford, et un au musée de l'Homme. L'un vient du nord de l'Uganda, estampillé 'IHO-°SHORT JUN, deux du Cameroun, un de la Sangha, réalisés en Allemagne (Uganda : PRM BI 943, pl. XCII, XCIV : PRM 824 827, Major Powell-Cotton pl. XCIV, Sangha, Lt Chauveau, 04 17 6). Les neptunes sont des plateaux en laiton très mince arrivés massivement sur la côte Gabon/Congo à la fin du XIXᵉ siècle : voir Rivallain (1988), p. 729-731.

27 Dybowski (s. d.), p. 93. – *Nota* : l'ouvrage de Dybowski a été rédigé entre 1892 et 1893.

28 Kingsley (1898), p. 148 et 149.

frappé après sa mort, afin de répondre aux exigences de ses clients[29]. Il arriva en Éthiopie pour règlement de son café d'où il se propagea tant au nord qu'au sud du continent pour devenir signe de richesse pour les femmes qui portent ces pièces d'argent à l'égal d'un bijou. Malan Yaroh l'imposa comme monnaie aux agriculteurs et aux artisans qu'il contrôlait dans la région de Zinder, après s'être emparé du contenu des sacs d'une caravane[30].

Les Européens qui s'installaient comme planteurs, firent réaliser des bons et des jetons en carton avec lesquels ils payaient leurs employés qui pouvaient les échanger dans le magasin de l'entreprise. Pierre Savorgnan de Brazza, quant à lui, fit frapper des jetons en zinc au Gabon[31]. Ces sortes d'ersatz du numéraire ne furent pas reconnues par les colonisateurs qui imposèrent le numéraire copié sur celui de la métropole. De nouvelles pièces et billets furent réalisés à la fin du XIXe siècle – cela prit du temps – et exigés par le truchement de l'impôt aux chefs de famille. Ces derniers durent les acheter ; mais, au début, il n'y avait pas assez de pièces ; alors, les administrateurs ne purent que recourir provisoirement à l'une des monnaies locales dont ils fixèrent la parité.

Près d'un siècle plus tard, au marché, pièces et billets continuaient d'être examinés avec soin par les commerçants qui vérifiaient l'intégrité de l'objet, et le refusaient s'il ne leur convenait pas. Jusqu'à la fin du XXe siècle, dans certaines régions, les monnaies locales permettaient de petits achats, sorte de monnaie sous-divisionnaire.

Les habitudes de comptage ancien se perpétuent au quotidien : on compte de cinq en cinq dans le monde arabophone, par exemple. Des monnaies anciennes sont conservées sous terre, ressorties lors de cérémonies. Les cauris, depuis longtemps intégrés à la vie des gens, ayant remplacé les monnaies en fer plus anciennes dans plus d'une région, sont indispensables à la réalisation de nombreux actes cultuels ; on se les procure au marché, souvent à côté de produits médicinaux.

---

29 Rivallain (2012), p. 147-154.
30 Salifou (1972), p. 7-27.
31 Antoine (1986), p. 177, photogr. n° 54.

CONCLUSION

La conquête de l'Afrique par les Occidentaux a entraîné l'imposition du numéraire. Les réactions des habitants et sa faible quantité disponible, au départ, ont contraint les nouveaux organisateurs à trouver une solution intermédiaire, mais sans rechercher la confiance des usagers qui détournaient et continuent de détourner les pièces métalliques pour des usages non marchands, comme la fabrication de bijoux.

La monnaie n'est pas une entité abstraite : on la touche, on la place dans un pan de ses vêtements, sur le corps des acteurs, des chanteurs, lors des spectacles ; elle sert à assurer des prêts, des crédits, à pratiquer l'épargne, notamment dans le cadre de tontines dont le fonctionnement repose sur la confiance. C'est un élément de vie très présent et Jean-Michel Servet développe longuement, avec ses mots d'économiste, tous ces cheminements.

Le poids du chef de famille traditionnel est toujours là ; il gère les actes sociaux et religieux les plus importants, mais, maintenant, d'autres membres de la société ont accès à la monnaie, telle que nous l'entendons, limitant le cloisonnement des sphères de fonctionnement plus ancien. Au cours des siècles, les monnaies marchandes apparaissent en dehors des circuits internes à chaque société ce que nos chercheurs, depuis la fin du XIXe siècle, ont interprété comme étant des monnaies primitives, des pré- ou protomonnaies, les vidant de leurs réalités. Leur apparente redécouverte s'est faite bien souvent avec un vocabulaire inapproprié correspondant à des opérations d'une autre nature, voire méprisante. Pourtant, la monnaie fait partie intégrante de l'imaginaire des sociétés et des individus, et, pour disposer de leur confiance, il faut être informé de cela. Unités de compte, de réserve, moyens de paiement peuvent varier à l'infini : l'État centralisé impose ses normes, et réussit, dans une certaine mesure, à modifier l'imaginaire existant[32]. Dans l'État, également, les formes, les règles évoluent en fonction de nombreux facteurs auxquels il doit porter attention. La monnaie est une entité bien vivante ; la forme abstraite et universelle qu'on semble vouloir imposer paraît en revanche bien froide et éloignée des multiples réalités de la vie.

---

32 Servet (1981).

DEUXIÈME PARTIE

INCLUSION FINANCIÈRE AU SUD ET AU NORD

ENTRE PROTECTION, MARCHANDISATION ET ÉMANCIPATION

AU-DELÀ DE LA MICROFINANCE, L'INCLUSION FINANCIÈRE COMME ROUAGE DE LA CONSTRUCTION DE L'ÉTAT

Cyril Fouillet
et Solène Morvant-Roux
Respectivement ESSCA
École de Management (France)
et IDESO, Université de Genève
(Suisse)

INTRODUCTION

« Le microcrédit n'a rien d'une panacée [...] il peut favoriser le surendettement[1] ». En 2015, une telle phrase ne surprend plus. À certains égards, elle peut même apparaître évidente pour celles et ceux qui se posaient en laudateurs d'un outil financier dont ils ne voulaient voir ni la pluralité ni l'immense pouvoir en termes de (re)production de rapports sociaux, de domination et d'exploitation. Au début des années 2000, il n'était pourtant pas aisé d'affirmer une posture critique et engagée face au microcrédit[2]. En février 1997, à Washington, Sam Daley Harris lançait le premier sommet du Microcrédit : « *The time has come to recognize microcredit as a powerful tool in the struggle to end poverty and*

---

1 Servet (2009a), p. 45.
2 Le microcrédit est défini ici comme la provision de crédit à des personnes non incluses dans le système bancaire. Ce terme est souvent confondu avec celui de microfinance qui fait référence à la provision d'un ensemble plus vaste de services financiers : du microcrédit mais aussi des produits d'épargne, d'assurance, de facilités de transferts, etc.

economic dependence[3]. » S'en est suivi plus d'une décennie d'engouement des agences bilatérales, multilatérales, des fondations, de nombreuses organisations de la société civile, toutes accompagnées et amplifiées par un consensus médiatique assourdissant.

C'est aussi à cette période que Jean-Michel Servet décidait d'élaborer un programme de recherche interdisciplinaire qui allait donner de la voix aux chercheurs appelant à une prise de conscience de la portée et des limites du microcrédit. Un détachement à l'Institut de recherche pour le développement (IRD) et une affectation à l'Institut français de Pondichéry (IFP) vont alors lui permettre d'initier, à partir de 2002, des investigations sur les pratiques monétaires et financières et, plus largement, sur le travail et les dynamiques sociales en Asie du Sud. Ce programme, repris et élargi par Isabelle Guérin à d'autres pays – Mexique et Maroc avec Solène Morvant-Roux, Sénégal avec Eveline Baumann, Madagascar avec Emmanuelle Bouquet et Betty Wampfler – *via* de multiples financements[4], permettra d'accueillir et de soutenir de nombreux chercheurs, doctorants et d'étudiants en master.

Après avoir fait apparaître les formes multiples de paléomonnaies[5] et avoir par là même retracé les logiques de la production des monnaies[6], ses travaux sur la microfinance allaient permettre à Servet, à l'aide d'un matériau contemporain, d'engager un vaste programme de recherche sur le caractère multiforme de la financiarisation et ses dimensions sociales, politiques et spatiales.

Ce chapitre reviendra sur un élément central des travaux de Jean-Michel Servet, à savoir la notion d'inclusion financière en lien avec la financiarisation accélérée des économies domestiques dans les pays du Sud. Nous montrerons dans quelle mesure le mouvement de l'inclusion financière dépasse largement celui de la microfinance en interrogeant le processus de construction étatique. La question n'est plus seulement, à l'instar de Rohini Pande et ses co-auteurs[7], de savoir si l'accès aux services

---

3   Il est temps de reconnaître le microcrédit comme un outil puissant dans la lutte contre la pauvreté et la dépendance économique », Daley-Harris (1997), p. x.

4   On renverra, entres autres, au projet financé par l'Agence nationale de la recherche « Rural Employment and Microfinance » : www.rume-rural-microfinance.org ; ou encore à celui financé par la Banque européenne d'investissement sur le thème des crises de la microfinance : www.microfinance-in-crisis.org.

5   Servet (1979a), p. 205.

6   Servet (1984). – Se reporter également à la première partie du présent ouvrage.

7   Pande, Cole, Sivasankaran, Bastian et Durlacher (2012).

financiers formels permet aux ménages d'augmenter leurs revenus avec tous les bénéfices supposés du microcrédit, mais d'appréhender l'inclusion financière comme l'une des composantes essentielles de la construction de l'État et de la reconfiguration de la relation État/citoyen.

RÉINTÉGRER LA MICROFINANCE DANS UN PROCESSUS PLUS LARGE DE FINANCIARISATION

UNE POSTURE CRITIQUE DE LA MICROFINANCE

Dès les premiers développements du secteur microfinancier, Servet va formuler des critiques quant aux capacités du microcrédit à lutter contre la pauvreté mais aussi contre la stigmatisation dont fait l'objet la finance informelle et plus particulièrement, les prêteurs privés[8]. Mettant l'accent sur la distinction entre l'outil financier et les arguments développementistes avancés par les porte-parole du secteur, Servet redessine les contours de cet objet d'étude et défend l'idée que la microfinance « constitue un excellent révélateur des rapports économiques et sociaux[9] ».

En identifiant dès ses premières publications sur le secteur la forte intégration de la microfinance aux mythes néolibéraux ainsi que son « rôle de filet social face au processus d'exclusion nourri par le mouvement de mondialisation[10] », Servet participe à l'émergence d'un courant critique en réponse aux approches apolitiques et économistes dominantes dans les études sur le développement.

Historiquement, la microfinance s'est développée en parallèle d'une accélération des privatisations et d'une croissance hégémonique des idées néolibérales sur les politiques de développement[11]. La microfinance serait alors un palliatif aux effets des politiques de libéralisation du secteur bancaire (conduisant dans de nombreux pays à l'assèchement du crédit pour les petits et moyens entrepreneurs), aux privatisations et au recul

---

8 Guérin et Servet (2004).
9 Gentil et Servet (2002a), p. 734.
10 Gentil et Servet (2002b), p. 740.
11 Voir notamment, Elyachar (2005) ; Fernando (2006) ; Servet (2006a) ; Fouillet, Guérin, Morvant-Roux, Roesch et Servet (2007), p. 329-350. Dichter et Harper (2007) ; Pattenden (2010), p. 485-512.

de l'État. Offrant des facilités pour l'octroi de microcrédits venant supporter l'auto-emploi, les produits microfinanciers seraient intervenus comme un filet de protection[12]. En atténuant localement les résistances aux politiques néolibérales, Jude Fernando estime, par exemple, que :

> *The current popularity of microcredit demonstrates the remarkable capacity of capitalism to make use of the languages and practices of its critics and opponents to secure conditions for its own reproduction*[13].

> « La popularité actuelle du microcredit démontre la remarquable capacité du capitalisme à utiliser les discours et pratiques de ses détracteurs et de ses opposants pour sécuriser les conditions de sa propre reproduction. »

Cette dynamique, que l'on peut inscrire, comme le fait Héloïse Weber, dans une l'architecture du développement global[14], participe dès lors d'un nouveau paradigme du développement appelé « post » ou « nouveau » consensus de Washington[15] et prolongé, pour les questions du financement du développement, par le consensus de Monterrey en 2002.

FINANCIARISATION DES SOCIÉTÉS CONTEMPORAINES : POUR UNE INCLUSION FINANCIÈRE DES PLUS DÉMUNIS

Ainsi resituée dans les dynamiques de l'économie du développement de la fin du XXᵉ siècle, la microfinance est l'une « des multiples manifestations de la financiarisation qui s'est étendue et intensifiée au cours du dernier quart de siècle sous la pression des idéologies néolibérales qui faisaient de la finance et de la monnaie un vecteur essentiel parce qu'en apparence neutre[16] ». Trois principaux socles concourent selon Servet à la financiarisation contemporaine des économies domestiques : la monétarisation des dépenses, l'intermédiation financière croissante des paiements, de l'épargne et du crédit et, enfin, les modes nouveaux de protection contre les risques individuels et collectifs touchant aux personnes ou à leurs biens. C'est l'objet même de *Banquiers aux pieds nus* publié l'année du prix Nobel de la paix décerné à Mohammed Yunus et à la Grameen Bank. Suite à l'inscription à l'agenda international

---

12 Weber (2002), p. 537-555.

13 Fernando (2006), p. 31.

14 L'article d'Héloïse Weber (2002, p. 537-555) s'intitule explicitement : « The Imposition of a Global Development Architecture : the Example of Microcredit ».

15 Stiglitz (1998) ; Gore (2000), p. 789-804.

16 Servet (2007c), p 13.

du secteur de la microfinance, l'approche collective, élément central des premières institutions de microfinance (IMF), devient un moyen de privatiser l'offre de crédit, la caution solidaire laisse place à une approche individualisée.

Dans le cadre d'un article pour la *Revue Tiers Monde*[17], Servet établit une distinction utile entre responsabilité sociale et responsabilité sociétale. Selon lui, les IMF ont pour mission sociale de fournir des services et produits financiers adaptés à la demande, à un prix soutenable pour la population et de respecter les lois en vigueur sur les territoires d'intervention. De la responsabilité sociale de ces institutions ne relèvent en aucun cas la lutte contre la pauvreté ni l'émancipation des femmes qui sont de l'ordre de la responsabilité sociétale. Cette distinction est très intéressante et permet de graduer les missions des IMF. C'est pourquoi, si l'objectif d'éradiquer la pauvreté avec le seul microcrédit est inatteignable, cela ne remet pas en cause la légitimité de la microfinance entendue comme outil d'inclusion financière. Les services microfinanciers n'ont pas pour vocation de lutter contre la pauvreté mais de favoriser le processus d'inclusion financière participant ainsi à la lutte contre l'exclusion économique et sociale. Dans ce contexte, le microcrédit ne constitue plus le seul instrument délivré par ces IMF.

Cette posture singulière de Servet en faveur d'une inclusion financière des populations marginalisées semble *a priori* aller à l'encontre des travaux soulignant au contraire le caractère profondément normatif des catégories d'exclus et d'inclus eu égard à un idéal-type de société que l'on voudrait promouvoir[18].

Ses travaux sur les informalités financières ne laissent pourtant aucune ambiguïté sur le caractère relatif de cette exclusion dans son approche. En effet, les segments les plus vulnérables de la population sont également au cœur de multiples formes d'affiliations et d'interdépendances économiques, sociales et financières[19]. C'est donc bien en référence à une certaine forme contractuelle marchande d'inclusion économique et sociale que Servet légitime les initiatives en faveur de l'accès à une variété de services financiers : épargne, crédit, transferts et assurances. Se tenant à distance des visions polarisées, Servet s'inscrit dans une approche que

---

17   Servet (2009b), p. 55-70.
18   Voir Langley (2008).
19   Lautier (2004), p. 165-201 ; Johnson (2004), p. 1355-1374.

l'on peut qualifier de pragmatique. Il ne perd néanmoins pas de vue le caractère profondément anti-démocratique, prédateur et inégalitaire du système financier contemporain, avec lequel la microfinance n'opère aucune rupture[20]. Comme l'illustrent les travaux sur le surendettement dirigés par Isabelle Guérin, Magdalena Villarreal et Solène Morvant-Roux[21], accéder à des services financiers formels, notamment de micro-crédit, proposés par des institutions régulées et axées sur la recherche de rentabilité financière n'est pas toujours synonyme de mieux-être.

De son côté, la Banque mondiale avait également à cette époque, déjà pris ses distances avec le microcrédit pour lui préférer l'inclusion financière :

> *Even the most efficient financial system supported by a strong contractual and infor-mation infrastructure faces limitations. Not all would-be borrowers are creditworthy, and there are numerous examples where national welfare has been reduced by overly relaxed credit policies. Access to formal payment and savings services can approach universality as economies develop. However, not everyone will – or should – qualify for credit[22].*

> « Même le système financier le plus efficace et soutenu par une infrastruc-ture contractuelle solide est confronté à des limites. Tous les emprunteurs potentiels ne sont pas solvables et il existe de nombreux exemples de pays où le système de protection sociale a été réduit par des politiques de crédit laxistes. L'accès aux services formels de paiement et d'épargne peut tendre vers l'universalité lorsque les économies se développent. Cependant, tout le monde ne sera pas – ou ne devrait pas – être élligible au crédit ».

Pourtant, si très tôt dans ses travaux sur la microfinance, une approche en termes d'inclusion financière a supplanté celle d'une microfinance comme outil d'éradication de la pauvreté, Servet semble néanmoins convaincu que la microfinance – ou du moins sa version alternative et solidaire – a un rôle central à jouer. « La microfinance peut-elle constituer une alternative aux défis actuels du développement[23] ? » s'interroge-t-il depuis l'Institut français de Pondichéry lorsqu'il rédige l'introduction générale du cinquième rapport du Centre Walras, *Exclusion et Liens financiers*. Formidable conférencier capable d'embraser de pourpre les

---

20 Servet (2006a) ; Servet (2010).
21 Guérin, Morvant-Roux et Villarreal (2013).
22 Demirgüç-Kunt, Beck et Honohan (2008), p. 14.
23 Servet (2004), p. 16.

joues d'énarques pourtant si prompts au contrôle, Servet est également un militant de l'économie sociale et solidaire. Si la microfinance ne s'inscrit pas dans les logiques de solidarité (partage des risques et des richesses entre groupes sociaux ; solidarité entre les territoires et au sein de ceux-ci ; solidarité entre générations ; solidarité avec les générations futures dans la perspective d'un développement durable, etc.) alors « les risques sont considérables que de moyen de libération elle [la microfinance] devienne un vecteur d'oppression par un surendettement des populations rapidement séduites par une nouvelle proposition de crédit[24] ». C'est exactement ce que les enquêtes conduites dans le cadre du projet Agence nationale de la recherche – Rural Microfinance and Employment (ANR-RUME) sous la direction d'Isabelle Guérin démontreront en plusieurs points du globe[25].

Force est de constater que le secteur de la microfinance dans sa grande majorité ne s'est pas inscrit dans l'héritage des mutuelles et des coopératives. En 2015, plus des deux tiers des clients du secteur de la microfinance sont en relation avec des IMF à but lucratif. Et cette tendance se confirme puisque d'après les données du Mix Market, le taux de croissance des structures lucratives est deux fois plus important que celui des organisations non gouvernementales (ONG). Les IMF prennent de plus en plus la forme de fournisseurs de crédits à la consommation. Dans les grandes villes des pays émergents et/ou en développement, les cartes de crédit de ces institutions se multiplient dans la poche des couches moyennes favorisant de fait la réponse à l'injonction de consommation : « Posséder et avoir à sa disposition l'emporte sur l'*être* et devient un comportement de masse, alors que chacun croit ainsi se distinguer des autres et s'individualiser[26]. »

---

24 Servet (2004), p. 17.
25 Guérin, D'Espallier et Venkatasubramanian (2013), p. 1155-1171 ; Guérin, Morvant-Roux et Villarreal (2013) : Guérin (2015).
26 Servet (2006a), p. 41.

L'INCLUSION FINANCIÈRE, ROUAGE DE LA STRUCTURATION
DES RELATIONS ÉTAT-CITOYEN ?

Comme nous l'avons mentionné précédemment, les travaux de Servet intègrent le développement de la microfinance dans une perspective historique de la mondialisation, celle-ci fonctionnant « comme un mode de subsidiarité de l'action publique, caractéristique du nouveau visage de l'État, qui n'est plus l'État réduit au tout ou rien de l'État gendarme ou de l'État interventionniste, mais l'État qui "fait faire"[27] ». Or le changement impulsé par l'inclusion financière prend un nouveau tournant à partir de la fin des années 2000[28]. Si l'inclusion financière fournit un nouvel élan à la microfinance suite à des résultats décevants en matière de réduction de la pauvreté, sur le terrain, le changement de modèle nous semble plus profond que celui qu'avait anticipé Servet. L'État se réapproprie en effet la promotion des services financiers avec comme objectif premier la bancarisation de masse.

Depuis la fin des années 2000, aux côtés de la microfinance, un nouvel axe d'actions voit le jour, les programmes d'inclusion financière universelle. Sur la base du constat d'une inclusion financière « incomplète », tant sociale que territoriale, l'engagement à améliorer l'accès bancaire des populations a été lancé par le sommet du Groupe des vingt (G20) à Pittsburgh en 2009, point de départ de nombreuses initiatives prises par les autorités nationales soutenues par différentes plates-formes et groupes d'experts tels que le Financial Inclusion Experts Group (FIEG), le Fonds d'équipement des Nations unies (UNCDF), la Better than Cash Alliance, des fondations parmi lesquelles la Bill & Melinda Gates Foundation ou autres acteurs privés (MasterCard, Visa ou encore Crédit suisse).

Le bilan de deux décennies d'une croissance vertigineuse des IMF est sévère : 80 % des pauvres dans le monde sont toujours exclus de l'accès aux services financiers autres que le microcrédit. L'incapacité du secteur à gérer les problèmes de surendettement est également soulignée. Les nouveaux acteurs (FIEG, etc.) investis de la mission d'inclure les

27   Gentil et Servet (2002b), p. 741.
28   Johnson (2009), p. 291-302 ; Johnson et Arnold (2012), p. 719-748.

exclus prennent acte de l'échec de la microfinance. La microfinance se trouve confrontée à une concurrence féroce sur son segment de clientèle historique tant par les innovations technologiques, *via* le « P2P » (de pair à pair)[29], que par les banques commerciales. La microfinance devra s'adapter soit en mobilisant le maillage territorial comme axe fort de la complémentarité avec le secteur bancaire et les paiements mobiles (*mobile money*) soit se retrancher sur des segments plus difficiles à atteindre et – toujours – faiblement rentables.

Via l'« Alliance for Financial Inclusion[30] » (AFI), plus de quatre-vingts pays (développés et en développement) ont déjà pris part à ce processus. Ce modèle d'inclusion financière propose une vision renouvelée de la finance pour les plus vulnérables, car il met l'accent sur les transactions financières de base (compte bancaire pour des dépôts ou des transactions comme les retraits, virements, paiements) au lieu de se focaliser exclusivement sur le crédit. Les services de microcrédit font aussi partie de la stratégie mais ne jouent plus un rôle central comme ce fut le cas dans le cadre de la microfinance. Ce qui est reproché aux IMF c'est, d'une part, leur focalisation sur le seul crédit (très souvent, la régulation bancaire ne leur permet pas de proposer d'autres produits que le crédit et l'assurance) et, d'autre part, le coût de leurs infrastructures pour acheminer de l'argent liquide.

Soutenu par la Citi Foundation, la Bill & Melinda Gates Foundation, MasterCard and MetLife Foundation, le projet « Financial Inclusion 2020 » du Centre pour l'inclusion financière (CFI)[31] a pour objectif de construire et soutenir un mouvement mondial dans le but d'atteindre une inclusion financière totale pour l'année 2020. Si la rhétorique du marché est encore largement mobilisée[32], les personnes exclues d'un

---

29 Le « pair à pair » est un modèle de diffusion des services financiers décentralisé mettant directement en relation offreurs et demandeurs ou encore prêteurs et emprunteurs par le biais des nouvelles technologies de l'information et de la communication.

30 Ledgerwood, Earne et Nelson (2013), p. 84.

31 Le Centre for Financial Inclusion est un *think tank* basé à Washington dont l'objectif principal est de favoriser une inclusion financière globale et d'accompagner les gouvernements et les banques centrales dans cette perspective. Les partenaires principaux de cette organisation, outre ceux mentionnés dans le chapitre, sont en majorité issus du secteur de la microfinance. On peut mentionner le MicroFinance Network, le Microfinance CEO Working Group, etc.

32 Parmi les sponsors du Centre for Financial Inclusion, on trouve notamment le New York Stock Exchange.

accès bancaire constituant le « marché invisible[33] », les États prennent néanmoins une part active à l'universalisation de l'accès aux services bancaires. Loin de témoigner d'un recul des prérogatives de l'État, nous avançons l'idée que ce processus d'inclusion financière illustre également le retour de l'État dans le domaine de la bancarisation des particuliers. Le processus d'inclusion financière participe à son niveau à la mise en relation de l'État, de ses politiques et de ses citoyens. Néanmoins, loin de ne former qu'un mouvement homogène, il apparaît que les contours de l'action étatique sont redéfinis selon les processus d'institutionnalisation de ces politiques et des contextes dans lesquels ils émergent. Selon les pays, la financiarisation de la pauvreté[34] ne semble pas uniquement servir à compenser l'absence de politiques sociales (santé, protection vieillesse, emploi, etc.) mais également à en acheminer la mise en œuvre et, par le fait, à étendre la souveraineté territoriale de l'État.

Dans les pays dits « du Nord », l'État a constitué et constitue une figure incontournable du processus de bancarisation et de son universalisation comme l'a montré Georges Gloukoviezoff, ancien doctorant de Jean Michel Servet, à partir de l'expérience française. Architecte, l'État est intervenu de manière indirecte pour accompagner la structuration du secteur bancaire. « Instigateur », il s'implique directement pour accompagner la dynamique redistributive qui est au cœur de l'État providence[35]. L'exclusion bancaire émerge dans un troisième temps comme résultat du désengagement de l'État et de l'intensification de la financiarisation[36]. Cette dernière semble depuis peu s'effacer face à l'inclusion bancaire et avec elle la connotation inégalitaire dont était porteur le paradigme de l'exclusion bancaire.

Pour les populations non salariées des pays du Sud appartenant à la catégorie dite « des pauvres », l'objectif de bancarisation massive fait suite à plusieurs décennies d'interventions hétéroclites axées sur la démocratisation du crédit. Selon les périodes et les lieux, celles-ci ont été délivrées directement par les banques publiques, des réseaux de coopératives ou par des organismes relevant d'une logique marchande (IMF pour l'essentiel) avec un encadrement plus ou moins étroit des politiques

---

33 Kasprowicz et Rhyne (2013).
34 Ou une financiarisation par la dette, qui a pour conséquence une place toujours plus prononcée des dettes marchandes pour faire face aux nécessités. Voir Mader (2015).
35 Gloukoviezoff (2010).
36 *Ibidem*, p. 55.

publiques (subventions, supervision, régulation). La démocratisation du crédit a depuis les années 1990 tenu lieu de politique de promotion économique et de l'emploi. Parallèlement, dans certains pays comme le Mexique et l'Inde, pour les franges « pauvres » de la population, la politique sociale s'est largement imposée comme vecteur d'intégration et comme « mode de relation global de "l'en haut" avec "l'en bas", de l'État avec le peuple[37] ».

Les évolutions récentes des politiques sociales au Mexique et en Inde nous permettent d'avancer que les programmes d'inclusion financière entraînent deux conséquences principales : les bénéficiaires de ces politiques d'assistance représentent une cible des politiques de bancarisation massive et, en retour, l'inclusion financière constitue un pilier de la mise en relation de l'État avec les citoyens. Les relations financières, l'intermédiation bancaire ne font pas seulement sens dans la réalisation des pratiques monétaires et de la marchandisation de leurs besoins financiers mais offrent également un meilleur accès à un groupe, une communauté et, dans le cadre du processus d'inclusion financière à l'œuvre depuis la fin des années 2000, à un État utilisant les infrastructures de paiement comme un réseau qui facilite une extension de la délivrance des prestations sociales.

INCLUSION FINANCIÈRE UNIVERSELLE AU MEXIQUE : UN DISPOSITIF SUPPLÉMENTAIRE DE CONTRÔLE DES PAUVRES?

Alors que l'offre de services financiers avait été déléguée aux initiatives privées locales ou nationales (secteur financier, coopératif ou commercial) dès le milieu des années 1990 dans le cadre des politiques néolibérales, l'État mexicain avait, au début des années 2000, opéré une reprise en main du déploiement de ces services vers les secteurs les plus marginalisés socialement et économiquement *via* des subventions aux institutions du secteur de la microfinance ou encore de l'assistance technique (programmes d'assistance technique à la microfinance rurale). La fin des années 2000 marque une nouvelle étape avec le retour à un engagement plus direct de l'État mexicain dans le déploiement bancaire. L'inclusion financière fait son entrée dans le plan national de développement à partir de 2014 alors que la digitalisation des versements des programmes sociaux (Progresa, Oportunidades puis Prospera) était

---

37 Lautier (2004), p. 177.

déjà inscrite dans la loi budgétaire dès 2010. Les deux axes d'action vont rapidement apparaître complémentaires et recevoir l'appui d'une pluralité d'acteurs (Banque mondiale, Fondation Bill & Melinda Gates, McKinsey, Better than Cash Alliance, etc.) aux côtés de la Banque nationale d'épargne et de crédit (Bansefi). Si le spectre de cette politique d'inclusion financière se veut bien plus large puisqu'il concerne également les *business correspondents* (agents bancaires), les succursales bancaires, les distributeurs automatiques de billets, (ATM en anglais ; GAB ou DAB en français), etc., la digitalisation des versements sociaux s'est rapidement imposée comme le principal levier de la nouvelle politique d'inclusion financière. Le rapport rédigé par Bankable Frontier Associates en 2013[38] insiste en effet sur le succès de la digitalisation et souligne *a contrario* les résultats mitigés en matière de développement d'agents bancaires. Le versement électronique des différents programmes publics, qu'ils soient sociaux (Prospera) ou d'appui à la production agricole (Procampo) ne s'est cependant pas systématiquement accompagné de l'ouverture de comptes bancaires puisque nombre de bénéficiaires effectuent le retrait de l'argent (*cash out*) aux points ATM ou de services de télécommunication sans accès à d'autres services financiers (*cash in*, crédit, etc.). Même lorsque le service de retrait est proposé par une institution financière, de nombreux bénéficiaires du programme social retirent encore l'argent sans devenir membres (*socios*) c'est-à-dire sans l'ouverture d'un compte[39].

Ces programmes sociaux encore appelés « politiques d'assistance ciblée » connaissent depuis 2014 une profonde mutation. Si les premières générations de ces programmes visaient la « protection » des franges de la population les plus vulnérables et la construction d'un capital humain (éducation, santé, alimentation) en vue de rompre avec la transmission intergénérationnelle de la pauvreté[40], il s'agit désormais de conjuguer subsides sociaux et effort des bénéficiaires pour s'insérer économiquement[41]. Cette approche entre en résonance avec les inflexions

---

38 Bankable Frontier Associates (2013) ; [en ligne], http://bankablefrontier.com/wp-content/uploads/documents/BFA_Mexico-G2P-Review_2013OCT.pdf.

39 L'analyse s'appuie sur cent vingt entretiens qualitatifs menés dans quatre États du Mexique (Puebla, Oaxaca, Veracruz et Queretaro) par les chercheurs Mariana Carmona, Clément Crucifix et Juan Carlos Quintero (AMUCSS), Lourdes Angulo Salazar (UPN) et Solène Morvant-Roux (Unige).

40 Nous laissons de côté le débat sur le ciblage au cœur des modalités de diffusion de ces aides qui produit de la non-citoyenneté, voir à ce sujet Bruno Lautier (2004).

41 Molyneux (2009).

au référentiel néolibéral impulsées dès la fin des années 1990 en Europe (Tony Blair) et aux États-Unis (William Bill Clinton) dans le cadre de la « troisième voie » et d'une nouvelle forme d'État providence appelée « État social actif ». Ce dernier vise à indemniser tout en « activant » les bénéficiaires pour conjurer toute tentation à la passivité[42]. Au Mexique cette nouvelle impulsion traduit une reprise en main par l'État de la politique économique en direction des populations pauvres jusque-là déléguée aux organismes de microcrédit. Mais si l'État reprend un rôle central, aucune rupture idéologique n'est cependant opérée avec le microcrédit puisque les services de crédit « productif » et d'épargne doivent favoriser l'activation des pauvres.

L'inclusion financière occupe naturellement une place centrale de cette nouvelle politique économique et sociale. Dans ce pays où 44 % de la population adulte n'a toujours pas accès à un compte bancaire formel (80 % dans les zones rurales) la politique économique axée sur l'emploi et les activités productives se combine avec la promotion de la bancarisation et l'accès à des services d'épargne et de crédit. L'inclusion financière est individuelle mais est supposée faire le lien avec des dynamiques productives menées en groupe en vue de stimuler l'ensemble d'un territoire donné – incarné dans sa communauté – (programme pilote « Territorios productivos » dans le cadre de Prospera).

Concernant les conditions des crédits proposés, les taux d'intérêt sur les services de crédit sont bien moindres que ceux des IMF, en particulier les plus commerciales (moins de 12 % annuels contre plus de 40 % annuels minimum)[43]. Ces taux « avantageux » résultent en partie du fait que la prise de risque face au défaut de remboursement est quasi nulle puisque le remboursement du crédit se réalise par un mécanisme de déduction de l'aide sociale du bénéficiaire. Les montants prêtés sont de ce fait beaucoup plus faibles (et plafonnés) par rapport à ceux proposés par les IMF.

Le passage de la digitalisation des versements des transferts sociaux à une véritable inclusion financière accompagnant la nouvelle politique de promotion économique peut contribuer à la mise en relation entre l'État et les populations pauvres. Néanmoins, sa

---

42 Cette troisième voie entre la social-démocratie classique et le néolibéralisme a été théorisée par Anthony Giddens (1998).

43 Dans les 12 % est incluse la taxe à la valeur ajoutée (IVA dans les pays hispaniques).

mise en œuvre dans le cadre de ces nouvelles politiques sociales peut en limiter la portée[44]. Pour l'heure, la diffusion des services financiers se concentre sur les bénéficiaires de l'aide sociale : les femmes répondant aux critères de « pauvreté ». Abstraction faite du caractère profondément arbitraire et clientéliste de la diffusion du programme[45], l'accès à un compte bancaire et à une large gamme de services financiers pourrait contribuer à renforcer le fossé entre les « citoyens » et « non-citoyens » au sein de l'État social mexicain, exclusions susceptibles d'alimenter une certaine défiance. À propos de la première génération de ces programmes ciblés, Bruno Lautier notait déjà que l'accent sur la pauvreté rurale produisait une classe de non-citoyens parmi la population non salariée et précaire mais non pauvre[46]. Il y a également au sein même des localités un effet générationnel problématique puisque les familles incorporées au programme en bénéficient sur de longues périodes (10-15 ans), les jeunes parents devant attendre les extensions ponctuelles du programme pour être incorporés à leur tour.

Indépendamment de la sélection des femmes titulaires au sein de la population éligible, le passage de la digitalisation du versement à l'inclusion financière semble se traduire par un effet combiné ambivalent : une plus forte capacité à se protéger de leur entourage proche (mari, commerçants, créanciers) combinée à un contrôle potentiel plus marqué sur la gestion de leurs finances par l'ensemble des acteurs du programme économique et social.

Concernant le contrôle accru, soulignons que celui-ci est inhérent au programme social depuis sa genèse. En effet, le principe de co-responsabilité entre les « titulaires » et le programme social (l'État fédéral mexicain) sous-entend que la reconnaissance des droits à l'aide soit conditionnée au respect d'obligations de la part de ces femmes (réunions diverses, tâches à accomplir, rendez-vous médicaux pour elles-mêmes et leurs enfants, etc.). Or, ces multiples obligations réduisent de fait fortement la maîtrise de leur temps pour les bénéficiaires. Le contrôle

---

44　Les premiers éléments d'analyse que nous livrons ici sont fondés sur un travail de terrain approfondi mené par une équipe interdisciplinaire franco-belge et mexicaine auprès des bénéficiaires et institutions financières locales, sur des entretiens avec des fonctionnaires publics et l'accès à des documents produits dans le cadre de programmes pilotes.

45　Voir Tetreault (2012).

46　Lautier (2004).

du temps (réunions régulières à des fins politiques – même si cela est officiellement interdit – tâches collectives à accomplir, etc.) s'accompagne du contrôle du corps *via* la diffusion de normes corporelles. La femme en surpoids doit s'engager à faire des efforts pour se rapprocher d'un poids conforme à la « norme » et se plier à des visites médicales plus fréquentes pour vérifier l'évolution de ses performances en la matière (il en va de même pour ses enfants en bas-âge). La participation obligatoire aux cours de sport (marche à pied, basket-ball ou encore zumba) accompagne également le maintien d'un corps sain. Le tout orchestré dans un village d'Oaxaca par le comité dit de la *« gente sana »* (comité des personnes saines, en bonne santé). De la sorte, nombre de femmes répondant aux critères « objectifs » de pauvreté se trouvent exclues du programme du fait de leur incapacité à conjuguer des formes d'emploi les maintenant éloignées de leur domicile (emploi salarié à temps partiel le plus souvent voire émigration ponctuelle) et des obligations liées à la co-responsabilité[47].

Le contrôle financier est également fort. Il concerne l'affectation de l'argent pour les dépenses d'habillement et d'alimentation de la famille. Sa dimension opératoire et officielle passe par des visites imprévues chez les bénéficiaires, dans les écoles, ou de la part du personnel du centre de santé, etc.[48]. Cependant une grande partie de ce contrôle est social par le biais de critères visuels « objectifs » (chaussures neuves et « modernes » pour les écoliers, propreté de l'uniforme, hygiène des enfants, etc.)[49] *via* les promotrices bénévoles du programme (*vocales*) ou encore les autres bénéficiaires.

> *Los niños deben de llevar zapatos y tenis, sobre todo los que están en Prospera, para que vean que la mama está ocupando el dinero en lo que tiene que ocupar*[50].

> « Les enfants doivent porter des chaussures – [fermées donc modernes par opposition aux sandales que portent les paysans] – et des tennis, surtout les bénéficiaires de Prospera, pour qu'ils [les employés du programme] voient que la mère de famille dépense l'argent pour ce à quoi il est destiné ».

---

47 Les promotrices locales introduisent souvent une certaine flexibilité (une autre femme remplit l'obligation à la place de la titulaire) cela dépend néanmoins de la promotrice et ne peut concerner toutes les obligations à remplir.

48 Nous avons également rencontré un cas de boîte à lettre destinée aux suggestions et dénonciations mais son utilisation pour dénonciation ne semblait pas réellement fonctionner.

49 Voir Foucault (1975).

50 Entretien, Oaxaca, 17 juillet, 2015.

Dans ce contexte, l'inclusion financière risque de renforcer la dynamique d'ingérence dans la vie des pauvres par le contrôle de la gestion de leur argent. En effet, les bénéficiaires doivent en plus des diverses réunions sur la santé, l'éducation, l'hygiène, la sexualité, etc. dorénavant participer à des cours d'éducation financière. L'enjeu ici n'est pas de les sensibiliser aux risques de surendettement comme c'est le cas dans des actions d'éducation financière dans le cadre d'initiatives en matière de protection des emprunteurs, mais de leur inculquer un usage raisonné du crédit et les sensibiliser à l'épargne. Plus largement, l'idée consiste à leur faire prendre conscience de la différence entre le crédit qu'il faut rembourser et le subside qui est un don. Au fond, il s'agit de « marquer » les différentes sources monétaires pour éviter toute confusion et assimilation du crédit à un don, tout en insistant sur le fait que cet argent provient bien de l'État « *algo del gobierno*[51] ».

Concernant l'épargne, soulignons qu'il faudra sans doute redoubler d'efforts pour inciter les bénéficiaires à épargner dans le cadre de ces programmes sociaux dans la mesure où depuis des années celles-ci ont été sommées de dépenser l'intégralité des sommes reçues pour les dépenses liées aux frais de scolarité, d'habillement et d'alimentation de la famille (le versement s'accompagne d'un reçu listant les sommes perçues pour chacun des postes de dépense : l'alimentation, la scolarité).

En dépit des limites évoquées ci-dessus, nos observations montrent que pour les titulaires, la digitalisation du versement pour retirer le subside améliore la réception et le contrôle individuel à plusieurs niveaux. Maîtrise du temps d'une part, puisque le retrait s'effectue dans les cinq jours suivant la mise à disposition de l'argent au nom de la bénéficiaire alors que jusque-là les femmes étaient publiquement convoquées sur une journée et devaient se plier à de longues heures d'attente, debout. Maîtrise sociale d'autre part, puisque l'usage du compte améliore la confidentialité vis-à-vis de leur entourage proche (époux notamment[52]) mais également par rapport à d'éventuels créanciers qui ne sont plus informés de la date exacte de la réception de l'argent et ne peuvent donc plus exercer la

---

51 « Quelque chose [qui vient] du gouvernement » : Entretiens, juillet-août 2015, AMUCSS-Unige-UPN.

52 Il semble largement admis (sans doute grâce au matraquage constant du message par les employées et membres de comités locaux) que l'argent doit être utilisé par les femmes et non par les hommes. Mais le paternalisme du programme ne laisse aux femmes qu'une faible marge de manœuvre.

même pression sur les femmes. En effet, lorsque le versement s'effectue en argent liquide sur la place du village, malgré l'interdiction, nombre de commerçants ambulants s'organisent pour se poster sur leur chemin et de nombreuses femmes avouent qu'une fois arrivées à leur domicile la somme perçue est le plus souvent déjà bien entamée, la résistance aux multiples sollicitations sur le chemin étant difficile.

Nos travaux de terrain en cours d'analyse semblent indiquer l'ambivalence de ces nouvelles politiques d'inclusion financière pour les femmes bénéficiaires des transferts sociaux. Émancipation d'un côté, en regard du contrôle exercé par le réseau social et familial. Renforcement de la servitude de l'autre, avec un contrôle accru sur leur manière de gérer leur argent et donc une avancée dans la normalisation des comportements financiers de ces femmes et leurs multiples répercussions. Ce contrôle n'est pas, à proprement parler, exécuté directement par l'État fédéral mais par le biais des employés du programme, des promotrices bénévoles et des autres titulaires de la même localité. En ce sens, l'inclusion financière peut renforcer le pouvoir de certains acteurs locaux intervenant au nom de l'État fédéral et participer de l'art néolibéral de gouvernement des populations et des citoyens tel que théorisé par Foucault[53].

INCLUSION FINANCIÈRE TOTALE EN INDE :
ENTRE ACCÈS ET CONTRÔLE DES CITOYENS

Si l'intervention du Fonds monétaire international (FMI) au début des années 1990 conduit le gouvernement indien à se détourner de sa politique dite de « *social banking*[54] » principalement articulée autour de l'extension de coopératives de crédits et de prêts subventionnés en zone rurale[55], la fin des années 2000 est marquée par un renouveau de l'interventionnisme étatique dans le déploiement du secteur bancaire.

Depuis 2004 et le retour au pouvoir du parti du Congrès, la Banque centrale indienne (Reserve Bank of India, RBI) soutient activement une politique d'inclusion financière dont l'ampleur est bien plus importante que celle du secteur de la microfinance[56]. Cette dynamique poursuivie par le nouveau gouvernement élu en 2014 fait de l'inclusion financière

53   Foucault (1994), t. III, p. 74-79.
54   Copestake (1988), p. 139-164.
55   Burgess, Pande et Wong (2004), p. 268-278.
56   Fouillet, Guérin, Morvant-Roux et Servet (2016), p. 21-48.

l'un des principaux piliers de ses réformes pour une croissance soutenue et la réduction de la pauvreté et des inégalités. L'objectif de la RBI est que chaque village indien de plus de deux mille habitants puisse disposer d'une antenne bancaire sous la forme d'une agence physique ou de la présence permanente d'un agent bancaire (*business correspondent*, BC) et que chaque citoyen se situe à moins de quinze minutes de marche de l'une de ces entités[57].

Les BC sont les principaux acteurs de cette nouvelle vision de l'intermédiation bancaire. Outre l'ouverture de comptes de dépôt (*basic savings bank deposit accounts*), ces nouveaux intermédiaires permettent le décaissement des retraites des anciens agents de l'État mais aussi l'argent de toute une gamme de programmes sociaux, notamment des pensions pour les personnes âgées non-fonctionnaires. Ces BC permettent également la collecte des dépôts de faible valeur, la collecte et le traitement préliminaire des demandes de prêts, la remise et les transferts de fonds, la vente de produits d'assurance, le recouvrement du capital et la collecte d'intérêts, etc. Sur la totalité des points d'accès bancaires en zone rurale (agences et BC), en mars 2015, les 504 142 BC comptaient pour 91 % de l'ensemble. Pour prendre la mesure de l'ampleur de ce processus d'inclusion financière en Inde, il suffit de se reporter aux chiffres de mars 2010. La proportion de BC sur la totalité des points d'accès bancaires en zones rurales n'était alors avec 34 316 BC que de 51 %[58].

Outre le déploiement des BC sur le territoire indien, les banques commerciales étendent également leur réseau d'agences dans des zones jusque-là délaissées par le secteur privé. Industrial and Investment Corporation of India (ICICI) Bank, la première banque commerciale privée indienne, connue dans les années 2000 comme la banque de la nouvelle classe moyenne urbaine, porte désormais son attention vers les campagnes. En 2014, son réseau dans le Tamil Nadu, un État du sud de la péninsule indienne, comptait 363 succursales dont 127 localisées dans des villages dépourvus d'autres entités bancaires. Durant l'année financière 2014, sur l'ensemble des agences bancaires ouvertes par les trois plus grandes banques privées commerciales (ICICI, Axis Bank et Housing Development Finance Corporation, HDFC), plus d'une sur deux l'était dans des zones identifiées par la RBI comme sous bancarisées.

---

57   Viswanathan (2014), p. 16-19.
58   RBI (2015), p. 187.

La mise en place de ces politiques d'inclusion financière voulues par le gouvernement s'est traduite par une forte augmentation de l'accès bancaire de la population indienne. D'après les données du *Global Findex*, entre 2011 et 2014, le pourcentage de la population adulte possédant un compte dans une organisation financière formelle serait passé de 35 à 53 %[59]. Néanmoins, l'inclusion financière ne relève pas seulement de l'accès mais comprend également l'usage bancaire. Plusieurs études indiquent qu'une grande partie des comptes ouverts par les BC n'étaient pas utilisés et pouvaient être considérés comme dormants[60]. Entre 2007 et 2009, 25,1 millions de comptes courants ont été ouverts. Une étude menée par la Fondation Skoch indique que seulement 11 % de ces comptes étaient actifs[61]. Tandis que l'une des priorités de ces programmes résidait dans l'ouverture de comptes bancaires pour les plus vulnérables, plusieurs études soulignent qu'ils n'ont fait que renforcer les inégalités économiques et sociales préexistantes. Chirodip Majumdar et Gautam Gupta, à partir d'une enquête menée auprès de 20 752 foyers dans le district de Hooghly dans l'État du West Bengal, concluent que les catégories les plus exclues en termes de religion, de castes, d'éducation ou de revenus étaient les mêmes que celles tenues à l'écart de ces programmes d'inclusion financière[62].

Malgré ces disfonctionnements, cette politique d'inclusion financière a trois principaux effets pour les autorités publiques :

1. les millions de comptes bancaires ouverts permettent au gouvernement de présenter des résultats spectaculaires en termes d'inclusion financière ; l'un des objectifs déclarés et revendiqués par le gouvernement indien souhaitant afficher le visage d'une « nation moderne » ;

2. après la période de libéralisation des années 1990, cette politique a permis de rétablir un lien étroit avec l'ensemble des banques indiennes (publiques et privées)[63] ;

---

59   Demirgüç-Kunt, Klapper, Singer et Van Oudheusden (2015), p. 25.
60   Jos, Denny, Shivshankar et Stanley (2011), p. 53.
61   Kochhar (2009).
62   Majumdar et Gupta (2013), p. 55-60.
63   Certaines banques commerciales privées occupent désormais le statut de principale institution (*lead bank*) à l'échelle du district, ce qui leur confère un pouvoir politique local beaucoup plus fort.

3. l'instauration d'une infrastructure pour faciliter la diffusion des programmes sociaux promulgués à la fois par le gouvernement central et les gouvernements régionaux.

Ce dernier point permet de bien mesurer le changement de stratégie de l'État indien par rapport au secteur bancaire désormais considéré comme canal de transmission de l'État social. Depuis l'accès à l'indépendance du pays en 1947, de nombreux programmes de transferts sociaux ont été promus par le gouvernement indien. Ces programmes vont de systèmes de soutien pour les anciens fonctionnaires, les handicapés, les veufs, aux programmes d'aide à l'éducation pour les ménages les plus vulnérables, en passant par les multiples subventions accordées aux agriculteurs[64]. Le Mahatma Gandhi National Rural Employment Guarantee Scheme (MGNREGS), lancé en 2006, est connu comme le plus important programme public d'emploi dans le monde. Concernant environ 26 % des ménages ruraux indiens[65] et participant à la reformulation du contrat social, ce programme public d'emploi est conçu pour offrir cent jours de travail rémunéré sur des projets d'infrastructure avec un salaire fixe[66]. De cette façon, le programme garantit un transfert social si un emploi n'est pas assuré. Pourtant, très peu des comptes bancaires ouverts dans le cadre du MGNREGS sont utilisés. Dans une enquête menée dans le district de Gulbarga, Minakshi Ramji indique que 85 % des comptes bancaires ouverts restaient dormants[67].

Malgré un grand nombre de programmes publics déployés depuis 1947, seule une petite partie des bénéficiaires potentiels ont perçu l'argent destiné à ces programmes. Plusieurs facteurs expliquent cette mauvaise attribution des transferts sociaux tels que la corruption, le détournement de fonds mais aussi le manque d'information[68]. De nombreux foyers éligibles ne prennent connaissance de ces programmes que par des intermédiaires. Contre une rémunération, ces intermédiaires les aident à obtenir les bons documents, à les remplir (en Inde, le taux d'alphabétisation des adultes était de 63 % en 2011), à déposer la demande

---

64 Le secteur agricole indien contribue à hauteur de 18 % du PIB indien et à 50 % des emplois.
65 Maiorano (2014), p. 95-105.
66 Chopra (2014), p. 355-369.
67 Ramji (2009).
68 Erb et Harriss-White (2002) ; Deshingkar et Johnson (2003).

au bon endroit et motivent l'administration pour que le dossier soit traité. Dans un article consacré au système public indien de distribution alimentaire dans les villes de Mumbai et d'Hyderabad, Frédéric Landy et ses co-auteurs décrivent toutes les étapes de « la course d'obstacles que doivent parcourir les citadins pauvres pour essayer d'obtenir (une petite partie de) l'aide alimentaire à laquelle l'État indien leur donne droit[69] ». En dehors du financement des partis politiques, cette corruption organisée renforce également le pouvoir des classes dominantes et le processus d'accumulation[70].

C'est dans ce contexte qu'émerge, en janvier 2013, le programme Direct Benefit Transfer (DBT). Avec le DBT, le gouvernement indien souhaite utiliser les comptes bancaires ouverts par les BC pour transférer électroniquement le versement de l'aide sociale (MGNREGS ; subvention pour la cuisine au gaz ; aide aux agriculteurs, à l'irrigation, aide contre la sécheresse, etc.). Ainsi, le déploiement de ces programmes d'aide dépend moins des infrastructures administratives locales dont les fonctionnaires souvent sous-payés apparaissent comme l'une des principales sources de difficultés pour l'acheminement des transferts sociaux[71].

Le paiement électronique *via* une entité bancaire a plusieurs avantages par rapport à d'autres formes comme le paiement en argent liquide. Pour plusieurs observateurs, ces techniques permettent de réduire les situations de corruption ou de détournement des fonds transférés[72] mais tendent également à réduire les temps de trajet et d'attente de manière significative[73]. Les techniques biométriques même si elles connaissent certaines limites (absence de courant électrique pour recharger les batteries, empreintes digitales des travailleurs dans l'industrie chimique illisibles, mauvaise couverture téléphonique, etc.) améliorent l'identification des bénéficiaires et assurent donc une certaine transparence de la transaction ; un bénéficiaire prend connaissance sur l'écran de la machine du montant de l'argent versé lors de la réalisation du transfert social et ne dépend plus d'un intermédiaire qui se déplace pour lui dans une administration parfois difficilement accessible. C'est dans cette perspective que le

69 Landy, François, Ruby et Sekhsaria (2013), p. 4.
70 Pattenden (2011), p. 164-194.
71 Harriss, Guhan et Cassen (1992) ; Nayak, Saxena et Farrington (2002).
72 Armey, Lipow et Webb (2014), p. 46-57 ; Wright, Tekin, Topalli, McClellan, Dickinson et Rosenfeld (2014).
73 Maldonaldo et Tejerina (2010) ; Pickens, Porteous et Rotman (2009).

gouvernement indien lie les transferts sociaux et ses stratégies d'inclusion financière, l'objectif affiché étant de réduire le rôle des intermédiaires et de faciliter l'accès à une certaine forme de protection sociale pour les populations les plus vulnérables.

Autant, la mise en place des premières politiques d'inclusion financière entre 2004 et 2010 impliquait l'ouverture d'un compte bancaire souvent peu utilisé par les populations soumises à l'obligation étatique, autant aujourd'hui, le compte en banque devient un outil indispensable pour atteindre l'État. Pensions et accès aux programmes publics d'emploi notamment passent désormais par ce canal. Ne pas avoir de compte bancaire signifie dans nombres de cas, l'impossibilité de recevoir ces prestations sociales.

Comme dans le cas du Mexique, les comptes ouverts permettent de déduire directement les emprunts mais aussi les impayés de prêts non remboursés. On assiste également à une volonté d'éducation financière supportée par la RBI (en juin 2015, on dénombre 1 226 centres d'éducation financière – Financial Literacy Centres). Ces formations insistent fortement sur la dimension « épargne » qui permet également aux banques de disposer d'un dépôt en cas d'impayés ou, le plus souvent, de retard de paiement. En revanche, il n'existe pas pour l'instant de conditionnalité officielle où, sous couvert de l'accès à une prestation sociale, la personne bénéficiaire se voit imposer toute une série de contraintes. Cela ne signifie pas pour autant qu'il n'existe pas de conditionnalités officieuses liées notamment aux clientélismes locaux. Penser que l'ouverture de comptes bancaires, que la digitalisation des transferts sociaux pourraient supprimer ces structures de pouvoir serait naïf. Comme ont pu le décrire de nombreux auteurs, ces clientélismes locaux jouent un rôle déterminant dans le financement des partis politiques, dans la reproduction des hiérarchies sociales[74] mais aussi et surtout comme formes de protection face aux risques[75]. Si ces conditionnalités n'ont pas disparu, reste la question de leur transformation. Comment l'inclusion financière entendue comme canal de transmission des prestations sociales influence les économies politiques locales, les formes de clientélisme et les modes de reproduction du pouvoir ?

---

74   Landy, François, Ruby et Sekhsaria (2013).
75   Picherit (2009).

CONCLUSION

Disponibilité, accès et usage des programmes de protection sociale sont autant de dimensions qui participent au processus de construction de l'État et de structuration de la citoyenneté[76]. Depuis le milieu des années 2000, le déploiement de politiques de pensions de retraite, d'allocations familiales et/ou de programmes publics d'emploi – comme c'est le cas au Mexique et en Inde par exemple – souligne l'inscription des transferts sociaux dans l'agenda officiel de nombreux États[77]. Dans de nombreux cas, lorsque le transfert social est versé en argent liquide, une partie est détournée par des intermédiaires[78].

L'extension de la disponibilité bancaire, en particulier *via* les BC indiens et l'accès bancaire facilité par l'ouverture systématique sur des territoires donnés de comptes de dépôt sont des mesures qui permettent de réduire les problèmes du paiement en espèces. D'après nos premières observations en Inde et au Mexique, le transfert des prestations sociales sur un compte bancaire semble réduire les détournements et les pratiques de corruption entre l'administration centrale et le bénéficiaire[79]. Mais le maillage territorial des agences bancaires reste un problème et constitue une contrainte forte à l'application des G2P (du government au bénéficiaire). Lorsque celui-ci est faible et que des BC ne sont pas présents sur le terrain de nouvelles figures d'intermédiaires apparaissent et tendent à réduire l'individualisation de l'accès ; au Mexique, par exemple, si le retrait ne peut se faire par identification des empreintes digitales (*via* un BC) mais par carte au bancomat, celui ou celle qui se rend à la ville peut retirer pour lui-même et pour les autres moyennant une compensation financière[80].

Le processus d'inclusion financière tel qu'il est présenté dans l'agenda international (*Financial Inclusion 2020*) revêt bien d'autres dimensions. Nous ne souhaitons pas ici les minimiser. Au contraire, il est important

---

76 De Haan (2014), p. 311-321 ; Van De Walle et Scoot (2011), p. 5-21.
77 Chopra (2011), p. 153-171 ; De Haan (2014).
78 Erb et Harriss-White (2002) ; Leenders (2012) ; Samuels, Jones et Malachowska (2013), p. 79.
79 Gelb et Decker (2012), p. 91-117.
80 Voir aussi Rosas et Villarreal (2014).

de souligner que ces programmes d'inclusion financière, universelle ou totale, s'inscrivent dans le processus de financiarisation contemporaine des économies domestiques tel que Servet a pu le décrire avec la microfinance[81]. Mais d'autres processus sont également à l'œuvre, différents de ceux que pouvait animer le déploiement du secteur de la microfinance. Notre hypothèse est que si la construction étatique est essentiellement un processus structuré par l'histoire et les institutions préexistantes, alors l'inclusion financière est l'une des dimensions reconfigurant les relations entre l'État et la société, entre le gouvernement et les citoyens.

Liés à la distribution des prestations de services publics, la corruption, les détournements de fonds, pour ne citer qu'eux, portent profondément atteinte à la légitimité de l'État sur un territoire donné. Cela affaiblit le contrat social, la confiance ainsi que le sentiment d'appartenance des citoyens. La mise en place de services publics ou la délivrance de prestations sociales sur de nouveaux territoires rencontrent parfois de nombreuses difficultés dans la mesure où elles rentrent en conflit avec des intérêts et dynamiques à l'échelle locale. On peut penser à la résistance des réseaux de patronage et des politiques locaux (périphéries internes), mais aussi aux réseaux de corruption et de recherche de rente, aux mouvements autonomistes ou indépendantistes (périphéries externes). Dans le cas de l'Inde et du Mexique, il existe un écart important entre le pouvoir central et ces périphéries internes et externes, et c'est à travers les figures du pouvoir inscrites localement que les citoyens indiens et mexicains expérimentent l'État. L'État n'existe pas en tant que tel mais uniquement à travers des pratiques concrètes, elles-mêmes inscrites dans un processus historique. Les aides fédérales sont les plus souvent acheminées indirectement *via* de multiples intermédiaires qui brouillent la relation entre le citoyen et l'État (apparition de réseaux clientélistes, en particulier).

L'inclusion financière peut réduire dans une certaine mesure le poids des intermédiaires et autres courtiers qui interfèrent parfois fortement dans la transmission des transferts sociaux pensés et développés à Mexico ou à Delhi. Dans le cas de l'Inde et du Mexique, l'inclusion financière ne participe pas vraiment de la construction de l'État au sens anglo-saxon du concept de « *state building* ». Le processus à l'œuvre dans ces deux pays depuis 2006 indique plutôt que l'inclusion financière est pensée

81   Servet (2006a).

comme une extension de l'État. Tout d'abord, une extension verticale dans la mesure où le processus d'inclusion financière favorise tel qu'il est mis en place l'accès aux prestations sociales des populations vulnérables (analphabètes, *scheduled-castes*, *scheduled-tribes*, personnes en servitude pour dette, etc.) tenues jusqu'alors en dehors de ces programmes sociaux ou fortement ponctionnées par certains courtiers professionnels ou des fonctionnaires corrompus. Ensuite, une extension horizontale puisque dans certains territoires où existent des conflits latents (mouvements séparatistes dans la région du Nord-Est par exemple en Inde[82], Chiapas au Mexique) ou clairement ouverts (rébellion naxalite présente dans plus d'une centaine de districts sur six cents en Inde), la présence de l'État est faible et principalement assurée par des forces paramilitaires.

L'ouverture d'un compte bancaire, la multiplication des agences et des agents bancaires ne permettra bien évidemment pas de régler ces problèmes. De plus, les pratiques de corruption, de clientélisme local, par exemple, ne sont pas seulement le fait d'individus cupides mais s'inscrivent également dans un complexe système de protection[83]. Ces intermédiaires disparaîtront lorsque les citoyens auront une protection équivalente ailleurs. Est-ce que cette nouvelle vague de programmes sociaux et ces nouvelles technologies d'inclusion financière constitueront une alternative acceptable pour les populations ?

Plus qu'une vision manichéenne du rapport à l'État dans l'inclusion financière opposant ceux pour qui elle pourrait s'apparenter à un eldo-rado démocratique et ceux, au contraire, qui assimilent tout programme d'inclusion financière à une nouvelle forme de contrôle de la population, nous soutenons qu'il est fondamental de comprendre l'inclusion finan-cière dans ce qu'elle produit et reconfigure les relations État/citoyen(ne)s.

Nos premières observations en Inde et au Mexique nous permettent d'avancer l'idée que cette reconfiguration se révèle être multiforme, ambiguë et mouvante selon les contextes dans lesquels elle apparaît. De nouvelles formes d'interventionnisme étatique émergent ici et là et révèlent une pluralité de cas où l'État social rentre en conflit avec les dynamiques socio-économiques locales et les patronages en place.

Mais ces dynamiques ne doivent pas nous faire perdre de vue que la pluralité et la diversité des pratiques d'épargne notamment sont

---

82   Sen (2013), p. 41-55. Vandenhelsken et Karlsson (2016), p. 330-339.
83   Picherit (2009).

parfois niées par les agences de promotion des programmes d'inclusion financière universelle. Trop souvent, les dimensions qualitatives de la monnaie sont ignorées et une vision moralisatrice n'est pas loin lorsque certains auteurs postulent par exemple que l'épargne constituée sur un compte bancaire est de meilleure qualité que les autres formes d'épargne. On retrouve ici les manichéismes portés par certains promoteurs de la microfinance. Certains décideurs et praticiens souhaitent entretenir ce mythe du « bon sauvage financier » et les pratiques domestiques, quotidiennes n'ont guère de légitimité dès qu'elles s'éloignent de leur doxa. Ces éléments plaident pour une approche socio-économique des pratiques monétaires et financières. En ce sens, Jean-Michel Servet a ouvert la voie et ce chapitre est une invitation à poursuivre dans cette direction en interrogeant le rôle de l'inclusion financière dans la reconfiguration des relations État/citoyen(ne)s.

POUR UNE SOCIOÉCONOMIE
DE LA DETTE

Isabelle GUÉRIN
Institut de recherche
pour le développement (IRD);
UMR du Centre d'études
en sciences sociales sur les mondes
africains, américains et asiatiques
(CESSMA UMR 245, IRD, Sorbonne
Paris Cité), associée à l'Institut
Français de Pondichéry

J'ai eu la chance de faire partie de l'équipe de recherche *Finance, exclusion et activités* au sein du Centre lyonnais Auguste et Léon Walras. Créée en 1997 par Jean-Michel Servet (JMS) avec l'étroite collaboration de David Vallat, doctorant à l'époque, cette équipe a perduré jusqu'à la dissolution du Centre Walras fin 2004. De nombreux liens se sont maintenus néanmoins, à la fois entre JMS et ses anciens doctorant(e)s, et entre doctorant(e)s, au travers de projets structurés ou d'échanges plus informels.

Les notions de crédit et de dette ont été l'un des fils directeurs de ces collaborations, avec pour particularité de s'intéresser à la double face de la dette : moteur des liens sociaux et support potentiel de nouvelles solidarités, d'une part, source d'exploitation et de creusement des inégalités, d'autre part. À la relecture des travaux de JMS et de ses étudiant(e)s, émerge cette dimension ambivalente, à la fois *universelle*, *tragique* et *émancipatrice*. Universelle, puisque la dette est appréhendée comme une forme élémentaire et fondamentale de l'interdépendance entre les êtres humains ; tragique, puisque la dette est une source essentielle d'exploitation et de domination ; et enfin émancipatrice, puisque la dette est aussi un vecteur possible de solidarité, entendue ici comme interdépendance *recherchée*, de reconnaissance et d'intégration sociale. Ces trois aspects pourraient constituer l'esquisse d'une socioéconomie de la dette, et c'est à cette étude que ce chapitre est dédié.

Participer à cette équipe de recherche a été une opportunité inouïe, loin du parcours solitaire dont souffrent nombre d'étudiants. Ce collectif a été un lieu d'échanges, de réflexions, de débats et de co-écriture fort stimulant, parfois contraignant – il supposait un engagement sans réserve ! – mais d'une immense richesse. Au-delà de la transmission de connaissances, de projets en commun, et d'une mise en réseau – éléments qui sont déjà fort appréciables – JMS a su nous insuffler, me semble-t-il, une véritable *vision* de la recherche et de la socioéconomie : le lien étroit avec le terrain comme fondement premier de la connaissance, la nécessité d'être en prise systématique avec le réel et ses acteurs, une attention permanente aux sociétés qui nous entourent et à leurs mutations, à la fois en cours et à venir.

À l'occasion de cet ouvrage en forme d'hommage, j'ai tenté de restituer ce que j'ai compris de la démarche de JMS et de ses fondements et ce qu'elle m'a inspiré tout au long de ces années. Pour illustrer mes propos, je m'appuie sur l'Inde du Sud, pays sur lequel je travaille depuis 2003 ayant pris sa succession à l'Institut français de Pondichéry. J'ai cherché à montrer en quoi son approche s'articule avec d'autres travaux, incluant ceux de ses étudiant(e)s (anciens ou nouveaux). J'ai tenté de rapprocher et d'associer ces différents travaux avec certaines thèses aujourd'hui incontournables : celle de l'anthropologue David Graeber, auteur d'une anthologie de la dette[1], et celles du collectif pluridisciplinaire français – au sein duquel JMS a d'ailleurs activement participé – auteur de *La monnaie souveraine*[2]. Notons d'emblée que les niveaux d'analyse et les positionnements épistémologiques diffèrent : JMS, dans la plupart de ses travaux, prend comme point de départ l'analyse des pratiques quotidiennes, et fait valoir un examen de la dette « par le bas », celle des personnes subalternes, opérant en marge des institutions financières classiques. Appuyant ses écrits sur des enquêtes de

---

1   Graeber (2011).
2   Sous la direction de Michel Aglietta et André Orléan, publié en 1998 dont les thèses seront également développées par Bruno Théret dans cet ouvrage et reprises par lui en 2007 et dans des travaux ultérieurs.

terrain « planétaire » – en Afrique, en Inde, au Mexique, majoritairement dans les pays dits du « Sud » – il se distingue ainsi d'une certaine forme d'anthropologie et d'une économie politique globalisante et surplombante. Mais il se démarque aussi de l'ethnographie puisque le terrain s'efface vite derrière la généralisation du dessein et surtout la volonté systématique de réfléchir à des modèles alternatifs de société, non pas dans une perspective « développementaliste », d'inspiration modernisatrice ou évolutionniste, dont il s'est toujours distancié, mais dans sa propre société, convaincu que l'altérité et la confrontation à l'autre peuvent et doivent nourrir la réflexion sur les alternatives.

Dans une première partie, le chapitre résume succinctement la manière dont JMS a appréhendé la double face de la dette. Le chapitre esquisse ensuite une ébauche de systématisation pour distinguer les bonnes des mauvaises dettes, à travers un raisonnement en trois temps. Le premier explicite en quoi la dette est le primat des formes d'interdépendances humaines. Le second insiste sur le poids des jugements moraux dans l'appréciation des bonnes et des mauvaises dettes. Quand il s'agit de la dette, les intellectuels ont tendance soit à la romantiser soit à la vilipender en fonction de critères arbitraires et idéologiques, souvent forts éloignés des représentations que s'en font les personnes concernées dans leurs pratiques quotidiennes. La socioéconomie recommande de complexifier l'analyse et d'éviter tout jugement *a priori*. C'est ce que propose la dernière partie du chapitre, en distinguant le type de rapport social sous-jacent à la dette, ses caractéristiques, le degré de protection des débiteurs et des créanciers et la manière dont ces derniers se partagent le surplus issu de la dette.

DETTES, SOLIDARITÉS ET EXPLOITATION

Si les travaux les plus récents de JMS insistent surtout sur la dimension asservissante de la dette du fait de l'émergence de nouvelles formes d'exploitation financière[3], une large partie de sa réflexion, plus ancienne, portait sur la dimension potentiellement émancipatrice et solidaire[4].

---

3   Voir le chapitre de Cyril Fouillet et Solène Morvant-Roux dans ce volume.
4   Voir également la partie III de ce volume.

Les premiers rapports *Exclusion et liens financiers*, initiés en 1997[5], faisaient du « lien financier », entendu au sens large comme une relation dette/créance, un moteur essentiel de socialisation ou de resocialisation de populations marginalisées, au Nord comme au Sud. L'objectif de ces *Rapports*, comme l'indiquent Servet et Vallat, en introduction de l'ouvrage publié en 1998 (p. 17), était défini de la manière suivante : « Le lien financier peut être pensé comme une forme de lien social et de nombreux organismes (souvent associatifs) utilisent le levier de la finance pour insérer ; un des objets de ce rapport est d'être un écho de ces initiatives. »

Partant d'un fait d'actualité[6], les auteurs soulignaient la fonction intégratrice de la consommation dans l'accès à la dignité, et par conséquent le rôle potentiellement intégrateur du crédit – quel qu'en soit le coût – en tant que lien économique et social.

> Le lien financier apparaît bien plus qu'un simple lien économique conditionnant l'état du stock de richesses de chaque individu. Il est de fait en tant que tel lien social dans les réseaux de relations qu'il implique et il se construit autour de l'individu dans sa spécificité et non dans la logique globalisante et unilatérale qui est celle de l'assistance (Servet et Vallat, 1998, p. 17). [...] Accorder un crédit c'est d'abord accorder sa confiance et donc réciproquement ne pas donner droit au crédit exprime une méfiance alimentant la stigmatisation (*ibidem*, p. 20).

Avant de préciser davantage leur conception des liens financiers :

> Se servir des liens financiers pour constituer de nouveaux rapports, de nouvelles obligations réciproques, permettant de prévenir et de lutter contre le développement de l'exclusion. Si la pauvreté et l'exclusion ne sont pas d'abord, comme on le pense généralement, un déficit de choses, un simple rapport entre fins et moyens, si elles reflètent fondamentalement un rapport entre des hommes, alors les solutions doivent être avant tout fondées sur le développement de rapports de proximité et de confiance, rapports qui ne peuvent être seulement liés à la production et aux échanges économiques, mais qui, aussi,

---

5   Sous la direction de Jean-Michel Servet et David Vallat, avec le soutien de la Caisse des dépôts et consignations, dans le cadre d'un programme de recherche du Centre Auguste et Léon Walras, le *Rapport du Centre Walras 1997* est paru en 1998.

6   ... et d'un scandale de l'époque, l'ouverture à Bobigny d'une branche française du magasin anglophone Crazy Georges, qui proposait aux clientèles à faible revenu l'achat à crédit de biens de consommation, avec un taux d'intérêt très élevé, puisqu'il variait entre 50 et 70 %.

impliquent des réseaux sociaux, des formes de réciprocité, autant d'éléments
que des rapports de dettes/créances peuvent organiser quand ils ne sont plus
pensés uniquement en termes économiques (Servet et Vallat, 1998, p. 24).

Cet ouvrage annonçait une série de réflexions, de travaux et d'échanges
menés au cours des années suivantes et probablement le tournant « socio-
économique » de la carrière de JMS. Cette idée de la finance comme
lien social était très largement inspirée de ses travaux antérieurs sur
les sociétés dites du « Sud ». Confirmant à quel point le « détour » – la
démarche comparative – peut être féconde et obliger le chercheur à sortir de sa « myopie » ethnocentriste[7], l'objectif était double. Le premier
consistait à dénoncer les illusions du « grand partage », pour reprendre
l'expression de Viviana Zelizer (l'idée selon laquelle il y aurait des
sociétés encastrées et désencastrées) et affirmer que les relations financières, quels que soient les contextes, sont nécessairement entremêlées
avec des relations sociales. Ce premier objectif intellectuel présentait de
nombreuses similitudes avec la sociologie économique, dont les travaux
de Zelizer, avec qui d'ailleurs des échanges auront lieu à cette époque,
et avec l'anthropologie économique[8]. Le second objectif relevait quant
à lui d'une démarche *socioéconomique*, comprise comme une volonté non
seulement d'étudier ce qui *est* pour analyser ce qui *devrait être* dans
une perspective de démocratisation de l'économie, avec la conviction
que le rôle de la recherche est d'être attentif aux innovations sociales,
aussi infimes et fragiles soient-elles. C'est dans cette optique que doit
se comprendre cet effort de recensement de pratiques novatrices misant
sur la dette comme support de solidarité, d'émancipation et donc de
transformation sociale. Cette démarche entrait en résonance avec le
foisonnement d'innovations alors en émergence, comme les monnaies
parallèles et les systèmes d'échange local, et la finance solidaire. JMS,
avec son équipe de doctorant(e)s, s'attelle à étudier de manière empirique
ces initiatives et leur pouvoir intégrateur. Loin des analyses hors-sol, ces
travaux s'ancraient dans l'observation de pratiques *in situ*.

Outre les travaux de thèse et un ouvrage collectif sur les systèmes
d'échange local[9], les rapports *Exclusion et liens financiers* représenteront

---

7   Servet (1993).
8   Voir, par exemple, l'ouvrage édité par Jonathan Parry et Maurice Bloch, ou encore les
    travaux de Jane Guyer.
9   Servet (1999a).

le pilier de cette démarche socioéconomique. Ils ont pour objectif de documenter l'existence d'initiatives qui s'appuient sur les liens financiers, qu'il s'agisse d'épargne ou de crédit, pour créer ou renforcer des dynamiques de socialisation. Ces publications, annuelles ou bisannuelles, et qui dureront près d'une décennie (1998-2009), visent à explorer ces formes novatrices de renforcement des interdépendances humaines et à les rendre visibles. Elles sont d'abord co-éditées avec ses doctorant(e)s de l'époque puis reprises par ses anciens doctorant(e)s. Elles donnent la parole à des acteurs d'horizons divers, y compris des politiques sollicités pour rédiger les préfaces[10]. Le choix se fait sans parti pris, au gré des rencontres et des sujets de thèse des doctorant(e)s : le premier *Rapport* met l'accent sur les sociabilités urbaines et les politiques de la ville[11], les suivants couvrent un large spectre[12], tandis que les trois derniers seront plus spécifiques : l'exclusion bancaire des particuliers[13], les monnaies sociales[14], la microfinance et l'agriculture[15]. À ce travail éditorial se greffe l'organisation de séminaires et de colloques associant systématiquement des chercheurs, des acteurs de terrain et du monde politique. Faisant fi du peu d'estime voire même d'une certaine déconsidération de la part des instances académiques de tutelle[16], ces événements dans leur ensemble sont conçus comme une ouverture vers l'extérieur ; ils visent à susciter un débat public sur des sujets d'actualité et à mutualiser des expériences et des points de vue. Ils s'inscrivent dans une conception pragmatique et pragmatiste de la connaissance, avec l'idée qu'il ne saurait y avoir une quelconque hiérarchie dans les savoirs et que, bien au contraire, la construction d'une société plus démocratique implique le dialogue et la délibération entre acteurs d'horizons divers.

Ce sont les premiers pas de la microfinance. Les praticiens parlent alors plutôt de finance « décentralisée » ou de finance de « proximité », ce qui rend bien compte du souci de l'époque : se démarquer du secteur bancaire classique en privilégiant la construction de liens qui

---

10 Daniel Lebègue (1999) ; Laurent Fabius (2001) ; Élisabeth Guigou (2002) ; Juan Somavia (2004) ; Jean-Louis Borloo (2005) ; René Carron (2009).

11 Servet et Vallat (1998).

12 Servet (1999b) ; Servet et Vallat (2001) ; Servet et Guérin (2002) ; Guérin et Servet (2004).

13 Gloukoviezoff (2005).

14 Blanc (2006).

15 Morvant-Roux (2009a).

16 L'équipe *Finance, exclusion et activités* ne cessera d'avoir à justifier de son existence au sein du Centre Walras.

aient du sens pour les usagers et qui soient ancrés dans des territoires concrets[17]. Les travaux antérieurs de JMS et de Philippe Bernoux sur les ressorts de la confiance sont mobilisés pour mieux comprendre les mécanismes de construction d'une finance ancrée dans la confiance et source de confiance – et donc vecteur potentiel de socialisation ou resocialisation. De multiples expériences sont ainsi rendues visibles, dont le point commun est d'articuler dette, confiance, solidarité – construite ou héritée – et proximité – spatiale et/ou sociale et culturelle – depuis les banques confrériques jusqu'aux associations œcuméniques ou les agences postales. On est encore très loin de l'industrialisation massive que le secteur de la microfinance connaîtra à la fin du millénaire, et qui donnera aux travaux de JMS et de son équipe une autre tonalité.

En travaillant sur la microfinance dès la fin des années 1990, JMS anticipait un phénomène alors en émergence, mais qui va rapidement connaître un essor fulgurant[18]. Aux objectifs initiaux de socialisation ou de resocialisation par la finance se substituent progressivement de nouvelles formes d'exploitation financière motivées par une accumulation de type capitaliste. Alors que la microfinance avait précisément pour but de contrer les effets néfastes de la financiarisation – le terme était néanmoins très peu employé à l'époque – elle en devient finalement un rouage.

Contrairement à certains détracteurs du microcrédit[19], JMS ne plaide pas pour son bannissement, précisément parce qu'il pense la dette comme le primat fondamental des sociétés et de l'interdépendance des personnes, des territoires et des unités productives.

> [Les sociétés contemporaines ont atteint] un tel degré d'interdépendance à travers des mécanismes monétaires et financiers, la financiarisation ayant été généralisée du haut en bas de la pyramide sociale, qu'il est impossible de promouvoir un rejet des institutions financières. Des liens essentiels pour la

---

17 La revue *Techniques financières et développement*, qui a fêté en 2015 son trentième anniversaire, s'inscrit dans une approche complémentaire, et JMS en a toujours été très proche. Cette revue est publiée par l'association Épargne sans frontière (ESF), dont la mission est « de rassembler les acteurs de la finance et du développement du Nord et du Sud pour contribuer à la réflexion sur le développement des pays du Sud, en particulier du continent africaine ».

18 Voir la contribution de Cyril Fouillet et Solène Morvant-Roux dans ce volume.

19 Par exemple Milford Bateman, auteur d'un ouvrage très remarqué intitulé *Why does not Microfinance work ?* ; voir également les positions du Comité d'annulation des dettes du tiers monde.

reproduction des sociétés et des communautés humaines seraient rompus. Une large partie des liens entre les territoires et au sein de ceux-ci notamment passent par des interdépendances financières. Les liens entre les unités productives se manifestent dans des cadres financiers. (Servet, 2015a, p. 2.)

Ce postulat de l'universalité de la dette, familier aux anthropologues mais beaucoup moins aux autres disciplines, à commencer par l'économie standard, distingue JMS des approches critiques du microcrédit et plus généralement de l'endettement des populations. Penchons-nous à présent plus en détail sur ce postulat du primat de la dette, qui est essentiel si l'on veut ensuite saisir la diversité des formes de dette et leur dimension potentiellement solidaire et émancipatrice ou asservissante.

L'UNIVERSALITÉ DE LA DETTE

Une définition économique de la dette n'en retient que sa dimension monétaire : une somme quantifiée qu'il faut rembourser à travers un paiement. Or bien avant d'être une transaction économique, la dette doit être appréhendée comme le fondement de l'existence humaine. La dette est d'abord un *lien*, et aucune société ne saurait exister ni perdurer sans lien. Si la dette prend des formes variées selon les sociétés, les groupes sociaux qui les constituent, les périodes de l'histoire, il reste qu'elle rythme les comportements et les relations sociales. S'inspirant de Karl Polanyi, tout en faisant écho à une vaste littérature de type anthropologique et philosophique, JMS considère la dette comme le moteur des relations sociales et des échanges[20].

Ce questionnement – auprès de qui et de quoi suis-je redevable et créancier ? – est étranger à la conception libérale de l'activité humaine, puisque celle-ci s'est précisément construite sur un « effacement » de la dette, symptôme d'une situation de dépendance originelle guère compatible avec l'idéal d'autonomie de la pensée moderne[21]. Ce questionnement est pourtant permanent. Il fait partie de la condition humaine,

---

20 Voir par exemple Servet (1993), p. 1135.
21 Sarthou-Lajus (1997), p. 2-3. « Pensée moderne » désigne ici la révolution intellectuelle de l'époque des Lumières, visant à produire une société d'individus libres de toutes

et nous distingue probablement, comme le suggère l'anthropologue Parker Shipton[22], de l'espèce animale. Il se pose aussi bien avec nos proches qu'avec des étrangers ; avec les personnes qui nous entourent, mais aussi avec nos ancêtres et les générations futures ; avec les êtres humains, sans oublier la nature, les divinités, l'ordre cosmique et la puissance divine ou encore l'État. Il est au cœur des interdépendances, qu'il s'agisse des interdépendances humaines ou de celles entre les humains et leur environnement. Et la réponse est rarement donnée d'avance. Elle est façonnée par des contextes sociaux, culturels, économiques, politiques et juridiques spécifiques, puis par des trajectoires personnelles singulières. Elle donne lieu à des négociations, des compromis, des ajustements, des conflits, dont certains peuvent être violents. Elle s'enracine dans des identités et des positionnements pré-existants, qui sont ensuite réactualisés, éventuellement reconfigurés par les réponses successives apportées.

Si l'on admet que les dettes de nature économique ne sont qu'une partie d'un vaste ensemble d'obligations, ne faut-il pas néanmoins les distinguer ? Dans le sens courant, le terme vient du latin « *debitere* » et est étroitement associé à celui de *devoir* : être endetté signifie que l'on « doit » quelque chose, qu'il s'agisse d'une somme d'argent ou d'une obligation morale. La définition retenue par l'anthropologue David Graeber rejoint celle, classique, des économistes : il insiste sur la dimension *quantifiable* de la dette. La différence fondamentale entre une dette et une obligation, écrit-il, « n'est pas la présence d'hommes armés qui peuvent saisir les biens d'un débiteur ou le menacer par la force. C'est simplement le fait que le créancier a la possibilité de spécifier, numériquement, de combien le débiteur lui est redevable[23] ». Et c'est précisément cette évaluation monétaire minutieuse qui, selon lui, est à l'origine de la violence des processus d'endettement actuels puisqu'elle consacre l'obligation de *rembourser*. La quantification suppose qu'un remboursement intégral est possible, alors qu'une obligation ne peut jamais être complètement acquittée. Si cette définition permet à Graeber d'insister sur la violence des processus d'endettement monétaire et la

---

contraintes et misant sur le pouvoir libérateur de la raison et de la science, et dans laquelle la pensée libérale économique puise ses fondements.

22   Shipton (2007).
23   Graeber (2011), p. 14.

domination des créanciers, elle occulte le fait que les dettes monétaires puissent être sources d'émancipation[24]. Et elle occulte également la violence de dettes non monétaires.

L'anthropologie de type ethnographique insiste plutôt sur la diversité des formes d'échange et leur entremêlement : les dimensions matérielles et morales de la dette se construisent mutuellement et sont *co-constitutives*[25]. Parker Shipton, dans sa trilogie sur la communauté Luo au Kenya[26], suggère de parler d'obligations et d'*entrustments*, y compris pour qualifier des formes d'endettement monétaire. Le choix des termes met l'emphase sur la prééminence de dimensions symboliques, sociales et morales des dettes, y compris lorsqu'elles sont de nature monétaire. Et l'analyse des pratiques montre que la quantification ne conduit pas nécessairement à un remboursement. Lorsqu'on analyse de près les pratiques quotidiennes, on voit à quel point il est vain de dissocier dettes monétaires et obligations, tout simplement parce que la monnaie n'a pas les vertus qu'on lui prête et que les dettes monétaires sont indissociables des relations sociales dans lesquelles elles sont enchâssées. L'ethnographie révèle les illusions du pouvoir corrosif de la monnaie sur les relations faites de droits et d'obligations, un pouvoir corrosif tantôt considéré comme libérateur, tantôt comme aliénant (notamment, pour un certain structuralisme marxiste selon lequel la monnaie aurait tout perverti)[27]. Ce sont ces jugements dichotomiques, empreints d'une certaine forme de moralité, qu'il convient de déconstruire si l'on veut ensuite essayer de comprendre ce qui se joue véritablement à travers les liens de dette.

LA MORALITÉ DE LA DETTE

Les travaux de JMS mettent en exergue la double face de la dette – le fait qu'elle soit à la fois un « lien de vie » et un « nœud mortel », pour reprendre l'expression du linguiste Charles Malamoud[28]. Dès lors que

24 Aspect sur lequel nous reviendrons plus loin.
25 Peebles (2010).
26 Shipton (2007 ; 2009 ; 2010).
27 Voir par exemple Servet (1978a ; 1978b), Servet et Dupuy (1987).
28 Malamoud (1988).

l'on admet cette ambivalence, surgit un certain nombre de questions. Comment distinguer les bonnes des mauvaises dettes ? Qui définit les critères et pourquoi ? Une dette est-elle bonne, mauvaise ou bien les deux à la fois ? Les critères sont-ils universellement définis, ou bien dépendent-ils des contextes, du positionnement social des prêteurs et des emprunteurs et des périodes de l'histoire ? La dyade crédit/dette est une première manière de saisir cette ambiguïté. Dans l'imaginaire collectif imprégné du vocabulaire économique, mais aussi d'un point de vue étymologique et dans différentes langues, le terme « crédit » a une connotation positive, sous-tendue par l'idée de confiance, de réputation et d'honneur tandis que le terme « dette » renvoie aux notions de péché, de faute et de culpabilité. Or il s'agit des deux faces d'une même pièce (Peebles, 2010). Car une dette monétaire est d'abord un crédit, qui désigne la mise à disposition temporaire d'une ressource. Au moment de la transaction, il s'agit d'une promesse sur l'avenir, un avenir plus ou moins lointain. En même temps, ce crédit consacre l'existence d'une dette qui en constitue son autre face puisque la ressource ainsi mise à disposition devra être remboursée ultérieurement.

Comme le souligne Gustav Peebles (2010), bien au-delà des conséquences économiques de la dette, ce sont en grande partie les valeurs morales associées à la dette et à ses différentes composantes qui font de celle-ci une source d'inclusion et de solidarité ou au contraire d'exclusion et de hiérarchie. L'usage des termes – crédit ou dette – pour désigner la même transaction traduit un jugement moral implicite sur la qualité – bonne ou mauvaise – de la transaction en question. Ainsi, les partisans du microcrédit utilisent très rarement le terme « dette », tandis que ses détracteurs, au contraire, ne cessent de souligner que le crédit est aussi une dette[29].

SAVOIR SCIENTIFIQUE ET MORALITÉ DE LA DETTE : IDÉOLOGIE LIBÉRALE *VERSUS* IDÉOLOGIE COMMUNAUTAIRE

Si cette moralité de la dette – moralité définie ici comme les considérations éthiques associées à la dette et à ses pratiques – inspire les pratiques populaires, le savoir scientifique en est tout aussi imprégné. On peut grossièrement opposer deux types de morales, d'essence « moderne » ou « communautaire ». Lorsque l'idéologie libérale postule

---

29   Dichter (2007).

que les dettes privées contractuelles peuvent se substituer aux autres dettes et libérer ainsi les individus de liens de clientèle ou de dettes de dépendance, son jugement moral est sans appel : les dettes privées contractuelles sont moralement supérieures, car supposées créer des individus libres, la liberté étant entendue dans une acception très restreinte de « posséder » et de « choisir ». Lorsque les promoteurs du microcrédit qualifient celui-ci d'outil autorisant la « rédemption » des pauvres, comme par exemple Sam Daley-Harriss[30], fondateur de la campagne et des sommets du Microcrédit, ils endossent cette vision humaniste et chrétienne, selon laquelle les pauvres seraient enlisés dans un état de dépendance originelle dont il est à la fois souhaitable et possible de les affranchir. Considéré comme une dette positive, car contractuelle, le microcrédit s'opposerait aux dettes informelles, jugées peu transparentes, source de dépendance et d'exploitation. Bien au-delà du microcrédit, les discours des organisations de développement et de lutte contre la pauvreté ont des critères précis d'appréciation des « bonnes » et des « mauvaises » dettes très semblables à ceux de la morale victorienne qui inspire l'économie libérale[31]. Cette vision de la société comme un agrégat d'individus et celle des interdépendances sociales comme des éléments « néfastes » trouve son apogée avec l'économie comportementaliste actuelle, que JMS s'attache à déconstruire (Servet 2018).

À l'inverse de cette pensée moderne, la position de Graeber, qui peut se lire comme un plaidoyer pour un retour aux relations présumées horizontales de type communautaire, considère que la dette (monétaire) est en soi un acte immoral, puisque l'obligation de rembourser prend le dessus sur d'autres valeurs. La morale de la dette – ici comprise comme l'obligation de rembourser – devient une justification de la domination et de la violence. Dans le récit historique de la dette qu'il propose, Graeber s'attache à montrer comment la monétarisation et la marchandisation des obligations n'ont cessé de corrompre l'éthique des relations sociales, et ceci depuis des temps très anciens. Cette monétarisation a été à l'origine de la mise au travail et de l'exploitation des travailleurs, dont la plupart, historiquement, étaient asservis pour dette. Elle a également été à l'origine du patriarcat, suggère-t-il en s'inspirant de travaux historiques féministes. Acculés à des dettes difficiles à rembourser, les

---

30   Daley-Harriss (2011).
31   Sur ce point, voir également Rogaly (1996).

hommes se sont mis à gager leurs femmes (et leurs enfants) ou à les vendre, et donc à en perdre la maîtrise. Contrôler le corps des femmes et leur sexualité serait une réponse à cette emprise nouvelle du marché, elle-même étroitement liée aux obligations de remboursement. Alors que les paléomonnaies avaient pour fonction de mesurer l'honneur et de payer des obligations sociales, la monnaie moderne, suggère Graeber, se transforme « en mesure de ce que tout l'honneur n'était pas[32] ».

PRATIQUES ORDINAIRES ET MORALITÉ DE LA DETTE

Penchons-nous à présent sur les représentations que les acteurs ont de ces pratiques ordinaires. Les personnes, dans leurs usages quotidiens, mobilisent des catégories qui leur sont propres, que ni la vulgate libérale ni la vulgate communautaire ne permettent de saisir. L'acte même d'endettement suscite des jugements contrastés. Celles-ci s'inscrivent dans des contextes culturels, sociaux, religieux et politiques spécifiques, qu'il reste à étudier mais qui renvoient probablement à la manière dont les sociétés pensent l'interdépendance, et dans une certaine mesure aussi le rapport au temps et à l'avenir[33]. La répulsion à l'endettement monétaire que Pierre Bourdieu[34] observait dans la société kabyle de l'Algérie des années 1960 se retrouve encore aujourd'hui dans certaines communautés rurales d'Afrique du Nord. Dans de nombreux villages marocains par exemple, s'endetter est source de disgrâce et de déshonneur. C'est un acte qui signifie l'incapacité à s'assumer, à se prendre en charge et exprime des aspirations jugées excessives par l'entourage. Ainsi peut-on comprendre pourquoi le microcrédit peine à pénétrer les zones rurales marocaines[35]. Dans des groupes sociaux qui privilégient et valorisent le présent et les ressources disponibles à l'instant présent, non seulement le stockage, la planification et donc l'emprunt n'ont guère de sens, mais ce dernier peut même être réprouvé, car il implique une perte de souveraineté et de maîtrise de soi[36].

En Inde du Sud, la très forte propension à l'endettement s'inscrit dans une continuité historique. Les textes religieux comme le *Dharmasastra*

---

32 Graeber (2011), p. 188.
33 Peebles (2010).
34 Bourdieu (1977).
35 Morvant-Roux *et al.* (2014b).
36 Day *et al.* (1999) ; cité par Peebles (2010).

légitiment l'endettement, précisent les droits et les devoirs des emprunteurs et des prêteurs, dont l'existence et la pratique des taux d'intérêt sont parfaitement acceptés et codifiés en fonction de la position sociale (Ashta et Hannam, 2014). De multiples expressions populaires témoignent de cette quotidienneté de la dette et de son acceptation potentiellement positive (Guérin *et al.*, 2012). Les injonctions répétées visant à libérer les pauvres de la dette – depuis les officiers britanniques et les missionnaires chrétiens jusqu'aux organisations non gouvernementales (ONG) actuelles – rencontrent peu d'écho. Chez les Luo au Kenya, Parker Shipton (2010) montre à quel point les familles rurales sont insérées dans une multiplicité de liens de dette qui sont à la fois source de soutien matériel et d'identité individuelle et collective, de protection contre les aléas du quotidien et d'appartenance à un collectif qui comprend le groupe mais aussi les ancêtres, les générations futures et la nature. Ici aussi, malgré les multiples tentatives coloniales et postcoloniales d'éradication de la finance dite « informelle », les populations restent aujourd'hui encore sceptiques à l'idée de mettre un terme à ce type de liens[37].

Par ailleurs la dette n'est pas une mais multiple. Dans un contexte donné, outre l'acte générique d'endettement qui peut susciter adhésion, répulsion ou indifférence, les dettes sont ensuite jugées au cas par cas. Les *origines* et les *usages* de la dette jouent un rôle déterminant dans son jugement et son marquage moral. Si l'on reprend l'exemple du sud de l'Inde, en pays tamoul, les dettes tenues pour dégradantes ne sont pas nécessairement les plus onéreuses (même si les personnes sont sensibles au prix) mais celles contractées auprès de personnes socialement inférieures, notamment en termes de caste, de classe sociale, de liens de parenté ou de genre[38]. Les Dalits (ex-Intouchables) et les femmes, quelle que soit leur appartenance de caste, sont souvent cantonné(e)s à des dettes dégradantes socialement, en particulier auprès des prêteurs ambulants qui s'appuient sur la pression sociale et la dénonciation publique pour obtenir les remboursements[39]. Toujours dans le contexte du sud de l'Inde, nombreuses sont les organisations (ONG, missions chrétiennes, organisations de microcrédit, etc.) qui fustigent les dépenses « insoutenables », à commencer par les cérémonies. Or, dans les représentations locales, la

---

37 Shipton (2010).
38 Guérin *et al.* (2013).
39 Garikipati *et al.* (2016).

dette est précisément source de reconnaissance et de respect lorsqu'elle finance des rituels sociaux et religieux : le fait de s'endetter témoigne des sacrifices et des risques que le débiteur supporte afin d'assumer ses responsabilités et ses obligations. Dans le Haut-Atlas marocain, les populations berbères sont d'autant plus réticentes à contracter un microcrédit qu'elles l'associent au *Maghzen* (l'État central, le roi), figure distante qui en impose par son autorité et effraie à la fois. Et la dette n'est légitime qu'en cas d'impérieuse nécessité : s'endetter pour créer ou renforcer une activité et ainsi s'enrichir, comme le proposent les organisations de microcrédit, s'accommode mal des normes locales[40].

Comme on l'a vu plus haut, il n'y a donc pas une dette mais une multiplicité de dettes. Leur signification morale et sociale est tout aussi prégnante que leur dimension économique. Les personnes sont généralement sensibles au coût, mais elles procèdent à des arbitrages sophistiqués entre charges financières et coûts sociaux. On peut ainsi parler de dettes « dégradantes » et « honorantes[41] ». La moralité des dettes est étroitement associée à leur signification au sein d'une société donnée, car la dette agit comme un révélateur social. Cette signification sociale se construit à partir des relations de droits et d'obligations qui lient créanciers et débiteurs ainsi qu'à la manière dont la dette actualise, renforce ou remet en question ces relations pré-existantes. Une dette entre dominants et dominés peut être vécue par les dominés comme un gage de confiance, ou tout au moins confirmer un état de fait qui ne sera donc pas contesté. Une dette entre

---

40   Morvant-Roux *et al.* (2014b). Deux ethnographies menées dans des contextes très différents caractérisés par une explosion de l'endettement monétaire des ménages – le Chili et l'Afrique du Sud – offrent une illustration supplémentaire des contradictions entre les critères moraux et éthiques des populations locales et les discours qu'elles suscitent. Loin de se réduire à une quête pour l'acquisition d'objets matériels et futiles, comme le fustigent nombre d'observateurs, l'endettement exprime avant tout un *souci de l'autre* (De Han, 2012 ; James, 2015). D'une part les dépenses portent bien plus souvent qu'on ne le croit sur l'éducation et les obligations matrimoniales, lesquelles représentent de réels investissements sociaux. D'autre part, lorsqu'il y a acquisition de biens matériels, ces derniers sont souvent destinés aux proches – enfants, conjoints, parents – avec lesquels les personnes cherchent à renforcer les liens. Bien loin d'exprimer et de catalyser des comportements « d'irresponsabilité » – stéréotypes que l'on retrouve fréquemment chez différentes catégories d'observateurs (depuis certains travailleurs sociaux jusqu'aux régulateurs et aux décideurs, comme le note un rapport récent de la Banque mondiale, 2015) – le recours à la dette contractuelle participe pleinement d'un renforcement des relations sociales et de l'interdépendance. Ces deux ethnographies montrent à quel point l'endettement monétaire reste indissociable des sentiments d'obligation et du souci d'autrui.

41   Guérin, Morvant-Roux et Villarreal (2013).

pairs peut au contraire créer une asymétrie qui n'existait pas jusque-là et qui est dès lors mal vécue par le débiteur. La signification sociale de la dette n'est jamais donnée *a priori* : elle est nécessairement *située*. Elle est conditionnée en partie par l'appartenance sociale des deux parties, par le contexte environnant, mais aussi par les circonstances singulières dans lesquelles se déroulent l'acte d'endettement et ses étapes successives.

Que retenir de ces terrains ethnographiques ? Indépendamment de la singularité des contextes, on observe que les personnes ne cherchent pas à se libérer à tout prix de relations sociales qui les oppressent, mais pour autant elles ne s'y complaisent pas. Elles sont très attentives en revanche à la signification sociale de chaque dette, c'est-à-dire ce qu'elle révèle en termes d'identité, de statut et de positionnement social des partenaires de la transaction.

DETTES ÉMANCIPATRICES, DETTES ASSERVISSANTES

Selon la morale économique libérale (et catallactique, pour laquelle tous les échanges se réduisent aux échanges marchands), la qualité d'une dette dépend à la fois de son désencastrement social et de son coût financier : une dette est jugée « bonne » si elle est libérée de relations personnelles et si le prix à payer est moindre que la rentabilité des investissements qu'elle permet de réaliser. Selon la morale « communautaire », seules les obligations sont éthiquement bonnes : la dette, par essence, pervertit les relations sociales et asservit les débiteurs. Une approche socioéconomique défend l'idée de dettes *plurielles*, dont la qualité (émancipatrice ou asservissante) ne peut être jugée *a priori* : elle dépend des pratiques quotidiennes et de leur vécu, mais aussi de la manière dont ces dettes sont à la fois modelées par des rapports sociaux préexistants et constitutives de ces mêmes rapports sociaux. Les subjectivités individuelles doivent être resituées dans des mécanismes structurels plus larges qui les façonnent et s'en imprègnent.

Quatre dimensions nous semblent ici essentielles : la première est celle des rapports sociaux entre débiteurs et créanciers, antérieurs à la relation de dette et que celle-ci vient conforter ou contester ; la seconde est celle des caractéristiques propres à la dette elle-même ; la troisième est celle de la protection des débiteurs et des créanciers et la quatrième concerne la répartition du surplus généré par l'endettement, tant du côté des créanciers que des débiteurs. Ces différentes dimensions sont intimement articulées mais distinguées ici pour clarifier l'analyse.

DETTE ET RAPPORT SOCIAL

Revenir sur la dyade dette/crédit est ici utile. Le terme « crédit », du latin *credere* (croire), évoque l'idée d'une transaction fondée sur la croyance par le créancier que le débiteur sera en position d'honorer son dû. Le créancier est en quelque sorte celui qui fait confiance à un débiteur. Dans de nombreuses langues, le terme « crédit » peut d'ailleurs être employé pour désigner la confiance, l'estime et la considération dont jouit une personne. Pour des populations marginalisées, discriminées, dénigrées, être autorisées à s'endetter en vertu de leur capacité de remboursement – et non de leur statut de dominées ou d'assistées – est en soi un signe de reconnaissance et d'émancipation dont il faut mesurer toute l'importance. En France, ce sont les chômeurs en fin de droit ou les bénéficiaires de minima sociaux que David Vallat décrit en détail dans sa thèse de doctorat[42]. Pour les populations Dalits de l'Inde du Sud, être éligible à des compagnies financières privées, quel qu'en soit le coût, est vécu comme une émancipation par rapport aux dettes de type servage auxquelles elles étaient jusque-là confinées. Considéré comme une libération, dans le contexte postapartheid de l'Afrique du Sud, l'accès désormais très facile au crédit offre aux populations noires un espoir sans précédent[43].

De plus, et indépendamment de toute considération sociale, le crédit autorise une projection vers l'avenir et se présente comme un moyen, parfois le seul, et certes risqué, de concrétiser un désir de mobilité sociale, ou tout au moins d'intégration. C'est en ce sens qu'il faut comprendre l'explosion de l'endettement dans un certain nombre de pays émergents, *a fortiori* lorsque ceux-ci se caractérisent par de fortes inégalités sociales, comme c'est le cas en Inde, en Afrique du Sud[44] ou au Chili[45] et probablement ailleurs. C'est aussi en ce sens qu'il faut saisir les dettes

42 Vallat (1999).
43 James (2015).
44 James (2015).
45 Gonzáles (2015).

contractées par le prostituées vietnamiennes auprès de leurs passeurs[46]. En Inde du Sud, nous l'avons vu à l'instant, l'adhésion massive des populations au crédit à la consommation permet certes de compenser des revenus fluctuants, mais elle traduit aussi une volonté de s'extirper de leur condition de subalterne en investissant dans des rituels sociaux et religieux et dans l'amélioration de leur habitat. En Afrique du Sud et au Chili, les analyses respectives de Deborah James et de Felipe Gonzáles convergent : le crédit est pensé comme un outil possible de redéfinition des rapports de classe, et dans le cas sud-africain, des rapports de race. Dans les deux cas, les ménages des classes populaires aspirent à intégrer la classe moyenne. Dépourvus de patrimoine, d'épargne et de perspective d'héritage, avec la migration, s'endetter est bien souvent la seule perspective possible de mobilité sociale, au même titre que la migration. Les deux vont d'ailleurs souvent de pair, qu'il s'agisse de s'endetter pour payer les frais de la migration ou de migrer pour rembourser une dette[47]. Que le crédit soit pensé ainsi ne signifie pas qu'il agisse ainsi : il s'agit d'un pari risqué, qui nourrit des aspirations plus que des réalisations, et dont l'issue dépend de la protection des emprunteurs et du coût de dette, comme nous le verrons plus bas.

Tournons-nous à présent sur l'envers du crédit : l'obligation de rembourser ; celle-ci peut mettre le débiteur dans une position de dépendance et de domination, puisqu'il devient l'*obligé* de son créancier. Mais comme le suggère JMS[48], « toute dette ne signifie pas dépendance » et l'imaginer reviendrait à « fétichiser l'argent ». Aujourd'hui comme hier, divers exemples sont là pour en attester. Les riches banquiers de l'époque médiévale et de la Renaissance ont largement financé les monarques de leur temps tout en demeurant leurs subordonnés. Lorsqu'un État distribue des subsides sociaux, « il devient légalement débiteur vis-à-vis des assistés sans pour autant en devenir dépendant » (*ibidem*). La position dominante des États-Unis, faut-il le rappeler, tient en partie à leur endettement considérable. Il faut, suggère JMS, « inscrire les flux monétaires dans les rapports sociaux de domination qui seuls permettent de comprendre le sens de la dépendance » (*ibid.*). Les dettes peuvent se greffer sur des rapports de domination (dans un sens ou dans un autre)

---

46 Lainez (2015).
47 Morvant-Roux (2013).
48 Servet (2007), note 9, p. 111.

qu'elles viennent renforcer ou au contraire altérer. Cet entremêlement éclaire les vécus et les subjectivités de la dette mentionnés plus haut.

Les dettes peuvent émerger de relations relativement symétriques et être équilibrées, notamment lorsque créanciers sont aussi débiteurs et *vice versa*. C'est la situation des communautés villageoises médiévales chères à Graeber, où « tout le monde est à la fois créancier et débiteur[49] ». C'est ce que montre Solène Morvant-Roux dans les communautés indiennes du sud du Mexique, où plus de la moitié des emprunteurs sont aussi des prêteurs[50]. C'est ce que mentionne également Deborah James dans un contexte beaucoup plus financiarisé comme l'Afrique du Sud. Il est difficile, dit-elle, de cataloguer la dette comme « mauvaise » dès lors que les emprunteurs sont aussi, dans une large mesure, des prêteurs[51]. De même, c'est ce que suggère Hadrien Saiag dans ce volume : la fragilité financière du sous-prolétariat argentin tient précisément au fait que les travailleurs sont désormais endettés de manière unilatérale, alors qu'auparavant ils alternaient les positions de créanciers et de débiteurs.

Notons que l'endettement unilatéral, et donc asymétrique et potentiellement source de domination, peut tout aussi bien exister dans les relations de type « place de marché » que de type « liens de clientèle ». L'opposition entre dette contractuelle et servitude repose sur des catégories morales de la pensée moderne : la servitude serait mauvaise, car enchâssée dans des relations personnelles dont la pensée moderne a horreur ; la dette contractuelle serait bonne, car libre de toute relation forcée. Ce jugement moral fait fi des sacrifices auxquels le débiteur peut être assujetti pour payer sa dette. Comme le suggère Julie O'Connell Davidson[52], quelle différence y a-t-il finalement entre une étudiante qui emprunte pour financer ses études et se prostitue pour rembourser – comme c'est fréquemment le cas aux États-Unis ou en Grande-Bretagne[53] – et une prostituée qualifiée de victime de la traite, au motif qu'elle a été recrutée sur la base d'une dette ? La servitude pour dette est bien sûr condamnable puisqu'elle reste un outil puissant de disciplinarisation de la main-d'œuvre[54]. Il est bien d'autres situations cependant où l'asservissement

49   Graeber (2011), p. 398.
50   Morvant-Roux (2006).
51   James (2015).
52   O'Connell Davidson (2013).
53   Betzler *et al.* (2015).
54   Guérin (2013) ; Servet (2007b).

est tout aussi prononcé mais opère de manière indirecte : le débiteur n'est pas asservi à un créancier bien identifié mais au système financier dans son ensemble. Rembourser sa dette l'oblige à travailler davantage, à migrer, à se prostituer, à vendre ses propres organes, etc.

LES CARACTÉRISTIQUES DE LA DETTE

Le type de rapport social généré par la dette dépend des rapports sociaux pré-existants entre débiteur et créancier puis des *caractéristiques* de la dette. On peut en noter plusieurs (la liste n'est certainement pas exhaustive), dont la plupart sont étroitement articulées : les capacités de remboursement du débiteur, le coût de la dette et les pressions exercées pour le remboursement.

Les capacités de remboursement des débiteurs dépendent de l'usage de la dette et des revenus qu'elle permet éventuellement de générer, à court, moyen ou long terme : s'agit-il de boucler une fin de mois, d'investir dans un projet entrepreneurial ou immobilier ou dans des dépenses de statut social ? Elles dépendent également de l'adéquation entre le montant de la dette et les revenus des emprunteurs. Il va de soi que plus les débiteurs sont démunis, plus l'endettement est risqué. Or, lorsque les prêteurs disposent de moyens coercitifs garantissant les remboursements (saisie de biens, pression sociale, humiliation, mobilisation de l'entourage à travers un système d'aval et de garants, etc.), la solvabilité matérielle des emprunteurs leur importe peu. Les crises des *subprimes* et du microcrédit, chacune à leur manière, illustrent les dangers de cette déconnexion entre dette et revenus : la première en gageant les prêts sur des biens supposés s'apprécier mais dont le montant s'est finalement effondré, la seconde en misant sur la pression sociale et l'humiliation, et la création d'activités génératrices de revenus qui voient en fait très rarement le jour. Les capacités de remboursement dépendent aussi de l'adéquation entre les *temporalités* des remboursements et des revenus. La financiarisation des pays du Sud, que JMS s'est attaché à mettre en évidence[55] a pour particularité d'opérer dans des contextes non salariaux, caractérisés par des revenus non seulement faibles mais irréguliers et aléatoires. L'endettement peut lisser ces irrégularités – et nombre de promoteurs du microcrédit vantent les mérites de l'outil

---

55   Servet (2010).

sous cet angle – ou au contraire les exacerber si les temporalités de remboursement sont trop rigides.

Concernant le coût, il peut être plafonné (par la législation ou la coutume) ou illimité, fixe ou variable, transparent ou opaque. Si les coûts sociaux de la dette mentionnés plus haut doivent être pris en compte, puisqu'ils justifient en partie la manière dont les personnes hiérarchisent leurs dettes et organisent leurs remboursements, il reste que le coût financier ne peut être occulté. Il peut difficilement être apprécié dans l'absolu et doit être comparé à la rentabilité des activités générées par la dette. Par exemple un crédit facturé 30 % par an n'est pas illégitime s'il permet de financer une activité dont la rentabilité est supérieure. Entre également en jeu la répartition des surplus ainsi dégagés, sur laquelle nous revenons plus loin.

LA PROTECTION DES DÉBITEURS

Si la mort ou l'emprisonnement pour dettes impayées ne sont plus de mise sur le plan juridique, dans nombre de sociétés contemporaines, la sanction peut être sociale – la honte et l'opprobre du surendetté – et tout aussi lourde, comme en témoignent les nombreux cas d'exclusion ou de suicides. Le contrôle des vies et des corps par la dette reste très prégnant. Dans différentes langues africaines, la dette est comparée à une *corde*, qui soutient mais qui étrangle[56]. Ce contrôle des corps imprègne la psyché des débiteurs. En Argentine, les débiteurs surendettés se disent « pendus » par les dettes[57]. Au Tamil Nadu, ils se disent « noyés » (Guérin *et al.*, 2013, p. 135). « Mon corps entier est en dette », dit cette mexicaine émigrée aux États-Unis et prise dans un cercle vicieux (Morvant-Roux, 2013, p. 186). Ce contrôle des corps a aussi une dimension matérielle, physique et sexuelle – il en est ainsi des débiteurs travaillant sans relâche pour rembourser ou offrant leur corps, notamment les femmes, dont le corps est parfois la seule monnaie d'échange. La domination s'exerce le plus souvent de manière diffuse, comme nous l'avons déjà noté plus haut. Le créancier n'est pas nécessairement celui qui s'approprie directement les corps. C'est la pression au remboursement qui condamne les débiteurs à aliéner leur corps pour obtenir les ressources nécessaires.

56 Servet (1998a), p. 34.
57 Voir le chapitre de Hadrien Saiag à ce sujet dans ce volume.

Les procédures légales de « faillite personnelle » ou de centrales de risques, en vigueur dans plusieurs pays, sont supposées protéger les débiteurs. Elles peuvent contribuer à apaiser les asymétries, comme cela était le cas par exemple aux États-Unis jusqu'au début des années 2000[58]. Mais leur mise en œuvre effective peut produire l'effet inverse lorsque les prêteurs détournent les procédures à leur avantage, comme observé par exemple en République dominicaine[59] ou en Afrique du Sud[60].

Lorsque débiteurs et créanciers appartiennent à des groupes sociaux bien identifiés (ce qui n'est pas nécessairement le cas lorsque les débiteurs sont aussi créanciers), leur protection respective dépend des rapports de force qui les opposent. Aujourd'hui comme hier, il est des situations où les créanciers font face à des obligations multiples, condamnés à prêter du fait de leur statut mais sans garantie d'être remboursés, et parfois acculés à la ruine[61].

Outre l'existence de normes protégeant les débiteurs, qu'elles soient de nature coutumière, sociale ou réglementaire, est également décisif l'existence d'une *protection sociale* des débiteurs, entendue ici comme l'ensemble des mécanismes de prévoyance collective permettant aux personnes de gérer financièrement les aléas auxquels elles sont confrontées et qui provoquent une baisse de leurs revenus ou une hausse de leurs dépenses. Lorsqu'elle est institutionnalisée sous la forme de droits sociaux dispensés par l'État, cette protection sociale est alors une créance des citoyens envers l'autorité publique[62]. L'une des thèses centrales du collectif pluridisciplinaire français auteur de *La monnaie souveraine*[63], auquel JMS a activement contribué, et repris ensuite par Bruno Théret[64], est de penser les sociétés en fonction du type de dettes garantes de l'interdépendance sociale. Les sociétés dites « modernes » se distinguent par l'existence de dettes privées, contractuelles, dont on peut se libérer par un paiement, mais qui supposent un cadre légal et réglementaire et la confiance en une instance souveraine. Contrairement à une vision catallactique, la libération absolue est un leurre : l'existence de dettes

---

58   Jorion (2006).
59   Morvant-Roux *et al.* (2015).
60   James (2015).
61   Fontaine (2008).
62   Théret (1998) ; voir également Ferguson (2015).
63   Aglietta et Orléan (1998).
64   Theret (2007a).

contractuelles et horizontales, permettant à la sphère économique de s'autonomiser, tout au moins partiellement, du politique et du religieux, est indissociable de l'émergence d'une autre dette : une dette fiscale et sociale, dont les membres de la nation sont désormais les créanciers et l'État le débiteur. Ce dernier assure la protection de ses membres en exerçant le monopole de la violence légitime, en garantissant les droits de propriété et la sécurité des transactions, et enfin en construisant une protection sociale universalisée. En d'autres termes, l'existence d'un système de protection sociale permet aux individus de s'endetter tout en restant relativement protégés.

Cette idée de droits sociaux comme créance des individus sur la société ne va toutefois pas de soi. Elle dépend étroitement de la nature des droits : s'agit-il de droits acquis par cotisations antérieures ou de droits issus d'une logique de discrimination positive ? S'agit-il de droits intangibles ou conditionnels ? de droits formels ou réels, c'est-à-dire réellement accessibles ? Lorsque les droits sociaux restent articulés à une démocratie clientéliste et donc arbitraire, les individus demeurent des débiteurs permanents. Lorsque les droits s'accompagnent de conditionnalités multiples et s'apparentent à une nouvelle forme des gouvernementalité et de contrôle[65], ils sont vécus comme une dette par les personnes qui en sont bénéficiaires. L'absence ou l'insuffisance de mécanismes de protection sociale dans les pays du Sud limite considérablement le potentiel d'émancipation du microcrédit, puisque le moindre aléa est susceptible de plonger les emprunteurs dans le cercle vicieux du surendettement[66].

RÉPARTITION DES SURPLUS ET PARTAGE

Enfin, la répartition des surplus générés par la dette est un élément central pour la compréhension des conséquences de la dette. JMS accorde, à juste titre, une grande importance à la question du partage dans ses travaux récents, et regrette que l'accent mis sur la dette occulte finalement l'importance du partage[67]. Comme le suggère Bruno Théret dans ce volume, les deux prismes d'analyse sont plus complémentaires que contradictoires. La crise financière de 2007-2008 résulte des ponctions considérables du secteur de la finance sur l'économie réelle, ponction qui

---

65   Destremau et Georges (2018) ; De Han (2012).

66   Guérin (2015) ; Servet (2015a).

67   Servet (2015c).

a fini par devenir insoutenable. Si les arrangements de travail de type
« servitude pour dette » posent une question éthique, c'est bien du fait
d'une appropriation foncièrement inéquitable du surplus induit par les
activités productives qu'elles permettent. Le modèle d'accumulation en
vigueur aux États-Unis lors des Trente Glorieuses était déjà basé sur un
endettement massif des ménages, mais qui ont réussi à accéder à la propriété immobilière et à valoriser leurs actifs. Cette valorisation a permis
de compenser les ponctions opérées par la finance et d'assurer une certaine
forme de pérennité du système, tout au moins pendant un certain temps.
Avec la crise des *subprimes*, la disparité entre créanciers et débiteurs est à
son apogée : non seulement les débiteurs ont payé des intérêts démesu-
rés, mais ils se sont considérablement appauvris du fait de l'éclatement
de la bulle immobilière. Les promoteurs du microcrédit justifient les
montants des taux d'intérêt (en moyenne de 30 à 40 % par an) par des
coûts de transaction élevés liés au fait qu'il s'agit de petites sommes. On
observe effectivement qu'un nombre important d'organisations ne sont
pas rentables. Mais certaines dégagent des marges très confortables, qui
vont certainement croître du fait des gains de productivité permis par
l'usage de nouvelles technologies comme la téléphonie mobile. Or la
question de la répartition des surplus ainsi générés est peu posée, ce qui
soulève, là encore, de sérieuses questions éthiques.

L'inflation, en provoquant une dépréciation des dettes, est une manière
d'apaiser les conflits sociaux issus d'une répartition inégale des profits
de la dette. Si l'on prend le cas français pendant les Trente Glorieuses, le
crédit à la consommation a nourri la demande de biens d'équipements
de masse et, ce faisant, le renforcement de tissus productifs. Dans une
certaine mesure, il a également joué un rôle d'intégration sociale. Mais
il était alors couplé avec des mesures de redistribution et de protection sociale, il était étroitement régulé, et son coût a été en grande
partie modéré par l'inflation. Celle-ci a joué un rôle déterminant dans
l'atténuation des conflits de répartition suscités par l'endettement croissant des ménages. Dans un chapitre co-écrit avec Hadrien Saiag, JMS
plaide pour l'acceptation d'une inflation modérée comme moyen de
favoriser les débiteurs vis-à-vis des créanciers et ce faisant, comme issue
possible de crise[68]. Les deux auteurs rappellent aussi qu'historiquement,
les sociétés ont régulièrement eu recours à des procédures d'effacement

---

68   Servet et Saiag (2013).

des dettes afin de maintenir l'harmonie sociale (voir également Graeber, 2011, sur ce point).

Tenir compte de la manière dont risques et surplus sont répartis amène JMS à plaider pour un renouvellement de la monnaie et de la finance en termes de *communs*, entendus ici comme « l'usage d'un bien ou d'un service partagé sans relation de subordination et de commandement, grâce à la coordination volontaire de ses diverses parties prenantes[69] ».

EN GUISE DE CONCLUSION

La dette, on l'a dit et on le redit, tantôt gouverne les cycles de vie, les corps, le temps, les subjectivités. Mais elle est aussi source d'espoir, elle permet de réaliser des projets, de concrétiser des aspirations et de tisser de nouvelles interdépendances. Face à cette ambivalence, comment s'y retrouver ? Faut-il condamner la dette au prétexte qu'elle ne sert que les créanciers ? Dans le contexte actuel, marqué par un rapport de force éminemment favorable aux créanciers, on serait tenté de répondre par l'affirmative. Mais ce serait nier le fait que les relations d'interdépendance, fondement de la cohésion sociale, sont aujourd'hui monétarisés et financiarisés.

Se contenter d'une posture dénonciatrice n'est guère constructif et plaider pour un retour en arrière est utopique. Un des défis de la socioéconomie consiste à mieux comprendre les dysfonctionnements des sociétés actuelles pour mieux envisager leur dépassement en se confrontant avec les possibilités réelles, *in situ*, de changement et de lutte. Si elles peuvent être tentantes intellectuellement, aujourd'hui les injonctions révolutionnaires et leurs idéaux répondent mal aux contraintes concrètes et sont peu en phase avec les aspirations des populations locales.

La grille proposée ici, inspirée des travaux de Jean-Michel Servet mais aussi de ceux de ses étudiant(e)s et ancien(ne)s étudiant(e)s, me semble esquisser quelques repères permettant de mieux apprécier l'ambiguïté des processus à l'œuvre. Vecteur de l'interdépendance humaine, et en même temps moteur d'exploitation et de paupérisation, la dette n'est

---

69 Servet (2015c), p. 1. Voir également le chapitre de Sophie Swaton dans ce volume.

pas mauvaise en soi. Qu'elle soit monétaire et marchande ou pas ne change rien à l'affaire : tout dépend du type de rapport social instauré entre débiteur et créancier, des caractéristiques qu'elle revêt (et notamment son coût), de la protection des débiteurs, non seulement face aux créanciers mais à l'ensemble des risques de la vie et, enfin, de la manière dont gains et risques sont partagés.

LA FINANCIARISATION PAR LES MARGES EN ARGENTINE

Plaidoyer pour la reconnaissance
et l'extension de créances non libérables

Hadrien SAIAG
Centre national de la recherche
scientifique (CNRS);
Institut interdisciplinaire
d'anthropologie du contemporain –
Laboratoire d'anthropologie
des institutions et des organisations
sociales (IIAC-LAIOS)

S'il fallait définir brièvement la démarche adoptée par Jean-Michel Servet (JMS) tout au long de sa carrière, par-delà ses objets multiples, je dirais qu'il s'agit de déconstruire les idées reçues, pour concevoir autrement la monnaie et la finance. Ainsi, la diversité des instruments et des pratiques monétaires observée dans l'espace et dans le temps renvoie la conception de la monnaie en tant qu'instrument visant à dépasser les inconvénients du troc au rang de vulgaire fable, inventée par les économistes classiques pour couper l'économie du politique[1]. Les informalités financières que JMS a dévoilées à partir de ses nombreuses enquêtes mettent à mal l'assimilation systématique de la finance au pouvoir de l'argent, en dévoilant l'extrême diversité des pratiques financières et l'existence d'une finance solidaire[2]. De même, la financiarisation, que l'on croyait cantonnée aux marchés

---

1   Servet (2001), p. 15-32 ; Servet (2012b). – Sur les pratiques monétaires et les paléomon-
     naies, voir le chapitre de Josette Rivallain dans cet ouvrage consacré à l'Afrique.
2   Servet (1995).

financiers, est en fait tirée par les besoins des populations. En effet, le recours à l'endettement, à l'épargne et aux transferts monétaires est devenu indispensable pour assurer la reproduction des conditions d'existence d'une part considérable de l'humanité, car il permet de financer des cérémonies qui rythment les cycles de vie, de faire face à la précarisation des conditions de travail et au démantèlement des systèmes de protection sociale, ou encore de financer les velléités d'ascension sociale[3].

Dans ce chapitre, je souhaite revenir sur le concept de financiarisation, tel qu'il est proposé par JMS, à partir d'une conception de la dette tirée de l'institutionnalisme monétaire francophone. Pour cela, je prends appui sur deux enquêtes de terrain, menées en 2009 et en 2013 parmi le sous-prolétariat urbain du cordon industriel de Rosario (Argentine). Ces deux enquêtes ont porté sur des populations originaires du nord-est de l'Argentine qui ont migré vers la périphérie du cordon industriel de Rosario à partir du milieu des années 1970, alors même que les industries locales n'étaient plus en mesure d'incorporer ces flux de travailleurs[4] : la plupart d'entre eux s'emploient comme ouvriers dans la construction – vigiles, vendeurs à la sauvette, chauffeurs de taxi – ou encore comme employés dans des ateliers de couture. Cependant, si la population enquêtée est restée la même au cours de ces deux enquêtes, ses pratiques d'épargne et d'endettement se sont radicalement transformées, sous les effets conjugués d'une relative formalisation des emplois précaires et, surtout, de l'incorporation à partir de 2010 du sous-prolétariat urbain dans le système de protection sociale argentin, dont il était auparavant exclu. Cette incorporation s'est effectuée à travers l'établissement d'une retraite minimale universelle, puis par l'extension du système d'allocation familiale aux foyers dont les adultes ne disposaient pas d'emploi formalisé, à travers une *asignación universal por hijo* (AUH)[5]. Les sommes en jeu sont relativement faibles[6], mais

---

3   Servet (2006a) ; Servet (2015a).
4   Entre 1976 et 1983, les gouvernements issus de la dictature militaire argentine ont mis fin aux politiques d'industrialisation par substitution des importations à travers une libéralisation de l'économie de grande ampleur. Ce programme a ensuite été approfondi durant la décennie 1990.
5   L'*asignación universal por hijo para protección social* (AUH) correspond à une allocation universelle par enfant à charge, au titre de la protection sociale.
6   Fin 2013, les montants de la retraite minimum et de l'AUH étaient de 3 000 pesos par personne retraitée et de 480 pesos par enfant mineur, respectivement. Le salaire moyen d'un ouvrier qualifié de l'industrie avoisinait quant à lui les 8 000 pesos.

leur caractère formalisé et mensualisé a profondément transformé la projection dans le temps du sous-prolétariat urbain, ouvrant la porte à une multitude d'institutions financières qui se sont empressées de proposer à cette population une myriade d'instruments de crédit à la consommation, dont elle était auparavant exclue.

L'analyse des enquêtes menées en 2009 et en 2013 prétend rendre compte de la pertinence de la conception de la financiarisation qui est proposée par JMS, tout en suggérant de la compléter en soulevant la question de la dette. Dans la continuité des travaux engagés par JMS, je souligne que la financiarisation des rapports sociaux, telle qu'elle se donne à voir dans le cordon industriel de Rosario, est caractérisée par la conjonction de deux processus clairement distincts, portés par des institutions aux logiques pourtant contradictoires : l'intégration du sous-prolétariat dans le système de protection sociale relève de la reconnaissance d'un droit à la protection et à la monnaie au bénéfice d'une population qui en était auparavant exclue ; le recours massif aux instruments de crédit à la consommation se traduit quant à lui par une nouvelle forme d'exploitation, qui prend appui sur le hiatus existant entre le temps (mensualisé) de la finance et celui (erratique) du travail. Or ces deux processus s'alimentent mutuellement : d'une part, la mensualisation et la formalisation des revenus issus du système de protection sociale constituent une condition nécessaire à la pénétration du crédit à la consommation au sein du sous-prolétariat urbain ; d'autre part, les revenus issus du système de protection sociale sont socialement valorisés par la consommation à crédit qu'ils rendent possible. La financiarisation ne constitue donc pas un processus homogène ; elle est au contraire façonnée par la rencontre de multiples acteurs qui agissent à des niveaux différents, selon des logiques qui leur sont propres[7]. Pour donner sens à ces processus et insister sur leurs dimensions politiques, je suggère en outre de les interpréter à la lumière du concept de dette. JMS a récemment critiqué l'usage de cette catégorie, lui reprochant d'éclipser les éléments de partage que l'on peut trouver derrière certaines pratiques monétaires et financières, par l'accent qu'il induirait sur la circulation[8]. Or la dette n'est pas nécessairement vectrice d'une vision catallactique, dès lors que l'on distingue les dettes et les créances libérables de celles

---

7   Voir notamment Servet (2006a).

8   Servet (2013a), p. 125-147.

qui ne le sont pas, à la suite des travaux de l'institutionnalisme francophone de la monnaie[9]. En effet, reconnaître l'existence de créances non libérables permet de lier la question de l'accès à la monnaie à celle du droit des personnes, et de jeter ainsi les bases de solidarités financières entre classes sociales à même de soustraire en partie le sous-prolétariat urbain de l'exploitation par la finance véhiculée par les nouveaux instruments de crédit à la consommation.

Ces arguments sont présentés en quatre temps. La première partie présente brièvement les pratiques d'épargne et d'endettement par lesquelles le sous-prolétariat du cordon industriel de Rosario faisait face à la vulnérabilité de sa situation, en 2009. La deuxième partie montre que son incorporation dans le système national de protection sociale a ouvert la porte à un recours massif à de nouveaux instruments de crédit à la consommation, qui s'est traduit par un enchevêtrement de dettes de nature distincte. La troisième partie montre que les nouveaux instruments de crédit à la consommation sont les vecteurs d'une nouvelle forme d'exploitation, fondée sur le hiatus existant entre le temps du travail et celui de la finance. Enfin, la dernière section suggère de réhabiliter les créances non libérables pour lutter contre cette forme d'exploitation.

RÉIFIER L'ÉPARGNE POUR SE PROTÉGER CONTRE L'INCERTITUDE (2009)

Avec le recul, l'enquête menée en 2009 permet de documenter un moment charnière. Cette année marque la fin d'une ère dans laquelle le sous-prolétariat urbain était livré à lui-même, car il commençait tout juste à être intégré au système national de protection sociale. Une série de réformes du système des retraites venait de se clore, marquée par le retour à un système par répartition, puis par la création fin 2008 d'une retraite minimale destinée aux personnes de plus de 60 ans, sans condition d'apport préalable. L'instauration d'une retraite à visée universelle a contribué de manière substantielle à améliorer les conditions de vie des personnes qui en ont bénéficié, mais de nombreux foyers en

---

9   Voir les références données dans la dernière section de ce chapitre.

étaient exclus, faute de compter parmi leurs membres des personnes âgées. Pour la plus grande partie du sous-prolétariat urbain, la principale voire l'unique source de revenus monétaires était constituée par une constellation d'emplois précaires, faits de contrats temporaires auprès d'entreprises de sous-traitance de l'industrie locale et de multiples travaux journaliers. Ici, pas de stabilité de l'emploi ni de protection sociale. Les salaires étaient payés pour partie en produits de première nécessité (papier toilette ou pains industriels périmés pour des travaux de ménage, droit de récupération parmi les déchets industriels pour les agents de sécurité, vêtements usagers pour de menus travaux de maçonnerie, fruits et légumes pour les travailleurs du marché de gros, etc.), qui étaient transformés en avoirs monétaires libellés dans une unité de compte parallèle, à travers les multiples places de marché de produits d'occasion situées à la périphérie des agglomérations urbaines[10].

Afin de faire face à l'instabilité de leurs revenus, la plupart des personnes enquêtées en 2009 mettaient en œuvre une multitude de pratiques d'épargne et d'endettement, loin des institutions financières. Mis à part l'endettement engendré par les retards pris dans le paiement des factures à échéance mensuelle (loyer, électricité, téléphone, etc.), pour lesquels le remboursement des dettes et des intérêts suit un échéancier précis, ces pratiques sont caractérisées par un faible degré de formalisation, qui contribue à l'entretien des dettes dans le temps. Ainsi, la plupart des enquêtés avaient régulièrement recours à l'ardoise (*fiado*[11]) auprès de petits commerçants de quartier (épicerie, vendeurs ambulants, etc.) afin de faire face aux décalages temporels entre les dépenses liées à l'approvisionnement quotidien du foyer et leurs revenus. Le *fiado* représentait alors la forme d'endettement la plus massive, car le commerçant n'attendait pas plus de son débiteur que le règlement d'une partie du montant de sa dette dès lors que les revenus de ce dernier le lui permettraient ; en retour, il acceptait de vendre à nouveau à crédit, même lorsque la perspective d'un remboursement intégral restait incertaine[12]. Les personnes qui occupaient un emploi salarié, même non formalisé, avaient également régulièrement recours aux avances sur salaire afin

10   Saiag (2015a).
11   L'expression *al fiado* vient du verbe *fiar*, qui signifie « confier ». En ce sens, *tener fiado* signifie autant « être endetté » qu'« être digne de confiance ».
12   Voir également Villarreal (2000), p. 69-88 ; et Morvant-Roux (2006), p. 155.

de financer l'achat de biens de consommation jugés indispensables ou de matériaux de construction, ou encore pour faire face à une dépense exceptionnelle.

Dès lors qu'il s'agissait de se projeter dans le temps long, les personnes enquêtées avaient recours à de multiples dispositifs visant à mettre physiquement l'épargne à distance, afin de se forcer à ne pas dépenser certaines sommes[13]. La forme la plus simple consiste à garder de l'agent dans une tirelire ou une boîte que l'on remet à un voisin de confiance, afin de se protéger contre la tentation d'utiliser cet argent pour financer les dépenses courantes. De même, les personnes établies à leur propre compte ont l'habitude de séparer physiquement l'épargne qu'ils constituent afin de renouveler leur fonds de roulement du budget de leur foyer à l'aide d'un système d'enveloppes ou de boîtes dont l'usage est restreint à certaines dépenses, afin de s'assurer du maintien de leur activité dans le temps[14]. Lorsque les sommes étaient importantes, l'épargne ne s'effectuait plus en séparant les moyens de paiement supposés ne pas être dépensés immédiatement : il s'agissait plutôt de mettre des objets de côté, afin de s'assurer que le numéraire qu'ils pouvaient représenter au cas où ils seraient vendus ne serait pas dépensé au quotidien. Ces pratiques rendaient l'épargne illiquide en la transformant en chose[15]. La forme de réification la plus répandue consistait à récupérer parmi les déchets urbains des objets recyclables tels que le fer, le zinc, le cuivre, le carton ou les bouteilles de verre, puis à les emmagasiner chez soi[16] : ces objets n'étaient vendus que dans certains cas précis, tels que le financement d'une cérémonie qui marque les cycles de vie (rite de passage vers l'âge adulte, anniversaire, mariage, etc.), le décès ou la maladie d'un proche, ou encore une période de chômage particulièrement difficile. De même, il était courant d'acheter des briques immédiatement après avoir touché sa paie afin de ne pas compromettre un projet d'amélioration de l'habitat (construction d'une

---

13   Voir également Roig (2009), p. 43-55.
14   Voir également Absi (2007), p. 355-393 ; et Zelizer (1994/2005).
15   Shipton (1995), p. 245-276 ; Roig (2009).
16   Ces objets étaient recueillis tantôt à travers des expéditions de nuit visant spécifiquement à récupérer des produits recyclables, en exerçant un droit de récupération parmi les déchets produits sur son lieu de travail, en mettant systématiquement de côté les emballages industriels (petits commerçants), ou encore en démontant les appareils électriques trouvés dans la rue par hasard.

chambre pour les enfants, d'une cuisine, voire d'une maison pour un fils, ou une fille, qui souhaite former son propre foyer) en dépensant autrement les sommes qui lui étaient destinées.

La matérialité des supports de l'épargne et des formes d'endettement qui caractérisaient le sous-prolétariat de Rosario peut faire penser qu'il existait alors une économie propre aux secteurs populaires, coupée du capitalisme financiarisé. Au contraire, il est possible d'avancer que ces pratiques dessinent le visage singulier qu'a pris la financiarisation des rapports sociaux avant que le sous-prolétariat urbain ne soit intégré au système de protection sociale. En effet, le recul progressif du salariat protégé qui caractérisait le cordon industriel d'avant les années 1970 s'est traduit par un retrait vis-à-vis du système de protection sociale et par la substitution des revenus mensuels ou bimensuels du salariat protégé par ceux erratiques de l'économie dite « informelle[17] ». Or c'est précisément à cette nouvelle situation que permettent de répondre les pratiques d'épargne et d'endettement décrites plus haut, tantôt en instaurant des techniques d'autodiscipline financière[18] qui aident à constituer coûte que coûte une épargne de précaution, tantôt en facilitant l'approvisionnement des foyers malgré le caractère irrégulier des revenus.

LES SECTEURS POPULAIRES FACE AU CRÉDIT
À LA CONSOMMATION
Un enchevêtrement de dettes (2013)

Entre 2009 et 2013, on assiste à une transformation sensible de la structure des revenus de l'économie populaire, à travers la conjonction de deux processus qui ont opéré simultanément. D'une part, le degré de formalisation des emplois occupés par le sous-prolétariat urbain dans les secteurs de la distribution, du bâtiment et de la sous-traitance aux industries locales s'est accru, puisqu'il est désormais courant d'avoir accès à une fiche de paie, alors même que ces emplois restent très instables. D'autre part, la création de l'*asignación universal por hijo* (AUH) au

---

17   Saiag (2011b), p. 9-30.
18   Guérin (2006), p. 549-570.

cours de l'année 2010 s'est traduite par la généralisation des transferts monétaires issus du système national de protection sociale au sein de l'économie populaire, puisque la quasi-totalité des foyers comporte au moins un enfant de moins de dix-huit ans[19]. Ces processus, conjugués à la persistance des relations d'emploi peu formalisées, se traduisent par la cohabitation de deux types de revenus, aux temporalités clairement distinctes : ceux issus du système de protection sociale ainsi que certains revenus du travail sont désormais mensualisés et relativement prévisibles à moyen terme, alors que la plus grande partie des revenus du travail reste peu formalisée, peu prévisible voire dénuée de continuité, puisque l'horizon des relations de travail des emplois nouvellement formalisés dépasse rarement quelques mois.

La mensualisation et la formalisation d'une partie des revenus se sont à leur tour traduites par un bouleversement des pratiques financières du sous-prolétariat urbain du cordon industriel de Rosario. Les formes réifiées d'épargne ont quasiment disparu. Le recours aux instruments contractuels de crédit à la consommation s'est quant à lui considérablement accru, alors qu'en 2009 les institutions financières occupaient une place marginale dans l'endettement des ménages. Or les nouvelles formes de crédit à la consommation s'accommodent pleinement de la cohabitation de revenus mensualisés et de revenus plus incertains. En effet, les quatre instruments de crédit à la consommation les plus utilisés par les personnes enquêtées alliaient des échéances de remboursement fixes et mensualisées qui, en étant concentrées sur les dix premiers jours du mois au même titre que les échéances des coûts fixes liés à l'habitat et à la téléphonie, exerçaient une pression considérable sur le budget des ménages, et des modalités de remboursement basées sur l'argent liquide plutôt que sur la bancarisation, compatible avec des revenus du travail peu formalisés :

1. Les cartes de crédit émises par les institutions financières non bancaires et les principales enseignes de la grande distribution ont très profondément imprégné l'économie populaire, puisqu'à l'exception de Mercedes (voir encadré 2), tous les foyers enquêtés disposent d'une ou deux cartes de ce type, auxquelles s'ajoutent

---

19 En effet, les enfants s'émancipent généralement du foyer de leurs parents lorsqu'ils entrent en concubinage, ce qui coïncide généralement avec l'arrivée du premier enfant du couple.

parfois celles prêtées par des parents ou des amis[20]. Il s'agit d'un univers extrêmement segmenté, ce qui permet d'adapter les conditions d'accès et de remboursement en fonction de la situation financière des clients. Ainsi, la carte de crédit la plus populaire parmi les enquêtés, dénommée tarjeta naranja (« carte orange »), est accessible sur simple présentation d'un document d'identité, en contrepartie de frais de gestion et de taux d'intérêt particulièrement élevés[21]. Dans la plupart des cas, les règlements s'étalent sur trois à douze mensualités. Le plafond de l'endettement maximal est initialement fixé à un niveau très bas, mais peut être relevé si le débiteur s'avère être un bon payeur.

2. À travers un système nommé círculos (en référence aux tontines – círculos de ahorro), les concessionnaires automobiles offrent également à leurs clients la possibilité de s'endetter sans avoir à justifier de leurs revenus. Chacun des membres d'un groupe de dix à vingt personnes désirant acquérir chacun à son tour le même type de véhicule règle chaque mois une somme fixe au concessionnaire. Dès lors que les sommes réunies atteignent le prix du véhicule désiré (en général une moto de petite cylindrée), ce dernier est attribué à l'un des participants, tiré au sort, à condition qu'il règle au comptant environ 10 % du coût du véhicule en question : la somme restante est due au concessionnaire, et scra réglée par des versements mensuels qui réalimenteront le système du « cercle ».

3. Il existe également des règlements en plusieurs mensualités, sur présentation d'un justificatif de revenu que la plupart des enseignes d'appareils électroménagers et les principales enseignes de vêtements industriels proposent le cas échéant. Ces crédits doivent être remboursés à l'enseigne auprès de laquelle la vente a été contractée, mais ils sont financés par l'une des principales banques commerciales installées en Argentine.

4. Enfin, il est possible d'obtenir des crédits en liquide auprès de plusieurs institutions financières, sous réserve de présenter une feuille

---

20   Sur l'utilisation des cartes de crédits au Chili par la famille et les amis de leurs titulaires, voir Ossandón, Ariztia, Barros et Peralta (2018).

21   Voir notamment Feldman (2013).

de paie. Ces prêts sont octroyés sans condition d'usage spécifique (contrairement à ceux mentionnés précédemment), et doivent être remboursés en liquide chaque mois.

Le recours massif aux nouveaux instruments de crédit à la consommation a considérablement complexifié la place occupée par les différentes formes d'endettement dans les budgets des foyers. En effet, ces nouvelles formes d'endettement ne se substituent pas aux anciennes : on observe plutôt un enchevêtrement de dettes de nature distincte, analogue à celui observé chez Esteban et Paola (voir encadré 1), puisque l'analyse des budgets des foyers enquêtés montre que cet endettement cohabite avec des formes plus anciennes, telles que les retards pris sur le règlement des factures mensualisées, les avances sur salaire, les prêts entre parents et amis et, surtout, les ardoises accordées par les commerçants locaux[22]. Ainsi, le recours aux nouveaux instruments de crédit à la consommation dépasse largement les personnes bénéficiant d'un emploi stable et formalisé, puisque certains de ces instruments sont accessibles sans justificatif de revenu (certaines cartes de crédit et les *círculos*), et que les personnes bénéficiant d'une feuille de paie souscrivent régulièrement des crédits destinés à un voisin ou à un ami, qui se charge de les rembourser. De même, tous les enquêtés ont recours aux formes plus anciennes d'endettement, tel le *fiado*. Pour les ménages qui disposent (momentanément) de revenus du travail mensualisés, le recours au *fiado* permet de faire face aux fins de mois difficiles, en assurant un approvisionnement du foyer en produits de première nécessité. Dans la plupart des cas, cependant, cette cohabitation de formes d'endettement hétéroclites reflète l'hétérogénéité des rapports au temps dans lesquels est immergé le sous-prolétariat du cordon industriel de Rosario : les versements mensualisés issus du système de protection sociale rendent le recours aux nouveaux instruments de crédit à la consommation possible, mais seules les formes d'endettement moins formalisées permettent de faire face à l'irrégularité des revenus du travail, en ajustant les cycles de dépenses et de revenus.

---

22 La continuité des logiques d'endettement est comparable à celle observée par Solène Morvant-Roux au Mexique, sous l'effet de la microfinance : voir Morvant-Roux (2009a), p. 109-130.

Esteban et Paola vivent en compagnie des quatre enfants mineurs de cette dernière. Les ressources mensualisées du couple se limitent aux 960 pesos mensuels perçus au titre de l'*asignación universal por hijo* relatif aux deux fils d'Esteban, auxquels s'ajoutent 300 pesos versés chaque semaine par l'ex-compagnon de Paola, afin de contribuer à l'éducation des deux enfants issus de leur union passée. Le couple déclare vivre « au jour le jour », car la plupart de leurs revenus est tiré de leurs activités non déclarées de vente ambulante de DVD auprès des petits commerçants des quartiers périphériques du cordon industriel (Esteban), de confection de poupées depuis leur domicile, et d'un ensemble varié de services proposés par Paola, tels que des rites de lecture de l'avenir et de réunion de couples, la confection d'antidotes, voire le jet de sorts. Leurs revenus sont très irréguliers, mais leur montant est plutôt confortable, comparé aux autres personnes enquêtées.

Fin novembre 2013, le couple était inséré dans un enchevêtrement de dettes diverses :

- Il avait recours de manière quasi quotidienne au *fiado* auprès d'une épicerie, d'une boucherie et d'un maraîcher du quartier ;
- Tous les lundis, ils payaient 176 pesos pour l'achat à crédit d'un lave-linge acquis auprès d'un magasin d'appareils électroménagers, sans avoir présenté de justificatif de revenus. Ils versaient également 250 pesos tous les mercredis, pour le règlement d'un système d'air conditionné acheté selon les mêmes conditions. Ils ont cependant pris beaucoup de retard dans le règlement des sommes dues à ces titres et font l'objet de nombreuses pénalités.
- Le couple remboursait également 450 pesos chaque mois, suite à l'octroi d'un microcrédit visant à financer le fonds de roulement du commerce d'Esteban, par l'intermédiaire d'un programme gouvernemental.
- Chaque mois, Paola fait également face aux échéances de deux cartes de crédit. La première est liée à l'achat d'une paire de chaussures pour l'une de ses filles grâce à une carte de crédit à son nom (*tarjeta naranja*), à régler en trois mensualités de 300 pesos. La seconde échéance est liée à l'achat d'un vélo d'appartement en six mensualités de 500 pesos, grâce à l'utilisation d'une carte de crédit prêtée par un ami.
- Enfin, après avoir cotisé pendant trois ans de manière intermittente à un *círculo* grâce aux fonds reçus au titre de l'*asignación universal por hijo*, Esteban et Paola viennent d'être tirés au sort pour l'achat à crédit d'une Ford fiesta entièrement neuve, à condition qu'ils règlent 7 000 pesos au comptant et qu'ils s'endettent à la hauteur du coût du véhicule, diminué des sommes déjà versées. Au moment de mon départ du terrain, ils cherchaient une solution pour régler cette somme.

ENCADRÉ 1 – Esteban et Paola, un enchevêtrement de dettes.

Les nouvelles formes d'endettement ont néanmoins contribué à transformer en profondeur les modes de consommation et de projection dans le temps qui caractérisaient l'économie populaire argentine. Elles ont considérablement facilité l'acquisition de produits de consommation durable pour les personnes ne disposant pas de revenus du travail stables et formalisés. Ainsi, la consommation de produits électroménagers et informatiques s'est envolée, tirée par l'équipement progressif des maisonnées et par les dépenses occasionnées par les cérémonies qui rythment les cycles de vie. De même, la consommation de produits alimentaires dans les supermarchés s'est en partie substituée à la consommation de proximité. Ces nouvelles formes de consommation sont particulièrement valorisées par les personnes enquêtées, car elles sont associées à l'idée d'ascension sociale, puisque leurs pratiques de consommation et d'endettement se rapprochent de celle des classes moyennes.

NE PLUS ÊTRE MAÎTRE DE SON TEMPS :
UNE NOUVELLE FORME D'EXPLOITATION

Le recours généralisé au crédit à la consommation est également le vecteur d'une nouvelle forme d'exploitation, à laquelle le sous-prolétariat urbain était auparavant soustrait. Désormais, le capital financier exploite directement le travail, car les revenus tirés de ce dernier alimentent des transferts financiers croissants vers les institutions financières vis-à-vis desquelles le sous-prolétariat urbain est endetté[23].

Cette nouvelle forme d'exploitation prend appui sur trois piliers. Le recours massif aux instruments de crédit à la consommation s'est d'abord traduit par la connexion des pratiques monétaires quotidiennes du sous-prolétariat urbain aux formes d'accumulation du capital financier à l'échelle mondiale, puisque les institutions financières auprès desquelles le sous-prolétariat est endetté sont détenues par les principales banques commerciales argentines, qui sont elles-mêmes des filiales des banques européennes et nord-américaines. Il s'agit d'une rupture flagrante d'avec la situation qui prévalait en 2009, puisque les pratiques

---

23   Voir également les travaux en cours d'Alexandre Roig.

d'épargne et d'endettement observées alors constituaient une réponse aux transformations de l'emploi et du système de protection sociale coupée des institutions financières. Le recours massif aux nouvelles formes de crédit à la consommation a également entraîné une polarisation inédite entre créanciers et débiteurs, puisque le sous-prolétariat en sa totalité est désormais le débiteur des institutions représentant le capital financier. Ici encore, le contraste avec la situation qui prévalait en 2009 est saisissant, puisque le sous-prolétariat était à la fois débiteur et créancier, et qu'il n'était pas endetté vis-à-vis d'une entité « extérieure », les petits boutiquiers qui pratiquaient le *fiado* vivant dans le même quartier[24]. Si brutaux que soient les changements opérés entre 2009 et 2013, l'Argentine ne fait à ces deux égards que rejoindre une tendance observée à l'échelle mondiale, déjà bien documentée[25].

Enfin, l'exploitation du travail par la finance prend appui sur le hiatus qui existe entre le rapport au temps porté par les nouvelles formes de crédit à la consommation et celui du travail. Cette dernière dimension est peu documentée. Elle est néanmoins cruciale en ce qui concerne le cas argentin, puisqu'elle permet de comprendre pourquoi les personnes ne bénéficiant pas d'un emploi stable dans le temps prennent systématiquement du retard dans le remboursement de leurs crédits, alors même que les pénalités de retard constituent la principale source de profit des institutions financières, loin devant les intérêts versés dans le cours normal du remboursement[26]. En effet, le temps du crédit à la consommation se singularise vis-à-vis du temps du travail, d'un triple point de vue : il est mensualisé, puisque les échéances des instruments de crédit se concentrent sur les premiers jours du mois ; il s'inscrit dans le moyen terme, les échéances s'étalant rapidement sur douze ou dix-huit mois ; enfin, le non-respect de l'échéancier de remboursement établi lorsque la dette est contractée engendre des pénalités de retard, qui peuvent faire s'accroître le montant de la dette sous le seul effet du temps (ces pénalités peuvent prendre des formes diverses, telles que la renégociation des taux d'intérêt ou du prix du service auxquels la dette est associée, voire celle de l'administration de frais de gestion). Le temps du travail, pour sa part, est rarement

24 Sur ce point, voir également les travaux de Solène Morvant-Roux sur le Mexique, notamment Morvant-Roux (2006), chap. IV.

25 Voir notamment Guérin, Morvant-Roux et Villarreal (2013) ; Servet (2015a).

26 Feldman (2013) ; Roig (2009).

mensualisé ; lorsqu'il l'est, sa mensualisation est ancrée dans le court terme, étant donné l'instabilité des conditions de travail dans lesquelles est inséré le sous-prolétariat de Rosario.

Or, loin d'être sur un pied d'égalité, le temps du travail est dominé par celui de la finance. En effet, de par sa mensualisation et l'existence de pénalités de retard, ce dernier agit sur les budgets à travers des ponctions financières dont le rythme et le montant ne correspondent pas aux cycles de revenus et de consommation des ménages. Or cette subordination du temps du travail à celui de la finance constitue un élément nouveau dans le paysage financier du sous-prolétariat argentin. Le cas de Mercedes (voir encadré 2) souligne au contraire que l'absence de formalisation des échéances et des montants à rembourser, qui caractérise les formes plus anciennes de crédit à la consommation tel le *fiado*, permet au temps de la finance de s'adapter à celui du travail, puisque le montant et la temporalité des remboursements dépendent du rythme irrégulier de ses revenus et des besoins de consommation.

Mercedes, la quarantaine, vit seule avec sa fille de dix ans. Chaque mois, le père de cette dernière lui verse 500 pesos par virement postal, ce qui ne lui permet pas de bénéficier de l'*asignación universal por hijo*. Sa principale source de revenus réside en la confection et la vente de pantalons, depuis son domicile. Contrairement aux autres personnes enquêtées, Mercedes ne dispose donc d'aucune source de revenus mensualisée et formalisée, et n'utilise de ce fait quasiment pas les nouveaux instruments de crédit à la consommation. En revanche, elle a recours au *fiado* de manière pour ainsi dire quotidienne, à travers une série de dépenses bien rodée. Lorsqu'elle effectue une vente d'un ou plusieurs pantalons, elle dépense immédiatement la moitié de ses recettes dans l'achat de toile, afin d'assurer la continuité de son activité productive. Elle se tourne ensuite vers les deux commerçants auprès desquels elle consomme à *fiado* (une petite épicerie de quartier, et un magasin qui commercialise des produits issus de l'économie solidaire, à l'accueil duquel elle travaille parfois) pour effectuer un règlement conséquent, qui ne lui permet cependant pas de régler ses dettes dans leur totalité. Les jours suivants, elle effectue quelques dépenses au comptant, avant de recourir une fois de plus au *fiado*, lorsqu'elle se retrouve à court de liquidité. En remboursant régulièrement une partie de ses dettes, Mercedes s'assure donc de la bienveillance de ses créanciers, qui l'autorisent à consommer en recourant au *fiado* lorsque sa situation l'exige, alors même que ses dettes ne sont pas éteintes.

ENCADRÉ 2 – Mercedes et le *fiado*.

On comprend alors que, pour le sous-prolétariat, les nouvelles formes de crédit à la consommation recèlent un danger singulier : celui de perdre le contrôle des mensualités à régler, soit parce que des retards systématiques dans le règlement des dettes les font s'accroître sous le seul effet du temps, soit parce que les montants des échéances dus sont tels qu'il n'est possible d'y faire face qu'en s'endettant à nouveau. Dans ces cas, la spirale de l'endettement est vécue par les enquêtés comme une aliénation de leur temps de travail par la finance, puisqu'ils estiment travailler pour rembourser leurs dettes. C'est ce que souligne Kevin, lorsque je lui demande pourquoi il se sent obligé de régler ses dépenses d'alimentation auprès du supermarché avec sa carte de crédit :

> Parce que c'est un cancer ! La carte de crédit, une fois que tu mets un pied dedans, elle génère un cercle vicieux dont il est très difficile de sortir… […] Mec, si tu me demandes ce que je pense du capitalisme, je te réponds qu'il s'agit d'un cancer. […] Je me sens comme un péon, un esclave du capitalisme. (Entretien avec Kevin, 17 décembre 2013.)

Une autre manière d'exprimer la sensation d'aliénation du temps de travail consiste à idéaliser l'image du *ciruja*, archétype de la personne vivant à la marge de la société grâce à des pratiques de récupération parmi les déchets urbains[27] :

> [Lorsque tu vis comme un *ciruja*] tu ne dois pas penser à te mettre dans des crédits, dans des échéances… Quand tu as un travail déclaré, que tu sais plus ou moins que tu touches ton salaire tous les quinze jours, tu te mets dans les crédits, pour acheter une télévision, un lecteur de DVD, une chaîne hi-fi, etc., que tu devras payer plus tard ; mais ceux qui *cirujean* [ceux qui travaillent comme *ciruja*], ils n'ont pas de crédit ni rien de semblable, *le peu qu'ils travaillent ils le font pour eux*[28]. (Entretien avec Luis, 28 novembre 2013.)

---

27   Les déchets en question peuvent être des fruits et des légumes destinés à être consommés et vendus (après ablation des parties pourries, par exemple), ou des produits recyclables tels que le papier, le verre ou le plastique, revendus après leur tri. – Le terme *ciruja* provient probablement du terme *cirujano*, qui signifie « chirurgien » : *cirujear*, c'est le fait d'ouvrir les sacs-poubelles, par analogie au chirurgien qui ouvre les corps, ou, plus largement, l'art de rendre désirable des biens ou des aliments destinés à être jetés.

28   « *Lo poco que laburan, lo que hacen es para ellos* » : c'est-à-dire que les faibles revenus qu'ils tirent de leur activité, c'est tout pour eux.

Cependant, l'aliénation du temps de travail par la finance ne touche pas le monde populaire[29] de manière uniforme. Pour les rares ouvriers qui vivent dans la périphérie du cordon industriel de Rosario tout en bénéficiant d'un emploi salarié stable, mensualisé et suffisamment bien rémunéré, les nouveaux instruments de crédit peuvent même constituer des moyens d'agir sur le cours du temps, lorsqu'ils permettent de financer l'acquisition de biens durables à crédit dont les échéances sont réglées sans retard. Dans ces cas, l'endettement est parfois passager, lorsqu'il s'agit de faire face à des dépenses importantes concentrées dans le temps, alors que les revenus futurs sont assurés. Il peut également être chronique mais recherché et contrôlé, lorsque les foyers ont la possibilité de rembourser leurs dettes s'ils renoncent à l'acquisition de biens durables supplémentaires. Dans ces cas, le temps de la finance ne domine pas celui du travail, car tous deux possèdent la même temporalité (faite de cycles réguliers, stables sur le long terme), et parce que les revenus du travail permettent de faire face aux échéances des crédits. À l'opposé, ceux qui ne bénéficient pas de revenus du travail stables et mensualisés, tels Esteban et Paola (voir encadré 1), sont particulièrement exposés à l'appropriation par la finance des fruits de leur travail, car les crédits auxquels ils ont accès sont plus coûteux que ceux destinés aux personnes bénéficiant de revenus du travail stables, et ils prennent systématiquement du retard dans leur remboursement. Cette incapacité à rembourser à temps n'est pas le résultat d'un manque de rigueur dans la gestion du budget : il s'agit plutôt d'une donnée structurelle, puisque le montant des échéances des crédits et des coûts fixes concentrés sur les premiers jours du mois dépasse de loin les revenus mensualisés dont bénéficient ces foyers. En ce sens, proposer des cartes de crédit accessibles sans justificatif de revenus revient à faire du décalage entre le temps du travail et celui de la finance la première source de revenus des institutions financières.

Entre ces deux pôles, il existe une multitude de situations singulières qui, tout en bénéficiant ou en ayant bénéficié d'une certaine formalisation des revenus du travail, sont exposées à une prédation violente dès lors qu'une dépense exceptionnelle se fait jour, ou que les revenus diminuent. Ainsi, Carina et Kevin bénéficient de revenus mensualisés

---

29 L'expression « monde populaire » est ici préférée à celle de « sous-prolétariat urbain », car elle désigne un ensemble de situations hétérogènes, qui va de la combinaison d'emplois journaliers à l'ouvrier industriel possédant un emploi stable dans le temps long.

depuis que ce dernier a été embauché par un grossiste spécialisé dans la vente de produits alimentaires, il y a trois ans. Aspirant à une certaine ascension sociale, ils ont amplement tiré profit de cette situation pour équiper leur maison de produits électroménagers (TV, chaîne hi-fi, air conditionné, etc.), jusqu'à atteindre la limite supérieure des échéances qu'ils pouvaient rembourser. Début 2013, leur équilibre budgétaire a été considérablement fragilisé par une opération médicale de Carina, non prise en charge par sa couverture sociale, puis par la réparation onéreuse de la voiture du couple. Pour faire face à ces dépenses, le couple s'est endetté, mais le montant des échéances à rembourser en début de mois est tel qu'il est désormais contraint d'utiliser ses deux cartes de crédit pour assurer l'approvisionnement du foyer en denrées de première nécessité. L'endettement est donc structurel, puisque le couple ne peut y mettre fin sans compromettre la reproduction de ses conditions d'existence. Dès lors, Carina et Kevin, qui voient les cartes de crédit comme un « cancer » qui les rendent « esclaves du capitalisme », estiment ne plus être maîtres de leur temps, puisqu'ils sont contraints à travailler aujourd'hui pour régler leurs dettes d'hier, alors que leurs dettes d'aujourd'hui les obligeront à travailler demain. C'est au contraire la perte de son emploi dans une entreprise du bâtiment qui a fait perdre à Luís le contrôle de ses dettes. Comme de nombreux travailleurs, il a donc alterné entre des revenus mensualisés mais précaires – qui lui ont permis d'avoir accès aux formes modernes de crédit à la consommation et d'acquérir ainsi un réfrigérateur, une moto et un ordinateur – et des revenus au jour le jour, qui ne lui permettent plus de faire face aux échéances de ses crédits. Après avoir reçu plusieurs rappels lui intimant de rembourser ses crédits restés impayés, Luís estimait qu'il était protégé de ses créanciers par l'absence de formalisation de ses revenus et de son logement. Germán Feldman a montré que dans le cas où les créanciers identifient une source de revenus ou un bien qu'ils peuvent saisir, les décisions de justice s'avèrent être extrêmement favorables aux débiteurs quand les institutions financières usent de procédés à la limite de la légalité[30].

---

30   Feldman (2013).

RÉHABILITER LES CRÉANCES NON LIBÉRABLES
POUR LUTTER CONTRE L'EXPLOITATION
PAR LA FINANCE

De la description qui précède, il est tentant de ne retenir que l'exploitation du travail par la finance dont sont vectrices les nouvelles formes de crédit à la consommation. Cette lecture tend à appréhender la dette comme un ensemble homogène, nécessairement violent et aliénant[31]. Elle permet d'adopter une posture de dénonciation de la situation présente, et suggère la recherche d'alternatives faisant table rase des pratiques existantes. Elle pose néanmoins problème parce qu'elle rend difficilement compte de la complexité du visage pris par la financiarisation, comme ici dans le cordon industriel de Rosario, marqué par l'imbrication de la finance prédatrice et du mouvement d'inclusion opéré *via* la transformation du système de protection sociale. De surcroît, elle suggère une condamnation en bloc de la financiarisation, alors que celle-ci prend appui sur les besoins de protection et d'ascension sociale éprouvés par le sous-prolétariat urbain. Plutôt que de chercher une alternative *à* la financiarisation, il convient donc de suggérer des formes alternatives *de* financiarisation à même d'émanciper le sous-prolétariat urbain de l'exploitation par la finance.

Afin de souligner les enjeux théoriques et politiques que soulèvent les transformations des formes d'épargne et d'endettement, je suggère de distinguer les formes concrètes que sont susceptibles de prendre les dettes (en tant qu'ensemble de pratiques hétérogènes) du *concept* de dette. En suivant John Commons[32] tel qu'il est mobilisé dans l'approche institutionnaliste de la monnaie développée en France depuis une vingtaine d'années par un groupe d'économistes institutionnalistes, d'historiens et d'anthropologues[33], il est possible d'appréhender le concept de dette, au niveau le plus abstrait, comme un système de quantification de droits (créances) et d'obligations (dettes), aboutissant à leur expression monétaire. La quantification peut porter sur le montant de la dette et

---

31   Voir notamment Graeber (2011).
32   Commons (1934/2005), chap. IX.
33   Aglietta et Orléan (1998); Théret (1998), p. 253-287 ; Théret (2007a); Théret (2009), p. 153-180 ; Dutraive et Théret (2017).

sur celui des règlements futurs qui aboutiront à son remboursement, il en va ainsi des nouveaux instruments de crédit à la consommation. En l'espèce, la dette est libérable en théorie, car son remboursement met fin aux paiements. Cependant, la quantification se limite souvent au montant des règlements auxquels la dette donne lieu, comme dans le cas de l'impôt. Dans cette situation, l'obligation de règlement ne peut pas être éteinte, car elle découle de la citoyenneté ou, plus largement, de l'inscription des personnes dans des collectifs de dimensions diverses (foyers, voisinage, nation, etc.). C'est pourquoi ces dettes sont dites « non remboursables ». Quoi qu'il en soit, la dette est ici appréhendée comme un rapport social plutôt que comme une relation interindividuelle. En se situant à un niveau d'abstraction volontairement élevé, cette approche permet d'embrasser la grande diversité des formes de dettes et de créances observées empiriquement, qui vont de l'exploitation par la finance à la reconnaissance de droits, en passant par des formes ambiguës de protection et de domination[34]. Ce faisant, le concept de dettes et de créances non libérables rend possible la réflexion sur des solidarités financières qui dépassent les réseaux d'interconnaissance, en soulignant que le concept de dette peut recouper en partie celui d'obligation, dès lors que cette dernière implique un paiement.

Le recours à la dette en tant qu'expression monétaire de droits et d'obligations et la distinction entre les dettes libérables et celles qui ne le sont pas permet de porter un regard nouveau sur les transformations observées entre 2009 et 2013. En 2009, l'usage généralisé de l'épargne réifiée au sein du sous-prolétariat urbain peut être interprété comme la constitution d'une créance sur les produits issus de la division du travail, afin de faire face à un besoin de protection, dans un contexte de vulnérabilité accrue. Il s'agissait d'une créance remboursable, puisque les matériaux recyclables étaient séparés pour pouvoir être convertis en avoirs monétaires en cas de besoin (Georg Simmel voyait la monnaie comme une créance (*claim*) sur la société), et que son montant était limité à la valeur monétaire des matériaux. En outre, cette créance résultait d'un effort individuel plutôt que de la reconnaissance d'un droit, car elle était le fruit de travail et de privations. On pourrait donc dire que le rapport du sous-prolétariat urbain à la communauté nationale était médiatisé par des rapports marchands qui excluaient toute forme de protection

---

34   Voir par exemple Guérin (2010), p. 93-112.

institutionnalisée, et dans lesquels le sous-prolétariat occupe une position de dominé, car son travail est rémunéré de manière extrêmement précaire.

En 2013, le sous-prolétariat urbain était à la fois créancier et débiteur de deux types de dettes, interdépendantes mais de nature distincte. Il était créancier d'une dette de vie, non libérable, matérialisée par les versements mensuels issus de son incorporation au système national de protection sociale. Cette créance n'est pas quantifiable, car il n'existe pas de montant maximum de prestation sociale correspondant à un hypothétique « capital de citoyenneté » à partir duquel le droit des personnes prendrait fin. On peut parler d'une « créance de vie », car ces transferts sont effectués au nom de la reconnaissance d'un droit des personnes en tant que citoyennes, qui inclut dans l'orbite de la monnaie nationale celles et ceux qui en ont été historiquement exclus[35]. Il s'agit d'un élément nouveau, en rupture avec les politiques mises en œuvre jusqu'ici par les gouvernements péronistes, puisque l'accès à la monnaie des couches populaires ne repose plus exclusivement sur leur statut de travailleur. Mais cette créance non remboursable alimente une dette commerciale, en théorie libérable mais en pratique continuellement renouvelée, parce que le montant de la « créance de vie » ne permet pas, à lui seul, de faire face aux besoins de consommation et de protection éprouvés par le sous-prolétariat urbain. Ce faisant, c'est l'ensemble du rapport de la dette à la protection qui se trouve bouleversé : alors qu'en 2009 c'est le recours à l'épargne réifiée qui permettait d'assurer la protection du sous-prolétariat urbain, en 2013, celle-ci est assurée par une reconnaissance précaire des droits de la personne, complétée par un endettement chronique vis-à-vis des institutions de crédit à la consommation. À lui seul, ce bouleversement symbolise les ambiguïtés de l'ère Kirchner (2003-2015), qui articule un discours très incisif de reconnaissance des droits à ceux à qui ils ont été niés à une politique économique orientée vers une croissance fondée sur la consommation interne, tirée par une redistribution moins inégalitaire des revenus *et* par le crédit à la consommation.

---

35 Cette interprétation des transferts sociaux comme reconnaissance d'une « créance de vie » fait écho au discours très incisif de la présidente d'alors Cristina Fernández de Kirchner, qui les associait à la reconnaissance de droits à celles et ceux qui ont été exclus de la société argentine par le néolibéralisme. Elle mériterait néanmoins d'être confrontée à la manière dont les populations bénéficiaires perçoivent ces versements. Je compte m'y atteler dans des travaux futurs.

Sur cette base, il est possible d'esquisser deux pistes complémentaires afin de soustraire en partie le sous-prolétariat urbain de l'aliénation de son temps de travail par la finance. La première consiste à limiter le drainage de ressources opéré par les nouveaux instruments de crédit à la consommation, à travers une réforme du cadre institutionnel dans lequel agissent les institutions financières. Ainsi, courant 2010, l'aile gauche du kirchnérisme a proposé une réforme de la *ley de entidades financieras* (« loi relative aux entités financières »), adoptée en 1977, qui incluait une série de mesures visant à limiter les intérêts et les pénalités de retard versés aux institutions financières. Cette réforme n'a finalement pas abouti, du fait de l'intense lobby exercé par les banques. Aussi, courant 2012, le gouvernement argentin a mis en place un système qui permet aux personnes bénéficiant d'une retraite octroyée à travers le système national de protection sociale (Administración nacional de seguridad social, ANSES) de financer leurs achats à crédit et d'obtenir des prêts en liquide à des taux largement inférieurs à ceux pratiqués par les institutions financières privées. Ces mesures peuvent paraître timides dans la mesure où elles se contentent de limiter le pouvoir d'exploitation des banques, sans s'attacher aux éléments structurels qui rendent cette exploitation possible. Elles méritent toutefois d'être mentionnées, car la démocratisation de l'accès à la consommation par le crédit possède une charge symbolique très forte, puisqu'elle est vécue par le sous-prolétariat urbain comme un mode d'ascension sociale.

Surtout, cette conception renouvelée de la dette en tant que rapport social permet de penser la monnaie comme un bien commun, en réhabilitant les créances non libérables fondées sur la citoyenneté. Pour Jean-Michel Servet[36] et Camille Meyer[37], faire de la monnaie un bien commun revient à assurer à chacun(e) un accès à celle-ci et à son usage en fonction des besoins qui lui sont socialement reconnus. Selon JMS, cela exige de renoncer à fonder notre compréhension de la monnaie sur la dette car, en mettant l'accent sur la circulation (des avoirs monétaires) et sur l'équivalence (entre ce qui est donné et ce qui est reçu), celle-ci occulte les formes existantes de partage des ressources monétaires. Il me semble au contraire que le concept de dette, tel qu'il est mobilisé ici, permet bel et bien de penser la monnaie comme un bien commun,

---

36   Servet (2013a), p. 125-147.
37   Meyer (2012).

parce qu'il n'implique nullement l'idée de circulation et d'équivalence : il souligne simplement l'existence de droits et d'obligations monétaires, sans préciser ni leurs origines ni leur nature[38]. Appréhender les nouveaux instruments de crédit à la consommation au prisme de l'équivalence entretient l'illusion d'une relation d'égalité entre le montant de la dette au moment où celle-ci est contractée et le montant des règlements permettant de la rembourser dans le futur. Or ces montants ne sont pas identiques, car les sommes à rembourser incluent le coût monétaire du temps, qui traduit l'état du rapport de force qui oppose les créanciers à leurs débiteurs. Surtout, l'idée d'équivalence est étrangère aux dettes et aux créances non libérables, puisque celles-ci traduisent monétairement des droits et devoirs qui sont reconnus sans autre contrepartie que la citoyenneté, qui est par nature incommensurable.

Reconnaître que le sous-prolétariat est créancier d'une dette non libérable signifie donc lui accorder un revenu monétaire minimum qui ne dépend pas exclusivement de son insertion dans les rapports marchands. Une première piste dans cette direction consiste à accroître le montant des transferts monétaires destinés aux personnes ne bénéficiant pas de la protection accordée par un emploi stable et déclaré. Il est également possible de leur reconnaître un droit à la santé et à l'habitat, en approfondissant les droits déjà reconnus à travers l'universalisation de la retraite minimum et des allocations familiales. Cette extension des créances non libérables permettra en effet de soustraire en partie le sous-prolétariat urbain à l'exploitation par la finance, à double titre. D'abord, en octroyant des revenus conséquents, qui permettront de mieux faire face aux échéances mensualisées des nouveaux instruments de crédit à la consommation. Ensuite, et plus fondamentalement, parce que ces instruments de crédit à la consommation prennent en partie appui sur les carences du système de protection sociale, puisqu'ils permettent souvent de financer des dépenses de santé (tel que l'achat de médicaments, les déplacements à l'hôpital, voire de compenser la perte de revenus due à la maladie) ou liée au logement (tel que l'achat de matériaux de construction).

Surtout, réhabiliter les créances non libérables permet de lier les questions monétaires et financières aux enjeux politiques de la reconnaissance des droits de celles et ceux qui ont été historiquement exclus

---

38   Théret (2009), p. 153-180.

des protections offertes par le salariat stable. En effet, ces créances non libérables constituent la traduction monétaire de droits dont l'obtention témoigne d'une forme de reconnaissance sociale. Droits et créances sont donc intimement liés : d'une part, les créances constituent la traduction financière de ces droits qui, sinon, resteraient sans effet[39] ; d'autre part, la légitimité des créances non libérables repose sur le fait qu'elles traduisent effectivement les droits reconnus aux personnes[40]. C'est pourquoi la réhabilitation des créances non libérables détenues par le sous-prolétariat urbain va de pair avec la reconnaissance de sa participation en *tant que pairs*[41] à la construction de la société argentine. L'enjeu est de taille : il s'agit de penser des formes de solidarité entre classes sociales à travers la reconnaissance mutuelle de droits et d'obligations monétaires au-delà des rapports interpersonnels, tels qu'ils sont mobilisés dans les solidarités familiales ou de voisinage.

---

39   Théret (2003), p. 51-67.
40   Voir notamment la conception de la confiance éthique présentée par Aglietta et Orléan (1998) et par Théret (2007a).
41   Fraser (2003), p. 7-109.

QUAND « ÉPARGNER » RIME
AVEC « PROTÉGER »

À propos du renouvellement des ressources naturelles
(Mali, Géorgie)

Eveline Baumann
Institut de recherche
pour le développement (IRD);
UMR du Centre d'études
en sciences sociales sur les mondes
africains, américains et asiatiques
(CESSMA, UMR 245, IRD,
Sorbonne Paris Cité)

Dans l'édition 2015 de son *Rapport sur le développement dans le monde*, la Banque mondiale fustige des comportements qui seraient préjudiciables au développement et qui perpétueraient la pauvreté[1]. Imputables à des lacunes cognitives, ces comportements freineraient l'épargne. Et les experts de la Banque mondiale de prôner le recours à l'économie comportementaliste pour amener les pauvres à se projeter dans l'avenir et à épargner davantage. Fait remarquable : dans le *Rapport*, l'épargne est considérée exclusivement sous sa forme monétaire.

De tels arguments ne pouvaient laisser indifférent un socio-économiste comme Jean-Michel Servet, profondément marqué par les travaux de Karl Polanyi[2]. Par opposition aux comportementalistes qui ont tendance à penser la société comme une somme d'individus et à privilégier le déterminisme technico-économique, Polanyi et ses disciples mettent

---

1 World Bank (2015).
2 Voir Servet (2015d, 2015e).

l'accent sur les liens unissant les hommes et sur les facettes psychologiques, culturelles, politiques et religieuses du vivre ensemble. Toute hiérarchie entre pratiques monétaires et non monétaires permettant de se prémunir contre les risques leur est étrangère. Ce fut dans cet esprit que, dans les années 1990, Jean-Michel réunit une équipe pluridisciplinaire pour parler de l'épargne, soulignant que « le social n'est pas [...] autonomisable de l'économique » et que le fonctionnement des structures d'épargne « repose [...] très étroitement sur la dialectique individu/société[3] ».

C'est dans cette perspective même que j'entends analyser l'épargne. Je partirai de la définition classique qui y voit une pratique consistant à restreindre la consommation dans l'immédiat pour garantir la satisfaction des besoins dans un temps ultérieur. Cependant, au lieu de m'interroger sur les supports « classiques » de l'épargne, monnaie et biens négociables, je m'intéresserai au milieu naturel, en tenant compte de la polysémie du terme « épargner » qui englobe l'idée de « laisser vivre (ce qu'on pourrait faire disparaître)[4] ». L'épargne concerne ainsi un bien non approprié, voire un bien en devenir.

Il s'agira de mettre en lumière les modalités de cette épargne relative aux ressources naturelles – ressources renouvelables, certes, mais potentiellement sujettes à la raréfaction, voire à l'épuisement – et d'analyser les conditions écologiques, technologiques, sociales et politiques susceptibles de la favoriser ou de la mettre en péril. La démonstration sera faite au travers de deux milieux, le Delta central du fleuve Niger (Mali) avec sa pêche artisanale et la Géorgie rurale (Caucase du Sud) avec son agriculture[5]. Les deux activités permettent d'assurer la subsistance et de valoriser l'identité des acteurs et celle de leur communauté. Mais le milieu naturel est aussi exploité à des fins marchandes, et économie de subsistance et production pour le marché s'articulent en fonction des priorités dictées par l'environnement institutionnel. Après l'exposé du cadre théorique, seront présentées

---

3   Servet (1995), p. 282.
4   *Le Petit Robert* (2000), p. 887.
5   Ce texte s'appuie sur des travaux menés au Mali dans les années 1980 et en Géorgie depuis 2005. Je tiens à rendre un hommage posthume à Claude Fay (1949-2008), anthropologue à l'Institut de recherche pour le développement (IRD). Tous mes remerciements vont aussi à Marina Muskhelichvili (Centre for Social Studies, Tbilissi), à Zurab Revichlivi (Paata Gugushvili Institute) et à François Viel.

les manifestations de l'épargne et leur évolution dans le temps. Je conclurai avec des considérations sur l'articulation entre contexte politique et ressources naturelles.

REGARDS THÉORIQUES

Les liens unissant les acteurs au milieu naturel ne sont pas neutres. Ils engagent la reproduction physique et imaginaire de la cellule familiale et l'identité même de la communauté. L'éclairage proposé par Karl Polanyi ainsi que l'approche des communs suggérée par Elinor Ostrom et récemment renouvelée par la recherche française, nous permettent de saisir ces enjeux.

CONCEPTION FORMELLE
VERSUS CONCEPTION SUBSTANTIVE DE L'ÉCONOMIE

Lorsque Polanyi analyse l'avènement de l'économie de marché, il constate que le principe de l'administration domestique est central[6]. Celle-ci consiste à produire pour son propre groupe d'appartenance, que ce soit la famille, un village ou un manoir seigneurial. L'organisation interne de cet univers importe peu : elle se situe sur une échelle allant du despotisme à la démocratie. Les unités en question sont dotées d'une certaine autarcie et peuvent se passer du commerce. Historiquement parlant, l'homme est bien davantage mu par son désir de maintenir sa position sociale, ses droits et avantages que par le souci de posséder des biens matériels. Alors que prédominent les désirs non économiques, expression de l'organisation sociale, le marché, lui, est donc un phénomène plutôt exceptionnel[7].

Polanyi oppose ainsi deux conceptions de l'économie[8]. La première, formelle, consiste à l'envisager sous l'aspect du gain et de la rareté des facteurs de production. La seconde privilégie le côté substantif (ou de subsistance) et insiste sur le souci de reproduction matérielle et symbolique. Cette distinction avait été initiée par Carl Menger, le fondateur de l'école

---

6   Voir Hillenkamp (2013b), p. 215 *sqq.*
7   Polanyi (1944/1983), p. 75 *sqq.*
8   Polanyi (1977/2011) ; Polanyi (1957b), p. 243-270.

autrichienne dont Polanyi se réclame explicitement[9]. La proximité avec Alexandre Tchayanov, célèbre pour ses études de la paysannerie russe d'avant la collectivisation stalinienne, est manifeste[10]. Tout comme l'est celle avec Marshall Sahlins qui, lui, analysait les « sociétés primitives », en se référant largement à Tchayanov[11]. Ces deux conceptions peuvent coexister[12], entrer en compétition ou se compléter, voire se nourrir l'une de l'autre, ce qui suppose que, dans chaque cas, des logiques différentes sont mises en avant.

De même, pour ce qui est des actes concrets de ceux qui sont « économiquement actifs » (ce que Carl Menger appelle « *wirtschaften* »), des préoccupations de gain et le souci de reproduction pure et simple peuvent se superposer. Le quotidien économique est, à des degrés variables, façonné et déterminé par l'environnement politique et social, ce qui implique des arrangements institutionnels spécifiques[13]. C'est dans le secteur primaire que l'articulation entre différentes logiques peut être particulièrement complexe et mouvante. Faut-il rappeler qu'à la fin du XIXe siècle, la paysannerie française vivait encore largement en autarcie, ne produisant qu'accessoirement pour le marché[14] ? Des recherches sur des situations récentes, tentent d'élucider l'articulation entre subsistance et production marchande dans l'agriculture, du Nord comme du Sud : « Marchand et non-marchand [y] sont [...] moins opposés qu'imbriqués, pour former un tout, un système de valeurs indissociables[15] », faisant naître des hybridations multiples et des tensions – mais aussi des synergies – quant à la gestion collective des ressources et leur contrôle individuel.

LES COMMUNS AU SERVICE DES RESSOURCES NATURELLES

Dans les écrits de Polanyi, l'idée d'épargner n'apparaît que de manière implicite, lorsqu'il est question de stockage[16]. La reproduction des ressources naturelles semble aller de soi. En revanche, Carl Menger,

---

9   Voir Becchio (2011), « Existe-t-il une "doctrine-Menger" "hétérodoxe" ? », p. 167-184 ;
     [en ligne], http://books.openedition.org/pup/1619?lang=fr, mars 2016.
10   Alexandre Tchayanov, voir Chayanov (1966/1986).
11   Voir Sahlins (1972).
12   Polanyi (1944/1983), p. 84.
13   Hillenkamp (2013b). – J'évite à bon escient les termes « enchâsser » et « encastrer », car
     ils ne rendent pas compte du côté souple de *embed*, correspondant à *einbetten* et *beágyaz*
     dans les trois langues de travail de Karl Polanyi.
14   Weber (1976/1983).
15   Groupe Polanyi (2008), p. 19.
16   Polanyi (1977/2011), p. 84, 102, 254.

dans l'édition posthume des *Grundsätze der Volkswirtschaft* (« Principes d'économie politique ») publiée par son fils Karl, parle, lui, explicitement de l'importance de prévoir la couverture des besoins futurs. Il utilise le terme « *sparen* » (épargner, utiliser avec parcimonie), généralement traduit par l'expression moins heureuse de « *economize* » en anglais et de « *économiser* » en langue française[17].

En milieu rural, indépendamment de la monnaie, les supports de l'épargne peuvent être multiples[18] ; les bovins, moutons et caprins, voire les volailles en fournissent des exemples. Mais l'épargne peut aussi concerner la terre et les plans d'eau. En ce cas, c'est le mode d'utilisation – jachère, rotation des cultures, d'une part, mise en réserve et d'autres mesures freinant l'exploitation, d'autre part – qui est constitutif de l'épargne, puisqu'il garantit des résultats plus élevés au cycle suivant. À cet égard, le recours à l'idée de communs[19] peut compléter utilement la conception substantive chère à Polanyi.

Qu'entendons-nous par « communs » ? Potentiellement, peuvent être considérés tels des biens dont l'accès est *a priori* libre et difficile à restreindre, mais dont tout utilisateur supplémentaire risque de porter préjudice à l'ensemble des exploitants. Ceci peut être le cas de milieux naturels comme des zones de pêche et des pâturages, ainsi que des systèmes faits par l'homme, les systèmes d'irrigation, par exemple. Puisque leur exploitation individuelle risque d'être contreproductive pour la communauté, la mise en place de règles s'avère opportune, et ceci pour garantir des prélèvements que l'on pourrait qualifier de « responsables », favorables au renouvellement de la ressource. Ces règles sont indispensables pour que les biens en question accèdent au statut de communs[20].

Les communs dits « fonciers » – caractérisés par leur nature « *tangible*[21] » – correspondent à un phénomène que l'on peut observer partout dans le monde, mais particulièrement dans les sociétés pré-modernes et aussi dans les régimes d'économie administrée. Depuis peu, les communs bénéficient d'un regain d'intérêt à cause du rôle qu'ils sont susceptibles

---

17 Becchio (2011), note de bas de page 20. – Pour les « ressources naturelles », la langue allemande utilise aussi le terme *schonen* (ménager), d'où l'expression *Schonzeit* (période de repos biologique).
18 Voir Gueymard (1984), p. 74-75.
19 Voir l'article fondateur de Garret Hardin (1968), ainsi que Dardot et Laval (2014).
20 Coriat (2015), p. 29-50.
21 *Ibidem*, p. 39. – C'est Coriat qui souligne.

de jouer par rapport aux ressources « *intangibles* ». Cet élargissement
de l'idée des communs nous renvoie à la propriété intellectuelle des
connaissances, aux logiciels, aux collections d'œuvres d'art. Les résultats
de la recherche peuvent, eux aussi, avoir le statut de communs, pourvu
que leur utilisation fasse l'objet d'un encadrement adéquat.

Les communs peuvent être gérés de manières fort différentes, de façon
individualisée *via* des principes marchands ou bien sur un périmètre
circonscrit et de manière démocratique et collective, comme on le verra
pour le cas du Mali. La gestion *lato sensu* des ressources naturelles peut
aussi se faire par le biais d'interventions publiques centralisées, formule
dont l'ex-Union soviétique nous fournit un exemple. Plus encore, différents niveaux de gestion peuvent se juxtaposer, chacun renvoyant à des
règles de jeu qui lui sont propres.

On présentera successivement les deux terrains, la pêche dans le Delta
central du Niger et l'agriculture en Géorgie, où fonctions écologiques,
économiques, sociales et symboliques de l'épargne se trouvent étroitement imbriquées. Il s'agira de montrer, dans le premier cas, comment
de régulations décentralisées et collectives, l'on s'achemine vers des
régulations centralisées et davantage individualisées, *via* des principes
marchands. Dans le second cas, c'est le difficile passage à l'économie
de marché qui est présenté, un passage qui implique, en l'occurrence,
l'abandon brutal de régulations centralisées et non marchandes et
l'émergence d'un nouveau *modus vivendi* compatible avec l'économie de
marché. Sur les deux terrains, les communs sont mis à mal.

LE DELTA CENTRAL DU NIGER :
DE L'ABONDANCE À LA RARETÉ DES RESSOURCES

Le Delta central du Niger, vaste plaine de 30 000 km^2 située dans le
Sahel malien, est peuplé d'agriculteurs marka et d'éleveurs peul, ainsi
que de pêcheurs bozo et somono. Le taux d'accroissement naturel de cette
population est proche de 3 %. La « division ethnico-professionnelle[22] »

---

22   Voir notamment Gallais (1984). La « division ethnico-professionnelle » n'a rien de « natu-
     relle », mais s'est élaborée au cours de l'histoire. Pour une critique du concept promulgué
     par Jean Gallais, voir Claude Fay (1995), p. 427-456.

donne lieu à des échanges inter-ethniques et assure aux populations une quasi-autarcie alimentaire. Jusqu'au milieu du XXᵉ siècle, le troc est omniprésent, mais le paiement de l'impôt requiert du numéraire, ce qui encourage l'écoulement des surplus sur les marchés où l'on s'approvisionne aussi en vêtements, moustiquaires, allumettes, sucre et pétrole.

La production halieutique, peut atteindre 100 000 tonnes par an, mais est sujette à d'importantes variations. Les pratiques de pêche témoignent d'un grand souci d'épargner les ressources ichtyologiques. La gestion de ces ressources se fait de manière décentralisée, avec de multiples niveaux de décision étroitement imbriqués, ce qui permet de consolider les liens entre les différents éléments constitutifs de la société des pêcheurs. C'est du moins la situation jusqu'aux années 1950 où l'économie, tournée vers la subsistance, est amenée à s'adapter à l'impératif de rentabilité, une évolution accélérée par des sécheresses successives et un déséquilibre croissant entre ressources naturelles et populations.

L'ÂGE D'ABONDANCE :
SE CONCILIER LES BONNES GRÂCES DES GÉNIES
POUR GARANTIR DES PÊCHES FRUCTUEUSES

Le Delta central est tout sauf un milieu naturel isotrope, du fait de la configuration de l'espace et du cycle de l'eau[23]. Les poissons suivent ce cycle, peuplant fleuves, marigots, plaines et mares au rythme des montées et descentes des eaux. À la crue, ils migrent vers les plaines inondées où ils vont pondre et se nourrir. La surface est vaste, la nourriture abondante, les abris assurés, ce qui limite les effets de la concurrence vitale entre alevins. Au moment de la décrue, les poissons effectuent le mouvement en sens inverse et rejoignent le fleuve pour se concentrer, à l'étiage, à son milieu. Exploiter des biotopes aussi complexes, peuplés d'une variété de poissons impressionnante, suppose une organisation sophistiquée, basée sur un savoir remarquable, un savoir que l'anthropologue Claude Fay, l'un des meilleurs spécialistes de la zone, qualifiait de «principal moyen de production[24]».

---

23 Pour les aspects hydrobiologiques, je m'appuie sur Daget (1949), p. 1-79 et Daget (1956), p. 1-97. Pour l'analyse anthropologique, voir Fay (1989a), p. 159-176 et Fay (1989b), p. 213-236. Pour les années 1980, voir Quensière (1994). – Voir aussi Baumann (1994) et Baumann (1995), p. 201-230.

24 Fay (1989b), p. 222.

Les pratiques de pêche reflètent tout d'abord l'ordre social. Le recours à telle ou telle famille d'engins est soumis à l'appartenance ethnique : les Bozo exploitent les eaux peu profondes et sont des spécialistes des barrages ; les Somono, à l'origine des bateliers, sont versés dans l'art de manipuler les grands filets et effectuent souvent des migrations de pêche. À ces deux ethnies s'ajoutent les agriculteurs rimaïbe qui pêchent avec des engins aux rendements limités. Chacun pêche en fonction du rôle que lui assignent les structures sociales : autochtones, allochtones, propriétaires du milieu aquatique (chenaux, bras de fleuves, marigots), aînés, cadets, hommes, femmes, enfants. Ainsi, pour vider une mare, en fin de saison de pêche, on peut voir les hommes se servir des filets triangulaires, alors que les femmes pêchent avec des calebasses ; les enfants, eux, attrapent les poissons à la main.

Ces pratiques s'appuient sur un savoir qui est tout d'abord technique. En quelque sorte, il fait corps avec les engins – nasses, filets, harpons, palangres, etc. Adaptés à un milieu spécifique et à un moment donné du cycle d'exploitation, les engins donnent lieu à des prélèvements aux qualités variables : tel engin intercepte le poisson à son passage, tel autre le bloque, tel autre encore permet de le ramasser. Fabriqués essentiellement à partir de fibres naturelles, les engins même contribuent à épargner le milieu : leur maillage est relativement grand et laisse s'échapper les poissons n'ayant pas encore atteint l'âge de la reproduction. Si leurs connaissances des conditions de reproduction peuvent parfois paraître rudimentaires, les pêcheurs veillent à épargner les ressources et à garantir ainsi la reproduction de la communauté dans son ensemble[25] : les alevins doivent être rejetés ; il est interdit de barrer les fleuves, pour ne pas léser les pêcheurs en aval ; les mises en défens évitent des ponctions préjudiciables à la biomasse – c'est-à-dire le poids total des poissons – et favorisent des captures plus importantes en fin de saison.

Le savoir des pêcheurs comprend aussi des aspects mystiques, en ce sens que le pacte conclu par les primo-occupants avec les génies donne lieu à des droits que les autres sont censés connaître et respecter[26]. Ne pêche pas qui veut à l'endroit et au moment où il veut. Les droits de pêche, transmissibles au sein de la lignée, déterminent l'organisation spatio-temporelle. Le maître des eaux, descendant des premiers occupants

---

25 *Ibidem.*
26 Ces droits puisent leur force dans la délimitation concrète des lieux de pêche, à la suite de conflits guerriers, signe d'une augmentation de la densité démographique, si modeste soit-elle.

du lieu, est à cet égard un personnage central[27]. Il fixe les mises en défens et descend le premier dans l'eau lorsque celles-ci sont levées, il ouvre la pêcherie à des pêcheurs allochtones et bénéficie des prélèvements sur la production de ces derniers. Les pêches réunissant un grand nombre de pêcheurs et mettant en jeu des engins exploités collectivement – pêche par barrage, pêche des sections de fleuve – font généralement l'objet d'un partage de la production fort complexe qui tient compte de la rémunération du matériel de pêche et de la main-d'œuvre. C'est sous la conduite d'un aîné – maître de l'eau ou sacrificateur – que la production est réunie pour ensuite faire l'objet de redistribution[28], conformément au principe de centralité.

Chaque lieu de pêche spécifique n'est pas seulement exploité en fonction des interdits locaux, mais en tenant compte de l'espace halieutique dans son ensemble et, par conséquent, de la communauté tout entière. C'est justement pour éviter de léser les autres communautés, que les pêches collectives se succèdent dans le temps et dans l'espace. L'accès aux ressources étant codifié, celles-ci ont donc le statut de communs[29].

La spécificité de l'activité halieutique consiste en la mobilité des poissons, mobilité qui interdit leur appropriation avant la capture. Deux tendances *a priori* antagonistes en découlent, qui sont aussi le propre d'autres activités consistant en l'exploitation des ressources renouvelables, comme la chasse. Pour que les ressources – notion qui va au-delà les poissons pour englober tout l'écosystème dans lequel ceux-ci évoluent – puissent se reproduire, il faut que les captures ne dépassent pas un niveau biologiquement « acceptable ». À cette contrainte s'opposent les préoccupations des pêcheurs : ils doivent produire suffisamment pour nourrir leur famille, mais aussi pour rentabiliser les facteurs techniques de production, *a fortiori* lorsque ceux-ci sont acquis à crédit et que ce crédit doit être remboursé dans des délais courts. La pression sur la biomasse augmentera d'autant plus vite que la démographie est dynamique, l'investissement en engins fort et le souci de gains grand. Elle fera décroître les prises par unité de production (ou par engin, embarcation ou sortie de pêche) avec, comme conséquence inévitable, le cercle vicieux de la surexploitation biologique. L'utilité des réglementations s'explique par là ; elles sont supposées maintenir l'équilibre fragile entre prédation et reproduction naturelle.

ENCADRÉ 1 – La pêche : la mobilité des poissons
et le niveau « idéal » de l'exploitation.

---

27   Fay (1989a), p. 171.
28   Daget (1956), p. 86 *sqq.*
29   Voir Dardot et Laval (2014).

« Le seul fait de pêcher implique l'acceptation de [...] règles[30] ». Celles-ci peuvent, bien entendu, faire l'objet de transgressions qui seront sanctionnées. Mais, globalement, jusqu'au milieu des années 1960, l'abondance des ressources assurait un certain équilibre entre population et biomasse disponible et « l'exploitation n'était pas poussée à plein régime [... car] l'effort de pêche n'était pas suffisant pour ramasser la totalité du flux de biomasse de poisson produit par l'écosystème[31] ». Ceci contribuait à limiter les transgressions des règles. Or, à partir du moment où l'exploitation se dirige vers un niveau bien plus élevé, l'on quitte la zone du niveau biologiquement « acceptable », pour se rapprocher d'une situation de risque de surpêche (voir encadré), ce qui devait se produire dans la deuxième moitié du XXᵉ siècle. Trois types de ruptures ont précipité cette évolution.

L'ÂGE DES BOULEVERSEMENTS : IMPÉRATIF DE RENTABILITÉ, SÉCHERESSE ET PRESSION ACCRUE SUR LES RESSOURCES NATURELLES

Les ruptures découlent, tout d'abord, des innovations technologiques. Celles-ci affectent à la fois l'organisation de la production halieutique et la commercialisation. Elles sont, ensuite, liées à la constellation politico-administrative issue de l'indépendance du Mali. S'ajoutent, enfin, les effets des périodes de sécheresse successives qui contribuaient également à la fragilisation du système[32].

L'introduction de fibres synthétiques représente un changement radical quant à la pression s'exerçant sur les ressources[33]. Les filets en fibres naturelles nécessitaient une main-d'œuvre importante, que ce soit pour leur confection ou les réparations liées au caractère putrescible de la matière. Cette même caractéristique rendait aussi indispensable le séchage du filet après chaque journée de pêche. Autant d'éléments qui limitaient l'effort de pêche. En revanche, les filets en fibres synthétiques – ils se sont généralisés à partir des années 1950 – sont relativement légers

---

30 Daget (1956), p. 46.

31 Pierre Morand, communication écrite, 20 octobre 2015. L'effort de pêche mesure la pression du prélèvement. Il s'exprime par le nombre d'engins, d'embarcations, d'heures de pêche, etc.

32 Pour les paragraphes qui suivent, voir notamment Baumann (1994); Fay (1989b) et Quensière (1994).

33 Baumann (1995), p. 216-220.

et résistants ; leurs confection et manipulation sont peu intensives en main-d'œuvre. Celle-ci peut ainsi se consacrer davantage à l'exploitation même des ressources, ce qui revient à une augmentation de l'effort de pêche, un effort qui devient d'autant plus prédateur que les matières synthétiques permettent un maillage plus serré.

Alors que l'auto-confection des filets cède le pas devant l'achat à crédit auprès des commerçants de poissons, Bozo et Somono sont entraînés dans une spirale de dépendance. Le rendement des engins devient un impératif auquel les pêcheurs répondent en pêchant davantage et en migrant plus loin et pour des périodes plus longues ; l'apparition des moteurs hors-bord facilite cette mobilité accrue. En même temps, le souci de rentabiliser la main-d'œuvre devient également apparent, comme l'atteste la généralisation des engins passifs tels les palangres et les filets dormants : posés le soir, il suffit de les relever le matin. Les unités de production sont aussi nombreuses à se scinder en plusieurs sous-groupes, ce qui leur permet, par ailleurs, de s'affranchir de hiérarchies jugées oppressantes, surtout par les cadets sociaux. C'est sous cet angle qu'on doit aussi considérer le succès d'engins individuels tel l'épervier. Lourdement lesté, ce filet « emprisonne » le poisson. Il est peu apprécié par les aînés pour son côté particulièrement prédateur, mais pas seulement, car, engendrant des revenus individuels, il contribue à la fragilisation de la hiérarchie sociale et des préséances des aînés sociaux.

Les droits d'accès aux ressources sont également pris dans cette logique de rentabilité. Avec l'élargissement de la panoplie des engins, la compétition pour l'accès à certains lieux tend à s'exacerber. Alors que les redevances perdent progressivement leur caractère symbolique, les maîtres des lieux commencent à favoriser l'accès à la pêcherie aux plus offrants. La propriété d'un lieu de pêche va ainsi engendrer de véritables rentes de situation. Les jalons sont posés pour « le partage des stocks *avant* la pêche et sur un même milieu[34] », pratique jusqu'alors inconnue dans le Delta et contraire à l'idée des communs.

Les bouleversements concernent, enfin, aussi la commercialisation. Bénéficiant de l'amélioration des voies de transport, les commerçants – syro-libanais, mais aussi ashanti, mossi et diola – et leurs commis se rapprochent de plus en plus des lieux de production. Le poisson est surtout acheminé vers le Ghana, grand consommateur de poisson fumé.

---

34 Fay (1989b), p. 229. – *Nota* : italique, c'est l'auteur (EB) qui souligne.

La technique de fumage, nécessitant du charbon de bois, va fragiliser l'écosystème, contrairement à la technique de conservation traditionnelle, le séchage.

Alors que, dans un contexte de grand dynamisme démographique, tous ces éléments contribuent à une pression accrue sur les ressources, celle-ci est, du moins dans un premier temps, contrebalancée par une pluviométrie particulièrement satisfaisante. En effet, au début des années 1960, les pêches étaient qualifiées de miraculeuses. Par la suite, la rentabilité de certaines pêcheries va diminuer et les conflits vont prendre de l'ampleur. La prise en charge de l'activité par l'État indépendant va exacerber les tensions : alors qu'il proclame sa souveraineté sur les terres et les eaux, le droit des populations riveraines est réduit à la jouissance. Pour certains engins, l'État exige des redevances. Un permis de pêche obligatoire est introduit. Donnant libre accès à toute l'étendue du territoire, il rompt avec la vision des systèmes halieutiques traditionnels, avec leurs délimitations dans l'espace et le temps et leur savoir commun permettant non seulement de bien produire, mais aussi de reproduire l'écosystème. La pêche est désormais une activité largement déterminée par des considérations économiques, avec une multiplication de redevances officielles et officieuses. La législation de l'État indépendant n'est pas en mesure de faire table rase des droits précédents, d'où une superposition de règles qui ne fait qu'exacerber la propension à prélever de manière intense. Sans surprise, « l'État malien aura du mal à concilier les quatre affirmations de la libre circulation des pêcheurs, d'un droit de jouissance des eaux pour les riverains, de la *nécessité de protéger les stocks*, de la nécessité d'intensifier la production[35] ». Justement, certaines espèces ont déjà disparu, d'autres se raréfient ; les consommateurs bamakois se rabattent désormais sur le poisson surgelé en provenance du Sénégal, de la Mauritanie, voire de la Côte d'Ivoire[36].

Compte tenu du contexte économique et politique propre à la généralisation des rapports monétarisés et à l'unification par le haut des territoires de pêche, l'idée des communs recule, et avec elle le souci d'épargner les ressources renouvelables et d'assurer leur reproduction

---

35   Fay (1989b), p. 234. – *Nota* : italique, c'est l'auteur (EB) qui souligne.
36   Sur les marchés de la capitale malienne, un kilo de ce *yaboi*, petite espèce de sardinelle, coûte moins de 1,50 euro, contre le triple si l'on veut un capitaine (*Lates*) d'une taille respectable. En cette période de crise économique, le calcul est vite fait.

dans le temps long. De nouvelles institutions se sont mises en place, sans pour autant complètement effacer les anciennes, entraînant des tensions multiples. La difficile émergence de synergies peut également être observée en ex-URSS, si l'on examine le passage de la période soviétique à la situation actuelle à la lumière du cas géorgien.

LA GÉORGIE, D'UN RÉGIME ADMINISTRÉ À L'ÉCONOMIE DE MARCHÉ
La difficile gestion des ressources naturelles

L'Union soviétique représente historiquement un cas particulier lorsqu'il est question de l'exploitation des ressources naturelles. Durant cette période, les moyens de production sont, formellement, contrôlés par la population, y compris dans l'agriculture. En principe, le système économique ignore le marché, signe distinctif du capitalisme, les prix sont fixés par le plan. L'appropriation et la redistribution des biens et services se font de manière centrale, ce qui empêche, formellement, toute compétition entre les entreprises. Ce qui compte avant tout pour elles, c'est leur pouvoir de négociation avec Moscou : il y va de leurs approvisionnements réguliers et de qualité, indispensables pour atteindre les objectifs du plan[37]. La terre est cultivée à la fois dans les fermes collectives, kolkhozes et sovkhozes, et les petites fermes individuelles, les « exploitations personnelles auxiliaires » (EPA[38]). Ces dernières produisent tout d'abord pour l'autoconsommation, mais leurs produits sont aussi écoulés sur le marché kolkhozien, ce qui revient, en quelque sorte, à une entorse au principe d'absence de marché.

L'agriculture pâtit de nombreux dysfonctionnements : le souci d'épargner les ressources naturelles s'efface devant des considérations politiques. Au lieu de promouvoir les communs, l'État ne fait que les

---

37   Les fermes collectives les plus performantes obtenaient deux à trois fois plus de fertilisants par hectare que la moyenne. Le kolkhoze du village d'origine de Nikita Khrouchtchev bénéficiait de quatre fois plus d'investissement en capital que la moyenne de la province. Voir Volin (1967), p. 11-12.

38   Les kolkhozes appartiennent formellement aux travailleurs. Les sovkhozes sont des fermes propriétés de l'État. EPA est la traduction de LPH (Ličnye Podsobnye Kozâjstva).

détruire[39], une destruction qui n'épargne pas non plus les sciences de la nature, souvent taxées par Moscou de « bourgeoises ».

Cette situation allait radicalement changer avec l'effondrement de l'empire soviétique, ce qui sera montré à l'exemple de la Géorgie. Contrairement aux attentes de nombreux économistes orthodoxes, la privatisation des moyens de production ne s'est point traduite par l'émergence d'une agriculture tournée vers le gain. Bien au contraire, comme en Russie post-soviétique, la production est essentiellement tournée vers la subsistance des ménages, tout en prenant ceux-ci au dépourvu quant aux mesures susceptibles d'épargner les ressources naturelles.

L'AGRICULTURE SOVIÉTIQUE : LA QUANTITÉ AU DÉTRIMENT
D'UNE EXPLOITATION RAISONNÉE

Le projet de société élaboré par Moscou pour toute l'URSS, était un projet essentiellement politique, censé prouver la supériorité de l'économie planifiée par rapport à l'économie capitaliste[40]. Le milieu rural était largement instrumentalisé pour contribuer à ce projet initié dès les années 1920 par Joseph Staline : il s'agissait d'extraire un maximum de surplus de l'agriculture pour l'investir dans l'industrie lourde et l'appareil militaire[41]. Grâce à la collectivisation des moyens de production et la mise en place des fermes collectives, Moscou espérait pouvoir contrôler la paysannerie, suspectée d'être facilement manipulable par des forces hostiles au pouvoir. De nouvelles techniques culturales devaient permettre l'abandon des méthodes jugées moyenâgeuses et remporter la victoire dans la compétition avec l'ennemi capitaliste. Nikita Khrouchtchev, après Staline la deuxième figure clé de l'agriculture soviétique, s'exprima ainsi :

> *If we catch up with the United States in per-capita production of meat, butter and milk, we will fire the most powerful torpedo against the foundations of capitalism*[42].

---

39   Voir Dardot et Laval (2014), p. 59-93.

40   Les développements qui suivent concernent essentiellement la période allant de la collectivisation dans les années 1920 jusqu'à la fin de l'ère Khrouchtchev (1963), ce dernier ayant été décisif pour l'agriculture soviétique.

41   Karcz (1967) et Volin (1960).

42   Volin (1967), p. 6, en s'appuyant sur Khrouchtchev, *La construction du communisme et le développement de l'agriculture en URSS*, Moscou 1962-1964, vol. 2, p. 451 (en russe). – Khrouchtchev était d'ailleurs fasciné par l'agriculture américaine et avait même rencontré le secrétaire de l'agriculture, Orville Freeman.

« Si nous arrivons à rattraper les États-Unis pour ce qui est de la production par tête de viande, beurre et lait, nous allons lancer le tube lance-torpilles le plus puissant contre les fondations du capitalisme. »

L'opposition entre l'industrie lourde et l'agriculture n'a cependant jamais pu être véritablement surmontée, un fait que le Kremlin pouvait difficile admettre, tant un tel aveu aurait mis en cause le système même[43]. D'où aussi l'utilité des EPA qui permettaient d'occulter les dysfonctionnements de l'économie administrée et notamment les objectifs irréalistes du plan. Cédés aux fermes collectives, les produits des EPA complétaient la production déficitaire du secteur administré. Plus encore, les revenus ainsi engendrés permettaient de contrebalancer la faiblesse de la rémunération des *kolhozniki*. En Géorgie dont la vocation agricole est connue dès le Ve siècle avant notre ère, les EPA jouaient un rôle particulièrement important : en 1965, elles contribuaient à raison de 60 % au revenu total des *kolhozniki*, soit bien plus que dans les autres républiques soviétiques[44].

Quid des performances de l'agriculture soviétique[45] ? Indépendamment des sources – soviétiques ou occidentales – les résultats étaient relativement modestes. L'écart entre les progrès dans l'industrie, d'une part, et l'agriculture, d'autre part, est criant. Alors que la production d'acier a été multipliée par 26 entre 1913 et 1969, celle des céréales par 2,2 seulement, celle de la viande par 2,4[46]. Dans des régions climatiquement comparables, les rendements de l'agriculture soviétique se situaient largement en dessous du niveau américain, une différence qui ne concernait pas seulement le rendement à l'hectare, mais aussi le taux de semis[47]. De

---

43 Les documents des archives du US Department of State sont instructifs à cet égard. Voir, par exemple, http://2001-2009.state.gov/r/pa/ho/frus/johnsonlb/xiv/index.htm (accès mars 2016).

44 McAulay (1979), p. 132-133.

45 La fiabilité des données officielles et leur comparabilité avec celles des économies de marché posent problème. Les données étaient souvent truquées, par l'État central même et par les dirigeants des fermes collectives, soucieux de promotion. La comptabilité nationale soviétique préférait évaluer la production en quantité et non en valeur ajoutée, comme dans des pays capitalistes. – Voir Maddison (1998), p. 307-323 ; CIA (1966) ; Johnson (1982).

46 Shaffer (1971), p. 95-96.

47 Voir Bergson et Kuznets (1963), p. 223-228. – Le taux de semis met en relation le semis et la production : 7 % aux États-Unis pour les pommes de terre, 33 % dans les kolkhozes de l'oblast de Briansk, quelques centaines de kilomètres au sud-ouest de Moscou (source : Johnson et McConnell Brooks, 1983, p. 41-42).

même, la productivité d'un travailleur soviétique n'aurait correspondu qu'à 12 % de celle d'un travailleur dans l'agriculture américaine[48].

Certains éléments portent à croire que les autorités soviétiques ne se projetaient pas suffisamment dans l'avenir pour garantir une exploitation durable des ressources naturelles. La recherche jouait, à cet égard, un rôle particulièrement ambigu. L'on maîtrisait les techniques susceptibles de protéger les ressources, comme celles supposées limiter l'érosion et l'appauvrissement des sols ; les jachères étaient parfaitement bien connues, tout comme la rotation des cultures. A priori, la recherche agronomique de l'URSS avait bonne réputation[49], mais elle pâtissait aussi d'un contrôle sans merci de la part du pouvoir central qui, au nom de la lutte anti-cosmopolite, veillait à limiter les contacts avec la communauté scientifique internationale.

La soumission au pouvoir central des deux ténors de la recherche agronomique, le biologiste Vassily Robertovitch Williams et le pédologue Trofim Denissovitch Lyssenko[50], allait tout à fait dans ce sens, ce qui leur valut une estime sans faille de la part de Staline et Khrouchtchev. Qualifiés par la communauté scientifique internationale de pseudo-scientifiques, ils jouaient sur une terminologie obscure et se montraient réticents à l'introduction des légumineuses et de fertilisants verts qui auraient pu compenser le manque d'intrants chimiques. Subjugué par Lyssenko, Khrouchtchev jeta l'anathème sur la génétique et ne se préoccupa guère de la préservation des ressources. L'utilisation de graminées dans des zones où celles-ci s'étaient pourtant avérées efficaces fut négligée[51] et l'utilité des jachères dans les zones sèches sous-estimée. Quant aux terres destinées à la culture de maïs, seuls 5 % des surfaces étaient mises en jachère, soit six, voire huit fois moins qu'aux États-Unis[52]. Avec pour conséquence la surexploitation de certains sols. Limitant aussi l'irrigation, jugée trop coûteuse, Khrouchtchev entama une fuite en

---

48 Maddison (1998), p. 320-321 (année de référence : 1987). – Pour des périodes antérieures, voir Volin (1960), p. 285-318.

49 En Géorgie, l'Académie de l'agriculture hébergeait près d'une vingtaine d'instituts spécialisés dans les productions locales.

50 Joravsky (1967), p. 156-172 ; Kerblay (1973), p. 179-181 ; Gratzer (2005), p. 203-206. – Lyssenko, qui avait déjà bénéficié de la confiance de Staline, lui promettant de sortir l'agriculture soviétique du désastre, après la famine des années 1930, prétendait pouvoir imposer des caractères héréditaires voulus à des plantes.

51 Volin (1967), p. 4.

52 Johnson (1982), p. 18 et CIA (1966), p. 48.

avant vers une agriculture extensive sur des terres vierges, pour y planter du maïs, alors que les terres ne s'y prêtaient guère. Autant de mesures révélatrices d'une attitude privilégiant le court terme – l'augmentation de la production dans des délais courts – par rapport au long terme – la reproduction des ressources. Une attitude que l'on retrouve aussi au niveau des exploitants même :

> *In collective or private farms, depressed farmers tend to concentrate on crops that are immediately required, whether by the market or the state or their need to keep alive. They tend to neglect such crops as clover or lupine – the green manure that improves grain yields after a few years, at the immediate cost of a reduction in acreage under cash crops or an increase in labor and funds to till extra land. (Joravsky, 1967, p. 167.)*

> « Dans des fermes collectives ou privées, des agriculteurs aux abois ont tendance à se concentrer sur des cultures requises dans l'immédiat, que ce soit par le marché ou l'État ou pour assurer leur propre survie. Ils ont tendance à négliger des cultures telles que le trèfle ou le lupin – l'engrais vert qui améliore les rendements au bout de quelques années, et ceci au prix d'une réduction des surfaces dédiées aux cultures de rente ou d'une augmentation du travail et d'investissements nécessaires au labour de terres supplémentaires. » (Joravsky, 1967, p. 167.)

À ces pratiques s'ajoutaient, plus spécifiquement pour la Géorgie, la coupe intempestive d'arbres censés protéger les sols contre l'érosion par le vent et le manque d'entretien des systèmes d'irrigation, manque causant des fuites d'eau considérables provoquant des inondations locales.

Les dysfonctionnements touchaient aussi l'élevage. Dans un souci de satisfaire la demande croissante en produits laitiers, Khrouchtchev tenait à augmenter le nombre de têtes de bétail, sans augmentation adéquate des aliments disponibles, d'où une réduction drastique des aliments pour chaque animal et, partant, de la production de lait, voire de viande[53]. Pour contrecarrer cette évolution, on importa massivement du maïs, ce qui ne manqua pas de déstabiliser la structure des coûts de production[54] et provoqua la colonisation de terres neuves évoquée ci-dessus.

Pour compléter la production se situant en deçà des objectifs du plan, les fermes collectives sollicitaient les EPA[55]. Celles-ci n'étaient pas non

---

53   CIA (1966), p. 45-46.
54   Entre 1970 et 1979, le coût de production du lait augmentait de 51 % (source : Johnson, 1982, p. 19).
55   Ce qui n'excluait pas d'autres subterfuges. En Géorgie, l'astuce consistait, entre autres, à frelater le vin en y ajoutant de l'eau, pratique qui concernait aussi le lait.

plus des modèles de bonne gestion. On leur prête parfois des performances extraordinaires, omettant le fait qu'elles bénéficiaient d'arrangements qui faussaient les règles du jeu. Ainsi, les animaux des EPA étaient nourris grâce aux stocks d'aliments des fermes collectives et ils avaient accès aux pâturages de celles-ci. Les kolkhozes fournissaient, enfin, également les intrants pour l'agriculture paysanne proprement dite. Fournitures officielles, certes, mais aussi officieuses, tant le détournement d'intrants fit partie du quotidien, selon le leitmotiv : « Dis-moi ce que tu as dans ton sac, et je te dirai où tu travailles… ».

> *[…] inert, heavy, passively resisting to change – a society whose members were for the most part contemptuous of any notion of public good, suspicious of energetic or successful neighbors, endlessly aggrieved at what 'they' (the bosses) were doing,*
>
> « […] amorphe, lourde et faisant de la résistance passive à l'encontre de tout changement – une société dont les membres étaient méprisants par rapport à toute idée de bien public, suspicieux à l'égard de voisins énergétiques et ayant du succès, sans arrêt contrariés par ce que 'eux' (les chefs) étaient en train de faire. »

écrit Sheila Fitzpatrick au sujet de la mentalité soviétique forgée dans les villages[56]. De sombres perspectives pour le passage à l'économie de marché…

L'AGRICULTURE EN GÉORGIE POST-SOVIÉTIQUE : À LA RECHERCHE DE NOUVELLES INSTITUTIONS POUR PROTÉGER LE MILIEU NATUREL

En Géorgie, le passage à l'économie de marché atteignit son point culminant sous la présidence de Mikhaïl Saakachvili[57]. Celui-ci n'accordait qu'une attention mineure au secteur agricole, lui réservant entre 2005 et 2012 des fonds limités à 1,3 % du budget de l'État[58], alors que plus de la moitié de la population vit directement de l'agriculture. En 2010, la contribution de l'agriculture au PIB tomba à son niveau le plus bas jamais atteint : 8,4 %, contre 30 % en 1988. Depuis, une certaine reprise se dessine grâce aux politiques publiques volontaristes de l'équipe du nouveau président Guiorgui Margvelachvili.

---

56 Fitzpatrick (1994), p. 320.
57 Pour l'approche ultralibérale sous la présidence de Mikhaïl Saakachvili (2004-2012), voir European Stability Initiative : ESI (2010a) ; ESI (2010b) ; [en ligne], http://www.esiweb. org.
58 Source : Welton (2015), p. 83.

Le démantèlement des fermes collectives et de leurs structures de transformation était supposé faire émerger des unités gérées selon les principes de l'économie de marché[59]. Alors que seuls quelques rares kolkhozes furent repris par leurs directeurs, la grande majorité des terres furent distribuées à la fois aux anciens *kolhozniki* et, de manière générale, à tout Géorgien désireux de pratiquer l'agriculture. La taille moyenne des exploitations est à peine supérieure à un hectare, généralement réparti entre plusieurs lopins de terre parfois éloignés de plusieurs kilomètres. Les petites fermes occupent 96 % des terres, contre 6 % en 1988, et produisent la quasi-totalité des fruits et légumes du pays. Il s'agit d'une agriculture de subsistance : seulement 6 % des revenus proviennent de la vente de produits agricoles, générant une cinquantaine de laris (soit moins de 20 euros) par mois. La production des céréales, fruits, légumes et tubercules a connu une baisse dramatique entre 2005 et 2012[60]. Seul le nombre de vaches a légèrement augmenté, et pour cause : un paysan géorgien ne disposant pas de vache est un paysan dans le dénuement le plus total, car la vente de lait et de fromage génère des revenus. Plus encore, la propriété d'une vache renvoie à l'identité même de la paysannerie géorgienne et à l'imaginaire de l'époque pré-soviétique.

Le passage à l'économie de marché est allé de pair avec plusieurs ruptures préjudiciables à la préservation du milieu naturel. Elles concernent notamment la terre, les infrastructures d'irrigation et de drainage, ainsi que la transmission des connaissances scientifiques et des savoirs locaux.

Alors que la terre est désormais un bien négociable, le statut du foncier est loin d'être stabilisé. Une grande confusion règne à son sujet, ne serait-ce que parce que les dernières statistiques disponibles sur l'utilisation des terres, individuelles ou collectives, remontent à 2004. De plus, l'utilisation des terres – pour l'agriculture, le pâturage ou le fourrage – telle qu'elle apparaît dans les registres officiels ne correspond pas aux réalités. En Géorgie post-soviétique aussi, plusieurs couches de droit, écrit ou oral, se superposent : la législation actuelle n'a pu faire table rase des pratiques anciennes, y compris de celles qui remontent à l'ère pré-soviétique. Cette confusion est particulièrement pénalisante pour les terres destinées à la pâture et la production fourragère, ce qui

---

59   Sources pour ce paragraphe : Baumann (2015), p. 221-250 ; Gelashvili *et al.* (2014) ; Muskhelishvili *et al.* (2002) ; National Statistics Office of Georgia (2015).

60   35 % pour les raisins, 46 % pour le maïs, 43 % pour les pommes de terre.

renvoie à la problématique des communs. En principe, l'État confie ces terres aux municipalités, celles-ci étant chargées de les distribuer aux villages. Or, depuis les réformes du régime Saakachvili, les villages sont privés de pouvoir politique, ce qui les met en position de faiblesse lorsqu'ils souhaitent réclamer « leurs » terres. Plus encore, certains acteurs ont profité de la confusion quant au statut effectif des terres collectives, pour en faire l'acquisition. Beaucoup de villages se trouvent ainsi sans pâturages. Parmi ceux qui en disposent, le surpâturage est un problème récurrent[61], dans la mesure où les régulations décidées localement sont rares.

La question des régulations locales se pose aussi pour les systèmes d'irrigation et de drainage[62]. L'irrigation ne concerne actuellement que 80 000 ha, contre près du sextuple à l'époque de l'économie planifiée. L'indépendance du pays a laissé un vide institutionnel à cet égard. Des agences internationales ont essayé de remédier à l'aspect technique, en remettant en état de marche certaines infrastructures, avec un résultat mitigé. Alors que les quelques grandes entreprises agricoles sont prêtes à rémunérer les services proposés par les sociétés commerciales en charge de la production et du transport de l'eau, l'attitude des petites exploitations s'avère ambiguë. Elles ne semblent pas toujours en mesure de – ou prêtes à – honorer leurs engagements financiers ; de même semble faire défaut leur volonté de s'impliquer dans l'entretien des canaux secondaires. Il existe cependant des exceptions, dans des périmètres limités où les structures sociales sont encore suffisamment fortes pour s'identifier aux communs. Une chose est certaine : les lacunes en matière d'irrigation et de drainage handicapent le développement de l'agriculture et ouvrent la porte aux importations de vivres bon marché – mais de faible qualité – en provenance de la Turquie, de l'Iran et de la Russie.

La troisième rupture préjudiciable à la préservation des ressources concerne les connaissances en agronomie[63]. La recherche scientifique, elle aussi, a été durement frappée par l'effondrement de l'économie administrée. Les instituts de recherche ont tous été démantelés et le personnel licencié. Or, les connaissances conçues pour les besoins des exploitations collectives ne sont pas adaptées à la petite exploitation agricole. Tant

---

61   Welton (2013), p. 77 ; Gelashvili *et al.* (2014), p. 22.
62   Welton (2013), p. 66-69.
63   Gelashvili *et al.* (2014).

les ruraux de souche que les néo-ruraux restent ainsi largement sans encadrement technique adéquat. Il s'ensuit un cercle vicieux : compte tenu des faibles perspectives de gain, les jeunes partent, en ville ou à l'étranger, et la population rurale vieillit dans des proportions alarmantes ; la relève se fait difficilement... ou pas du tout.

CONCLUSION
De l'omniprésence de l'épargne en milieu rural

Revenons à l'idée émise par certains experts, selon laquelle les populations du Sud *lato sensu* manqueraient des capacités cognitives pour se projeter dans l'avenir. L'analyse qui s'est focalisée sur le rapport qu'entretiennent pêcheurs maliens et agriculteurs géorgiens avec le milieu naturel a montré que ceux-ci en possèdent un savoir profond. Un savoir qui englobe les aspects écologiques et qui se révèle dans des pratiques propices à la reproduction des ressources. Mais bien plus que seulement écologique et technique, ce savoir est de nature totalisante et permet à la société toute entière de s'inscrire dans le temps long et d'affirmer son identité, conformément à l'esprit propre aux communs.

On aurait aussi pu insister sur les comportements d'épargne qui, à des degrés variables, sont toujours d'actualité, des comportements engageant l'unité domestique, voire l'individu, et montrer que l'acte d'épargner a souvent, mais pas toujours, une forte composante de convivialité, que le support peut en être de l'or que l'on réserve pour le mariage d'une fille, ou de l'argent liquide, tout simplement – confié à un garde-monnaie dans le Sahel, mis à l'abri dans une boîte métallique, comme la *korobka* des femmes russes, déposé, dans le Caucase, chez une voisine, « pour le jour noir », *na čĕrnyi den'*, qui nécessite une dépense immédiate, question d'éviter la honte qui frappe les impécunieux ; ou que l'épargne pouvait – et peut toujours – concerner des objets de la vie courante, tissus, ustensiles de cuisine et autres transistors, acquis auprès d'un colporteur de passage dans un village reculé de la Géorgie ou chez un négociant de poisson à Mopti, des objets qui peuvent être revendus plus tard ou être offerts en guise de cadeau. La frontière entre épargne proprement dite et constitution d'un capital spéculatif est ténue, les contours des sphères économique et sociale flous. N'en déplaise à certains experts comportementalistes, le souci de prévoir et de se discipliner est donc omniprésent.

Que l'acteur soit une unité domestique ou la communauté, les différentes manifestations de l'épargne s'articulent, se complètent, font système, étayées par des institutions spécifiques. Cet édifice peut être ébranlé par une multitude de facteurs dont les innovations technologiques et les aléas climatiques n'en sont pas les moindres. L'État est, lui aussi, susceptible d'introduire des déséquilibres, parce qu'il veut imposer sa souveraineté et gommer les particularités régionales – comme dans un milieu aussi hétéromorphe que celui du fleuve Niger et ses plaines d'inondation ; ou bien parce que, à travers la recherche scientifique, il veut faire valoir sa conception des ressources naturelles – comme en Union soviétique sous Staline et Khrouchtchev ; ou, enfin, parce qu'il décrète subitement la marchandisation de la terre – comme dans la Géorgie post-soviétique. Autant de postures qui risquent d'éloigner la gestion des ressources naturelles de celle idéalement propre aux communs. Dit autrement, pour épargner le milieu naturel, un certain degré de démocratie et de décentralisation s'avère indispensable.

TROISIÈME PARTIE

UNE SOCIOÉCONOMIE ENGAGÉE

ALTERNATIVES DÉMOCRATIQUES
ET ÉCONOMIE SOLIDAIRE

LA DETTE (ET LE DON)
CONTRE LE PARTAGE ?

Bruno Théret
IRISSO, CNRS – université Paris
Dauphine – PSL

PRÉAMBULE

Jean-Michel Servet est un éclaireur et un empêcheur de penser en rond. Il ne se contente jamais des idées reçues et est bien souvent en avance, à distance du gros de l'armée. Pour autant, il n'est pas infaillible, et il peut lui arriver de partir sur de fausses pistes. En outre, comme tout éclaireur, il est mu par un fond individualiste ontologique de pionnier et n'aime donc pas être en trop forte compagnie lorsqu'il explore des pistes dans des zones quasi-désertiques. Mais il sait aussi que « l'union fait la force » et il s'est toujours intégré à l'une ou l'autre des tribus qui errent dans le semi-désert du savoir socio-économique. Il a même parfois des velléités de les confédérer, mais parfois non, il préfère goûter de moments souverains.

Ce texte qui lui est dédié, en toute amitié, s'interroge sur son parcours sinueux, marqué par des changements motivés d'appartenance entre la tribu maussienne du don, la tribu simmelo-dumontienne de la dette et la tribu ostromienne du commun, trois tribus pourtant vouées à se fédérer au sein d'une « confédération polanyienne » (CP), qu'elle soit de « l'économie sociale et solidaire » (ESS) ou de « l'économie humaine » (EH)[1]. On trouvera

---

1   Pour la justification de l'usage de la notion de « tribu » en épistémologie de l'économie, voir Hoover (1991).

ainsi dans ce texte une analyse critique de la partie de ses derniers écrits où il propose, pour éclairer l'avenir de l'ESS-EH, une réinterprétation des principes polanyiens d'intégration économique ; cette analyse me conduit à la conclusion qu'en excluant le don de la réciprocité pour l'y remplacer par la notion de partage, il s'est probablement engagé sur une fausse piste.

Néanmoins, la diversité de ses talents a permis à Jean-Michel Servet (JMS) de faire école et de s'entourer de fidèles qui ne sont pas des clones les un(e)s des autres ni du « maître ». L'école de Servet est une école vraiment républicaine, c'est un groupement où règnent liberté, égalité, fraternité. Aussi, dans leurs propres travaux d'éclaireu(rs)/(ses), les membres du groupe suivent chacun leurs voies selon leurs goûts ou leurs soucis et leurs intuitions. Si l'un part sur une fausse piste, les autres ne le suivent pas nécessairement et en explorent volontiers une autre ; c'est le cas notamment dans l'ouvrage édité en 2013 par Isabelle Hillenkamp et Jean-Louis Laville *Socioéconomie et démocratie. L'actualité de Karl Polanyi*[2]. Dans cet ouvrage, Hillenkamp, mais aussi Jérôme Blanc suivent des pistes où le partage relève plutôt de « l'administration domestique », le quatrième principe d'intégration que Karl Polanyi a entrevu mais a laissé en jachère ; la réciprocité y reste quant à elle intrinsèquement liée au don maussien et au « jeu du donnant donnant » thurnwaldien-malinowskien. J'adhère à cette idée que le partage en tant que mode d'usage de biens communs relève du *management* d'un ordre domestique autosuffisant. J'avais prévu initialement de la développer en proposant d'intégrer dans la configuration intellectuelle de la CPEH que JMS appelle de ses vœux, une quatrième tribu, à savoir la tribu commonsienne de la transaction-dette dont l'ancêtre fondateur, John R. Commons, a développé une approche triadique des principes de transaction économique qui recoupe pour partie la triade polanyienne des principes d'intégration. Commons met en effet en avant un principe de transaction managériale (*managerial*) absent chez Polanyi, mais qui pourrait bien correspondre au principe d'administration domestique, avancé mais délaissé par ce dernier[3]. Je pense que la manière dont Commons conçoit ce principe de

---

2   Hillenkamp et Laville (2013a).

3   Outre la contribution d'Isabelle Hillenkamp à l'actualisation de ce dernier principe, vont également en ce sens les travaux méconnus de Alan P. Fiske (1992 et 1993) sur les « quatre formes élémentaires de la socialité » qui réinterprètent les quatre principes polanyiens, le *householding* étant notamment requalifié en « *communal sharing* ». Ces travaux ont été repris par Michael Bauwens (2005) qui utilise ce dernier principe pour

transaction managériale pourrait enrichir la compréhension du principe polanyien d'administration domestique et informer l'idée du partage, au sens de JMS, comme forme démocratique d'institution de ce principe. Pour fédérer les quatre tribus, du fait que Commons ne juge pas nécessaire d'introduire de transactions réciprocitaires, il conviendrait parallèlement de voir comment le principe de réciprocité travaille la conception commonsienne du social et de ses ordres constitutifs. Faute de place, j'en resterai ici à la simple réaffirmation que le partage des biens communs ne relève pas de la réciprocité mais du management domestique.

INTRODUCTION

Jean-Michel Servet, comme beaucoup d'autres économistes hétérodoxes, a récemment épousé la cause des communs et du « partage au sens de bien commun » en emboîtant le pas à Elinor Ostrom[4]. Il y voit un moyen de revaloriser et d'adapter le principe polanyien de réciprocité à la société actuelle, en en faisant un instrument de sa transformation *via* la montée en puissance de l'économie sociale et solidaire[5]. Comme il cherche par ailleurs à étendre cette problématique à la monnaie[6], il est alors conduit à reconsidérer le « paradigme de la dette primordiale », c'est-à-dire les recherches interdisciplinaires auxquelles il a participé pendant deux décennies et qui ont conduit à plusieurs ouvrages exprimant un point de vue novateur sur la monnaie en la rapportant au concept de dette de vie[7]. Il récuse désormais ce paradigme, sans néanmoins

---

analyser les processus « *peer-to-peer* » qui peuvent prendre, selon ce dernier, les formes de l'utilisation d'un (bien) commun, d'une relation d'amour intense, d'une souffrance partagée ou d'un bien-être commun, ou encore d'une responsabilité collective.

4   Voir Servet (2013a, 2014). – Pour une explication de cet engouement et une analyse fine de ce qui distingue les biens communs des notions plus traditionnelles de biens collectifs et de biens publics, voir Harribey (2013), p. 390-405.

5   Servet (2007a et 2013b).

6   Servet (2013a).

7   JMS a participé activement au séminaire préparatif à l'ouvrage dirigé par Aglietta et Orléan (1998). Il a aussi participé au séminaire *Crises monétaires d'hier et d'aujourd'hui* qui l'a prolongé et a conduit au livre dirigé par Théret (2007a). Son absence dans cette

explicitement le rejeter complétement, du fait qu'il occulterait l'existence du partage et donc des biens communs.

Parallèlement, JMS a reconsidéré sa conception du principe de réciprocité polanyien en le dissociant de la notion de don du fait de la pluralité de ses formes. Le don, affirme-t-il, dissimulerait également « en les englobant » le partage et les communs. Le paradigme du don ne permettrait donc pas de saisir les formes d'actualisation du principe de réciprocité dans les sociétés capitalistes contemporaines que JMS cherche à promouvoir. Ce principe « ne se réduit pas au don[8] » et ne devrait donc pas être confondu avec le don maussien.

En outre pour JMS, le principe de réciprocité ne doit pas non plus être réduit à un simple principe de transfert, d'échange ou de circulation. Il est nécessaire de retrouver ce qu'il nomme « l'approche non catallactique de la réciprocité telle que l'a définie Karl Polanyi à la suite de Richard Thurnwald[9] ». Or selon lui, les partisans d'une approche du social et de la monnaie par la dette, tout comme ceux qui mettent en avant le don, sont tombés dans le même biais d'une approche catallactique consistant à réduire le social à l'échange et à la circulation des biens et services, en faisant l'impasse sur la production, le financement, la consommation.

Comme JMS m'implique explicitement dans ses critiques de la dette et du don envisagés sous l'angle du partage, je réagis ici à ses réflexions afin de faire avancer un débat qui dépasse largement la seule question du statut du partage ; celui-ci renvoie en effet à la confrontation théorique au sein de l'institutionnalisme économique et de la socioéconomie entre les approches de deux de leurs fondateurs, Commons et Polanyi[10].

Néanmoins dans ce texte je me borne à répondre aux arguments de JMS en montrant qu'il ne suit pas vraiment Polanyi, ce qui est en soi légitime mais l'est moins dès lors que l'autorité intellectuelle de celui-ci et la lettre de ses textes sont invoquées pour critiquer les approches

---

dernière publication fut liée à une contrainte éditoriale. Le texte que nous avons écrit ensemble (Servet, Théret, Yildirim, 2008) a été publié conjointement aux contributions anthropologiques à ce séminaire dans un autre recueil (Bauman *et alii*, 2008). Ce texte devait initialement servir de conclusion à *La monnaie dévoilée par ses crises* en ouvrant une perspective de recherche sur la question de la pluralité monétaire.

8   Servet (2013b), p. 191-192.
9   Servet (2013a), p. 134.
10   Ce débat a été stimulé par les thèses de doctorat d'Isabelle Hillenkamp (2009, publication 2013a), et d'Hadrien Saiag (2011a, publication 2015a), ainsi que par l'HDR d'Isabelle Guérin (2011).

du social par la dette et le don. Ainsi, outre quelques mises au point concernant les positions que me prête JMS, je soutiens d'abord qu'il a une conception biaisée et aporétique de la catallactique qui, d'une part, s'appuie sur une définition floue et instable de la notion d'échange, d'autre part l'assimile à un « primat de la circulation » et non pas à l'hypostase de l'échange marchand. Je montre ensuite que contrairement à ce qu'affirme JMS, le principe de réciprocité est bien défini par Polanyi, à la suite de Richard Thurnwald et Bronislav Malinowski explicitement, comme l'expression d'échanges de dons/contre-dons, d'un jeu de « donnant donnant », ce qui d'un côté fait encore sens pour interpréter diverses formes de solidarité et de protection sociale dans les sociétés actuelles, de l'autre conduit plutôt à invalider l'idée que le partage tel que l'envisage JMS est assimilable à une forme institutionnelle particulière de réciprocité.

LE PARTAGE A-T-IL ÉTÉ OCCULTÉ PAR LA DETTE ?

Commençons par répondre aux arguments de JMS selon lesquels une approche de la monnaie par la dette dissimulerait le partage, et par là la dimension de bien commun de la monnaie, partage qui serait la forme que devrait prendre le principe de réciprocité dans les sociétés capitalistes actuelles.

Ce qui, grâce aux diverses évaluations critiques qui ont été faites de *La monnaie souveraine*, m'est apparu avoir été non pris en compte et théorisé dans son « Introduction », ce n'est pas « le partage au sens de bien commun », mais ce que j'appelle la forme « diagonale » de dette de vie liée à la parenté, au jeu combiné des alliances et de la transmission du capital de vie (les inaliénables), forme de dette de vie qui, en termes polanyiens, ne renvoie pas au principe d'intégration par prélèvement-redistribution, mais aux principes de réciprocité et/ou d'administration domestique. Et c'est à faire sa place à cette troisième dimension de la dette que j'ai œuvré ensuite en élargissant le paradigme de la dette à l'ordre domestique des sociétés différenciées contemporaines[11]. Je ne

11   Théret (1999, 2003 et 2009).

trouve pas d'échos de ces développements dans la critique que JMS m'adresse et je le regrette, car cela rend sa critique très superficielle et datée, pour ce qui me concerne tout au moins.

En effet, sur cette base, je me sens autorisé à affirmer que rattacher la monnaie à la dette de vie – verticale et diagonale – n'occulte nullement le fait que la monnaie puisse être partagée en tant que bien commun. Ce ne serait le cas que si le concept de dette était réduit à une relation horizontale bilatérale et intentionnelle entre un créancier et un débiteur, et compris comme un lien dont on peut toujours se libérer. On peut suspecter que c'est parce qu'il flirte avec cette conception de la dette que JMS peut penser que celle-ci occulte le partage. Les dettes de vie, associées à la filiation et à la transmission de biens inaliénables ou à un rapport à une instance protectrice souveraine – dettes renvoyant aux principes de réciprocité et de redistribution – sont étrangères au « paradigme catallactique ». D'une part en effet, elles prennent la forme de biens inaliénables qui sont transmis « à sens unique d'une génération à la suivante » (Jean-Pierre Warnier, correspondance personnelle) ; ne circulent *a priori* que les paiements récurrents de reconnaissance des dettes transmises. D'autre part, elles expriment des « échanges sociaux » qui ne sont pas réductibles aux seuls échanges marchands à l'origine des dettes négociables et remboursables qui doivent être relancées sans cesse dans la circulation pour assurer la reproduction de la communauté marchande. Enfin, elles sont à l'origine de moyens de paiement qui ne sont pas des moyens d'échange puisqu'ils servent au paiement de dettes qui ne sont pas des dettes nées de l'échange marchand, mais de la réciprocité et de la redistribution. Or pour Polanyi, la caractéristique d'une approche non catallactique est précisément qu'elle ne confond pas moyens de paiement et moyens d'échange, qu'elle fait place à des moyens de paiement qui ne sont pas des moyens d'échange[12].

Par ailleurs, dès lors que la monnaie est vue elle-même comme dette-créance vis-à-vis du tout social ou de groupes corporatifs, sa dimension de bien public ou collectif ou encore commun, donné en partage, n'est en rien dissimulée. Bien au contraire, voir dans la monnaie une créance sur la communauté – une reconnaissance de dette – non remboursable, mais destinée, entre autres usages spécifiques possibles, à régler divers autres types de dette, témoigne d'une appartenance partagée à la

---

12   Voir notamment Polanyi (1977/2011), p. 172-173.

communauté, d'un partage de l'accès à la monnaie qui d'ailleurs peut être hiérarchisé et inégalitaire.

Or, tout en reconnaissant que j'« accorde à la fiscalité et à la redistribution un rôle éminent », JMS n'en considère pas moins que j'occulte le partage dans la mesure où « les dettes qui marquent la soumission au collectif (*en particulier celles qui ne peuvent pas être éteintes par un paiement*) ne doivent pas être confondues avec le partage de l'usage de communs[13] ». Il me semble qu'affirmer cela revient à introduire une discontinuité arbitraire (et politique) entre biens communs et biens collectifs publics, les premiers étant censés relever de la réciprocité et les seconds du prélèvement-redistribution. Or une telle discontinuité est problématique s'agissant de la monnaie, dès lors qu'on reconnaît la pluralité de ses formes sociales et territoriales.

Enfin JMS considère que dans mon introduction à *La monnaie dévoilée par ses crises*[14], la relation établie entre monnaie et dettes renvoie aux individus et que *« pour retrouver le partage au sens du collectif, il faut se tourner vers la souveraineté et la confiance*[15] ». Même si c'était vraiment le cas – mais ça ne l'est pas dans mon esprit, car les dettes de vie non libérables sont des dettes d'appartenance à des groupements – ce que JMS oublie ici de noter, c'est que la souveraineté et la confiance ne sont pas, sous ma plume, des catégories extrinsèques à la monnaie, mais sont, comme la dette, des formes intrinsèques, à la fois spécifiques et inséparables, et donc intriquées, du fait social total qu'est la monnaie[16].

Bref, dès lors qu'une dette n'est pas simplement une relation bilatérale intentionnelle, elle peut être un commun et partagée ; c'est le cas de la dette de vie, qu'elle soit verticale ou diagonale, et c'est le cas de la monnaie. Réciproquement un bien commun peut être une dette, c'est aussi le cas de la monnaie. La monnaie, dans *La monnaie souveraine*, est bien présentée comme un bien commun public, mais aussi éventuellement comme un bien commun privé, en tant qu'elle est unité de compte partagée par une ou des communauté(s) de paiement composant alors une communauté de compte. Et certains moyens de paiement peuvent eux aussi être institués comme des biens communs, par exemple si on

---

13   Servet (2013a), p. 136.
14   Voir Théret (2007b).
15   Servet (2013a), p. 137, note 40.
16   Théret (2007b et 2008).

peut y avoir accès *via* la distribution d'un revenu minimum universel d'existence. Le partage n'est donc nullement occulté par le fait que la monnaie soit considérée comme une reconnaissance de dette.

Ainsi, si on considère, par exemple avec Commons[17], que les dettes sont créées par diverses transactions (qui ne se réduisent pas à des échanges marchands et ne sont pas assimilables à des relations interindividuelles duales) et que certaines de ces transactions, comme celles relatives à des biens institués comme communs, peuvent correspondre à un partage tel que défini par JMS (voir *infra*), en quoi le fait que des transactions engendrent des dettes-créances dissimulerait-il que certaines d'entre elles peuvent être relatives au partage de biens communs ? À moins que les transactions de partage soient conçues comme n'engendrant pas de dettes-créances, ce qui supposerait qu'il n'y a pas d'obligations réciproques dans le « partage au sens de bien commun » que JMS considère pourtant comme relevant du principe de réciprocité, au point qu'il lui arrive de substituer purement et simplement le principe de partage au principe de réciprocité[18].

JMS parle aussi parfois d'un englobement du partage dans la dette et non pas de son élimination. Sa critique ne porterait-elle pas alors, comme incite à le penser la citation suivante, non pas sur l'idée que le partage soit occulté par la dette, mais sur le fait qu'il n'en soit pas distingué et mis en exergue comme un principe d'intégration autonome non redevable d'une analyse en termes de dette ?

> Reconnaissons, au-delà du principe de dette ou parallèlement à lui, celui holiste de partage au sens de bien commun [...] (Servet, 2013a, p. 132.) Le partage, au sens de mise en commun, constitue une autre dimension paradoxale par rapport à la façon dont les économistes nous ont habitués à penser la monnaie comme intermédiaire comptable ou transactionnel des échanges. Il ne s'agit pas ici de faire de cette interdépendance par mise en commun ou reconnaissance d'un collectif la figure unique pour comprendre de façon exhaustive les sociétés et [...] de nier [...] des pratiques pouvant être reconnues comme des dettes-créances par exemple dans le cas de meurtres les compensations par assassinat ou en monnaie [...], ou de dons/contre-dons [...] (*ibid.*, p. 135.)

Mais n'y-aurait-il pas contradiction à vouloir, d'un côté, faire du partage une forme institutionnelle moderne du principe de réciprocité,

---

17   Commons (1934/2005).
18   « On voit ici à l'œuvre une articulation particulière des principes de marché, de partage et de redistribution. » (Servet, 2013b, p. 201.)

lequel principe a toujours été jusqu'à maintenant redevable d'une analyse en termes de dette, puisque le don/contre-don est la source de dettes-créances, et de l'autre, le poser comme ne relevant pas du paradigme de la dette. Comment JMS se sort-il de cette contradiction ? En retombant dans une conception réductrice de la dette comme relation bilatérale horizontale[19] et en ne faisant plus de la symétrie et du don maussien ou du « donnant donnant » thurnwaldien-malinowskien la base du principe de réciprocité ? On comprendrait alors pourquoi, comme nous allons le voir, il s'applique en fait à rendre largement insignifiante la catégorie du don et à la séparer de celle de réciprocité, vidant ainsi de son contenu original le principe de comportement et la forme d'intégration correspondant.

Une autre solution pour se sortir de cette aporie dans un cadre polanyien sans retomber dans un conception individualiste de la dette tout en gardant l'idée de partage considéré du point de vue des biens communs – solution que JMS a lui-même dans le passé (en 2007) suggéré (voir *infra*) – serait de ne plus faire du partage une forme de la réciprocité telle que conçue par Thurnwald, Malinowski, Mauss et Polanyi, laquelle fait encore totalement sens aujourd'hui, mais bien plutôt une forme institutionnelle démocratique du principe d'administration domestique.

SUR LA CATALLACTIQUE

Venons-en maintenant à l'usage que fait JMS de la catégorie de « catallactique ». Deux problèmes se posent à propos de cet usage, celui du flou dans l'usage du terme d'échange, celui de l'amalgame fait entre catallactique et « primat de la circulation ».

POUR UNE DÉFINITION MOINS FLOTTANTE DE L'ÉCHANGE ET DE SA PLACE DANS LA CATALLACTIQUE

En 2007, JMS suggérait non seulement de faire du partage une caractéristique de l'administration domestique, idée qui sera reprise et développée par Hillenkamp dans sa thèse de 2009, mais faisait référence

---

19   Dans la citation ci-dessus, le « principe holiste de partage » est contrasté avec un « principe de dette », ce qui suggère le caractère individualiste de ce second principe.

simultanément, quoiqu'implicitement, à la conception forte de la catallactique comme science du marché, et non comme paradigme de l'échange (en général) associé à un « primat de la circulation[20] ». En 2013, il en va autrement, le partage prend le pouvoir dans le principe de réciprocité, et la catallactique est assimilée au « primat de la circulation ».

Ce faisant, la catallactique renvoie non plus aux seuls échanges marchands régis par des ratios d'équivalence devenus des prix de marché, mais à l'échange au sens large incluant les dons/contre-dons. Tout ce qui circule, y compris les monnaies réciprocitaires ou fiscales-redistributives, relèverait d'une vision catallactique englobant alors tous les échanges sociaux (au sens des anthropologues). Cette prise de position de JMS est d'autant plus surprenante qu'il a par ailleurs une conception précise du principe d'échange – il parle de principe de marché – qui contraste avec le grand flou quant à la définition de l'échange dans la littérature.

Ce flou, notamment dans le rapport de l'échange à la réciprocité, pose problème, mais il concerne autant Polanyi que ses exégètes. Les anthropologues considèrent en général les échanges de cadeaux, de dons/contre-dons, les *potlatch*s comme des échanges (sociaux), pouvant prendre des formes monétaires. Mais quand Polanyi, pourtant féru d'anthropologie, parle de principe d'échange en le distinguant des principes de réciprocité et de redistribution, il exclut de l'échange les dons/contre-dons. L'échange chez Polanyi désigne l'échange commercial (*trade*) et/ou marchand (*market*). Et c'est à l'échange spécifiquement marchand que Polanyi applique le qualificatif de « catallactique », sans que soit précisé néanmoins s'il s'agit alors de l'échange marchand au sens strict d'échange sur un marché créateur de prix. Ainsi le principe d'échange n'est pas assimilé purement et simplement à sa forme moderne correspondant à un marché créateur de prix ; il inclut les échanges commerciaux au sens large, à l'aveugle ou sur la base d'équivalences administrées, etc.[21]. Il s'agit donc d'échanges marchands, mais pour lesquelles la logique de la confrontation libre de l'offre et de la demande dans la fixation des prix n'opère pas nécessairement, notamment dans les sociétés où le principe de l'échange marchand a une place limitée et est dominé par les autres principes d'intégration.

---

20 Servet (2007a), note 13.
21 Sur ce point voir Halperin (1993).

Mais les choses se compliquent dans les textes contemporains, ce qui traduit des ambiguïtés chez Polanyi lui-même, car le terme « échange » peut renvoyer à des sens plus ou moins larges, l'échange commercial pouvant par exemple être distingué du marché. Ainsi pour Jérôme Blanc (2013), les trois principes ou formes d'intégration polanyiens sont « réciprocité, redistribution, échange ». Selon Blanc qui cite d'abord Polanyi[22] :

> L'échange [qui] « se réfère ici à des mouvements de va-et-vient tels que les changements de "mains" dans un système marchand » [...] est possiblement organisé au travers du marché autorégulateur c'est-à-dire créateur de prix (*market*), mais il peut aussi renvoyer à des formes non marchandes. [...] l'important est ici que l'échange et le marché doivent être distingués [...] : tout échange ne procède pas de marchés créateurs de prix [...] (Blanc, 2013, p. 252-253.)

Pour Jérôme Blanc ici, les formes non marchandes de l'échange renvoient donc à des échanges hors de tout marché créateur de prix, et cela pourrait suggérer que l'opposition marchand/non marchand correspond à la distinction entre commerce (*trade*) et marché (*market*), le premier englobant le second. Le principe d'échange pourrait être ainsi dit principe de l'échange commercial, ou principe de commerce, pour le distinguer de la réciprocité et de la redistribution, qui ne relèvent quant à elles que de l'échange au sens large d'échange social. Mais cette interprétation nous est interdite par Polanyi[23] qui envisage très clairement trois formes de commerce renvoyant aux trois principes d'intégration (hors l'administration domestique, renvoyant à l'autarcie) ; à côté du « commerce administré ou réglé par traité » et du « commerce de marché », un « commerce de don lie les partenaires dans des rapports de réciprocité, comme dans le cas des amis invités, des partenaires de la kula, ou des commerçants en visite », commerce « répandu dans les sociétés tribales » et « durant des millénaires [...] entre les empires ». Polanyi considère également que commerce, monnaie et marchés ont des origines distinctes, bien que la catallactique économiste les considèrent comme intrinsèquement liés[24]. Le commerce renvoie donc à l'échange en

---

22   Jérôme Blanc se réfère à la traduction française du texte de Karl Polanyi (1957-1975b, p. 245) « L'économie en tant que procès institutionnalisé ». Ce texte est reproduit avec quelques modifications mineures de traduction dans Polanyi, 1957/2008a, p. 53-77.
23   Polanyi (1977/2011), p. 157.
24   Polanyi (1977/2011), p. 131 *sqq*.

général, susceptible d'être organisé selon les trois principes d'intégration non autarciques.

Comment comprendre alors finalement la nature spécifique de l'échange propre au principe d'échange ? Et en quel sens peut-on considérer « que l'échange et le marché (sous entendu créateur de prix) doivent être distingués », de telle sorte que le marché puisse être considéré comme une simple forme institutionnelle historiquement spécifique du principe d'intégration par l'échange, la forme moderne qui, devenue « l'institution fondamentale de la société occidentale[25] », a subjugué toutes les autres au point qu'on puisse parler d'un « principe du marché » au lieu et place de « principe d'échange » ? Pourquoi Polanyi ne parle-t-il pas tout simplement d'emblée d'un principe de marché, dans la mesure même où il distingue entre divers types de marchés, ceux fonctionnant sur la base d'équivalences coutumières et/ou légales et le marché créateur de prix[26] ?

> Dans le sens institutionnel, le terme *marché* n'implique pas nécessairement un mécanisme offre-demande-prix. [...] C'est [seulement] un lieu, des biens physiquement présents ou disponibles, une foule d'offreurs, une foule de demandeurs, la coutume ou le droit, et des équivalences. En termes institutionnels, un marché suppose simplement une situation d'échange ; l'échange [...] n'implique rien d'autre qu'un simple mouvement des biens entre différentes « mains », et vice versa, selon des taux qui peuvent être déterminés par la coutume, l'administration, la loi, ou par l'institution du marché elle-même. Chaque fois que les éléments de marché se combinent pour former un mécanisme offre-demande-prix, nous parlons de marchés faiseurs de prix. (Polanyi, 1977/2011, p. 200.)

Il serait donc beaucoup plus clair de ne plus faire conceptuellement référence à l'échange, un terme polysémique, « purement pratique » et non nécessairement catallactique selon ses dires, pour définir le principe d'intégration par le marché (en son sens large), et de parler d'un principe *de* marché, en spécifiant la forme institutionnelle moderne hégémonique qu'il a pris comme « principe *du* marché (créateur de prix) ». JMS n'est pas loin d'adopter ce type de solution, puisqu'en même temps qu'il

---

25 Polanyi (1977/2011), p. 199.
26 Isabelle Hillenkamp se pose le même genre de question en cherchant à comprendre le peu de cas que fait finalement Polanyi du principe d'administration domestique (Hillenkamp, 2013b, p. 219).

remarque le double sens du terme « marché », à savoir, « d'une part [...] une logique de lucrativité ; d'autre part [...] une diversité de logiques d'organisation des échanges parmi lesquelles le principe *de* marché peut ne pas être hégémonique », il parle de « principe *du* marché », « du marché (entendu strictement comme logique lucrative)[27] ».

Parallèlement, il conviendrait de substituer à la catégorie « purement pratique » d'échange, pour parler comme Polanyi, celle de transaction (au sens de Commons, par exemple) qui rompt avec toute approche catallactique de l'économie. Mais alors que devient à cette aune la critique de sophisme catallactique adressée par Polanyi à Marcel Mauss et étendue par JMS au paradigme de la dette de vie comme à celui du don ?

Examinons d'abord le cas de Mauss. Il s'agit clairement de la part de Polanyi d'un jugement expéditif, où Mauss est amalgamé à Émile Durkheim, Herbert Spencer et Georg Simmel, sans que soit pris en compte le déplacement opéré par Mauss avec et après son *Essai sur le don* vis-à-vis de Durkheim notamment[28]. Il est clair en effet que Mauss ne réduit pas l'ensemble des échanges sociaux à des échanges marchands et encore moins à des échanges à finalité lucrative. Et il est tout aussi évident que Mauss ne relit pas l'obligation de donner, recevoir et rendre, à la lumière de l'échange marchand, de même qu'il n'assimile pas les monnaies de paiement à des moyens d'échange, deux éléments essentiels du sophisme catallactique selon Polanyi. Il développe au contraire une conception de la réciprocité qui est, comme celle de Polanyi, nourrie par les écrits de Thurnwald[29] et de Malinowski[30] qu'il tient en haute estime, ce à quoi il ajoute tous les travaux portant sur le *potlatch* en Amérique du Nord-Ouest et étendus à la Mélanésie et à la Papouasie notamment par Thurnwald.

---

27 Servet (2013b), p. 187. – On peut néanmoins s'interroger sur la substitution qu'il opère entre logique « offre-demande-prix » et logique lucrative, la première n'impliquant pas nécessairement la seconde.

28 Sur ce déplacement, voir Karsenty (1997) et Tarot (1999).

29 Contrairement à ce que suggère JMS, Mauss connaît et estime beaucoup les travaux empiriques et théoriques de Thurnwald. Voir Mauss (1969), t. III, p. 29-30 et p. 265, et Karsenti (1997), p. 319.

30 Pour Karady (1968), dans sa « Présentation » de l'œuvre de Mauss, p. XLI : « Bronislav Malinowski [...] a été un des inspirateurs de *l'Essai sur le don*. » Voir également Karsenti (1997), p. 322 : « Durant la période qui précède immédiatement la parution de "L'essai…", tout l'enseignement de Mauss à l'École pratique des hautes études est consacré à la lecture des *"Argonauts"*. »

Le seul élément qui chez Mauss peut évoquer une projection rétrospective du principe de marché sur le principe de réciprocité est sa thèse que le don « maussien » a pu être à l'origine du développement du principe du marché, soit, dit autrement, que l'échange marchand a pu procéder de l'échange de dons/contre-dons[31]. Mais il s'agit là en l'occurrence non pas d'un « sophisme catallactique », puisque les deux types d'échanges sont bien contrastés[32], mais bien plutôt d'un point de vue « évolutionniste » ou « évolutionnaire ».

Ainsi que le note JMS, dans la perspective de Mauss :

> Les contreparties de l'échange marchand émergeraient de l'idée supposée primitive de don-contredon. Les formes d'apparition des principes d'intégration seraient assimilables à un modèle évolutionniste ou néo-évolutionniste de la circulation des biens similaires à la succession des modes de production chez Karl Marx. Or tout en empruntant l'idée du principe de réciprocité à un auteur évolutionniste (Thurnwald), Polanyi se démarque de cette croyance commune technico-déterministe en l'enchaînement de stades. (Servet, 2013b, p. 192.)

Cela dit, Polanyi lui-même n'est pas totalement net sur ce point, comme en témoigne un passage qu'il consacre au déclin de la réciprocité tribale et au texte d'Hésiode *Les travaux et les jours*, passage qui suggère une évolution de la réciprocité tribale vers un échange d'équivalents où le calcul intéressé devient légitime :

> La structure politique traditionnelle des règlements tribaux avait été brutalement déformée par les princes "mangeurs de présents", qui négligeaient désormais de donner en retour le droit et la justice dont ils étaient responsables. [...] Toutefois la réciprocité tribale qui disparaissait ne pouvait être simplement transférée de la parenté au voisin, du clan au village. C'est en vain que *Les travaux et les jours* (Hésiode) tentent de refonder la réciprocité sur le voisinage : "Mesure exactement ce que tu empruntes à ton voisin, et rends-lui exactement, à mesure égale et plus large encore, si tu peux, afin qu'en cas de besoin tu sois assuré de son aide". L'échange réciproque de dons s'est ici transformé en une transaction quelque peu instable, où pointe timidement l'intérêt. [...] Notons l'accent mis sur la stricte nécessité de rendre entièrement un don : cela contraste avec la réciprocité tribale, où toute équivalence précise est absente. [...] En fait, la version d'Hésiode ressemble davantage à l'idée moderne de la mutualité personnelle qu'à la réciprocité impersonnelle, mais strictement effective, de la tribu. (Polanyi, 1977/2011, p. 236-238.)

---

31   Servet, Théret, Yildirim (2008), note, p. 174.
32   Rus (2008).

On ne saurait donc pousser la critique de l'évolutionnisme jusqu'à dénier la possibilité d'un changement historique endogène – évolutionnaire – des institutions d'une société conduisant à une transformation de leurs finalités et significations sociales, et à une réorganisation de la hiérarchie de ses principes d'intégration. Polanyi lui-même ne dénie pas, bien au contraire, que dès lors qu'il s'agit d'analyser une trajectoire historique spécifique – gréco-romaine-occidentale en l'occurrence ici – il est légitime d'envisager une évolution des principes de comportement que sont aussi pour lui les formes d'intégration économique. JMS est sur la même ligne[33]. Le péché de Mauss, témoin du déclin du principe de réciprocité au bénéfice du principe de marché et du principe de redistribution, est moins d'avoir envisagé des transformations du don/contre-don facilitant l'essor du principe de marché, que de l'avoir posé comme une loi universelle, abstraction faite des formes de marché et/ou de commerce déjà présentes dans les sociétés fonctionnant massivement à la réciprocité, comme l'a montré après lui Polanyi. S'agissant de Mauss, dans la mesure où nombre de ses lecteurs ont noté qu'il avait rompu au fond avec l'évolutionnisme de son époque[34], sans doute vaudrait-il mieux parler non pas d'une conception évolutionniste mais plutôt évolutionnaire.

Revenons maintenant, à la lumière de la plus grande précision que nous avons cherché à donner au « principe d'échange », au caractère supposément catallactique du paradigme de la dette de vie selon JMS. Il est clair que si le sophisme catallactique consiste à étudier une économie en présumant que l'ensemble des comportements et des institutions qui la composent relèvent du principe du marché créateur de prix, le paradigme de la dette n'a rien de catallactique. Ce n'est que par un élargissement de la notion de catallactique consistant à l'assimiler à un « primat de la circulation » que JMS peut penser le contraire. C'est à cet élargissement que j'en viens maintenant.

LA CATALLACTIQUE N'EST PAS « LE PRIMAT DE LA CIRCULATION »

Pour Polanyi, le sophisme catallactique de Mauss est dû à son évolutionnisme présumé qui tend à faire du don/contre-don une source de

---

l'échange marchand. Pour JMS en fait, ce sophisme a une toute autre source, il est le produit d'une extension du sens de la catallactique qui la renvoie à un primat de la circulation faisant l'impasse sur la production, la consommation et le financement. Or cette extension qui permet de justifier l'amalgame fait par JMS entre paradigme de la dette et paradigme du don, est illégitime. Elle revient à réduire le concept de circulation à l'échange, alors qu'il s'agit de reproduction économique et sociale, une reproduction qui implique aussi notamment la filiation et la transmission, comme en témoignent la circulation de certains biens inaliénables, leur dépôt momentané et leur retour à long terme[35].

La catallactique au sens strict désigne la conception autrichienne ultra-libérale de la science du (principe de) marché (autorégulateur) dont Polanyi conteste le caractère scientifique. Or les notions de circuit économique et de circulation monétaire sont étrangères à cette conception catallactique de l'économie. Peut-on parler de catallactique au sens strict pour une analyse de la circulation de dettes qui vise à comprendre et expliquer les modalités de la reproduction économique et sociale, ce pourquoi elle inclut dans son champ, dans une perspective d'économie générale, tant les dettes non marchandes de réciprocité et de redistribution que celles qui relèvent de l'administration domestique ? Le faire impliquerait paradoxalement d'entériner la réduction qu'on reproche aux analyses de la circulation des dettes, à savoir assimiler à des transactions marchandes les transactions régies par des principes non marchands d'intégration, dès lors que – comme c'est le cas avec le circuit du Trésor régi par le principe de redistribution, ou l'économie circulaire ou encore les systèmes d'échanges locaux régis par le principe d'administration domestique – ces dernières participent de la circulation monétaire.

L'argument qui se veut anti-catallactique selon lequel, en étudiant la circulation, on oublierait les dimensions de production, consommation, répartition et financement des rapports sociaux structurés par les « autres » formes d'intégration que le marché, ne tient guère. L'analyse faite par Marx du circuit du capital qui intègre ces diverses dimensions en les considérant comme des métamorphoses du capital – passages de la forme financière à la forme marchande puis productive, avec retour à la forme financière après passage par une nouvelle forme marchande – montre bien que l'analyse de la circulation n'estompe *a priori* aucune dimension

---

35 Weiner (1988), p. 130-131.

de l'économie substantive. De plus ce type marxien d'analyse peut être aussi utilisé pour mieux comprendre dans divers contextes le fonctionnement spécifique de formes d'intégration relevant de la redistribution[36] et de la réciprocité[37].

La circulation, en effet, n'est pas un flux continu, une pure communication, elle n'est pas purement horizontale, elle n'est pas toujours fluide ni instantanée, car elle peut impliquer des traductions, elle doit se boucler sur elle-même, elle structure le cycle des métamorphoses institutionnelles permises notamment par la monnaie et le droit en tant que médias de communication symboliquement généralisés entre production, consommation, répartition et financement. Bref, la circulation n'est pas réductible à l'échange, et est précisément ce par quoi se fait l'intégration économique et sociale. Ce sont les règles et les régularités observables de la diversité des modes de circulation économique – y compris de leurs moments de pause – qui ont permis de définir – et permettent encore aujourd'hui comme cherche à le faire à juste titre JMS avec le partage – les principes d'intégration eux-mêmes et leurs formes institutionnelles spécifiques en contextes. Dès lors qu'on sort du modèle du marché autorégulateur et de l'individualisme méthodologique saisissant au mieux des relations bilatérales sans tiers inclus ou exclu, partir de la création et de la circulation des dettes pour saisir le tout d'une société n'exprime pas le « primat de la circulation sur la production et la répartition » ni « un éloignement du réel[38] », mais simplement le souci polanyien de comprendre comment cette société est intégrée et « tient » institutionnellement tant au plan des valeurs que des comportements, en articulant et hiérarchisant les diverses composantes de son circuit économique.

En disant cela, je n'ai pas l'impression en fait d'être très loin de la position que JMS défend par ailleurs quand il cherche à se départir de ce qu'il dénomme une « interprétation transactionnelle » des principes d'intégration économique qui les assimile « à de simples relations de transferts de richesse et de droits de propriété ». Pour JMS, en effet :

> L'analyse des principes permet de comprendre non seulement comment les ressources circulent et sont distribuées, mais aussi comment elles sont appropriées ou affectées et comment la production est organisée. [...] Les principes peuvent et doivent être compris comme différentes modalités de

---

36   Théret (1992 et 1993).
37   Théret (1998, 1999 et 2003).
38   Servet (2014).

> l'interdépendance entre les activités de production, d'échange et de finan-
> cement, et d'usage des ressources disponibles […]. [Ils] ne se réduisent […]
> pas aux dimensions économiques (c'est-à-dire de la reproduction matérielle
> des activités de production, de consommation, d'échange ou transfert et de
> financement. […] les modes d'interdépendance ne peuvent se réaliser sans
> des cadres moraux et politiques particuliers nécessaires à la réalisation de
> chacun des principes. (Servet, 2013b, p. 196-197.)

Ainsi, en tant que « principes de comportement », les principes d'intégration canalisent les échanges sociaux entre individus et/ou groupements dans les formes de la symétrie (réciprocité), de la centricité (redistribution-prélèvement), de foules anonymes (marché créateur de prix) et de l'autosuffisance des groupes domestiques. En intégrant socialement ces individus et groupes, ils instituent et organisent des interdépendances conformant la production, la consommation et le financement de biens et services. Les formes d'intégration sont donc des principes de transaction interindividuelles et intergroupes, fixant des droits et obligations sociales pouvant prendre la forme de créances et de dettes exprimées quantitativement en monnaies.

Les principes d'intégration polanyiens ne sont certes pas directement des catégories de la production, mais ils le sont indirectement, du fait que la production, la consommation et le financement sont des espaces sociaux d'échanges dépendant, de manière à la fois interne et externe, de ces diverses formes d'échange social qu'ils modélisent, que la production soit orientée par le marché capitaliste, la redistribution étatique, le corporativisme mutualiste, ou l'autonomie domestique.

RÉCIPROCITÉ, DON ET/OU PARTAGE

Il me faut maintenant en venir à un ultime problème, sans doute le plus fondamental pour le projet de JMS qui est, semble-t-il, au fond, de substituer au principe de réciprocité fondé sur le don/contre-don, un principe de partage fondé sur l'institution de communs[39]. Or s'il s'agit

---

39   Un peu de la même façon qu'il substitue au principe d'échange le principe du marché à
      fin lucrative, avec le danger de passer sous silence définitivement le rôle secondarisé des
      autres types d'échanges marchands dans l'intégration sociale de l'économie.

de faire du partage et des biens communs la forme d'avenir de la réciprocité destinée à refonder l'économie sociale et solidaire, l'interprétation de la nature de la relation entre don et réciprocité devient une question cruciale. En effet, le partage n'est pas aisé à interpréter en terme de don/contre-don, et si on y voit néanmoins une forme d'intégration par la réciprocité, il faut dissocier celle-ci du don/contre-don à laquelle elle est traditionnellement associée[40].

Néanmoins, à vrai dire, à la lecture et relecture des divers textes de JMS sur le partage depuis 2013, il me semble qu'il hésite entre deux voies pour faire une place au partage en tant que principe d'intégration économique. Il privilégie certes celle qui consiste à chercher à briser l'amalgame généralement fait entre réciprocité et don/contre-don, et à dégager une place au partage au sein du principe de réciprocité. Mais cela ne l'empêche pas d'évoquer une voie plus radicale fondée sur l'idée que les « deux catégories [de don/contredon et de marché] comprises comme transfert pourraient en bloc être opposées aux mécanismes propres non seulement aux prélèvements-redistributions, mais aussi au partage[41] ».

Cette seconde voie de dégagement d'une place pour le partage au sein des principes d'intégration consiste alors à considérer que les caractères spécifiques du don/contre-don se sont dégradés (par individualisation et contractualisation) en même temps que ceux du marché (autorégulateur) qui, de son côté, a intégré des dimensions propres à l'échange de dons (relations de clientèles)[42]. La différence originelle d'essence entre réciprocité et marché ne serait plus qu'une différence de degré dans le caractère impersonnel de l'échange marchand, ce qui rendrait pertinent de considérer un nouveau « principe d'échange » dans lequel la réciprocité apparaîtrait « comme une logique fondamentale commune au marché et au don, puisque l'un et l'autre présument qu'il y ait un rendu[43] ». Ce nouveau principe d'échange fondé sur une réciprocité redéfinie comme « fondement universel à tous les transferts [...] donnant une origine commune au don et au marché[44] » cohabiterait alors avec le principe redistributif et un principe de partage, occupant désormais la place de l'ancien principe de réciprocité (assimilé par le principe de marché).

40 Servet (2013b), p. 192.
41 *Ibid.*
42 Rus (2008).
43 Servet (2013b), p. 192.
44 Servet (2013b), p. 192.

Certes, il s'agirait là d'une « grande transformation » des préceptes polanyiens, péchant par catallactisme et évolutionnisme aux yeux même de JMS[45]. Mais après tout, le concept de principe d'intégration n'est-il pas un concept d'abord descriptif, dérivé de l'observation de pratiques sociales, et si les pratiques changent, n'est-il pas nécessaire de faire aussi évoluer les concepts pour les saisir. En outre, selon Polanyi, l'émergence du principe du marché autorégulateur créateur de prix a relevé elle-même d'une « grande transformation ». Et on peut faire un parallèle entre la visée performative de JMS dans sa promotion du principe de partage de biens communs – faciliter l'avènement d'une économie sociale et solidaire – et la visée performative de l'économie politique libérale – promouvoir le capitalisme de marchés créateurs de prix.

Néanmoins, JMS ne fait qu'évoquer cette voie et ne l'explore pas, car il ne croit pas au fond à la dégradation du don en simple transfert qui pourrait la fonder. En témoigne le fait qu'il pense, montrant ainsi son ambivalence à l'égard de Mauss, que la catégorie maussienne du don, irréductible à un transfert économique et à un échange marchand, reste importante pour penser la réciprocité dans la réalité présente, notamment la réalité française et son système de sécurité sociale[46]. Aussi, pour faire une place au partage de biens communs dans les principes d'intégration, s'applique-t-il plutôt à situer cette place dans le cadre établi du principe polanyien de réciprocité. Voyons comment il procède.

La stratégie discursive de JMS pour mener à bien cette tâche n'est plus ici d'amalgamer des points de vue divers, mais de dissocier des points de vue proches, en l'occurrence ceux de Mauss et de Polanyi. Pour rompre la « confusion entre don et réciprocité », il avance, et là réside l'autre versant de son ambivalence vis-à-vis de Mauss, que le don maussien doit être dissocié du principe polanyien d'intégration par la réciprocité. C'est du moins ce qu'on est conduit logiquement à penser en observant que JMS cherche à isoler Mauss des sources originelles de la théorie polanyienne que sont Thurnwald, Malinowski et Margaret Mead[47].

Il ne revient néanmoins pas aux textes de Thurnwald et Malinowski, et il ne fait qu'une brève référence à Mead, laquelle n'est pas au cœur

45 Voir Servet (2007a), p. 263.
46 Voir *infra* et Servet (2013b), p. 197 ; ainsi que Hénaff (2010).
47 Servet (2013b), p. 194.

de la controverse. On le comprend car, alors même que JMS a besoin d'invoquer l'autorité de ces pères fondateurs pour contrer les paradigmes du don et de la dette préalablement amalgamés, il prendrait un grand risque à revenir aux écrits de ces auteurs qui, comme nous allons le voir, définissent très précisément la réciprocité comme un « jeu perpétuel du donnant donnant », et qui ont inspiré non seulement Polanyi, mais également Mauss avant lui. En effet, comme en témoignent les quelques occurrences où JMS remplace le mot « réciprocité » par celui de « partage » dans l'énoncé de la triade des principes d'intégration[48], le prix à payer pour une redéfinition de la réciprocité incluant le partage est de vider celle-ci de sa définition polanyienne originelle, ce qui serait se retrouver sur la seconde voie catallactique et évolutionniste évoquée ci-dessus.

En revenir aux textes fondateurs permet de mettre en évidence ce problème. Cela permet aussi de montrer que contrairement à ce qu'affirme JMS, il y a proximité entre Mauss et Polanyi, laquelle est largement imputable aux sources communes qu'ils partagent, à savoir Thurnwald et Malinowski, même si Mauss du fait de l'importance qu'il accorde au *potlatch* et à la réciprocité inégalitaire, fait plus appel en fait à Thurnwald que ne le fait Polanyi qui se fonde pour l'essentiel sur Malinowski.

RETOUR AUX TEXTES, LA RÉCIPROCITÉ
COMME « JEU PERPÉTUEL DU DONNANT DONNANT »

C'est dans un texte publié en 1957, « L'économie en tant que procès institutionnalisé », que Polanyi paie le plus explicitement sa dette à l'égard de Thurnwald et Malinowski. Il y avoue leur avoir tout emprunté, à Thurnwald le principe de réciprocité[49], généralisé ensuite par Malinowski, et à ce dernier également les deux autres principes de redistribution et d'échange[50]. Dans *La Grande Transformation* Polanyi se référait déjà à Thurnwald et Malinowski[51]. Parfois même, en lisant Polanyi, on croit

---

48   Servet (2013b), p. 192 et p. 201.

49   « Nous donnons à la symétrie des actes le nom de principe de réciprocité. Ce principe a de profondes implications dans la vie affective de l'homme. Réaction adéquate, il a toujours joué un rôle important dans la vie sociale (*Die Gemeinde der Banaro*, …) » [Thurnwald, cité par Malinowski (1926/2001), note 1, p. 27]. – NdA : ce dernier ouvrage a été publié pour la première fois aux Éditions Payot en 1933 sous le titre : *Mœurs et coutumes des Mélanésiens*.

50   Polanyi (1957/2008a), p. 61.

51   Polanyi (1944/1983), p. 355-356.

lire sans guillemets du Malinowski[52]. On retrouve également dans *La subsistance de l'homme* (1977-2011) des citations qui ne laissent pas de doute[53]. Tous ces textes montrent qu'à la suite de Thurnwald et Malinowski, il associe les comportements de « réciprocité au niveau interpersonnel » à des « structures symétriques données » : « les conduites de réciprocité socialement intéressantes reposent toujours sur des formes symétriques de l'organisation sociale de base ». Par ailleurs la réciprocité en tant que principe de comportement a pour conséquence « le jeu perpétuel du donnant donnant », par lequel « donner aujourd'hui signifie recevoir demain ». C'est « le principe de donner "le même pour le même" ». Dans la réciprocité, « toutes les obligations sociales sont à long terme réciproques », ce sont des « obligations mutuelles » dont l'observation par tout individu « sert au mieux ses intérêts » qui ne sont pas principalement économiques. « Les échanges s'effectuent comme des dons gratuits dont on attend qu'ils soient payés de retour, quoique pas nécessairement par le même individu. » L'économie est « organisée sur la base d'un don/contredon ininterrompu », et « le crédit, par lequel la dette se trouve formalisée, est à l'origine fourni par le biais de la réciprocité ». « La plupart des actes économiques, sinon tous, appartiennent à la même chaîne de dons et de contredons réciproques qui à long terme s'équilibrent, avantageant également les deux côtés. »

Ajoutons que pour Malinowski qui est, me semble-t-il, la source d'inspiration essentielle de Polanyi, le principe de réciprocité prévaut quand, dans une société :

> Les lois positives [...] se composent [...] d'un ensemble d'obligations impérieuses, considérées comme des droits par une partie, comme des devoirs par l'autre, maintenues en vigueur par un mécanisme spécifique de réciprocité et de publicité, inhérent à la structure même de la société. [...] [Ces lois tirent leur] caractère obligatoire de l'enchaînement même des obligations, qui forment un réseau de services mutuels, un système fondé sur le principe du « donnant-donnant », l'échange de services s'étendant sur une longue période et portant sur tous les genres d'intérêts et d'activités. (Malinowski, 1926/2001, p. 38-39, 53-54 et 60.)

La réciprocité, en son sens polanyien, est donc intrinsèquement associée à « un jeu perpétuel du donnant donnant », à une chaîne ininterrompue

52 *Ibid.*, p. 75-76.
53 Polanyi (1977/2011), p. 221.

de dons/contre-dons, d'échanges mutuels de biens et services très divers, à des obligations réciproques à long terme associées à des droits réciproques, et dont le respect est obtenu par le fait que les individus sont intéressés à leur maintien à la fois économiquement et symboliquement. Ces échanges prennent la forme de dons gratuits ; ils sont donc à la fois obligatoires et libres, ce qui est rendu possible par la valorisation simultanée qu'ils opèrent du donateur et du donataire[54], mais aussi par la création de « dualités » et de « formes symétriques d'organisation sociale de base » qui « lient les groupes par des obligations mutuelles ».

Nous sommes donc bien ici dans une problématique du don engendrant des dettes. Il y est aussi question de commun (« activités en commun », « prises communes ») et de partage (« partage de la nourriture », « participation aux dépouilles »)[55], mais ces catégories sont ici englobées dans le système des transactions réciprocitaires, des dons et des dettes.

DON MAUSSIEN ET RÉCIPROCITÉ POLANYIENNE

Ce « jeu perpétuel du donnant donnant » ressemble de très près au « mécanisme » du don triadique maussien, caractérisé par la triple obligation de donner, recevoir et rendre. C'est d'ailleurs le point de vue de Jérôme Blanc pour qui la réciprocité chez Polanyi renvoie à « des flux entre individus ou groupes sociaux ordonnés par la symétrie, autour des triples obligations de donner, recevoir, rendre[56]. »

Mais ce n'est pas l'avis de JMS qui dénonce au contraire « la confusion entre le don maussien largement connu et la réciprocité polanyienne largement méconnue », confusion qu'il impute précisément à l'influence des lectures de l'*Essai sur le don* de Mauss par Claude Lévi-Strauss et Maurice Godelier[57].

---

54   « Le lien qu'institue le don a cela de caractéristique qu'il mêle étroitement, aussi bien du point de vue du donateur que de celui du donataire, obligation et autonomie, interdisant qu'on étudie l'une des deux dimensions indépendamment de l'autre. » (Karsenti, 1997, p. 349.) Cette analyse est faite à propos de Mauss, mais elle vaut aussi ici visiblement pour Polanyi et aussi sans doute pour Malinowski que suit de très près Polanyi.

55   « Cette attitude est renforcée par la fréquences des activités en commun comme le partage de la nourriture provenant des prises communes ou la participation aux dépouilles d'une expédition tribale lointaine et dangereuse. » (Polanyi, 1944/1983, p. 75.)

56   Blanc (2013), p. 255.

57   Servet (2013b), p. 191-192.

L'argumentation porte sur les références mutuelles entre auteurs, destinées à suggérer une opposition de Polanyi à Mauss. Elle n'a pas de portée quant au fond, car elle n'entraîne pas *ipso facto* que le principe de réciprocité formulé par Thurnwald en 1916 et repris par Malinowski ne soit pas équivalent ou de la même famille que le principe donner/recevoir/rendre énoncé par Mauss en 1923. En effet, contrairement à ce que suggère JMS, Mauss travaille, on l'a déjà dit, à partir des mêmes sources ethnographiques que Polanyi, Thurnwald, Malinowski, auxquelles il faut ajouter la « culturologie américaine » de Boas, Swanton et Kroeber. Il a lu notamment de très près les travaux de Malinowski sur le don, en a fait la matière de ses cours, corrigeant à l'occasion ce que ce dernier a reconnu comme une erreur de sa part[58].

JMS, d'ailleurs, du fait de son ambivalence vis-à-vis de Mauss, donne lui-même des arguments pour se faire battre. Dans son article de 2007, il suggère que réduire le principe de réciprocité à une pratique de don/contre-don n'est une erreur que si le don/contre-don est supposé être une relation bilatérale (voir *supra*). Or on sait que ce n'est pas le cas du don maussien. Plus important encore, JMS reconnaît qu'en

> faisant au début de l'*Essai sur le don*, explicitement référence au "système des prestations économiques entre les diverses sections ou sous-groupes dont se composent les sociétés dites primitives", Mauss avait lui-même ouvert la possibilité d'une lecture de la réciprocité proche de celle qui vient d'être donnée [la sienne qui se veut celle de Polanyi]. (Servet (2013b), p. 197.)

Il reconnaît également que Mauss fait place à la symétrie des groupes comme source ou facilitateur du rôle intégrateur de la réciprocité :

> Dans une communication présentée à l'Institut français de sociologie en 1931, [Mauss] traite de « système d'échange, de communauté, conditionné par des séparations » [...]. Mauss avait souligné que « tous les groupes s'imbriquent les uns dans les autres, s'organisent les uns en fonction des autres par des prestations réciproques, par des enchevêtrements de générations, de sexes, par des enchevêtrements de clans et par des stratifications d'âges. » (*ibid.*, p. 197.)

Au total il est donc légitime d'inscrire le « jeu perpétuel du donnant donnant » entre parties symétriques d'une société dans le cadre maussien du don triadique comme le fait Blanc. Surtout que, partant de la triple

---

58   Malinowski (1926/2001), p. 40.

obligation de donner/recevoir/rendre, Mauss aboutit à construire un concept de réciprocité qui est aussi un principe d'intégration économique et sociale, principe plus général que le principe polanyien qu'il englobe, puisqu'il inclut la réciprocité agonistique du *potlatch*.

Ainsi pour Mauss, à partir des années 1930 :

> Les mécanismes qui produisent le consensus entre les hommes en société sont par essence des mécanismes d'échange assurant l'équilibre par la réciprocité. [...] ; seulement la réciprocité n'est pas toujours l'égalité. De la génération 1 à la génération 2, comme de celle-ci à la génération 3, il y a réciprocité, mais non égalité ; de même entre l'homme et la femme. Voyez à ce propos les études des sociologues français sur les formes de donation. (Mauss, cité par Karady, 1968, p. XLV.)

Qu'est-ce qui fait alors que Polanyi ait, sous réserve d'inventaire, ignoré Mauss ? Plusieurs pistes peuvent être suggérées : le « sophisme catallactique » de Mauss supposé par Polanyi ; la non-connaissance des travaux des années 1930 où Mauss se détache de toute vision évolutionniste et raisonne en termes de réciprocité ; le fait que Mauss et lui avaient des préoccupations différentes : Polanyi s'intéressant plus au marché autorégulateur et à la redistribution, et Mauss plus aux formes mutualistes d'actualisation de la réciprocité ?

Ou alors serait-ce parce que Mauss a une conception de la réciprocité moins idéaliste, plus agonistique et pouvant être non égalitaire[59] ? En effet, Polanyi accorde peu de place au *potlatch* dans ses écrits, alors que Mauss le place au centre de sa réflexion sur le don, et grâce à Thurnwald notamment, le considère comme une institution universelle, quoique vouée à dépérir du fait de son caractère potentiellement destructeur et témoignant d'une instabilité des sociétés où il n'est pas régulé[60] ?

Laissons ouvertes ces questions d'histoire de la pensée, et constatons que, malgré cette méconnaissance, au moins apparente, de l'un et de l'autre, les deux approches de la réciprocité en termes de don/contre-don

---

59 Pour Mauss : « La réciprocité ne se ramène pas à une morale, surtout pas à notre morale. Mauss perçoit bien dans la réciprocité une logique d'abord sociale (un "mécanisme", dit-il, en bon durkheimien) et résiste à présupposer une sorte de progrès qui nous aurait fait passer au fil des siècles d'un égoïsme sauvage à une générosité civilisée. » (Hénaff, 2010, p. 9.)

60 « Chez Mauss, il y a l'hypothèse selon laquelle le *potlatch*, tel que l'enquête ethnographique l'a révélé, est en fait la forme fondamentale de l'échange en général, forme dont l'histoire des sociétés présente la lente dégradation. » (Karsenti, 1997, p. 320.)

sont très proches, et qu'il est pertinent pour les chercheurs actuels d'intégrer dans leur saisie de la réciprocité à la Polanyi, les approfondissements maussiens sur la structure ternaire du don cérémoniel, la réciprocité agonistique, le fait social total, etc.

Un exemple concret, celui des régimes français de sécurité sociale « par répartition », pourrait être mobilisé pour montrer la grande proximité des représentations de la réciprocité que se font respectivement Mauss et Polanyi. Les analyses de la réciprocité développées par Malinowski dans son ouvrage *Le crime et la coutume dans les sociétés primitives*, une source probable d'inspiration pour Polanyi, donnent en effet des clefs immédiates pour mieux comprendre la nature réciprocitaire de ces régimes[61] que, de son côté, Florence Weber, dans sa nouvelle introduction à l'*Essai sur le don*, a mis en exergue à partir de Mauss dont elle fait, de ce fait, le père spirituel de la forme française de sécurité sociale. C'est là en effet un indice d'identité fondamental des approches maussienne et polanyienne de la réciprocité. Or l'extension financière de ce système réciprocitaire de cotisations-prestations, mobilisant des dons réciproques entre parties symétriques des sociétés salariales, est extrêmement large, ce qui indique que le principe de réciprocité tient encore une place considérable dans certaines sociétés capitalistes modernes. De cette importance, il ressort, selon moi, que la stratégie de JMS de dissocier de la réciprocité, le « donnant donnant » ou le don triadique maussien pour les marginaliser n'est pas tenable.

L'« ERREUR COMMUNE [...] DE DÉFINIR LA RÉCIPROCITÉ
ESSENTIELLEMENT À PARTIR D'UNE RELATION
DE DON/CONTRE-DON[62] »

Que reste-t-il alors à JMS comme possibilité pour sauver son hypothèse ? Monter en abstraction, c'est-à-dire définir le principe de réciprocité de manière suffisamment générale et abstraite de telle sorte qu'elle puisse

---

61 Pour une démonstration qui, faute de place, ne peut être menée ici, voir Théret (2016). Disons seulement que dans un tel système d'assurances sociales, toutes les conditions sont remplies pour que le don/contre-don, la cotisation/prestation, ne puisse être identifié à un échange marchand, ou à un pur prélèvement/redistribution. Le retour est différé et sans intervention de la lucrativité, il n'y pas d'équivalence entre le reçu et le rendu, pas de calcul monétaire facile d'équivalence, pas de correspondance immédiate entre le donné et le reçu, et pas de médiation par un « centre ».

62 Servet (2007a), p. 263.

s'appliquer à la fois au don/contre-don et au partage. Effectivement JMS cherche à montrer que « le don peut découler de ce principe (de réciprocité), mais ne lui est pas équivalent[63] » ; il propose donc de le définir plus abstraitement comme suit, en ne faisant plus aucune référence ni au « donnant donnant », ni au don/contre-don, ni au partage :

> Le principe de réciprocité est fondé sur l'idée d'une […] complémentarité volontairement instituée d'éléments socialement construits pour être distincts sans s'opposer. La division est (re)produite pour rendre nécessaire l'association et […] chacun ne se pense pas comme individu, mais agit en tant qu'élément d'un Tout. (Servet, 2013b, p. 198-199.)

Il est intéressant de comparer cette définition avec celle un peu moins abstraite, mais aussi moins concise, donnée quelques pages plus tôt dans le même article : le principe de réciprocité peut et doit être compris comme une modalité de l'interdépendance entre les activités de production, d'échange et de financement, ainsi que d'usage des ressources disponibles, qui prend la forme d'une « complémentarité entre éléments distincts occupant des positions symétriques », soit un type d'interdépendance qui constitue une solidarité comprise comme interdépendance recherchée et reconnue, voire revendiquée comme telle « par les personnes ou par les groupes[64] ».

Entre la première définition et la seconde, on note une nouvelle disparition, celle de toute référence à la symétrie qui laisse place à une simple distinction qui n'est pas une opposition. C'est là parachever une rupture complète avec les définitions de Thurnwald et Malinowski qui lient intrinsèquement la réciprocité à la symétrie entre positions. Pour Thurnwald, le principe de réciprocité est précisément le nom donné à la symétrie des actes[65]. Pour Malinowski, une « symétrie de structure » est une « base indispensable des obligations réciproques ». JMS argue que ce n'est pas la position de Polanyi qui considère que la symétrie aide seulement le jeu de la réciprocité et n'en est peut-être pas une condition nécessaire :

---

63   Servet (2013b), p. 193.
64   Servet (2013b), p. 196-197.
65   « La symétrie de l'organisation de la maison des esprits (ou maison des hommes) est l'expression du principe de réciprocité – le principe de donner "le même pour le même" – la revanche ou le rendu. » (Thurnwald, *Banaro Society*, cité par Polanyi, 1977/2011, p. 98).

> Karl Polanyi indique que : « *Reciprocity is aided by a symmetrical pattern of organization* » [...]. L'expression « symétrique » est souvent reprise pour définir l'approche polanyienne de la réciprocité. Toutefois, elle semble alors peu comprise. Une erreur commune est de confondre tout transfert décrit comme « don » avec une relation fondée sur la symétrie en s'appuyant sur le fait qu'un don suppose un contre-don, et donc de définir la réciprocité essentiellement à partir d'une relation de don/contre-don. (Servet (2007a), p. 263.)

Mais Polanyi considère[66] aussi à propos des sociétés tribales que « sans la fréquence du modèle symétrique dans l'organisation de la tribu, de ses campements et de ses relations avec les autres tribus », une « réciprocité générale s'appuyant sur le fonctionnement à long terme d'un ensemble d'actes distincts de "donnant donnant" serait impossible ».

Ce qui signifie qu'au moins pour certains types de société, la symétrie ne fait pas qu'aider, elle est une condition nécessaire. De plus avec la symétrie, disparaît également l'éventuelle opposition « des éléments distincts » qui sont « construits » pour ne pas s'opposer. On est ainsi bien loin du *potlatch* et « des rivalités, des dissensions, de l'égoïsme le plus farouche [qui] se donnent libre cours et dominent en fait les relations entre les membres » du « groupe de parents les plus proches » alors même que « la réciprocité, le principe du donnant-donnant », peut y régner d'une façon souveraine[67].

Tout conflit est évacué. La réciprocité n'est plus seulement désormais un principe hautement abstrait, elle est aussi irénique : *l'homo reciprocus* agit en tant qu'élément du Tout et ne se pense pas comme individu. Et si le principe de réciprocité peut être vu encore comme un principe de comportement, le comportement dont il est ainsi question est abstrait, normatif et réducteur, opposé mais similaire au comportement individualiste de maximisation de l'utilité postulé par la catallactique. Ainsi, malgré lui, en voulant à toute force dissocier le principe de réciprocité du don/contre-don, JMS ici encore s'engage sur une voie qui l'entraîne à rebours de ses propres prémisses intellectuelles.

66   Polanyi (1944/1983), p. 78.
67   Malinowski (1926/2001), p. 45-46.

CONCLUSION

Cela dit, il ne faudrait pas jeter le bébé avec l'eau du bain, car ce n'est pas parce que le partage au sens de bien commun résiste à rentrer sous le chapeau de la réciprocité, qu'il ne peut rentrer dans le cadre plus général d'analyse de la socioéconomie polanyienne. Une autre stratégie heuristique est en effet possible qui consiste à laisser la réciprocité au jeu des dons/contre-dons, du « donnant donnant », en restant fidèle à Thurnwald, Malinowski, Mauss et Polanyi, et à mettre le partage et les communs du côté du principe d'administration domestique en les considérant comme l'expression d'une forme démocratique de ce principe. C'est notamment la voie suivie par Isabelle Hillenkamp qui, ce faisant, a en fait poursuivi une suggestion de JMS lui-même, ce dont la citation suivante rend compte :

> Karl Polanyi reconnaît trois principes ou « modèles » différents d'intégration économique. [...] Ils sont définis par un mode particulier de circulation et de répartition des biens et des services : la réciprocité, la redistribution et le marché. Il convient d'y ajouter l'aide, l'entraide et le partage propres aux relations domestiques (*householding*), au sein desquelles il faut distinguer ce qui appartient à la solidarité entre égaux et ce qui tient de la protection hiérarchisée [...]. (Servet, 2007a, p. 261.)

Pour Hillenkamp :

> La logique de partage caractérise [...] le principe polanyien de « *householding* » qui définit le groupe domestique en le clôturant et à laquelle le partage des ressources confère une assise matérielle. [...] Un tel groupe quand bien même il prend la forme d'un réseau dispersé dans l'espace de personnes n'ayant pas nécessairement des liens de sang, constitue une structure qui donne unité et stabilité au processus économique. Il définit un principe d'intégration spécifique, qui n'est pas réductible à la réciprocité, qui se fonde sur diverses logiques d'action entre pairs, pas plus qu'à la redistribution, qui relève de l'obligation dans un système centralisé, ou au marché. (Hillenkamp, 2013b, p. 223.)

Pour autant, en général :

> Si elles remplissent une fonction de protection, les interdépendances propres au principe de partage domestique ne peuvent [...] être assimilées à des

solidarités démocratiques. [...] Dans le cas du groupe domestique, la protection est indissociable de la hiérarchisation des besoins des membres reconnus par le groupe, en fonction notamment de l'âge et du sexe. (*ibid.*, p. 224.)

Cela dit, en associant le « partage » à la notion de « commun », JMS nous paraît le caractériser comme une forme spécifique d'intégration et de comportement à portée démocratique. Le paradigme de la dette étendu à l'ordre domestique des sociétés salariales va également en ce sens comme j'ai tenté de le montrer par ailleurs[68]. On peut alors poser qu'ainsi caractérisés, le partage et les groupements constitués sur la base de l'institution de communs sont des formes économiques institutionnelles et organisationnelles démocratiques structurant l'ordre domestique et la société civile qui en est un dépassement. Mais cela reste à montrer.

---

68   Théret (1999 et 2003).

RÉCIPROCITÉ, *HOUSEHOLDING* ET SOLIDARITÉ

Liens et tensions avec l'économie du partage

Marlyne SAHAKIAN[1]
Université de Lausanne

INTRODUCTION

L'économie du partage désigne de nombreuses activités dans divers secteurs, allant du transport à l'hébergement, en passant par des biens de consommation et des services financiers. Dans ce chapitre, je prolonge la réflexion engagée avec Jean-Michel Servet afin de souligner l'hétérogénéité et la diversité de cette économie qui recouvre une vaste gamme de pratiques, qui vont de l'économie sociale et solidaire (ESS) au renforcement de l'économie de marché fondée sur la concurrence. Je propose de faire du principe économique de *householding* (l'administration domestique) de Karl Polanyi un cadre pertinent pour mieux comprendre le fonctionnement de l'économie du partage. Souvent, ces activités impliquent des personnes dans un groupe clos, qui se sentent partie d'une communauté – quoique virtuelle, dans le cas de réseaux sociaux sur internet – qui ont des modes de production et de consommation multiples, pour échanger des produits et des services tout aussi bien dans l'économie capitaliste que non capitaliste.

1   Je souhaite remercier vivement Isabelle Hillenkamp et Hadrien Saiag pour leurs commentaires et plus particulièrement Isabelle Hillenkamp pour des échanges fructueux. Je remercie aussi Jean-Claude Girard et Michel Baffray pour leurs relectures attentives.

À partir de six exemples d'initiatives dans l'économie du partage en Suisse, je souligne que, pour distinguer les activités de l'économie du partage qui relèvent de l'économie solidaire de celles qui relèvent de l'économie de marché concurrentielle, il est pertinent d'analyser les contextes institutionnels dans lesquels le partage opère, au-delà des valeurs et des objectifs portés par ces initiatives. En particulier, il est important de prendre en compte l'échelle qu'adoptent ces activités, la structure et les systèmes de gouvernance interne des entités de l'économie du partage (associations, coopératives, entreprises privées, etc.) et le contexte réglementaire. Si les principes de marché, redistribution et réciprocité sont ancrés dans les institutions et les règles de l'État, le marché et la communauté, quelle institution gouverne les rapports dans le *householding*, dans le cas du partage entre pairs ? Comment cela peut-il nous renseigner sur le degré de solidarité dans l'économie du partage et quelles conclusions pouvons-nous en tirer pour le principe du *householding* au niveau conceptuel ? Ce sont les questions principales de cette contribution.

Dans une première partie et pour bien comprendre le degré de solidarité dans l'économie du partage, je reprends les quatre principes d'intégration de Karl Polanyi et l'interprétation qu'en donne Jean-Michel Servet, en m'appuyant sur ses textes ainsi que sur un entretien réalisé en mai 2015. Dans le cadre conceptuel, je considère les liens et tensions entre économie du partage et économie solidaire. J'introduis ensuite six études de cas sur l'économie du partage en Suisse dans la deuxième section du chapitre. Pour cette recherche empirique, j'ai mené durant l'été 2015 six entretiens avec des acteurs qui représentent des activités dans le partage de biens et de services à Genève, Lausanne, Lucerne et Zurich. Ce cheminement me permet d'appréhender les formes d'interdépendance et les degrés de solidarité mis en avant et pratiqués dans l'économie du partage suisse et la pertinence du *householding* en tant que principe d'intégration économique transversal.

CADRE CONCEPTUEL

QUEL TYPE D'ÉCONOMIE EST L'ÉCONOMIE DU PARTAGE ?

Polanyi met en avant quatre principes d'intégration économique qui englobent les diverses formes de production, de consommation et de financement : le système de marché, la redistribution, la réciprocité et le *householding*. L'apport de Jean-Michel Servet (JMS) consiste à analyser ces principes comme des formes d'interdépendance entre acteurs et entre activités. Le système de marché ne doit pas être confondu avec le marché en tant qu'institution : en tant que principe d'intégration, il se distingue par une forme particulière d'interdépendance fondée sur « la mise en concurrence des acteurs sur la base de leurs intérêts particuliers et aussi sur une base qui est celle de la propriété individuelle[2] ». La redistribution se caractérise quant à elle par la centralité, dans la collecte, le stockage et la redistribution des biens et des services. Le principe de redistribution va donc de pair avec la centralisation du pouvoir, mais des formes de gouvernance démocratique peuvent contrebalancer cette tendance. La réciprocité est souvent définie sous la forme d'une transaction de don et contre-don. Cependant, pour JMS, tout rapport symétrique peut être inclus dans cette forme : « L'effet de symétrie c'est de couper en deux et les deux parties sont interdépendantes. »

Le quatrième principe, *householding*, disparaît dans *Trade and Market in the Early Empires*[3]. Selon Rhoda Halperin[4], Polanyi met néanmoins en avant le *householding* et en fait un principe clé dans ses ouvrages publiés à titre posthume ; il ne restreint pas le *householding* uniquement à des ménages, mais plutôt à un groupe clos qui « produit et stocke pour la satisfaction et les besoins des membres du groupe[5] ». Chris Gregory[6] à son tour considère que le *householding* est lié aux systèmes autarciques, bien que Polanyi n'y associe pas toujours la notion d'autosuffisance. Pour Isabelle Hillenkamp[7], ce sont les règles du groupe qui créent un sens

---

2   Entretien avec Jean-Michel Servet, en français, 18 mai 2015, Genève.
3   Voir Polanyi (1957b), p. 243-270.
4   Halperin (1991), p. 93-116.
5   Polanyi (1944/2001), p. 52.
6   Gregory (2009), p. 133-159.
7   Hillenkamp (2013b), p. 215-239.

de stabilité et d'unité dans le processus économique du *householding*, sans tendre nécessairement vers l'autarcie. Le *householding* pourrait alors inclure des formes d'interdépendance entre les membres d'un groupe qui se perçoit comme tel, uni par un intérêt commun. Le sentiment d'appartenance à un groupe serait donc une étape préalable du *householding*, ce qui pourrait inclure aussi bien les individus qui composent un ménage que des membres d'un réseau social sur l'internet.

Sur la base de ce cadre conceptuel, quel principe d'intégration économique pourrait caractériser les diverses activités de l'économie du partage ? Le partage peut se faire dans la réciprocité, entre des parties symétriques, à égalité ou non, mais aussi dans un marché, concurrentiel ou non, sous forme de *leasing*. Le partage peut aussi se faire par la redistribution, c'est le cas dans les organisations charitables par exemple. Le *householding* est aussi un principe pertinent pour définir des formes de partage entre les membres d'un groupe, grâce à des technologies permettant à diverses personnes de se sentir connectées et membres d'un même réseau, quoique virtuel – un cas de figure que Polanyi n'aurait pas pu imaginer, à son époque. L'économie du partage peut donc être fondée sur chacun des quatre principes économiques. Pour appréhender sous quelle forme le partage peut être solidaire, une autre clé de lecture est nécessaire.

QUE SERAIT UNE ÉCONOMIE DU PARTAGE PLUS SOLIDAIRE ?

La notion de partage a plusieurs sens : diviser et distribuer en parts ou portions, par exemple partager un bien entre héritiers ; mais partager évoque également la mise en commun, il en est ainsi dans le partage des émotions, d'une passion, ou celui d'une voiture. Selon JMS, une économie du partage plus solidaire peut être perçue « non pas au sens d'une division mais d'un accès et d'un usage établis en proportion des besoins reconnus de chacun[8] » qui va au-delà de la notion de « mettre en commun » proposée par Elinor Ostrom[9].

Dans un chapitre du livre que JMS et moi-même avons consacré au financement participatif (*crowdfunding*)[10], nous nous appuyons sur

---

8   Servet (2014).
9   Ostrom (1990/2002).
10   Sahakian et Servet (2016).

l'analyse de l'économie du partage proposée par JMS[11] pour distinguer le partage basé sur l'intérêt personnel du partage plus solidaire fondé sur la mise en commun et la reconnaissance sociale des besoins individuels. Le partage pour et dans le collectif (*communal sharing*) implique une identification de besoins au-delà des membres d'un groupe, vers des buts sociétaux et environnementaux plus larges (par exemple, les besoins intergénérationnels ou la répartition plus égalitaire des ressources disponibles). Ces formes de partage seraient plus solidaires et s'inscriraient alors dans le champ de l'économie sociale et solidaire (ESS), qui opère dans la pratique à travers divers principes d'intégration économique.

Selon JMS, la réciprocité dans l'ESS implique des relations complémentaires et symétriques, fondées sur des interdépendances volontaires[12]. Les participants dans cette économie sont « investis avec le potentiel de la solidarité, consciemment interdépendants des autres[13] ». Cette distinction est importante, car elle permet de différencier la réciprocité solidaire des formes de réciprocité qui impliquent des rapports inégaux, comme à l'instar de ceux entre maître et esclave. La notion de solidarité n'est pas liée explicitement au *householding* dans le travail de Servet, bien que ce principe semble pertinent pour comprendre les diverses activités des personnes engagées dans l'économie du partage. Dans une définition du *householding*, retenu par Rhoda Halperin : « Les dispositions du *householding* consistent en stratégies de subsistance, multiples et interconnectées, associées à diverses institutions capitalistes et non capitalistes[14]. » En s'appuyant sur une analyse des liens de fraternité en Inde centrale, Chris Gregory[15] rejoint cette perspective en suggérant que le *householding* peut inclure des formes de comportements non marchands et lucratifs.

Le *householding* dans l'économie solidaire pourrait inclure des activités économiques d'un groupe clos qui répondent aux besoins du groupe, du moment où ces besoins sont alignés ou ne vont pas contre des objectifs sociétaux et environnementaux. Le *householding* manquerait de solidarité, dans la pratique, lorsque les membres d'un groupe sont obligés de partager,

---

11   Servet (2014).
12   Servet (2007a), p. 255-273.
13   Servet (2009c).
14   Halperin (1991), p. 102.
15   Gregory (2009).

du fait de relations de pouvoir inégales par exemple. En se basant sur une étude empirique dans la ville d'El Alto, en Bolivie, Isabelle Hillenkamp note que « le partage ne suppose pas l'équité, pas plus que le domestique ne désigne un monde d'amour ou d'harmonie qui serait exempt de rapports de domination et de pratiques d'exclusion[16] ». La notion de « partage exigé » (*demand sharing*) est pertinente : la générosité peut être demandée par un bénéficiaire à un donateur qui ne peut la lui refuser[17]. Ce type de partage peut aussi être tenu pour inégal, quand des personnes se sentent dans l'obligation d'être interdépendantes, d'une manière non volontaire. D'autres formes d'interdépendance non complémentaires peuvent être établies par le biais des fluctuations de prix ou de la rareté de biens ou de services, d'où la notion d'interdépendance mécanique ou concurrentielle dans le principe de marché[18].

Une hypothèse majeure de l'ESS est que les systèmes de gouvernance démocratiques sont nécessaires pour soutenir des relations plus égales et complémentaires. JMS souligne, au cours de notre entretien, que ses premiers travaux sur l'ESS ont mis sur un pied d'égalité la notion de solidarité et de réciprocité, or d'autres facteurs doivent intervenir pour qu'un principe d'intégration économique se manifeste dans la pratique en tant qu'économie sociale et solidaire : « Pour moi, ce qui distingue l'économie solidaire c'est aussi le fonctionnement démocratique, les rapports égalitaires[19]. » Il est alors essentiel de considérer toute forme économique dans la pratique et en lien avec les rapports sociaux, qui incluent pour Polanyi la religion, la politique et les règles – allant des normes sociales aux lois et règlements. L'ESS vise une démocratisation de l'économie[20], fondée sur l'engagement participatif de tous les citoyens, incluant des activités économiques gérées par des systèmes de gouvernance participatifs et démocratiques.

Dans la partie suivante, je présente six cas d'études sur l'économie du partage en Suisse. Pour comprendre le degré de solidarité dans ces initiatives, je considère leurs valeurs et objectifs, ainsi que les contextes institutionnels dans lesquels elles opèrent.

---

16   Hillenkamp (2013b), p. 224.
17   Voir Peterson (1993), p. 860-874 : cité par Chris Gregory (2009).
18   Servet (2007a) ; Hillenkamp (2013a).
19   Entretien avec Jean-Michel Servet, en français, 18 mai 2015, Genève.
20   Laville (2003), p. 389-405.

CAS EMPIRIQUE :
L'ÉCONOMIE DU PARTAGE EN SUISSE

L'économie du partage en Suisse[21] est devenue un sujet de discussion depuis deux ou trois ans, du moins dans la presse généraliste. En 2013, une plate-forme a été créée pour regrouper les activités de partage en Suisse, appelée Sharecon.ch. Ci-dessous, je résume brièvement les activités de six initiatives suisses, pour ensuite analyser ces initiatives en lien avec la solidarité. Pour comprendre les formes d'interdépendance et apporter des réflexions sur le degré de solidarité dans ces formes de partage, je choisis deux axes de réflexion : les *valeurs et objectifs* communiqués et pratiqués par ces initiatives ; ainsi que les divers *contextes institutionnels* dans lesquels le partage se décline. Pour le premier axe, il s'agit de rendre compte de la vision et de la mission qui ont impulsé la création et le développement de ces activités, et le rapport entre les activités de partage et la « durabilité » (dans ses dimensions environnementales, sociales et économiques). Les contextes institutionnels se réfèrent à la gestion pratique de ces initiatives, ce qui inclut l'analyse de leur système de gouvernance, leur statut et le contexte réglementaire dans lequel elles s'insèrent.

QUELLES ACTIVITÉS EXISTENT EN SUISSE
DANS L'ÉCONOMIE DU PARTAGE ?

Basée à Lucerne, Mobility est une coopérative et l'un des principaux acteurs du co-voiturage en Suisse. Devenir client de Mobility permet d'accéder à plus de 2 700 véhicules répartis sur 1 400 emplacements dans tout le pays, disponibles en libre-service 24 heures sur 24. Selon le rapport annuel de l'organisation, 120 300 personnes en Suisse ont opté, en 2014, pour des véhicules partagés, soit 7,4 % de plus que l'année précédente.

---

21   Il est important de distinguer les initiatives dans le cadre de l'économie du partage en Suisse de celles qui se développent dans d'autres contextes, par exemple, lorsque le partage et le troc émergent comme réponse à une situation économique désastreuse. Ainsi, en 2012, la presse britannique soulignait l'émergence d'une économie du partage en Grèce (voir Lowen, 2012). Bien que des inégalités existent en Suisse, la population en général bénéficie d'un niveau de confort élevé : le partage n'est donc pas uniquement motivé par des limitations de revenus.

Selon Sonia Roos, chef de la durabilité pour les projets stratégiques, les facteurs clés de la réussite de cette coopérative sont multiples : les espaces de stationnement sont rattachés à des centres de transit (commerces, gares, aéroports, etc.), le prix est attractif, comparé à l'achat et l'utilisation d'une voiture privée, et le système de tarification augmente avec les kilomètres parcourus, ce qui privilégie l'utilisation de transports publics pour les longues distances[22]. En effet, le service ferroviaire suisse a reconnu assez tôt l'intérêt du partage de voitures pour développer le transport public. En août dernier, Mobility a lancé SwissPass, une carte de transport multimodale, qui intègre le partage de voitures Mobility, le partage de vélos PubliBike, et les abonnements de trains – un modèle de partage unique au monde. Il s'agit donc de promouvoir les liens entre transports publics, privés, motorisés et non motorisés.

Installée à Zurich, ParkU est une société à responsabilité limité (SARL) qui développe une nouvelle technologie pour le partage de places de parking, en incitant les personnes et les entreprises à louer ou à sous-louer leurs espaces de stationnement. ParkU travaille avec des particuliers et des surfaces de parking privées à Zurich, grâce à des logiciels qui permettent aux employés d'une entreprise de sous-louer leurs espaces de stationnement, lors de jours fériés par exemple. Les utilisateurs de ParkU peuvent alors utiliser une technologie développée par ParkU, nommée SESAM, pour ouvrir des barrières électroniques et accéder à des garages privés avec un code QR à scanner ; dans le futur, cela se fera par la technologie Bluetooth. Selon Cyrill Mostert[23], directeur de ParkU Suisse, la clé de ce service est de concevoir que le stationnement des véhicules est un bien rare. L'incitation financière n'est pas toujours significative en Suisse, dépendant du prix des places de parking. Il s'agit plutôt d'agir sur les habitudes et les mœurs : « Un changement de la pensée autour de la gestion des ressources est nécessaire. » ParkU se développe aussi en Autriche et aux Pays Bas.

PubliBike est le nom d'une société de partage de vélos détenue par La Poste. Il s'agissait à l'origine d'une initiative de l'association Lausanne Roule, qui consistait en la mise à disposition gratuite de vélos à Lausanne. Cette association a été fondée par Lucas Girardet[24]

22 Entretien avec Sonia Roos, en anglais, par téléphone, 21 juillet 2015, Lucerne.
23 Entretien avec Cyrill Mostert, en anglais, 23 juillet 2015, Zurich.
24 Entretien avec Lucas Girardet, en français, 19 août 2015, Lausanne.

en 2004 pour promouvoir l'usage du vélo dans la ville, au détriment de l'automobile. L'association a également encouragé la pratique du vélo en organisant des visites cyclistes de la ville. Alors que d'autres villes suisses s'intéressaient au modèle Lausanne Roule, Girardet a été approché par l'École polytechnique fédérale de Lausanne (EPFL) pour offrir cette prestation sur le campus, en partenariat avec l'université de Lausanne (UNIL). À partir de l'été 2009, l'association a lancé ce service sur le campus EPFL-UNIL et dans d'autres villes de Suisse occidentale, rencontrant un grand succès. Avec deux partenaires à l'EPFL, Girardet fonde dans la même année la SARL Velopass, avec l'objectif de développer le partage du vélo à l'échelle nationale. Pour Girardet, la structure associative était fragile ; une telle structure faisait face à trop de risques financiers et ne pouvait porter une initiative au niveau national. Cependant, la transition vers une société a été difficile. Certains membres de son équipe l'ont suivi, tandis que d'autres ont refusé de faire partie de la nouvelle entreprise pour des questions morales – une société à responsabilité limitée irait à l'encontre de leurs principes idéologiques. Suite à vingt-deux mois de négociations ardues, en 2011, Velopass a été vendu à La Poste suisse, qui l'a intronisée sous le label PubliBike.

La SARL Tryngo, créée à Genève, est une nouvelle plate-forme en ligne dédiée au partage d'objets, de services et d'espaces. Son fondateur, Umer Ali[25], estime qu'un nouveau type de consommation collaborative remplacera la forme traditionnelle de la consommation fondée sur la propriété privée. À ce titre, Tryngo est membre de la Chambre de l'économie sociale et solidaire à Genève et met en avant la notion de responsabilité environnementale et sociale. Cependant, selon Ali, la question de l'efficacité dans le partage de la consommation est importante. Ainsi, il estime que « certains projets ont des objectifs très nobles » mais ne sont pas économiquement viables, ce qu'il ne souhaite pas pour Tryngo. C'est pour mettre l'accent sur le besoin de rentabilité qu'il a créé une SARL. Pour l'instant, la plate-forme prend une commission sur l'échange de produits de services, qui sont proposés pour des sommes de location modestes (par exemple, un franc suisse par jour pour un enregistreur vocal numérique, vingt francs suisses par heure pour des cours de japonais, etc.).

---

25   Entretien avec Umer Ali, en français, 2 septembre 2015, par téléphone, Genève.

Tako est une association qui a introduit des boîtes d'échange dans les rues de Genève. Son fondateur, Dan Acher[26], avait pris l'habitude de placer des objets dans la rue où il habite et d'observer leur collecte par des passants. « Je me suis dit : comment faire en sorte que d'autres personnes puissent donner des affaires dont ils n'ont plus besoin avec le même sentiment de satisfaction ? » Il a personnalisé une boîte anciennement utilisée pour la distribution de journaux, en incluant des instructions sur son utilisation, et presque immédiatement « la boîte a été adoptée ». La Ville de Genève a financé l'installation de dix boîtes supplémentaires en 2012. Afin d'assurer le salaire de ses employés, Acher a créé une entité juridique distincte à même de répondre à des projets d'expertise-conseil qui génèrent des revenus complémentaires, 42 Prod, sous la forme d'une société à responsabilité limitée. Outre Tako, Dan Acher gère plusieurs associations qui promeuvent le partage d'émotions fortes et positives, réunies sous le label Happy City Lab : celles-ci proposent notamment un programme annuel de cinéma en plein air et l'installation de soixante pianos dans les rues de Genève autour du festival annuel de musique. La SARL 42 Prod est membre de la chambre de l'économie sociale et solidaire de Genève.

Fondée à Berne et à Zurich en 2012, l'association Pumpipumpe permet à des voisins de rendre visibles les objets qu'ils souhaitent partager, tels que les articles ménagers, des moules à gâteaux, des livres ou des jouets, en faisant de leur boîte aux lettres un espace publicitaire. L'idée est née lors du déménagement des futurs fondateurs de l'association, Lisa Ochsenbein et Ivan Mele : ils ont alors constaté qu'on n'utilise pas toujours ou du moins pas régulièrement tous les produits que l'on possède[27]. Ils ont alors choisi de développer l'idée du partage au niveau des quartiers, en proposant des étiquettes qui représentent différents articles ménagers pour permettre aux personnes intéressées par le partage de les accoler sur leur boîte aux lettres. En Suisse, en Allemagne et en Autriche, plus de quinze mille ménages ont commandé ces autocollants. Récemment, l'association a lancé une carte en ligne qui permet aux utilisateurs de localiser environ sept mille objets disponibles pour une utilisation partagée. Dans l'avenir, Ochsenbein envisage une application en ligne pour identifier les différents produits disponibles, mais pour cela, un financement supplémentaire serait nécessaire. L'initiative Pumpipumpe

---

26　Entretien avec Dan Acher, en anglais, 13 juillet 2015, Genève.
27　Entretien avec Lisa Ochsenbein, en anglais, 23 juillet 2015, Zurich.

est subventionnée par l'Office fédéral suisse de l'environnement, et a remporté plusieurs prix. Les personnes investies dans l'association ne sont pas rémunérées. Ochsenbein estime dédier quarante pour cent de son temps de travail à cette plate-forme de partage.

QUEL DEGRÉ DE SOLIDARITÉ DANS CES SIX EXEMPLES
DE L'ÉCONOMIE DU PARTAGE SUISSE ?

En Suisse comme ailleurs, il existe clairement différents types d'activités de partage : certaines impliquent des transactions monétaires et sont facilitées par les nouvelles technologies (Mobilité, ParkU, PubliBike et Tryngo), tandis que d'autres ne reposent pas sur un échange monétaire et ne font pas appel aux nouvelles technologies (Tako et Pumpipumpe). Si toutes les entités concernées voient dans le partage une opportunité d'améliorer certains services (la mobilité, par exemple), seules certaines en ont une vision qui implique un lien social et des expériences partagées entre personnes. Pour Tako et Pumpipumpe, les boîtes d'échange sont devenues partie intégrante du tissu de la communauté dans certaines rues de Genève. Quand les premières boîtes ont été retirées de l'espace public pour être restaurées et remplacées, l'association a reçu des centaines de messages qui demandaient : « Où est passée ma boîte ? », explique le fondateur Dan Acher. Pour Pumpipumpe, grâce aux autocollants placés sur les boîtes aux lettres, chacun peut visualiser les objets à disposition et sonner chez le voisin pour les emprunter. Pour Tryngo, le partage se fait grâce à un réseau social réuni sur une plate-forme internet, mais qui mène à une rencontre physique, pour effectuer l'acte de partage. En revanche, les trois services de mobilité, Mobility, ParkU et PubliBike, ne sont pas fondés sur le renforcement du lien social. Néanmoins, les utilisateurs de ces services se sentent sans doute réunis dans un groupe clos, en tant que membres de la coopérative, utilisateurs de Mobility, usagers et locataires d'espaces parking par ParkU ou utilisateurs de PubliBike. En revanche, nous ne pouvons pas parler de communauté, mais plutôt de personnes qui interagissent aussi bien dans le groupe qu'en dehors pour subvenir à leurs besoins. Par exemple, certaines personnes peuvent utiliser Mobility mais ont aussi des voitures ou des vélos privés ; d'autres peuvent utiliser les services de PubliBike ou ParkU, mais ne sont pas nécessairement dans un rapport d'exclusivité avec ces services pour leurs besoins de mobilité.

Partager comme moyen d'utiliser plus efficacement les ressources est un thème principal et récurrent de ces six activités. Les considérations environnementales sont importantes pour Pumpipumpe, ainsi que le précise Lisa Ochsenbein : « Nous vivons dans une société où tout le monde achète le moins cher possible pour utiliser les objets seulement deux fois, puis les jeter. Cela n'a pas de sens. » Pour Mobility, l'objectif est de réduire l'utilisation de la voiture privée et d'augmenter le transit multimodal à travers leur partenariat avec le système ferroviaire suisse. Dans le cas de ParkU, la société vise à maximiser les espaces de stationnement privés en les rendant plus accessibles au public, contribuant ainsi à une réduction des parkings publics extérieurs. Selon mon interlocuteur, Cyrill Mostert, « le stationnement est un sujet difficile pour les partis politiques verts qui veulent moins de voitures dans les villes, mais notre philosophie est effectivement d'avoir moins de voitures dans les rues, permettant par exemple plus de parcs et d'espaces piétons ». Par le biais de nouveaux logiciels et matériaux informatiques, ParkU permet à des utilisateurs d'avoir accès à des places de parking privées, ce qui représente un autre défi pour la société : dans quel mesure l'espace privé peut-il être rendu public, au niveau réglementaire ? Ces questions réglementaires sont aussi significatives pour Tako : à qui appartient un espace public et est-ce que des voisins peuvent décider librement de l'emplacement d'une boîte d'échange ? Dans le cas de Pumpipumpe, certaines régies immobilières peuvent aussi avoir des exigences par rapport à ce qui peut être fixé ou non sur une boîte aux lettres.

Mobility et ParkU travaillent en lien avec des formes de mobilité mécanisées ; les initiatives suisses autour du partage de vélos, à Genève et à Lausanne, ont débuté quant à elles avec l'idée de diminuer le nombre de voitures et de mettre plus de personnes sur des vélos en ville. Quand Girardet a fondé la société Vélopass pour offrir le vélo en libre-service dans différentes villes suisses, la transition du statut d'association à celui d'entreprise n'a pas été évidente : « J'ai perdu quelques amis au passage, qui ont pris ça pour une trahison. Je crée une association et je la convertis en SARL en quelques années parce qu'elle allait commencer à gagner de l'argent. » Étant l'un des pionniers de l'ESS dans le canton de Vaud, mon interlocuteur était très familier avec les notions d'économie sociale et solidaire, mais il estime qu'il y a une tendance, dans certains groupes, à dénigrer toute perspective de rentabilité. « Mais si je prends des risques, et si je peux vendre la boîte [...] C'est le bénéfice de l'entrepreneur, mais il ne faut pas le lui enlever [...] il ne faut pas pénaliser ou blâmer celui qui fait de l'argent. » Cependant, Girardet semble regretter la vente de Vélopass à La Poste (qui l'a rebaptisé PubliBike) : « Ils ne sont plus dans cette logique [de rendre accessible le vélo]. C'est financier. Essayer de faire de l'argent. Et ils n'en font pas donc ils essaient de perdre le moins possible. Tout l'idéal est perdu maintenant. »

Selon mes interlocuteurs, faire de l'argent n'est pas un but en soi dans l'économie du partage. Une certaine rentabilité offre la possibilité de payer des salaires décents, d'une part, et d'investir dans l'innovation et le développement des activités, de l'autre. C'est là que les activités de l'économie du partage doivent être placées dans le contexte du marché concurrentiel dominant. Girardet déplore le fait qu'aucun investissement n'ait été réalisé dans les nouvelles technologies depuis le lancement de PubliBike. Selon lui, les technologies autour du partage ont tellement évolué qu'elles permettraient à des individus de mettre leur bicyclette en accès libre, par le biais de cartes munies de puces électroniques ou par des *smartphones*. La concurrence est, selon lui, nécessaire pour pousser à ce type d'innovation. Pour ParkU, le profit permet une plus forte croissance ainsi qu'une évolution plus rapide sur le plan technique. Umer Ali, le fondateur de Tryngo, reconnaît également la nécessité d'être rentable afin de perdurer : Tryngo ne l'est pas encore, mais il est déjà établi que 5 % des bénéfices iraient à des projets communautaires. Pumpipumpe ne bénéficie d'aucune source de revenus hormis la vente d'étiquettes à coller sur les boîtes aux lettres, qui couvre uniquement les coûts de ce service. L'association compte sur le bénévolat de ses membres et sur un soutien du public, bien que mon interlocutrice accorde aussi de la valeur aux bénéfices monétaires. Cela leur permettrait d'investir davantage et d'améliorer leurs idées. « Je ne suis pas contre la croissance, mais pour produire et consommer d'une manière plus intelligente », explique Ochsenbein.

Réaliser un profit est également primordial pour le paiement de salaires décents et pour la viabilité financière à long terme des emplois. Pour Tako, Dan Acher souligne aussi l'importance de la satisfaction dans l'emploi. Dans les diverses associations et entreprises réunies sous le label Happy City Lab, le mode de gestion est horizontal : les huit employés participent aux décisions quotidiennes, mais Acher a le droit de décision finale. Il déplore la nécessité d'avoir différentes structures, car cela augmente ses coûts d'exploitation pour gérer différents livres comptables ; en même temps, il m'explique qu'il connaît peu d'initiatives communautaires, dans l'esprit de l'échange et de l'interaction sociale, qui sont financièrement viables à long terme – d'une manière indépendante. Pour des organisations plus petites, de type Pumpipumpe, la question de la gouvernance et la structure ne semble pas être pertinente. Il y a sans doute une échelle d'activité qui rend la prise de décision démocratique plus simple à mettre en place. Tryngo n'avait pas encore réfléchi à des questions de gouvernance à ce stade, précoce, de son développement, mais en tant que signataire de la charte de l'ESS à Genève, l'entreprise devrait progresser vers des pratiques solidaires, dont la transparence, l'égalité des salaires, la diversité, et une redistribution des profits selon des règles pouvant être considérées comme équitables.

Sonia Roos désigne clairement la structure coopérative comme l'une des clés du succès de Mobility : « Avec la forme coopérative, nous avons la possibilité d'avoir une stratégie de durabilité à long terme. » Ou encore : « Nous n'avons pas la contrainte de déclarer des profits à des investisseurs chaque mois. Nous avons la possibilité de nous développer d'une manière plus durable et de réinvestir nos bénéfices dans l'innovation. » Mobility maintient un écart de 1 à 5 entre les salaires les plus bas et les plus élevés, ce qui est conforme aux principes de la chambre de l'économie sociale et solidaire à Genève. Lorsque j'ai demandé si ces limites salariales posaient un problème pour attirer des salariés compétents, Roos déclare : « Nous n'avons pas de problèmes pour embaucher les bonnes personnes parce que je dirais que ça devient de plus en plus important d'avoir un travail valorisant, plutôt qu'un salaire élevé. » La coopérative Mobility a aussi mis en place deux sociétés anonymes : Mobility International AG (MIAG) pour développer les logiciels techniques qui sont au cœur de son service de partage de voiturage ; et Catch a Car, un projet pilote à Bâle qui inclut plusieurs partenaires. Ces exemples montrent qu'une structure de gouvernance coopérative peut faire face à l'économie de marché compétitive en créant une séparation juridique claire pour protéger la coopérative des risques liés aux évolutions technologiques ou aux projets pilotes ; et peut-être aussi se développer plus rapidement avec un apport en capital plus important que ce qui peut être généré par les membres d'une coopérative. Dans un contexte de concurrence, l'investissement en capital peut accélérer la croissance d'un projet.

Un dernier mot sur les utilisateurs de l'économie du partage : ces usagers font appel à divers types de services situés dans l'économie du partage mais aussi dans l'économie marchande : on échange des objets avec des voisins ou par un réseau social, mais peu de personnes s'interdisent l'achat de produits dans le secteur commercial ; on prend un vélo en libre-service ou une voiture en co-voiturage, mais on ne va pas pour autant renoncer à l'achat de nos propres modes de transport privés, voiture ou vélo. On peut parler de « métissage », avec des consommateurs qui deviennent parfois producteurs et qui jonglent entre l'économie du partage et l'économie marchande selon leurs besoins et de temps à autre, aussi, par nécessité. Rhoda Halperin propose que le *householding* puisse être perçu comme une forme de résistance au capitaliste et à la dépendance vis-à-vis de l'État, réalisée grâce à un haut niveau de coordination entre les membres d'un groupe. Cette interprétation semble pertinente pour définir l'économie du partage ainsi que nous l'avons constaté dans le cas suisse : les usagers de ces services forment des groupes et communiquent par des plates-formes d'échange assurant une coordination de produits et de services entre les membres du groupe, navigant ainsi à la fois dans des systèmes capitalistes et non capitalistes, vers une définition possible du *householding*.

CONCLUSION

Cette étude à partir de six exemples de l'économie du partage en Suisse est certes limitée, mais nous permet de mieux comprendre les formes d'interdépendance et les degrés de solidarité mis en avant et pratiqués dans ces initiatives. Les diverses activités qui souscrivent à l'économie du partage se situent souvent entre le partage dans la solidarité et le partage pour le profit individuel dans un marché concurrentiel. Tous les acteurs impliqués dans la création de plates-formes d'échange considèrent le partage opportun pour l'amélioration des services et la maximisation de l'utilité de ressources matérielles, mais la volonté de renforcer le lien social et de répondre aux besoins d'autrui n'est pas partagée par tous. Dans certains cas, l'interdépendance prend la forme d'une complémentarité, il en est ainsi pour les boîtes d'échange de Tako ou le partage entre voisins de Pumpipumpe. Dans d'autres cas, une interdépendance mécanique est mise en œuvre : ce sont, aussi, les prix avantageux de Mobility qui rendent ce service attractif pour ses usagers. Comprendre les formes d'interdépendance dans chaque principe d'intégration économique, selon la proposition de Jean-Michel Servet, a alors tout son sens pour évaluer le degré de solidarité associé à l'économie du partage.

Dans l'ensemble des six cas analysés ici, les visions et les objectifs des acteurs engagés dans l'économie du partage ne sont pas suffisants pour garantir qu'une entité opère dans la solidarité. Il convient de prendre en considération les formes d'interdépendance promues par ces initiatives, en analysant notamment l'environnement institutionnel dans lequel elles évoluent, leur système de gouvernance et leur forme légale (entreprise, association, coopérative, etc.). Pour qu'une initiative de l'économie du partage soit solidaire, le type de structure n'est pas déterminant *a priori* : il s'agit de mettre en pratique un système de gouvernance participatif et démocratique. Tryngo peut être une SARL et en même temps membre de la Chambre de l'économie sociale et solidaire genevoise, par exemple. Mais, se pose alors la question de l'échelle de l'activité et de la manière dont elle évolue dans le temps, vers des buts solidaires ou non. L'association Lausanne Roule a pris le statut d'une SARL pour aller vers le déploiement de vélos en libre-service au niveau national, mais depuis la vente à La Poste, l'objectif de rester rentable semble plus important que celui de rendre le vélo plus accessible à la société. Bon nombre d'activités doivent entrer en contact avec le marché concurrentiel, créant des situations qui nécessitent des investissements dans l'innovation ou des structures tierces pour gérer les risques financiers. C'est le cas pour Happy City Lab, un label qui englobe des activités associatives et commerciales. Pour la coopérative Mobility, la décision de créer des SARL tierces découle d'un besoin de protéger une entreprise à risque et de rester concurrentielle, dans le contexte de l'économie du marché. Malgré tout, la structure légale semble quand même pertinente pour comprendre si une entité sera, à long terme, plus ou moins solidaire.

Dans son chapitre sur le *householding*, Gregory déclare que ce type d'intégration économique n'est plus utile de nos jours ; l'État, la communauté et le marché seraient les seules institutions clés aujourd'hui[28] en tant que contexte social dans lequel existent des formes d'économie du marché, la redistribution et de la réciprocité. Or, par l'exemple de l'économie du partage, nous constatons des formes d'interdépendance au niveau d'un groupe clos qui ne peut pas toujours être qualifié de communauté, avec des règles définies par cette communauté. Quel système de gouvernance pour des rapports entre personnes qui se connaissent uniquement par leur avatar dans un monde virtuel d'échanges, qui, de plus, mettent en circulation dans le domaine public des biens privés ? L'économie du partage démontre déjà, dans le cas d'Uber et d'Airbnb, que les cadres réglementaires ne sont pas clairs : ces organisations sont constamment en procès avec des municipalités, qui peinent à les soumettre aux lois d'opération pour les transports et logements publics. Pour ParkU, un problème juridique persiste dans le fait qu'il cherche à remettre dans le domaine public des places de parking souscrites à des lois privées. L'institution de la propriété privée est remise en question, sans parler des questions liées aux conditions de travail dans l'économie du partage.

Pour Polanyi, le *householding* est « un aspect de la vie économique uniquement à un niveau d'agriculture plus avancé[29] », qui émerge dans des contextes socio-culturels plus complexes, arrivant historiquement après la redistribution et la réciprocité[30]. Pourquoi est-il nécessaire de placer le *householding* dans une perspective historique ? Dans le cas des usagers de l'économie du partage en Suisse, nous constatons un va-et-vient entre diverses formes économiques, du *householding* au marché, de la redistribution à la réciprocité. On peut faire l'hypothèse que les formes d'interdépendance ne se situent pas tant entre acteurs dans le *householding*, que dans l'articulation entre les divers principes économiques. Le *householding* peut alors être considéré comme une forme économique transversale, qui met les membres d'un groupe clos en relation avec des transactions marchandes et non marchandes. Si les échanges se font par nécessité, nous ne pouvons pas parler d'une économie de partage solidaire. Si l'intérêt du groupe est présent mais reste secondaire par rapport à des intérêts sociétaux et environnementaux,

---

28 Gregory (2009), p. 157.
29 Polanyi (1944/2001), p. 55.
30 Halperin (1991), p. 97.

dans un processus démocratique, l'économie du partage est une forme
de *householding* solidaire.

Si l'on réexamine la question de l'échelle, quels seraient les moyens
nécessaires pour renforcer l'élan d'une économie du partage plus solidaire ? Lors de notre entretien, Jean-Michel Servet a tenu ces paroles qui
montrent combien l'optimisme est au cœur de son travail :

> Comme disait le vieux Marx en citant le plus vieux Hegel, les différences
> quantitatives produisent des différences qualitatives [...] Il y a une multiplicité
> de petites expériences dans différents champs, et à partir du moment où il
> y a une densité suffisante, tant géographique que sociale qu'économique, il
> va y avoir un basculement qui s'opère sur l'ensemble du système [...] C'est
> comme quand on jette une pierre qui roule, il y a un effet d'accélération qui
> se produit. (J.-M. Servet, entretien du 18 mai 2015, Genève.)

Tous mes interlocuteurs et interlocutrices étaient d'accord sur ce
point : le nombre croissant d'opportunités de partage, que ce partage
soit solidaire ou non, crée un nouvel élan qui mènera sans doute à un
changement dans les habitudes et les perceptions quant à l'utilisation
des ressources par notre société de consommation. C'est un moment
propice, face à l'enthousiasme visible autour de l'idée de partage, pour
bien distinguer ses formes – entre le partage dans la réciprocité et le
partage dans le marché, entre le partage dirigé vers des intérêts collectifs
ou vers un profit individuel – ainsi que les contextes institutionnels et
réglementaires qui pourraient promouvoir ou restreindre cette solidarité.

UNE ALTERNATIVE
AU DUALISME ÉTAT-MARCHÉ

L'économie collaborative, questions pratiques
et épistémologiques

David VALLAT
Université Claude Bernard Lyon 1 ;
laboratoire TRIANGLE, UMR
CNRS 5206

> Entre l'être et le connaître : le faire
> Paul VALÉRY, *Cahiers*[1]

Après un engagement commun avec Jean-Michel Servet (JMS) sur des thématiques liées au microcrédit et à la question de l'exclusion[2], j'ai eu l'occasion d'explorer d'autres terrains et d'autres questionnements. Nous nous croisons de nouveau aujourd'hui sur une thématique de recherche : l'économie collaborative… et j'espère que ce sera l'occasion de renouer des discussions scientifiques aussi stimulantes qu'elles le furent.

J'ai hérité de JMS, un attachement pour les travaux de Karl Polanyi. Je découvre également un intérêt partagé pour Elinor Ostrom. Dans le présent texte je vais, en m'appuyant notamment sur les travaux de JMS, approfondir la caractérisation de cet objet flou qu'est l'économie collaborative, mobilisant Polanyi et Ostrom. Car s'engager dans la recherche

---

[1]   Valéry, *Cahiers*, Bibl. de la Pléiade, t. I, 1973, p, 843.
[2]   Cet engagement commun a débouché sur une thèse soutenue sous la direction de Jean-Michel Servet en décembre 1999.

avec Jean-Michel a été, pour moi, m'investir dans une recherche engagée. Une recherche où le chercheur est aussi (modestement) un faiseur impliqué sur son terrain, conscient de son utilité sociale.

L'économie collaborative, l'économie du partage, par ses valeurs (ouverture, collaboration, égalité, *empowerment*, réciprocité) serait à même de proposer une alternative d'autant plus crédible au capitalisme (selon les tenants de ce mouvement) qu'elle aborde le changement de façon pragmatique en tenant compte d'un contexte bien réel : de crise économique, de crise écologique, de révolution technologique réduisant immensément les coûts marginaux et facilitant les échanges et la structuration de communautés[3] ; et, enfin, de changement de valeurs (lié à l'avènement dans le monde du travail de la génération Y[4]).

Plusieurs auteurs ont entrepris de dresser les contours de l'économie collaborative[5]. L'entreprise est délicate mais nécessaire tant le sujet prête à confusion. Dans un premier temps, nous nous essaierons à notre tour à cet exercice avant de souligner, dans un deuxième temps, deux dimensions majeures, à nos yeux, de cette forme d'économie. Ce travail de catégorisation réalisé, nous tenterons, dans une troisième partie, de l'approfondir en montrant l'originalité de l'approche épistémologique inhérente à une certaine économie collaborative qui induit un questionnement profond de nos modèles (économiques) de rationalité.

LES PARADOXES DE L'ÉCONOMIE COLLABORATIVE

L'économie collaborative comprendrait une certaine contradiction dans les termes qui s'accompagne de caractéristiques structurantes fortes.

L'« ÉCONOMIE COLLABORATIVE » ET SES CONTRADICTIONS

L'économie collaborative, présentée aussi comme l'économie du partage (*sharing economy*), recouvre une multitude d'activités centrées sur la

---

3   Rifkin (2014) ; Tapscott et Williams (2007).
4   Dagnaud (2011/2013).
5   Voir par exemple : Servet (2014) ; Botsman et Rogers (2011) ; Bauwens (2015) ; Filippova (2015).

production, la consommation, la finance et l'échange. On est en droit de se demander, dès lors, quels sont les points communs entre Airbnb, Uber, Wikipedia, Ulule, Blablacar, La ruche qui dit oui!, Leboncoin, Linux, les fablabs, les systèmes d'échange local, les accorderies ou les sociétés coopératives de production? Répondre à cette question est ardu, car l'économie collaborative ne concerne pas que quelques champs économiques spécifiques. Elle se déploie dans tous les domaines de l'économie (échange, consommation, production, finance) : achat de matériel d'occasion (Leboncoin, eBay), covoiturage (Blablacar), transport (Uber), location d'appartement (Airbnb), consommation agricole locale (La ruche qui dit oui!), financement participatif (Ulule, KissKissBankBank, Kickstarter), monnaies complémentaires (Brixton Pound), mise en commun de connaissances (Wikipedia, Wikia, Réseaux d'échange réciproque de savoirs, Linux), production (fablab, hackerspace, société coopérative de production), échange de biens et de services (accorderies, systèmes d'échange local), etc.

Selon Rachel Botsman, l'économie collaborative aurait comme point de départ la volonté, dans un contexte de crise écologique et économique, de privilégier l'usage des biens à leur propriété[6]. La consommation collaborative, aussi pertinente et étendue soit-elle (n'est-il pas plus pertinent d'avoir accès à une perceuse plutôt qu'en être propriétaire si l'on bricole une ou deux fois par an?), ne peut résumer à elle seule l'économie collaborative. Jeremy Rifkin[7] apporte un deuxième éclairage, logistique celui-là. Le partage de l'information et des ressources (entrepôts, siège inoccupé dans une voiture, chambre libre dans un appartement, place de parking, perceuse, etc.) permet d'optimiser l'utilisation de ces dernières et donc d'éviter un gaspillage colossal. Certaines entreprises redéfinissent leurs objectifs pour privilégier l'usage à la propriété avec une ambition de développement durable. Elles relèvent du champ dit de l'« économie de la fonctionnalité[8] ».

Se dessine alors une première segmentation possible entre une économie collaborative dont le point de départ est l'horizontalisation des rapports interpersonnels médiatisés par les plates-formes numériques utilisées comme des « armes de collaboration massive[9] »et une économie

---

6   On parle aussi de « consommation collaborative » : voir Botsman et Rogers (2011).
7   Rifkin (2014).
8   Fromant (2012).
9   Tapscott et Williams (2007).

collaborative dont l'origine est une organisation plus verticale, plus traditionnelle mais qui redéfinit ses valeurs et son modèle d'affaires pour intégrer la coopération et la collaboration dans ses objectifs stratégiques ou son mode d'organisation. Le premier cas ferait référence aux initiatives d'économie du partage (*sharing economy*) et de consommation collaborative ; le second concernerait l'économie de la fonctionnalité, l'économie circulaire[10], les sociétés coopératives de production (SCOP), voire plus largement le champ de l'économie sociale et solidaire[11].

Nous constatons que les frontières de l'économie collaborative ne sont pas simples à tracer d'autant que ces initiatives peuvent relever d'une stricte logique marchande comme d'une ambition solidaire (avec parfois un savant mélange des deux). Le *think tank* français OuiShare (ouishare.net) créé en 2011, important média de l'économie collaborative en France et dans le monde, regroupe sous le terme d'économie collaborative cinq phénomènes :

- la consommation collaborative ;
- le *crowdfunding* (financement de pair à pair) ;
- la connaissance ouverte (*open data, open education, open governance*) ;
- le mouvement des *makers* (*open design and manufacturing, do it yourself*) ;
- la gouvernance ouverte et horizontale (budget participatif, coopératives, *do-ocracy, holacracy*).

Il convient dès lors d'approfondir notre compréhension de l'économie collaborative en soulignant certaines de ses caractéristiques discriminantes.

CULTURE HORIZONTALE
ET RETOUR DE LA « MAIN INVISIBLE »

Les acteurs de l'économie collaborative ont fait leur la culture « horizontale » d'internet[12] où le pouvoir, les responsabilités, l'information, la connaissance, sont distribués et partagés. Les lignes entre producteur et consommateur se troublent (Rifkin parle de « prossommateur » pour rendre compte d'une réalité dans laquelle les individus peuvent être à la fois producteurs et consommateurs[13]). Des réseaux se forment autour

10 Lévy (2009).
11 Voir par exemple : Laville (1994 et 1999) ; Demoustier (2001) ; Draperi (2011).
12 Castells (1996 et 2002).
13 Rifkin (2014).

de valeurs partagées dans des communautés numériques et/ou physiques afin d'apporter des réponses personnalisées aux problèmes spécifiques et ainsi ouvrir la voie à un nouveau modèle économique : la « longue traîne » (vendre/proposer une grande diversité de produits, chacun en petite quantité[14]).

Les commissaires-priseurs numériques (les algorithmes de Uber, Airbnb ou Kickstarter jouent ce rôle), médiatisant les échanges de pair à pair (*peer to peer*, P2P), agissent comme autant de « petites mains invisibles ». Serait-ce le retour de Smith ou de Hayek ? La question mérite d'être posée quand Jimmy Wales, le fondateur de Wikipedia, affirme : « le travail d'Hayek sur la théorie des prix est central pour ma propre réflexion à propos de la gestion du projet[15]. »

En effet, les « prossomateurs » peuvent obtenir ce qu'ils désirent directement auprès d'autres « prossomateurs » avec des coûts de transaction minimes voire nuls (dans la « société du coût marginal zéro » décrite par Rifkin). Ce modèle collaboratif va, selon cet auteur, progressivement pousser de côté le capitalisme. Il est vrai, par exemple, que Airbnb sans posséder le moindre hôtel a une capitalisation boursière supérieure à celle du groupe Hyatt[16]. L'accumulation du capital (fondement du capitalisme) n'est plus, de ce fait, la garantie de l'hégémonie économique.

L'économie collaborative facilite la transformation de biens privatifs (voiture, appartement, perceuse, etc.) en bien productifs. Cela procède, en partie, d'une économie de la frugalité qui croise motivations écologiques et situation de crise économique. Toutes ces petites mains invisibles agissent dans un cadre réglementaire peu adapté à l'économie collaborative[17]. Cette dernière accompagne un mouvement d'accroissement sensible des travailleurs indépendants en France comme aux États-Unis[18], une d'accélération du deuxième choc industriel[19] entre production de masse

---

14 Anderson (2007/2009).
15 Mangu-Ward (2007).
16 http://www.lefigaro.fr/secteur/high-tech/2014/03/21/32001-20140321ARTFIG00367-la-start-up-airbnb-vaut-aussi-cher-que-les-grandes-chaines-d-hotellerie.php, consulté le 09/02/2016.
17 http://www.lemonde.fr/entreprises/article/2015/03/14/uber-bouscule-la-loi-theve-noud_4593581_1656994.html, consulté le 09/02/2016.
18 http://telos-eu.com/fr/politique-economique/economie-collaborative-un-programme-politique-pour.html. On parle Outre-Atlantique de *Gig Economy* : http://www.wired.com/insights/2013/09/the-gig-economy-the-force-that-could-save-the-american-worker/.
19 Piore et Sabel (1984).

et production artisanale. Un corollaire à ce mouvement a été qualifié d'« ubérisation du travail[20] » par référence à la société Uber qui fait travailler des personnes cherchant un complément de revenu, voire un revenu à part entière, dans un cadre très précaire.

Quoi qu'il en soit, il serait difficile de faire comme si l'économie collaborative n'existait pas quand on sait que les richesses créées par ce secteur pourraient atteindre 335 milliards de dollars d'ici 2025 contre 15 milliards en 2014[21]. Comme quoi la frugalité ne concerne pas tous les acteurs de l'économie collaborative. Que trouve-t-on de collaboratif chez Uber ou Airbnb? La notion même de collaboration est ambiguë. À quel niveau se situe la collaboration? Le terme «économie du partage» également utilisé (*sharing economy*) serait-il mieux adapté? Les algorithmes permettant de gérer les mises en relations des individus sur les plates-formes numériques ne sont pas en libre accès, pas plus que les bases de données des clients.

Pour certains, Uber et Airbnb ne font pas partie de l'économie collaborative[22] qui aurait, elle, plus à voir avec la constitution de communautés d'intérêt auto-organisées, de relations de pair à pair, et la construction et la gestion de biens communs[23]. Comment dès lors faire un distinguo entre une économie collaborative qui procède d'un capitalisme fondé sur l'utilisation massive d'outils numériques grâce à l'internet (un «capitalisme nétarchique[24]») et une autre économie collaborative, à définir, centrée sur un projet commun?

---

20 Voir *Alternatives économiques*, n° 352, décembre 2015.
21 http://www.paristechreview.com/2014/12/31/economie-partage-reglementation/).
22 http://www.lemonde.fr/entreprises/article/2015/06/25/michel-bauwens-uber-et-airbnb-n-ont-rien-a-voir-avec-l-economie-de-partage_4661680_1656994.html, consulté le 09/02/2016.
23 Servet (2014); Bauwens (2015).
24 Selon l'expression de Michael Bauwens (2015) pour qualifier les réseaux contrôlés par de grandes sociétés privées de type Google, Uber, Airbnb, Amazon, etc.

CARACTÉRISER L'ÉCONOMIE COLLABORATIVE

L'économie collaborative promeut une vision distribuée de l'économie[25] où le consommateur devient partie prenante de la production en mettant son bien à disposition de tiers. La mutualisation des biens rendue aisée par la médiation de plates-formes numériques[26] vise à économiser, à peser moins sur les ressources, à réduire la consommation et la pollution, à redéfinir ses besoins (pour aller vers plus de *liens* et moins de *biens*). Les échanges de pair à pair permettent de s'organiser en commun, en se départant du poids des institutions, des organisations, pour produire et échanger ce dont nous avons besoin : c'est une économie qui repose sur la demande où le consommateur agit dans le champ de la production. Cette approche, reposant sur le pair à pair, propose une autre vision de la place de l'économie dans la société, une vision envisagée au milieu du XXe siècle par le socio-économiste d'origine hongroise Karl Polanyi. Cette vision repose également sur la volonté de changer les rapports économiques et de les organiser sur la base d'une administration en commun.

L'ÉCONOMIE COLLABORATIVE, UNE ÉCONOMIE *RÉENCASTRÉE* DANS LA SOCIÉTÉ ?

L'économie collaborative produit de l'innovation sociale[27] en mobilisant des comportements économiques qui renforcent la cohésion sociale alors que l'échange marchand est un comportement qui tend à dépersonnaliser les transactions. Polanyi a abondamment discuté ce phénomène[28] en commençant par identifier deux sens qui s'appliquent à l'économie. Cette polysémie est source d'imprécisions dans le discours général[29]. Dans son sens *formel*, l'économie met en relation les moyens aux fins. Sous cet angle, il s'agit de maximiser son intérêt (son profit), en faisant donc en sorte de ne pas gaspiller : il faut économiser (recherche

25   Rifkin (2012).
26   Kenney et Zysman (2015).
27   Klein, Laville et Moulaert (2014).
28   Maucourant, Servet et Tiran (1998).
29   Polanyi (1977/2011).

d'*efficience*). L'économie, dans son sens formel, est l'apanage de quelques sociétés particulières, entendons celles organisées autour des principes du libéralisme économique.

Le sens *substantif* est tout autre et concerne un plus grand nombre de sociétés. De ce point de vue, l'économie est le processus qui permet de réaliser l'existence matérielle (*livelihood*) de l'homme (recherche d'*efficacité*). Or cette existence matérielle passe par des interactions avec les autres hommes et avec leur environnement naturel. Les interactions avec les autres hommes s'insèrent dans un cadre social, car l'homme ne peut subsister en dehors de la société. L'économique est ainsi immergé, encastré, dans le social.

Polanyi identifie quatre principes de comportement économique, trois au sens substantif et le dernier au sens formel[30]. Ces principes sont associés à des modèles institutionnels en vigueur dans une société donnée. Ses modèles ont pour objet de faciliter la mise en œuvre des principes de comportement économique.

Le premier principe est celui de réciprocité qui consiste à rendre une fois que l'on s'est vu offrir. La réciprocité peut prendre des formes multiples. Elle a comme caractéristique essentielle de concerner des individus semblables. « La réciprocité est énormément facilitée par le modèle institutionnel de la symétrie, trait fréquent de l'organisation sociale chez les peuples sans écriture. » La redistribution, second principe de comportement économique, peut se schématiser en un premier mouvement de produits vers l'autorité centrale qui ensuite les diffuse. « De même, c'est le modèle institutionnel de la centralité [...] qui rend compte de la collecte, de l'emmagasinage et de la redistribution des biens et des services. » Enfin, le principe de l'administration domestique qui consiste *grosso modo* à consommer ce que l'on produit soi-même, repose sur le modèle du groupe clos. Ces trois principes de comportement économique, non exclusifs les uns des autres, représentent des formes d'intégration au groupe. Ils s'appuient sur des modèles institutionnels générés par le collectif. Adhérer à ces principes, les respecter, permet de s'inscrire dans sa communauté.

Le quatrième principe est l'échange marchand basé sur le modèle institutionnel du marché. Dans ce cas la société ne détermine pas la

---

30 La suite du développement s'appuie sur Polanyi (1944/1983), dont les citations en page suivante.

place qu'occupent les individus en fonction de « la coutume et le droit, la magie et la religion ». C'est au marché que revient la fonction d'établir la position de l'individu dans la société, et ceci d'une manière purement mécanique en croisant ses propres offres/demandes avec celles des autres acheteurs/vendeurs sur le marché considéré. Dans un tel cas de figure, le marché risque de devenir le seul lien « social » du fait de sa tendance à la dépersonnalisation des échanges[31].

Il est possible de faire la liste des formes d'économie collaborative qui mobilisent ces différents principes à des degrés divers. D'ores et déjà il est aisé de convenir qu'Uber, Airbnb et autre eBay relèvent de l'échange marchand reposant sur le modèle institutionnel du marché, même si les échanges sont réalisés de pair à pair (P2P). En revanche Wikipedia, les fablabs[32] ou encore les systèmes d'échange local – SEL[33] – procèdent principalement du principe de réciprocité reposant sur le modèle institutionnel de la symétrie. Ce principe de réciprocité caractérise le « souci d'autrui[34] » que l'on trouve dans les groupes où la recherche du bien commun prime la recherche de l'intérêt individuel.

L'économie collaborative, dans un cadre polanyien, fait référence à une conception substantive de l'économie (l'économie est encastrée dans la société et au service de cette dernière). L'action économique est ainsi orientée vers la production d'utilité sociale, comme cela a pu être mis en avant pour les projets de l'économie solidaire[35].

Forts de ces précisions, nous pouvons enrichir notre caractérisation de l'économie collaborative afin de commencer à en distinguer plusieurs formes grâce à une grille de lecture polanyienne. Par exemple, il est possible d'évoluer dans un cadre marchand tout en ayant une conception substantive de l'économie (c'est le cas de l'économie circulaire, de l'économie de la fonctionnalité ou des SCOP). De même, il est possible de voir coexister plusieurs principes de comportement économique au sein d'une même organisation : un fablab ou une régie de quartier[36] fonctionnant en partie grâce à des subventions publiques peuvent agir selon les principes de réciprocité et de redistribution.

31   Durkheim (1893/1991).
32   Lallement (2015).
33   Ferraton et Vallat (2012), p. 21-34.
34   Servet (2007a), p. 255-273.
35   Ferraton et Vallat (2005), p. 289-307 ; Gadrey (2006).
36   Demoustier et Vallat (2005), p. 70-82.

Le critère de comportement économique ne semble pas suffisant pour opérer des distinctions au sein des acteurs de l'économie collaborative. Il convient donc d'en explorer un second autour de l'idée d'administrer l'économie en commun.

UNE ÉCONOMIE ADMINISTRÉE EN COMMUN ?

L'économie collaborative semble offrir une troisième voie entre l'État et le marché, celle des communaux collaboratifs[37] qui, visant à produire, innover, gérer en commun sont fondés sur l'intérêt de la communauté (« économie » prise dans son sens substantif) plutôt que sur la seule satisfaction des désirs individuels (« économie » prise dans son sens formel). Cette vision s'inscrit dans le champ de la culture du libre accès[38] très présente dans la culture d'internet[39]. Cette culture collaborative associée à internet puise ses sources dans sa dimension universitaire initiale et plus généralement dans la culture *open source* (même si ce trait culturel n'a pas été unique pour constituer la culture de l'internet, il en constitue un fondement majeur selon Castells[40]. Ainsi la production collective/collaborative de contenus (dont Wikipedia est l'emblème) pénètre dans les organisations ne serait-ce que par effet générationnel (génération Y) et contribue, selon certains, à la construction d'une intelligence collective, adaptative et créative.

Ces pratiques collaboratives sont créatrices de valeur pour la société. Le mouvement du logiciel libre est à l'avant-garde de cette idée de produire en commun de la valeur au bénéfice de tous[41]. Dans cette optique, ce sont les connaissances qui sont gérées en commun. Le système d'exploitation Linux, le navigateur Firefox, le circuit imprimé Arduino sont autant d'innovations fruits d'un développement distribué, démocratisé[42]. Si l'économie mondiale repose largement sur la production et la distribution de savoirs[43] la tentation est grande de s'approprier, dans une perspective lucrative, les connaissances produites en commun. Les travaux de l'économiste Elinor Ostrom sur les biens communs permettent

37 Rifkin (2014).
38 Suber (2012).
39 Benkler (2002), p. 369-446.
40 Castells (2002).
41 Mangolte (2015).
42 Hippel (2005).
43 Voir par exemple : Commission européenne (2010) ; OCDE (2012a) ; OCDE (2012b).

d'établir un cadre de réflexion sur la gestion de ces biens. Cette notion de
« bien commun » a d'abord été employée pour les ressources communes
(*common-pool ressources*) nécessitant une gestion commune[44] sous peine
de connaître « la tragédie des communs[45] » (Hardin, 1968), c'est-à-dire
une exploitation excessive à des fins privées d'une ressource commune
finie (ressources halieutiques par exemple).

Après les premiers travaux sur les biens communs qui datent de la fin
des années 1970 et qui se focalisent sur le management de ressources rares[46],
les biens communs ont été réinventés en particulier autour de la culture[47],
de l'usage d'internet[48] et de la connaissance[49]. Il est ainsi possible de donner
une définition générale des biens communs comme une ressource partagée
par un groupe de personnes[50]. Cette ressource peut être de taille réduite
et concerner un petit groupe (une cagnotte économisée pour les vacances
familiales), un groupe de dimension plus importante (un jardin public)
ou l'humanité dans son entier (les ressources halieutiques, l'atmosphère,
internet, le savoir scientifique) Le bien commun peut avoir des frontières
clairement identifiées (une forêt communale), être transfrontalier (la mer
Méditerranée) ou sans frontières (le savoir, la couche d'ozone).

La connaissance est un commun particulier. La connaissance croît en
étant partagée. Plus cette ressource est sollicitée plus elle se développe.
Cela est d'autant plus facile que les technologies de l'information et de
la communication rendent le coût de ce partage quasi nul (comme le
souligne abondamment Rifkin). Si l'on se réfère à notre cadre d'analyse
polanyien, la production de connaissances s'appuie sur le principe de
comportement économique de réciprocité, reposant sur le modèle institutionnel de la symétrie : symétrie de tous les producteurs de connaissances
dont la créativité est reconnue par tous[51]. C'est ce modèle qui permet
de démocratiser l'innovation.

La connaissance est certes un bien non rival (son utilisation individuelle ne prive pas d'autres utilisateurs potentiels), mais elle peut être

44   Ostrom (1990).
45   Hardin (1968), p. 1243-1248.
46   Ostrom et Ostrom (1977), p. 7-49.
47   Bertacchini, Bravo, Marrelli et Santagata (2012).
48   Benkler (1998).
49   Hess et Ostrom (2007/2011).
50   Nous nous appuyons sur Hess et Ostrom (2007/2011).
51   Internet rend accessible toute production (de connaissance en particulier) et ainsi démo-
     cratise la créativité : voir Anderson (2007/2009) ; Anderson (2012) ; Serres (2012).

appropriée de manière indue. Elle questionne donc l'établissement de droits de propriété[52]. Une menace constante pesant sur les ressources communes est celle d'une appropriation privative (par exemple, selon Polanyi, les *enclosures* mises en place au XVIIIe siècle « étaient une révolution des riches contre les pauvres ») qui explique, à propos du bien commun « connaissance », des mouvements de résistance à cette appropriation privative[53] prônant l'accès libre (*open access*), une culture libre (*free culture*) protégée par les licences libres *Creative Commons*[54].

Caractériser les économies collaboratives en ajoutant un critère de discrimination basé sur la gestion en commun des ressources (en particulier de la ressource « connaissance » mais pourquoi pas aussi les ressources financières, c'est-à-dire le partage des résultats de l'activité) éclaire d'un nouveau jour les différentes formes de l'économie collaborative. Les représentants du « capitalisme nétarchique » ne mettent pas en commun leurs algorithmes de mise en relation pair à pair, pas plus qu'ils ne partagent leurs bénéfices ou leur base de données clients (pourtant constituées par les clients eux-mêmes).

L'économie collaborative n'est pas un mouvement politique ; elle porte toutefois un projet que l'on peut considérer comme utopique (« sauver le monde » pour reprendre le titre de l'ouvrage de Michel Bauwens ou « éclipser le capitalisme » comme l'avance Jeremy Rifkin) mais qui se fonde sur un diagnostic de l'existant prêtant à réfléchir : « L'organisation sociale est en décalage profond avec les principes de contribution, de participation et de coopération sur lesquels reposent le numérique et l'économie collaborative[55]. » Ce diagnostic semble être largement partagé au-delà du cercle des tenants de l'économie collaborative[56]. Le diagnostic mis à part, ses promoteurs prônent l'action. Il s'agit de participer à la création de ce nouveau monde en étant acteur du changement. Agir devient le moyen de tester les idées et de dépasser les contradictions[57] internes de ce mouvement.

---

52 Orsi (2015).
53 Latrive (2004).
54 Lessig (2004).
55 Filippova (2015).
56 Castells (1996).
57 http://telos-eu.com/fr/politique-economique/economie-collaborative-un-programme-politique-pour.html.

L'ÉCONOMIE COLLABORATIVE SE PENSE
DANS L'ACTION

Les économies collaboratives s'unifient dans l'action. Certaines initiatives resteront *non-profit*, gérées en commun, fondées sur la réciprocité. D'autres basculeront, victimes de leur succès, du côté du « capitalisme nétarchique ». Toutefois elles semblent nombreuses à partager un projet initial : agir, « faire » en bricolant (1), ce qui contribue à transformer notre vision du monde (2).

L'ÉCONOMIE COLLABORATIVE NOUS INVITE
AU BRICOLAGE

Qu'est-ce que « faire[58] » ? Plus qu'un projet politique, une manière d'être. Ne plus être un consommateur passif, mais rejoindre les rangs des producteurs. Produire émancipe comme l'avait en son temps souligné Proudhon (on s'approche dans les *hackerspaces* de la notion proudhonienne de mutuellisme qui s'oppose à la vision marxiste de propriété collective des moyens de production). Produire dans des lieux où l'on partage l'espace, les outils, l'expérience, les savoirs (fablabs, *hackerspaces*), produire pour affirmer son identité, produire en collaborant ou pour collaborer. Le *faire* c'est l'apprentissage par la pratique, une pratique de production et de l'émancipation personnelle qui favorise l'*empowerment*[59] ; c'est l'union de l'art et de la technique (qui encourage les décloisonnements disciplinaires) ; peut-on y voir le triomphe du pragmatisme sur l'idéologie, du *bricoleur* sur le professionnel ?

Les imprimantes 3D, les découpeuses laser et autres fraiseuses numériques que l'on trouve dans les fablabs offrent à tous un accès à une nouvelle forme de bricolage, pas uniquement individuel, un bricolage interconnecté. Internet n'a pas seulement permis la mise en œuvre de relations plus horizontales qui facilitent la collaboration ; il révèle aussi l'image du bricoleur que chacun peut être (bricoleur dans le monde numérique et/ou bricoleur dans le monde analogique). Ces transformations appellent évidemment à questionner la manière dont nous pensons

---

58   Anderson (2012) ; Lallement (2015).
59   Ferraton et Vallat (2004).

la société ou les organisations. À cet égard la notion de bricolage peut éclairer le processus d'innovation[60], ou les choix des entrepreneurs ou encore la compréhension des organisations[61]. Nous verrons que le bricolage, par son côté pragmatique questionne également la façon dont nous comprenons la construction de la connaissance.

Dans son ouvrage, *La pensée sauvage* – publié en 1962 – Claude Lévi-Strauss élabore le concept de « bricolage[62] » pour caractériser un mode de compréhension du monde basé sur l'expérimentation, une « science du concret[63] » qu'il définit ainsi :

> Dans son sens ancien, le verbe bricoler s'applique au jeu de balle et de billard, à la chasse et à l'équitation, mais toujours pour évoquer un mouvement incident : celui de la balle qui rebondit, du chien qui divague, du cheval qui s'écarte de la ligne droite pour éviter un obstacle. Et, de nos jours, le bricoleur reste celui qui œuvre de ses mains, en utilisant des moyens détournés par comparaison avec ceux de l'homme de l'art. (Lévi-Strauss, 1962, p. 26.)

En utilisant l'analogie du bricolage Lévi-Strauss veut dépasser ce qu'il nomme le « *paradoxe néolithique*[64] ». Cette période a vu l'avènement de la poterie, du tissage, de l'agriculture, de l'élevage, de la métallurgie, etc. qui n'apparaissent pas comme le fruit du hasard. Ces trouvailles n'apparaissent pas non plus comme résultant d'une démarche scientifique « moderne » (analytique) telle qu'elle est formalisée plusieurs siècles après par Descartes. Dès lors, deux approches scientifiques coexistent dans l'histoire, l'une incarnée par le bricoleur, l'autre par l'ingénieur :

> Le bricoleur est apte à exécuter un grand nombre de tâches diversifiées ; mais, à la différence de l'ingénieur, il ne subordonne pas chacune d'elles à l'obtention de matières premières et d'outils, conçus et procurés à la mesure de son projet : son univers instrumental est clos, et la règle de son jeu est de toujours s'arranger avec les "moyens du bord" […]. L'ensemble des moyens du bricoleur n'est donc pas définissable par un projet (ce qui supposerait d'ailleurs, comme chez l'ingénieur, l'existence d'autant d'ensembles instrumentaux que de genres de projets, au moins en théorie) ; il se définit seulement par son instrumentalité, autrement dit et pour employer le langage même du bricoleur,

---

60   Gundry, Kickul, Griffiths, et Bacq (2011) ; Garud et Karnøe (2003), p. 277-300.
61   Duymedjian et Rüling (2010), p. 133-151.
62   Voir Lévi-Strauss (1962), p. 26 *sqq.*
63   *Ibidem*, chap. I, p. 3 *sqq.*
64   Lévi-Strauss (1962), p. 22 ; c'est l'auteur qui souligne.

parce que les éléments sont recueillis ou conservés en vertu du principe que "ça peut toujours servir". (Lévi-Strauss, 1962, p. 27.)

BRICOLER UNE CONSTRUCTION DU MONDE

La science cherche à comprendre, le bricoleur veut construire, ce qui n'est pas un obstacle à la compréhension, bien au contraire. Il nous rappelle que la construction de la connaissance ne peut se concevoir sans une confrontation à l'action[65]. Cette construction de la connaissance se fait en dialoguant avec le monde. Le scientifique observe, le bricoleur dialogue, il est dans le monde ; il est le monde. C'est la raison pour laquelle le bricoleur accepte « [...] qu'une certaine épaisseur d'humanité soit incorporée à [la] réalité[66] ». C'est ainsi que le terme « bricolage » qualifie, de façon téléologique, tant le mode de production que son résultat.

Finalement les *makers* nous invitent, par leur bricolage, à être et à faire le monde, ce qui questionne notre rapport à la connaissance et plus largement les places relatives de l'ingénieur et du bricoleur. Le bricoleur nous conduit à envisager une hypothèse ontologique forte : le réel n'existe pas en soi, le projet contribue à le réaliser. Cette hypothèse a déjà été largement discutée dans le domaine scientifique autour des approches épistémologiques pragmatiques[67] ou constructivistes[68]. Elle mérite sans doute de l'être beaucoup plus dans celui de la gestion des organisations et de l'action politique[69]. Le *faire* dépasse les discours idéologiques en mettant en œuvre des solutions concrètes et partagées (Wikipedia, OpenstreetMap, Linux, etc.), fondées sur le vivre ensemble (ou une économie prise dans son sens substantif).

---

65   « *All doing is knowing, all knowing is doing* », selon Maturana et Varela (1987).
66   Lévi-Strauss (1962), p. 30.
67   Bazzoli et Dutraive (2014), p. 357-372.
68   Le Moigne (2012).
69   À ce titre nous pouvons nous interroger sur la capacité d'une certaine économie collaborative à correspondre à un retour de l'engagement politique *via* une implication dans des communautés : voir Putnam (2000).

POUR CONCLURE PROVISOIREMENT

D'un côté, la culture de l'*open access* où des pairs se rassemblent derrière un projet utile socialement et produisent en commun ; de l'autre, des sociétés commerciales gigantesques qui profitent des opportunités ouvertes par internet pour fonder un « capitalisme nétarchique[70] ». L'économie collaborative concentre des contradictions dont les acteurs de ce champ ont clairement conscience et qui ne sont que le reflet de la complexité de nos sociétés. C'est la raison pour laquelle nous distinguons différentes formes d'économie collaborative. Certaines d'entre elles peuvent apparaître comme l'aboutissement ultime du nouvel esprit du capitalisme[71] et d'autres, comme sa remise en question. Certaines de ces initiatives, « victimes » d'un succès planétaire (Airbnb) succombent à l'isomorphisme institutionnel[72] et reproduisent les formes organisationnelles du passé en se fondant dans un nouveau capitalisme, porté par les réseaux numériques. D'autres s'inscrivent dans la volonté de *faire* pour affirmer sa propre existence dans le monde (pour se réaffilier[73]) voire même pour le transformer et bricoler une utopie concrète.

Les bricoleurs (*makers*) bousculent le bel ordonnancement de l'organisation scientifique du travail[74], les prossomateurs interrogent le fonctionnement du capitalisme, les *hackers* questionnent la propriété. Tous ouvrent au chercheur de nouveaux horizons à explorer, car les connaissances établies n'épuisent pas ce nouveau contexte : la voie est ouverte pour en bricoler d'autres.

---

70 http://www.liberation.fr/economie/2015/03/20/le-peer-to-peer-induit-que-la-production-emane-de-la-societe-civile_1225002, consulté le 09/02/2016.
71 Boltanski et Chiapello (1999).
72 DiMaggio et Powell (1983), p. 147-160.
73 Castel (1995).
74 Les sociétés coopératives de production avaient pu jouer ce rôle mais à une échelle moindre.

L'ÉCONOMIE SOCIALE ET SOLIDAIRE

Une économie de la réciprocité fondée
sur une philosophie de la personne

Sophie SWATON
Institut de géographie
et de durabilité (IGD),
Université de Lausanne

INTRODUCTION

Dans les débats socioéconomiques, la question du statut de l'économie sociale et solidaire (ESS) en tant qu'« alternative » est généralement posée par rapport au capitalisme[1]. Cet angle d'analyse tend à situer l'ESS en marge des deux formes institutionnelles dominantes que sont, d'une part, le marché associé au mode de production capitaliste et, d'autre part, l'État. Cette contribution vise à montrer qu'en analysant l'ESS grâce aux outils de la philosophie économique, et non de la seule socioéconomie, il est possible d'identifier une dimension alternative au niveau de son *idéologie*. Celle-ci peut être interprétée comme incarnant une philosophie personnaliste qui s'oppose à l'individualisme. En effet, s'il est vrai que l'économie sociale et solidaire ne rejette pas le principe de marché, mais seulement son caractère hégémonique dans la société de marché, c'est bien une alternative idéologique qu'elle propose.

À ce titre, précisons d'emblée ce que nous entendons par « idéologie » en la distinguant méticuleusement de « doctrine » qui en constitue la forme

---

1   Dans le débat français, voir Vienney (1994) ; Draperi (2007) ; Hiez et Lavillunière (2013).

pervertie dans un système clos, autoritaire, figé qui a donné lieu aux pires atrocités du XXe siècle[2]. Pour comprendre ce qu'est une idéologie, il est utile de revenir à la définition qu'en donne Louis Dumont à savoir « l'ensemble des représentations fondamentales, inséparables de quelques valeurs ou orientations majeures, sur lesquelles repose une organisation sociale et politique particulière[3] ». Ainsi caractérisée, l'idéologie envahit donc le champ des représentations. Adopter une idéologie (consciemment ou non) implique d'adopter également, en plus des postulats de départ, une méthode et un choix quant aux questions à aborder et quant à la manière de les appréhender. Si les définitions des concepts sous-tendus posent des problèmes ou bien comportent des lacunes, l'idéologie est capable de s'adapter[4]. Ainsi, en matière de sciences et techniques, une idéologie libérale estime qu'à tout problème donné, les progrès de la technologie peuvent trouver une solution. Dans le domaine économique, une certaine idéologie libérale pose que la croissance économique est à rechercher pour les individus, en même temps que leur propre intérêt, et qu'elle est source de progrès. Enfin, dans le domaine politique, l'idéologie libérale pourrait s'énoncer de cette façon : le droit à la propriété privée est fondamental et le gouvernement et les lois se doivent de la protéger.

L'ESS, quant à elle, propose une idéologie différente de l'idéologie libérale, avec d'autres postulats de départ par le biais desquels la coopération entre les personnes devient pensable et théorisable. Cela représente en soi un virage conceptuel de taille. En particulier, l'affirmation du primat de la personne sur le capital peut se lire comme le reflet d'une philosophie sociale particulière. Nous la nommons « philosophie personnaliste ». Et un lien pourrait être amorcé avec les travaux sur l'ESS depuis la socioéconomie. Cependant, le lien n'est pas évident. Parmi les récents ouvrages sur le personnalisme[5], par exemple, aucun ne fait un lien direct avec l'ESS ni n'évoque les écrits de Karl Polanyi, auteur de référence dans l'approche socio-économique de l'ESS. Ne sont donc revendiquées, ni une économie alternative, ni une approche davantage socio-économique remettant en cause l'hégémonie du marché en tant que principe d'intégration économique.

---

2   Leroux (1995), p. 12.
3   Cité dans Bourg (1996), p. 13.
4   Swaton (2011), p. 86.
5   Voir Ballet *et al.* (2014) ; Loty *et al.* (2014).

Dans une première partie, nous commencerons par mettre en évidence la philosophie personnaliste qui pourrait être, malgré la variété de ses définitions, l'une des dimensions philosophiques de l'ESS, de par le primat de la personne qu'elle impose. On peut y voir l'expression d'un principe affinitaire par opposition au principe utilitaire. Mais le principe affinitaire n'est pas déconnecté d'une dynamique émancipatoire qui est également à l'œuvre dans l'ESS. Ainsi, dans une deuxième partie, nous tâcherons d'amorcer un pont entre une interprétation personnaliste d'une philosophie sociale qui opère dans l'ESS et une approche socio-économique de cette dernière. Ce détour par l'idéologie personnaliste permet d'affirmer que la complémentarité fondée sur l'égalité dans la différence constitue un type d'interdépendance propre au principe de réciprocité. Sur ce point, les travaux de Jean-Michel Servet sur la réciprocité sont d'un apport décisif en ce qu'ils mettent clairement en lumière la complémentarité. Servet réinterprète les principes d'intégration économique comme des principes d'interdépendance, en lien direct avec la philosophie personnaliste. Or, ce type d'interdépendance propre au principe de réciprocité constitue un modèle d'émancipation. C'est ce que nous visons à démontrer au terme de ce chapitre.

UNE PHILOSOPHIE SOCIALE SPÉCIFIQUE

LES CONTOURS D'UNE PHILOSOPHIE PERSONNALISTE

En affirmant le primat de la personne sur le capital, l'ESS semble directement incarner une philosophie sociale particulière : le personnalisme. Pourtant, loin de constituer un courant de pensée unanime, cette dernière regroupe différents auteurs que nous ne prétendons pas présenter exhaustivement ici[6]. Jean Lacroix pose clairement la question :

---

6   Notons qu'Emmanuel Mounier (1949/1995) évoque trois principaux courants en France du personnalisme, dont celui de la revue *Esprit*, sous son influence et celui de *L'Ordre nouveau* avec Alexandre Marc largement distincts de celui de la *Revue française*, des *Cahiers* ou de *La Revue du siècle*, plus apparentés à la Jeune Droite de l'époque. – Sur le renouveau de l'approche personnaliste nous renvoyons à Loty, Perrault et Ramon Tortajada (2014); voir également l'ouvrage de Ballet *et al.* (2014), sur lequel nous reviendrons.

> Au nom de quel personnalisme idéal pourrait-on choisir entre Descartes ou Kant, Hamelin ou Bergson, Lachièze-Rey ou Gabriel Marcel ? L'existentialisme, quand il se présente comme un humanisme, revendique au fond l'épithète de personnaliste. Et le marxisme aussi lorsqu'il veut réconcilier l'humanité avec elle-même par la suppression des aliénations n'est-il pas authentiquement un personnalisme ? (Lacroix, 1950/1971, p. 3.)

En revanche, nous mettrons principalement en avant l'idéologie, ou représentation sociétale, à laquelle la philosophie personnaliste, prise dans un sens générique, s'oppose. De ce point de vue, l'adversaire récurrent est l'individualisme, en ce qu'il traduit une philosophie sociale propre à l'idéologie libérale. Emmanuel Mounier en donne la définition suivante :

> L'individualisme est un système de mœurs, de sentiments, d'idées et d'institutions qui organise l'individu sur ces attitudes d'isolement et de défense. Il fut l'idéologie et la structure dominante de la société bourgeoise occidentale entre le XVIIIᵉ et le XIXᵉ siècle. Un homme abstrait, sans attaches ni communautés naturelles, dieu souverain au cœur d'une liberté sans direction ni mesure, tournant d'abord vers autrui la méfiance, le calcul et la revendication, des institutions réduites à assurer le non-empiètement de ces égoïsmes, ou leur meilleur rendement par l'association réduite au profit : tel est le régime de la civilisation qui agonise sous nos yeux, un des plus pauvres que l'histoire ait connus. Il est l'antithèse même du personnalisme, et son plus proche adversaire. (Mounier, 1949/1995, p. 32.)

Comment *a contrario* définir l'essence de la philosophie personnaliste ? Nous nous y emploierons en pointant les deux caractéristiques principales qui nous semblent pertinentes pour l'argument développé ici. Il s'agit d'abord de la nécessité de réintroduire la dimension sociale en lien avec la personne[7] et son identité sans omettre leur influence réciproque[8]. Cette dimension est vraisemblablement la plus connue du personnalisme et la plus diffusée. Le deuxième trait caractéristique de la philosophie personnaliste est la nécessité de lier la personne à une dimension morale. Celle-ci se décline à différents niveaux : pour certains auteurs, ce lien s'opère grâce au processus de sympathie[9]. Pour d'autres, c'est par le principe de responsabilité que l'on peut prétendre faire renouer la personne avec sa dimension morale. Jérôme Ballet et

---

7   Mounier (2000).
8   Leroux (1999).
9   Voir Scheler (1923/1928). – Pour une analyse de ce processus, nous renvoyons à Leroux et Swaton (2009), p. 217-229.

ses co-auteurs[10] incluent des droits et des devoirs dans leur conception de la responsabilité qu'ils lient également à la notion de vulnérabilité. Au fondement de ce renouveau du personnalisme, il importe de reconnaître que la personne est un être vulnérable qui a besoin des autres et s'inscrit d'emblée dans des rapports d'interdépendance. Cette introduction de la vulnérabilité dans la conception de la personne tranche avec la représentation omnipotente de l'individu de l'économie standard rivée sur la maximisation de son utilité. Signalons également que la vulnérabilité suscite la sollicitude dans une éthique de l'autre, que l'on qualifie aujourd'hui de *care*[11]. C'est par cette éthique, ce souci de l'autre que les générations futures peuvent d'ailleurs être davantage prises en considération, à l'instar de la responsabilité qui incombe aux parents d'un nouveau-né.

Malgré la diversité de ses courants, la philosophie personnaliste peut être caractérisée par une vision sociale et morale des hommes en société, intrinsèquement interdépendants parce que vulnérables. Cette philosophie coïncide par ailleurs avec celle des écoles associationniste (Charles Gide) et solidariste (Heinrich Pesch) qui peuvent être considérées comme un des fondements de l'économie sociale et solidaire. En s'opposant à l'idéologie libérale et en ouvrant sur une dimension sociale et morale de la personne interconnectée avec les autres, cette philosophie fait en effet écho aux mouvements de pensée hérités de la confrontation des différentes écoles constituées au XIXᵉ siècle en réponse à « la question sociale ».

Parmi ces écoles, l'école génériquement dite « associationniste » tout en regroupant des sensibilités et des auteurs variés[12] se distingue en mettant en avant la coopération et l'entraide[13]. À cet égard, il est intéressant de noter que Charles Gide (1890)[14], prend soin de différencier « individualité » et « individualisme » : « Le développement de l'individualité

---

10   Ballet *et al.* (2014).

11   Tronto (1993).

12   Si le solidarisme, l'école nouvelle, le mouvement coopératif, le mutuellisme, le socialisme et le marxisme naissant sont loin d'être interchangeables, nous employons l'étiquette « associationniste » à titre générique ici pour désigner un ensemble de réponses, différentes de celles proposées par l'école libérale notamment, qui partagent une représentation sociétale axée sur le regroupement des personnes plutôt que sur la concurrence entre elles.

13   Voir Baranzini et Swaton (2013), p. 301-319.

14   Voir Gide (1890), p. 97-154.

n'est pas la même chose que le développement de l'individualisme : c'est même précisément le contraire[15]. » En effet, « l'individualité d'un être quelconque se développe précisément en raison inverse de la vie pour soi-même et en raison directe de la vie pour autrui[16] ». Et Gide cite les exemples des mammifères qui nourrissent leurs petits de leur sang et de leur lait, puis les sacrifices des citoyens pour leurs nations respectives, jusqu'à la figure ultime et emblématique du Christ qui se sacrifie pour tous en signe de la plus haute solidarité, des vies à naître[17].

En d'autres termes, l'individualisme s'apparente à la concentration d'un être qui se replie sur lui-même alors que l'individualité signifie « l'épanouissement d'un être qui se déploie au dehors[18] ». Ces analyses font d'ailleurs écho à celles de Pesch sur le solidarisme, interprétées par Franz Hermann Mueller[19]. Ce dernier explique[20] que l'on doit se préserver d'une double influence : celle de s'en tenir à la vision de la société semblable à une substance autonome, et celle d'individus virtuellement suffisants et indépendants. L'épanouissement des personnes passe par la capacité de la société à fournir à ses membres les moyens de développer leur personnalité tout en étant capable de réduire les atteintes à la communauté. Les sphères privées et sociales ne sont pas hétérogènes mais s'interpénètrent.

En ce sens, il y a bien un rapprochement à opérer entre l'ESS pour laquelle bon nombre de théoriciens contemporains revendiquent une filiation associationniste, et la philosophie personnaliste. Reste à savoir comment traduire cette philosophie de la personne en une économie qui incarne ce soubassement théorique. Car la philosophie personnaliste ne débouche pas directement sur un modèle économique. Pour avancer dans cette direction, deux caractéristiques peuvent être retenues : celle d'une économie décentralisée, ayant pour centre la personne comme foyer spirituel ; et celle d'une économie fondée sur le principe affinitaire, et non sur le seul principe utilitaire.

---

15   *Ibidem*, p. 141.
16   *Ibid.*, p. 142.
17   Voir Gide (1890), p. 145.
18   Gide (1890), p. 146.
19   Mueller (2005), p. 347-355.
20   *Ibidem*, p. 353.

DU PRINCIPE UTILITAIRE AU PRINCIPE AFFINITAIRE

C'est justement une forme d'économie décentralisée que défend Emmanuel Mounier :

> Une économie personnaliste est une économie décentralisée jusqu'à la personne. La personne est son principe et son modèle [...]. La décentralisation personnaliste est, plus qu'un mécanisme, un esprit qui monte des personnes, base de l'économie. Elle tend non pas à imposer mais à dégager partout des personnes collectives possédant initiative, autonomie relative et responsabilité. Il ne faut pas être dupe des images. Dire que l'économie (comme la société entière) est animée par le bas, que la création doit monter de la base, c'est dire, en perspective personnaliste, que l'animation lui vient du foyer même de la réalité spirituelle : la personne. (Mounier, 2000, p. 160-161.)

Dès lors, la philosophie personnaliste appréhendée à travers les deux principales dimensions, sociale et morale, se démarque de la philosophie individualiste, rejoignant par là les pionniers de l'ESS dans les différents courants qui ont participé à sa théorisation en lien avec ses multiples pratiques dont les expériences associatives diverses. Or, en termes de représentation sociétale et d'imaginaire[21], une telle philosophie peut s'avérer précieuse : affirmer la prédominance du social et l'influence réciproque de la personne et de la société au sein de rapports relevant de la responsabilité et impliquant des droits et des devoirs, c'est reconnaître en pointillé l'existence nécessaire de la coopération ; et l'existence d'une sphère non marchande des relations humaines.

Pour distinguer l'idéologie libérale de l'idéologie de l'ESS, l'un des promoteurs de la philosophie économique, Alain Leroux, propose de distinguer deux types de motifs de l'agir humain[22] – dont l'un seulement a été repris par les économistes et, selon lui, de manière abusive – à savoir « le *principe utilitaire*, selon lequel notre action est suspendue à l'utilité que nous pouvons en tirer ». Le second, qualifié de *principe affinitaire*, implique que « l'identité de celui avec qui, pour qui ou à cause de qui nous agissons est le facteur décisif de notre action ». Évidemment, si les deux principes « se combinent pratiquement toujours et dans des proportions extrêmement variables », ils ne sont pas totalement substituables. Mais :

---

21 Voir Castoriadis (1975) ; Defalvard (2013), p. 69-85.
22 Leroux (2013), p. 21.

> C'est pourtant ce que les économistes ont osé faire, pour leur plus grande
> gloire : ils ont inventé un *homo oeconomicus* qui ne réagit qu'à l'utilité mais se
> voit capable de reproduire toute la palette de nos comportements (économique
> bien sûr, mais aussi politique, social, artistique…). Ce faisant, la science éco-
> nomique a considérablement contribué à faire perdre de vue cette évidence
> existentielle : le contexte dans lequel nous évoluons conditionne largement
> le principe qui gouverne l'agir humain. (A. Leroux, 2013, p. 21.)

D'après Leroux, dans la sphère privée, c'est le principe affinitaire qui
domine, et dans les espaces sociaux larges et anonymes à l'exemple du
marché ou de « la relation à l'appareil l'État », c'est le principe utilitaire.
Or, l'atout majeur des organisations de l'ESS est de permettre la diffusion
du principe affinitaire. Cela s'explique non par le fait que les personnes
y seraient plus vertueuses, mais parce que les règles de fonctionnement
laissent s'exprimer la palette des comportements : « Les organisations
de l'économie sociale permettent le rassemblement de personnes sur la
base de l'estime réciproque ou de la communauté de vue (associations,
mutuelles) et autorisent en son sein la complémentarité des rôles sans
y voir l'expression d'une supériorité relative de certains sur d'autres
(coopératives)[23]. »

En appréhendant l'ESS à travers le prisme de l'idéologie, on lui permet
donc l'accès à une reconnaissance en soi – et non en marge d'un idéal
ou d'un autre – en tant que fondée sur un mode de relations humaines
puis économiques au sein desquelles la coopération occupe une place
de choix. C'est ainsi que pourrait être qualifiée l'ESS, et sous cet angle
que nous l'abordons dans la prochaine partie.

VERS UNE ÉCONOMIE DE LA RÉCIPROCITÉ

En considérant deux auteurs, Jean-Louis Laville et Jean-Michel Servet
(JMS), qui ont contribué à l'approche socio-économique francophone
de l'ESS, on peut identifier des convergences de fond avec la philosophie personnaliste. En effet, cette dernière reconnaît la vulnérabilité et
la complémentarité fondée sur l'égalité dans la différence. Or, ce type

---

23 *Ibidem*, p. 48.

d'interdépendance est propre au principe de réciprocité. Précisément, Laville et JMS partent d'une réinterprétation de Karl Polanyi et, en particulier, du principe de réciprocité. Laville montre le lien entre réciprocité et encastrement politique alors que JMS propose une actualisation du principe de réciprocité en tant que modèle de complémentarité instituée dont il fait le principe caractéristique (quoique non unique) de l'ESS. Plus largement, il réinterprète les principes d'intégration économique à la lumière des principes d'interdépendance, en lien direct avec la philosophie personnaliste.

LE RECOURS POLANYIEN À LA RÉCIPROCITÉ

Le cadre théorique du livre majeur de Polanyi, *La Grande Transformation*, constitue une base de départ solide pour analyser l'ESS. Polanyi y présente quatre principes d'intégration économique (la réciprocité, la redistribution, l'administration domestique et le marché) auxquels correspondent quatre modèles institutionnels (la symétrie, la centralité, l'autarcie et l'échange) :

> On peut affirmer, en gros, que tous les systèmes économiques qui nous sont connus jusqu'à la fin de la féodalité en Europe occidentale étaient organisés selon les principes soit de la réciprocité ou de la redistribution, soit de l'administration domestique, soit d'une combinaison des trois. Ces principes furent institutionnalisés à l'aide d'une organisation sociale qui utilisait, entre autres, les modèles de la symétrie, de la centralité et de l'autarcie. Dans ce cadre, la production et la distribution ordonnées des biens étaient assurées grâce à toutes sortes de mobiles individuels disciplinés par des principes généraux de comportement. Parmi ces mobiles, le gain n'occupait pas la première place. (Polanyi, 1944/1983, p. 101-102.)

Polanyi insiste sur le fait que ce n'est qu'au XIXe siècle qu'émerge le système du marché. La société est alors gérée « en tant qu'auxiliaire du marché[24] ». En ce sens, « le principe du troc ne connaît pas une stricte parité avec les trois autres principes. Le modèle du marché, avec lequel il est associé, est plus spécifique que ne le sont la symétrie, la centralité et l'autarcie – ceux-ci, par contraste avec lui, sont de simples "traits" et n'engendrent pas d'institutions vouées à une fonction unique[25] ». Au

---

24 Polanyi (1944/1983), p. 104.
25 *Ibidem.*

contraire, le modèle du marché crée l'institution du marché, autour de laquelle s'organise la société, donnant ainsi son sens à « l'assertion bien connue qui veut qu'une économie de marché ne puisse fonctionner que dans une société de marché[26] ».

En quoi ce cadre théorique est-il pertinent pour l'ESS ? Le premier argument est formulé par Laville[27] qui revient sur les expériences pionnières de la première moitié du XIXe siècle, lesquelles ont participé à l'émergence de l'ESS. Dans les années 1830 et 1840, la question sociale est liée à l'organisation du travail et des projets d'utopies concrètes voient le jour, ce que Laville nomme des « utopies pratiquées ». Durant cette période :

> Le foisonnement d'idées et d'expériences témoigne de l'imbrication entre débats et pratiques pour confronter les voies par lesquelles pourrait se consolider une économie solidaire qui constitue la finalité vers laquelle tendent nombre de tentatives au demeurant fort disparates. (Laville, 1994/2011, p. 29.)

La spécificité de ces expériences pourrait être mesurée à l'aune des caractéristiques suivantes :

1. « le groupement volontaire prend source dans la référence à un lien social qui se maintient par la mise en œuvre d'une activité économique[28] » et une participation basée sur le comportement économique de la réciprocité ;
2. « l'action commune, parce qu'elle est basée sur l'égalité entre les membres, est le vecteur d'un accès à l'espace public qui donne aux membres capacité à se faire entendre et à agir en vue d'un changement institutionnel[29] »

En conséquence, si l'on s'en tient à ces deux qualités, il existe donc une double inscription de l'économie solidaire, tant dans la sphère politique que dans la sphère économique, débordant le champ conventionnel de l'économie par l'inscription dans la sphère publique d'un « pouvoir-agir dans l'économie[30] ». Mais les émeutes de juin 1848 en France et

---

26   *Ibid.*
27   Laville (1994/2011).
28   *Ibidem*, p. 29.
29   *Ibid.*
30   *Ibid.*

les répressions qui s'ensuivent, vont fortement atténuer cette double appartenance historique qui fonde l'ESS :

> À partir de 1848, l'intervention étatique ne se contente pas d'appuyer la constitution des marchés. Par la répression des mouvements sociaux puis le « découragement » des associations ouvrières, elle extirpe le politique hors de l'économie [...] L'intervention étatique retire durablement l'économie du domaine politique et naturalise la forme d'économie qu'elle a instituée. Elle valide une nouvelle représentation de l'économie organisée autour des notions d'intérêt et de marché correspondant à celle répandue par le libéralisme. (Laville, 1994/2011, p. 31.)

Dans cette optique, la référence polanyienne au désencastrement ne désigne pas l'autonomisation de l'économique mais plutôt la soumission du politique et du social à l'économique. Or, l'ESS dans sa dimension contemporaine solidaire et citoyenne vise à un ré-encastrement pour reconnecter les pratiques économiques à leurs implications sociales et politiques. La réciprocité s'entend dans cette perspective globale de ré-encastrement révélant des rapports d'interdépendance. En ce sens, l'approche de l'économie solidaire est axée sur la pluralité de principes économiques révélant les logiques non marchandes et non monétaires[31].

C'est effectivement cette conception des principes d'intégration économique assimilés à des principes d'interdépendance que développe davantage encore JMS (2007) en proposant une interprétation de la réciprocité sous l'angle de la complémentarité : « À la différence du marché, la réciprocité suppose que les partenaires soient en relation de complémentarité et d'interdépendance volontaire[32]. » Dans cet article, JMS revient sur les sources anthropologiques de la réciprocité, notamment Richard Thurnwald, marquant une étape importante dans la théorisation de la réciprocité jusque-là cantonnée à l'analyse du don[33]. Se référant à Polanyi, la définition qu'il en donne est décisive pour l'ESS :

> Tout géomètre sait que les éléments de figures symétriques sont inversement disposés de telle sorte que, du fait de leur complémentarité dans un ensemble, leur superposition est impossible. La réciprocité est fondée sur cette complémentarité d'éléments distincts. Ceux-ci ne sont pas commutables comme le sont pour l'économie dominante le vendeur et l'acheteur, dont les

---

31 Laville (2010).
32 Servet (2007a), p. 263.
33 *Ibidem.*

fonctions sur le marché ne sont pas pensées comme statutaires ou hiérarchiques. Marché et réciprocité sont, de ce point de vue, antinomiques. Le souci de l'autre, de la réciprocité s'oppose à l'intérêt pour soi du principe de marché. (Servet, 2007a, p. 264.)

Recourir au principe de la réciprocité se perçoit pleinement dans une vision holistique mettant en avant l'interdépendance des éléments entre eux. « La réciprocité peut se traduire comme l'idée du souci d'autrui, par le fait de se penser comme vivant en interdépendance avec les autres[34]. » Cette interdépendance n'est ni mécanique, à l'instar de la confrontation marchande des offres et des demandes, ni administrée, ce qui est le cas dans le cadre du principe de prélèvement-redistribution. Au contraire, la réciprocité telle que l'appréhende JMS se définit par la complémentarité volontairement consentie et organisée d'éléments distincts et dépendants les uns des autres puisque chacun est supposé penser et agir comme l'élément d'un Tout[35]. Selon le degré de réciprocité engagée, on peut alors juger du degré de contribution de l'organisation à l'ESS. À ce titre, la mobilisation du principe de réciprocité se justifie pour démarquer les organisations de l'ESS des autres organisations, qu'elles soient privées, et dominées par les logiques marchandes, ou étatiques.

En toile de fond, il y a bien une correspondance entre l'actualisation du cadre polanyien par Laville et JMS et la perspective personnaliste à travers la notion d'interdépendance. Toutefois, ni Polanyi ni JMS n'ont explicitement traduit la dimension émancipatoire dans leurs catégories d'analyse. Dans cette réflexion, la proposition récente de Nancy Fraser d'élargir le double mouvement de protection-marchandisation de la société de Polanyi[36] à un triple mouvement de protection-marchandisation-émancipation est pertinente. Elle permet en particulier de penser les possibilités d'émancipation d'individus vulnérables, qui requièrent des protections. On peut alors mettre en évidence le type particulier d'émancipation articulé à la solidarité promu dans l'ESS, qui coïncide avec la vision de l'homme en société de la philosophie personnaliste.

---

34 Servet (2012a), p. 98.
35 *Ibidem*, p. 99.
36 Polanyi (1944/1983), p. 196.

UNE DYNAMIQUE ÉMANCIPATRICE ET PERSONNALISTE

Au double mouvement polanyien d'encastrement et de ré-encastrement de l'économie dans la société, Nancy Fraser ajoute la dynamique de l'émancipation[37]. Par émancipation, Fraser entend « une aspiration normative unique » à « supprimer les obstacles qui empêchent certaines personnes de participer pleinement, au même titre que les autres, à la vie sociale[38] ». Le contenu de l'émancipation varie en fonction du rapport de domination qui peut venir tant de la société civile que de l'État ou du marché. En incluant l'émancipation, Fraser introduit donc la sphère publique de la société civile, espace dans lequel est discuté le contenu éthique, la qualité normative, le mode de régulation et le bon cadrage des protections[39]. Et, pour ce qui nous intéresse directement, elle met en avant le fait que l'émancipation s'oppose à la domination et peut s'aligner non seulement sur la marchandisation, mais aussi sur la protection pour autant que celle-ci soit bien cadrée. Fraser propose donc de soumettre à un examen critique aussi bien la marchandisation que la protection sociale. « En faisant apparaître les lacunes normatives de la société et celles de l'économie, nous devons établir le bien-fondé des luttes contre l'oppression *d'où qu'elle vienne*[40]. »

De fait, les mouvements citoyens qui animent les projets d'ESS participent de cette émancipation, force dynamique et historique de la société civile. Dans les mouvements de création et d'investissement de quartiers solidaires par exemple, il y a bien cette volonté de réappropriation de l'espace public. En ce sens, l'ESS peut sous certaines conditions, liées notamment à son positionnement dans la sphère publique de la société civile, produire de bonnes protections en mobilisant la réciprocité. Ce faisant, elle met en lumière des pratiques, des relations interdépendantes qui fournissent des protections permettant ce mode particulier d'émancipation entre des personnes qui partagent des valeurs communes. Parmi ces valeurs, on constate la volonté de s'émanciper des formes de domination, principalement la domination fondée sur le rapport travail-capital et, dans certains cas, les rapports de genre[41],

---

37 Fraser (2013), p. 47-59.
38 *Ibidem*, p. 52.
39 Voir aussi Fraser (2009).
40 Fraser (2013), p. 47.
41 Hillenkamp, Guérin et Verschuur (2014), p. 4-43.

les acteurs revendiquant la liberté participative, mais également celle de consommer différemment dans une approche forte de la durabilité à l'instar de l'agriculture de proximité ou d'autres formes de circuits dits « courts ».

Dès lors, et c'est le point fondamental que nous souhaitons mettre en lumière, la dimension solidaire et émancipatoire de l'ESS tient à ce qu'elle lie nécessairement l'individu et la société. Ainsi que l'expliquait déjà Pierre Leroux au XIXe siècle, « la société n'est pas le résultat d'un contrat[42] ». En ce sens, la définition qu'il donne de la solidarité revêt un accent très moderne : « L'apport indéniable de Leroux réside dans cette affirmation selon laquelle la solidarité ne peut être conçue à partir de l'individu ou de la société parce qu'elle est indissociable d'une relation ; ce qui l'autorise à penser une égalité dans la différence, selon les termes de Le Bras Chopard[43]. »

Cette conception de l'égalité dans la différence est au cœur de la philosophie personnaliste. Il ne s'agit pas d'égaliser à tout prix, mais de prendre en compte les dimensions irréductibles des personnes dans une relation sociale enrichie qui dépasse la solidarité froide interpersonnelle étatique. Il y a bien une interaction entre la société et les personnes, dans des rapports fondés non sur la domination mais sur l'interdépendance. En ce sens, l'interprétation que nous formulons de la réciprocité renvoie davantage à une proportion d'ordre géométrique qu'à une égalité arithmétique, dans une filiation aristotélicienne, cohérente avec le principe d'administration domestique formulé par Polanyi : le cadre politique sous-jacent reste très fort, dans une visée de l'autarcie naturelle propre à la bonne économie dont la fin ultime est le bonheur[44]. Parallèlement, la visée de l'ESS concerne l'épanouissement des personnes. Elle mobilise le principe affinitaire et étend la sphère économique à la sphère domestique entendue dans une conception élargie[45].

---

42   Pierre Leroux (1850-1851), p. 378 : cité par Laville (1994/2011), p. 25.

43   Laville (1994/2011), p. 25 ; voir aussi Le Bras-Chopard (1986).

44   Il n'est pas anodin que Karl Polanyi (1944/1983) écrive à propos d'Aristote : « En dénonçant le principe de la production en vue du gain "comme non naturelle à l'homme", sans bornes et sans limites, Aristote mettait en fait le doigt sur un point crucial : le divorce entre un mobile économique séparé et les relations sociales auxquelles ces limitations étaient inhérentes. » (p. 101.)

45   Hillenkamp (2013b), p. 215-239.

CONCLUSION

Au cours de ce chapitre, nous avons tenté de mettre en avant l'apport de la philosophie personnaliste à la lecture que propose Jean-Michel Servet des principes d'intégration économique de Karl Polanyi, en termes d'interdépendance. L'argument principal est que la lecture du personnalisme permet d'affirmer que le type d'interdépendance propre au principe de réciprocité, à savoir la complémentarité fondée sur l'égalité dans la différence, constitue un modèle d'émancipation.

Ainsi, nous avons souhaité montrer la compatibilité du principe de réciprocité avec, d'une part, le principe affinitaire qui lui fournit une enveloppe concrète et, d'autre part, l'émancipation qui lui insuffle une dynamique. C'est un rapport avant tout de proximité qui lie les membres d'une même organisation de l'ESS à travers une volonté de mise en commun et de production d'utilité collective au-delà du marché.

Nous insistons donc sur le fait que la réciprocité polanyienne, mobilisée comme principe d'intégration économique pour rendre compte du modèle institutionnel de la complémentarité caractéristique de l'ESS doit se penser en lien avec l'émancipation et avec les dynamiques induites au sein des mouvements de la société civile. Cette dernière, fidèle aux luttes contre les oppressions politiques et économiques portées par les mouvements ouvriers, est animée par des mouvements de citoyens actifs qui se réapproprient les enjeux sociétaux, environnementaux et politiques. Il y donc un mouvement depuis la société civile.

L'un des enjeux actuels pour l'ESS consiste à lutter et à se démarquer de la domination du *social business* et de la ploutocratie en général. Pour ce, elle doit faire valoir ses valeurs et sa filiation[46] politique, économique et philosophique en réaffirmant le primat de la personne sur l'individu. Dès lors, en toile de fond, le concept de rationalité est à repenser également, à l'aune des analyses contemporaines sur la réciprocité qui apportent une interprétation enrichie de la coopération[47]. C'est bien sous cet angle, combiné à celui d'une réflexion sur la possibilité d'une

---

46 Swaton (2011).
47 Zaggl (2014), p. 197-230.

économie personnaliste, que l'économie sociale et solidaire gagne à être présentée plutôt que sous celui, réducteur et peu approprié, d'un « entre-deux » en regard du marché et de l'État.

L'ÉCONOMIE SOLIDAIRE, UN SUJET POLITIQUE ?

Propositions de recherche à partir de l'expérience brésilienne

Isabelle HILLENKAMP
Institut de recherche
pour le développement (IRD);
UMR du Centre d'études
en sciences sociales sur les mondes
africains, américains et asiatiques
(CESSMA, UMR 245, IRD,
Sorbonne Paris Cité)

Passer au crible les ressorts sans cesse renouvelés des rapports de domination et d'exploitation pour proposer des manières de les infléchir vers des rapports plus solidaires et démocratiques. Détecter, dans les pratiques, organisations et institutions présentes, la place, y compris potentielle, de tels rapports. Ainsi pourrait être succinctement présenté le projet humaniste de Jean-Michel Servet (JMS).

Depuis plusieurs années, à travers notamment ses recherches sur la microfinance[1], il s'est centré sur les relations entre financiarisation, inégalités et surendettement, y voyant un point névralgique des mécanismes contemporains d'exploitation, du fait notamment de l'extrême liquidité des transactions. Au plan théorique, il a pointé l'hégémonie des logiques de concurrence et de propriété privée, conçues respectivement comme un type singulier d'interdépendance dans les pratiques de financement, de production et d'échange et un mode particulier

---

1   De Servet (2006) à Servet (2015).

d'usage des ressources, institués à différents niveaux. L'originalité de cette approche réside dans le dépassement de la seule analyse critique des marchés financiers. D'une part, les marchés, comme institutions toujours hybrides, sont distingués du principe abstrait et jamais entièrement incarné de concurrence ; d'autre part, la voie est ouverte à l'observation et la formulation théorique d'autres principes d'interdépendance et d'autres modes d'usage des ressources. En dialoguant avec Karl Polanyi d'une part[2], avec Elinor Ostrom d'autre part[3], JMS a avancé le principe de réciprocité et la gestion des ressources comme « communs » en tant que fondements de pratiques démocratiques et solidaires de production, d'échange et de financement. Dans les conclusions de ses derniers ouvrages – de *Banquiers aux pieds nus*, au *Grand Renversement*[4] et à *La Vraie Révolution du microcrédit* – la proposition d'une économie solidaire, dans laquelle le principe de réciprocité serait hégémonique et la gestion des ressources comme communs serait possible – apparaît l'aboutissement de son analyse.

Comment cette contribution de JMS à l'économie solidaire, envisagée comme le débouché et l'horizon de ses travaux, se situe-t-elle dans la littérature constituée par ailleurs sur ce sujet ? Quel est son apport, mais aussi ses possibles angles morts et, en conséquence, les éventuels compléments qui doivent être fournis pour analyser les initiatives en cours d'économie solidaire ?

Ce texte met tout d'abord en évidence que la contribution de JMS à l'économie solidaire prend sens dans les enjeux épistémologiques et théoriques du tournant de la pensée critique qui s'opère à partir de la fin des années 1970. En montrant des points de dialogue avec d'autres auteurs – sans pour autant prétendre à une quelconque exhaustivité – la première partie retient deux avancées principales : l'affirmation d'une épistémologie non déterministe, attentive aux possibilités d'émergence de nouveaux sujets de l'émancipation ; et la possibilité de principes, institutions et pratiques économiques soumis à une volonté démocratique et à des rapports solidaires. Ces avancées aiguisent une nouvelle question : celle des conditions d'émergence des sujets de l'économie

---

2   Servet (2007), p. 255-273 et Servet (2013), p. 187-213.
3   Servet (2014), « De nouvelles formes de partage : la solidarité au delà de l'économie collaborative » ; [en ligne], www.veblen-institute.org/De-nouvelles-formes-de-partage-la.
4   Servet (2010).

solidaire et, en particulier, des interactions entre pratiques économiques et mobilisations politiques. La seconde partie aborde cette question à partir de l'expérience brésilienne et soutient que, contrairement à un présupposé répandu et à ce que peuvent, implicitement, suggérer les travaux de JMS, les pratiques économiques ne peuvent être considérées comme logiquement premières par rapport aux mobilisations politiques. En découlent des propositions de recherche et de méthode.

L'ÉCONOMIE SOLIDAIRE DANS LE TOURNANT DE LA PENSÉE CRITIQUE

L'apparition contemporaine du terme d'économie solidaire peut être datée des années 1980 et 1990. Il s'impose notamment dans des pays européens de langue latine, ainsi qu'en Amérique du Sud pour désigner un ensemble de pratiques de production, d'échange, de financement et de consommation « soumis à la volonté d'un agir démocratique où les rapports sociaux de solidarité priment sur l'intérêt individuel ou le profit matériel[5] ». Plus qu'une nouveauté, cette apparition constitue en réalité une *réapparition* de principes solidaires et démocratiques que l'on trouve au fondement de l'associativisme ouvrier et paysan de la première moitié du XIXe siècle en Europe[6]. Ces principes peuvent aussi être identifiés dans des communautés, notamment indigènes ou noires, en Amérique du Sud à la même époque[7].

Ces pratiques et cette pensée réapparaissent dans les années 1970 à un moment où la pensée critique d'obédience marxiste, hégémonique depuis plus d'un siècle, entre en crise sous l'effet conjugué de bouleversements dans plusieurs régions du monde. Victoire du néolibéralisme dans le monde anglo-saxon, puis dans les pays dits « en développement » surendettés, politique « de réforme et d'ouverture » en Chine, « tournant de la rigueur » en France et, enfin, effondrement du bloc soviétique

---

5   Selon la définition de Bruno Eme et de Jean-Louis Laville (2006), p. 303.
6   Pour un aperçu sous l'angle de sa philosophie politique, voir Sophie Swaton dans ce volume.
7   Voir Gaiger et Mendonça dos Santos (2017).

entraînent un chamboulement des paradigmes et de l'épistémologie même de la pensée critique. Alors que le marxisme, son sujet historique – la classe ouvrière – et son levier de transformation sociale – la prise du pouvoir d'État – s'éloignent de la scène centrale de cette pensée, une tâche ardue de reconstruction attend ceux qui refusent le néolibéralisme triomphant. Parmi les courants critiques – axés sur l'analyse de nouveaux systèmes, plus complexes, de l'exploitation capitaliste ou cherchant à identifier les nouveaux sujets de l'émancipation[8] – qui surgissent alors dans différentes régions du monde, l'économie solidaire se caractérise par une double attention portée aux alternatives *émergentes* et au rapport entre *économie* et *démocratie*.

Alors que la classe ouvrière jouissait dans la théorie marxiste d'un statut incontesté de sujet historique, l'économie solidaire pose d'emblée la question de la reconnaissance de sujets « en train de se faire ». L'unité désirée du prolétariat cède ici la place à un questionnement sur les conditions d'émergence de nouveaux acteurs, leur signification et le regard que les chercheurs portent sur eux. JMS s'inscrit dans cette épistémologie à partir de son analyse critique de la financiarisation contemporaine. Le constat des dégâts causés par l'hégémonie des logiques de concurrence et de propriété privée le mène à la recherche « d'utopies réalistes », comprises comme des « initiatives de déviation volontaire de l'évolution ou des transformations en cours[9] ». Rejetant les conceptions du changement social en termes de rupture, il insiste sur l'attention à porter à ces utopies réalistes, initiatives parfois d'apparence insignifiante mais pouvant jouer un rôle de « révélateur des dynamiques présentes mais aussi d'accoucheur d'avenirs potentiels[10] ». En ce sens, il rejoint la proposition de Boaventura de Sousa Santos d'une double épistémologie des *absences*, attentive à ce qui a été *produit* comme inférieur et non existant par les logiques dominantes du capitalisme ; et des *émergences*, ouverte aux possibilités contenues en puissance dans les pratiques actuelles, au-delà des déterminations présentes[11]. Jean-Louis Laville souligne l'importance pour l'économie solidaire de ces épistémologies dites, métaphoriquement, « du Sud », au sens où, s'écartant des tendances

---

8   Voir notamment Keucheyan (2010).
9   Servet (2010), p. 195.
10   *Ibidem.*
11   Voir Boaventura de Sousa Santos (2002), p. 237-280.

universalisantes de l'épistémologie occidentale, elles s'ouvrent à d'autres manières de concevoir le monde dans lesquelles « des modalités alternatives auparavant ignorées deviennent perceptibles[12] ». Dans le panorama des nouvelles pensées critiques, l'économie solidaire se distingue donc par l'attention portée aux *processus* d'émancipation, à des sujets pouvant être marginaux – chômeurs, travailleurs exclus de la société salariale, femmes pauvres, populations « racisées », etc. – et non nécessairement organisés, à la fragilité des mobilisations et à leur complexité[13].

Cette complexité se joue d'abord sur le plan idéologique, du fait de la difficulté à appréhender la dimension démocratique et solidaire de pratiques de production, de financement, d'échange ou de consommation à un moment où économie et démocratie sont, plus que jamais, tenues pour opposés. Dans la pensée néolibérale triomphante des années 1980, l'économie est assimilée au marché conçu comme espace de liberté individuelle. La démocratie n'est imaginée que dans une sphère séparée et subordonnée à celle du marché ; elle est tolérée dans la mesure où, mieux qu'un autre régime politique, elle est susceptible de protéger la propriété privée, quand bien même elle ne la garantit pas[14]. Face à cette réduction, le marxisme orthodoxe, qui s'est construit sur la dénonciation de l'avancée inéluctable du mode de production capitaliste, en invalidant la possibilité d'espaces économiques pérennes de résistance ou de simple « différence », et qui a porté tous ses espoirs sur la prise de pouvoir politique, n'est d'aucun secours. Dès lors, repenser les rapports entre économie et démocratie s'impose comme une tâche première pour l'économie solidaire, vers laquelle ont convergé différents auteurs, en Europe et en Amérique du Sud[15] notamment.

En Europe principalement, Karl Polanyi s'est progressivement imposé comme l'auteur de référence pour fonder, en pensée et en actes, de nouveaux rapports entre économie et démocratie[16]. Dans *La Grande Transformation*, Polanyi avait dénoncé l'illusion d'une économie qui

---

12   Laville (2015), p. 427-428.

13   Isabelle Guérin, Madeleine Hersent et Laurent Fraisse (2011) l'ont particulièrement mis en évidence en se centrant sur les femmes dans l'économie solidaire.

14   Voir Hayek (1994).

15   C'est à Luis Razeto Migliaro (1984) qu'il revient d'avoir posé, depuis le Chili, la première pierre de cette réflexion en Amérique du Sud. Une importante littérature s'est développée depuis, dont il n'est pas possible de rendre compte ici.

16   Voir Hillenkamp et Laville (2013).

serait régie uniquement par un système de marché présumé « autorégulateur » et avait montré ses conséquences destructrices pour la société et la démocratie, dont il voyait l'illustration tragique dans la montée des régimes fascistes en Europe durant les années 1930. Dès lors, il s'était attaché à rétablir une conception plus large, dite « substantielle » de l'économie, par opposition à sa définition « formelle » qui la réduisait au marché. En s'appuyant sur les écrits d'Aristote, d'une part, sur les récits ethnographiques de Bronislaw Malinowski, Margaret Mead et Richard Thurnwald, d'autre part, il avait théorisé non pas un, mais quatre grands principes « d'intégration économique » qui donnent « stabilité et récurrence » au « processus économique » à travers l'histoire[17]. Outre le principe de marché – c'est-à-dire de concurrence – il s'agit des principes de réciprocité, de redistribution et d'autosuffisance[18]. Ces trois principes se caractérisent, selon Polanyi, par différents modèles institutionnels, dont les formes respectives sont, notamment, la symétrie (réciprocité), la centralité (redistribution) et l'autarcie (autosuffisance). Contrairement au principe de marché, aucun de ces trois principes ne se présente sous une forme autorégulée. Tous sont insérés dans des institutions de nature politique, religieuse, sociale ou culturelle rétablissant, en particulier, la possibilité d'une perméabilité entre principes économiques et démocratiques.

En s'inspirant de Polanyi, Bernard Eme et Jean-Louis Laville[19] ont posé les bases d'une conception de l'économie solidaire en tant qu'économie plurielle englobant pratiques économiques marchandes et non marchandes, monétaires et non monétaires et où ces pratiques sont enchâssées dans des réseaux de solidarité de proximité et articulées à des espaces de délibération et d'apprentissage de la vie publique. Jean-Michel Servet a contribué à cette théorisation en précisant le concept de « principe d'intégration économique » chez Polanyi et en distinguant le principe de réciprocité du don[20]. Il a d'abord combattu une interprétation courante

---

17   Polanyi (1957/1974), p. 239-260.

18   Dans « L'économie en tant que procès institutionnalisé », Polanyi (1957/1974) ne retient que trois des quatre principes qu'il avait introduit dans *La Grande Transformation* en considérant l'autosuffisance (*householding* dans la version originale en anglais) comme un cas particulier de redistribution. Voir Hillenkamp (2013), p. 215-239.

19   Eme et Laville (1994). Cette approche a donné lieu à différents développements dont il n'est pas possible de rendre compte ici.

20   Voir Servet (2007 et 2013).

des principes d'intégration économique qui, en opposant sommairement Polanyi à Marx, les présente comme de simples modalités de transaction (payantes pour le marché, gratuites pour la réciprocité ou l'autosuffisance et fondées sur le paiement de l'impôt et la réception de prestations sociales pour la redistribution), là où l'analyse marxiste aurait pénétré la vraie nature des rapports de production. En relisant Richard Thurnwald qui avait inspiré Polanyi, JMS a voulu réhabiliter et actualiser sa théorie en définissant les principes d'intégration économique sur le modèle de logiques fondamentales recelant « différentes modalités de *l'interdépendance* entre les activités de production, d'échange, de financement, et d'usage des ressources disponibles[21] ». Dès lors, les quatre principes ne sont plus réduits à des modalités de transaction et chacun d'entre eux demande à être qualifié par un type particulier d'interdépendance. S'agissant du principe de réciprocité, JMS avance la « *complémentarité* entre éléments distincts occupant des positions *symétriques*[22] ». Dans certains cas, cette complémentarité peut être « *volontairement* instituée [entre] éléments socialement construits pour être distincts *sans s'opposer* », en s'appuyant sur « des confrontations d'idées et d'intérêts dans un espace public[23] ».

La réciprocité apparaît sous la plume de JMS[24] comme un principe général instituant des pratiques de production, d'échange, de financement et de consommation qui peuvent, dans certains cas, être soumises à des logiques démocratiques, notamment par la délibération dans des espaces publics. C'est dans cette instance, particulière, du principe de réciprocité, qu'il voit la caractéristique de l'économie solidaire. Si celle-ci est bien une économie plurielle, qui articule les différents principes d'intégration économique et dans laquelle, en particulier, le principe de concurrence n'est pas absent, son trait distinctif est l'hégémonie du principe de réciprocité exerçant un contrôle démocratique sur les pratiques économiques. La distinction entre ce principe, de nature égalitaire, et le don contre-don qui implique dépendance et obligation du récipiendaire vis-à-vis du donataire prend alors tout son sens pour différencier l'économie solidaire des nouvelles philanthropies, à l'instar du *social business* qui constitue l'envers du projet néolibéral.

---

21 Servet (2013), p. 196 ; souligné par nous.
22 *Ibidem*, p. 196-197 ; souligné par nous.
23 *Ibid.* p. 198 et 205 ; souligné par nous.
24 *Ibid.*

Ces travaux positionnent l'économie solidaire dans les nouvelles pensées critiques grâce à deux avancées majeures. D'une part, ils soutiennent une épistémologie non déterministe des luttes pour l'émancipation, attentive à leurs sujets multiples et souvent invisibilisés ainsi qu'aux potentialités que ces sujets recèlent. D'autre part, ils font une place centrale à la démocratisation de l'économie, en fondant en raison[25] la possibilité de principes, institutions et pratiques de financement, de production, d'échange et de consommation solidaires et soumis à une volonté démocratique.

Reste à s'interroger sur les conditions dans lesquelles ces pratiques surgissent et sur l'inscription des sujets de l'économie solidaire dans le panorama des luttes pour la démocratisation et l'émancipation. Dans *La Vraie Révolution du microcrédit* notamment, JMS en appelle à « une volonté politique forte de transformation », à « d'autres mobilisations du collectif » et à des « énergies fortes et multiples » en *conclusion* de sa proposition d'une transformation solidaire et démocratique du microcrédit. À trop partir de la question de la démocratie dans les pratiques de financement, de production, d'échange ou de consommation, ne risque-t-on pas de faire de ces pratiques la condition implicite d'émergence de sujets de l'économie solidaire ? Ne faut-il pas interroger d'emblée l'interaction entre pratiques économiques et mobilisations politiques – y compris sous des formes nouvelles – dans l'analyse de cette émergence ? Finalement, considérer les processus de démocratisation inséparablement dans leurs dimensions économiques et politiques.

L'ÉCONOMIE SOLIDAIRE AU BRÉSIL, DU SUJET POLITIQUE AUX POLITIQUES PUBLIQUES

Le mouvement d'économie solidaire, qui a émergé et s'est structuré au Brésil au cours des années 1980 et 1990 autour d'une diversité d'organisations cadres de la société civile, de représentants des pouvoirs publics et d'initiatives de base, représente une expérience privilégiée pour interroger l'économie solidaire sous l'angle de sa constitution

---

25   Voir le chapitre de Jean-Pierre Warnier dans ce volume.

comme sujet politique. Au début des années 2000, dans le contexte du premier Forum social mondial puis de l'élection de Luiz Inácio « Lula » da Silva, ce mouvement a, dans une seconde étape, donné naissance à un forum et à un secrétariat d'État qui ont alors promu des politiques d'économie solidaire à l'échelle nationale. Les interactions entre État et société civile, dans des mobilisations de nature à la fois socio-économique et socio-politique, se sont alors imposées comme une question clé pour la poursuite des dynamiques de démocratisation. Pour l'essentiel, cette expérience oblige à situer d'emblée les initiatives d'économie solidaire dans la trajectoire d'ensemble d'un projet alternatif impliquant différents types d'acteurs, de subjectivités politiques et se forgeant par rapport à des conditions autant économiques que politiques.

Le contexte des années 1980 et 1990 est en effet marqué par un double processus, lourd de tensions et de contradictions entre « redémo-cratisation » et ajustement structurel de l'économie selon les préceptes néolibéraux. À partir des grandes grèves ouvrières de la fin des années 1970, le régime militaire, en place au Brésil depuis 1964, se fissure. Un nouveau syndicalisme, émancipé de la tutelle militaire, s'affirme et le Parti des travailleurs voit le jour en 1980. En 1985, un président civil est élu puis, en 1988, une nouvelle Constitution rétablit les élections directes, accorde le droit de vote aux analphabètes et met fin à la censure. Des mouvements de la société civile s'affirment en établissant un lien étroit entre culture et politique et revendiquent reconnaissance, participation et droits[26]. De nouveaux lieux du politique et de la démocratisation apparaissent, dans les favelas ou les campements du Mouvement des sans-terre (Movimento dos Trabalhadores Rurais Sem Terra, MST) notamment, loin des centres du pouvoir étatique.

En même temps, les années 1980 sont marquées par la crise de la dette publique extérieure et l'hyperinflation. Masquée jusqu'aux années 1970 par un taux de croissance économique rapide, l'éclatement de cette crise met fin au modèle national-développementaliste sur lequel étaient assises les dictatures militaires, en même temps qu'elle expose les classes populaires à une paupérisation. Après plusieurs tentatives de redressement, le plan Real, introduit en 1994, rétablit finalement la stabilité des prix et renfloue les caisses publiques au prix de l'austérité

---

26   Pour un aperçu des nouvelles conceptions de la citoyenneté par les mouvements sociaux
     au Brésil et en Amérique latine à cette époque, voir Dagnino (2003), p. 211-225.

monétaire, accompagnée d'une ouverture commerciale visant la mise en concurrence de la production locale avec les produits d'importation, d'une part, et de la privatisation d'entreprises publiques, d'autre part. De 8,3 % en 1994, le chômage grimpe à plus de 12 % au début des années 2000.

L'émergence d'un ensemble de projets, pratiques et modèles qui vont progressivement former le mouvement d'économie solidaire ne prend sens que par rapport aux contradictions inhérentes à ce processus de démocratisation capitaliste. L'économie solidaire se forge en réaction à la précarisation du travail et au durcissement des conditions de vie, en même temps qu'elle participe des aspirations et des mouvements démocratiques, auxquels elle donne un contenu économique. Cependant, le modèle d'organisations de travailleurs pratiquant une démocratie économique directe ne constitue qu'une partie de ce mouvement, dont l'émergence a été fortement conditionnée par les projets politiques portés par d'autres types d'acteurs.

Au début des années 1980, dans le contexte de la grave sécheresse qui touche le nord-est du pays, ce sont d'abord les projets alternatifs communautaires de Caritas Brésil qui marquent un point de départ de ce mouvement. Ces projets consistent en l'auto-organisation locale de groupes de production et de consommation. Ils sont mis en place par des agents de Caritas –porteurs de principes et de méthodes issues de l'éducation populaire et de la théologie de la libération – qui entendent contribuer à la démocratisation en travaillant avec les plus pauvres pour qu'ils se libèrent par eux-mêmes des formes d'oppression et d'exploitation[27]. À partir de la seconde moitié de la décennie, le MST, dont la politique était axée jusque-là sur la conquête de nouveaux terrains, cherche à encourager une ambitieuse organisation collective de la production agricole à travers la création de coopératives intégrales. C'est alors un mouvement social qui porte une proposition d'organisation collective et solidaire du travail à un moment où, sous l'effet du chômage et du sous-emploi, les rangs de ce mouvement se gonflent d'un sous-prolétariat non seulement rural mais aussi urbain[28]. Dans le même temps, des organisations non gouvernementales (ONG) laïques, par exemple

---

27 Ademar de Andrade Bertucci et Roberto Marinho Alves da Silva (2003) ont systématisé l'approche et l'expérience des projets alternatifs communautaires (PAC).

28 Voir Singer (2002), p. 81-129.

l'Action des citoyens contre la faim, la misère et pour la vie du sociologue Herbert « Betinho » de Souza, créent de nouvelles coopératives de travail et acquièrent une visibilité auprès du grand public par des mobilisations de masse. Des ONG féministes critiques du capitalisme encouragent la création de collectifs de femmes comme espaces d'autonomie financière et d'apprentissage politique.

Durant les années 1990, les faillites de grandes entreprises se multiplient sous l'effet de l'ajustement structurel et vont susciter la mobilisation d'organisations syndicales en faveur de l'économie solidaire. Face à la faillite de leur entreprise, des travailleurs, soutenus par certains syndicats, entreprennent d'en prendre le contrôle et de la transformer en coopérative. Des organisations cadres, issues du nouveau syndicalisme, sont créées pour systématiser une « technologie » d'accompagnement des travailleurs[29]. L'autogestion s'y présente comme une forme de radicalisation de la démocratie, s'exprimant non seulement par la participation directe des travailleurs dans l'entreprise, mais aussi par leur engagement politique dans leur « communauté » et dans les réseaux d'économie solidaire.

Au cours de la même période, le spectre des sujets de l'économie solidaire s'étend encore avec la création, à Porto Alegre, de la première politique municipale dédiée à sa promotion, bientôt suivie d'expériences similaires dans d'autres municipalités de l'État du Rio Grande do Sul et au niveau de cet État, ainsi que dans des grandes villes d'autres régions du pays, notamment São Paulo et Recife[30]. Désormais, ce sont des gestionnaires publics, issus du Parti des travailleurs, qui portent la proposition d'organisations collectives et autogérées de travailleurs, y voyant une option face au chômage et à l'exclusion sociale. Considérant leur propre travail comme une forme de militance au sein de l'appareil d'État[31], leur proposition est, en ce qui concerne les rapports avec la société civile, associée à un modèle de participation et de contrôle social censé permettre un rapprochement inédit entre différents « partenaires », issus de la gestion publique, des initiatives d'économie solidaire et des organisations de la société civile. À cette époque également, professeurs et étudiants universitaires se constituent en organisations d'appui aux

---

29 *Ibidem.*
30 Sarria Icaza (2005), p. 241-257 ; Schwengber *et al.* (2005), p. 167-188 ; Medeiros et Dubeux Gervais (2005), p. 203-224.
31 Cunha, (2012), p. 203.

coopératives populaires en créant des « incubateurs » technologiques au sein des universités. Méthodologies et connaissances universitaires sur le plan économique, organisationnel et parfois politique sont mobilisées, idéalement en dialogue avec celles issues du monde populaire, pour susciter la création de nouvelles initiatives autogérées par les travailleurs et assurer leur incubation.

Cet aperçu, non exhaustif, de la diversité d'acteurs et de projets politiques qui concourent à l'émergence d'initiatives de démocratisation des pratiques de production, de financement, d'échange et de consommation, contient un enseignement méthodologique et théorique potentiellement important. Il montre que ces initiatives ne sont pas nécessairement premières par rapport à l'émergence d'un sujet politique et que l'analyse de ce dernier ne saurait se restreindre ni même se centrer sur les seuls participants directs à ces initiatives.

Contre une vision répandue qui voit dans les acteurs « de base » les principaux sujets des luttes sociales, économiques et politiques, il convient d'abord d'affirmer l'importance d'autres acteurs, issus des organisations dites « d'appui » et de la gestion publique. Leur rôle idéologique, financier et organisationnel est manifeste dans la période d'émergence de l'économie solidaire au Brésil. Il le sera également dans la structuration politique au début des années 2000, lorsque organisations cadres et gestionnaires publics formeront le Groupe de travail brésilien d'économie solidaire (GT-Brasileiro) à l'occasion du premier Forum social mondial à Porto Alegre en 2001. Dans le contexte de l'élection de Lula da Silva, en octobre 2002, ce Groupe sera à l'origine de la proposition de création du secrétariat national à l'Économie solidaire (SENAES) et du Forum brésilien d'économie solidaire (FBES). Il est significatif que les initiatives de travailleurs n'aient rejoint le GT-Brasileiro qu'après les élections présidentielles, principalement à partir de la première Assemblée plénière d'économie solidaire en décembre 2002[32].

L'expérience brésilienne suggère donc de situer l'analyse de la démocratisation de l'économie dans celle de la construction de l'économie solidaire en tant que sujet politique en s'affranchissant de deux dichotomies. Dichotomie entre acteurs dits « économiques » (les initiatives de travailleurs), d'une part, et acteurs dits « sociaux » (les organisations d'appui) ou « politiques » (les représentants des pouvoirs publics),

---

32 Lemaître (2009), p. 203.

d'autre part, à partir du moment où l'on considère que l'ensemble de ces acteurs sont porteurs de subjectivités politiques (au sens de visions de l'émancipation conçues dans un état particulier d'assujettissement) et que celles-ci sont forgées indissociablement par les conditions politiques et économiques. Durant les années 1980 et 1990, ce sont bien les contradictions de la démocratisation capitaliste qui suscitent, de diverses manières, l'engagement politique de ces différents acteurs. En second lieu, c'est alors la dichotomie entre acteurs « de base » et « élites » politiques, sociales ou intellectuelles, qui doit être relativisée dans la mesure où l'on reconnaît *a priori* légitimes l'ensemble de ces acteurs et les interactions entre eux.

Une fois les catégories d'analyse ainsi modifiées et le regard porté vers la construction d'un sujet politique, hétérogène et non dénué de tensions internes, de nouvelles questions, importantes pour l'extension et la consolidation de l'économie solidaire, apparaissent plus clairement. Elles concernent les visions et contraintes spécifiques des différents acteurs, leur rôle et leur interaction dans la promotion de pratiques économiques solidaires et démocratiques.

Avec la création, en 2003, du secrétariat national à l'Économie solidaire, ouvrant un éventail de lignes d'action et de ressources pouvant être sollicitées par les gouvernements au niveau municipal et des États fédérés, les politiques publiques passent à occuper une place centrale dans la consolidation et l'extension de l'économie solidaire au Brésil. La création de ces politiques entraîne d'abord un déplacement d'acteurs de la société civile – en particulier d'organisations d'appui comme Caritas, les organisations syndicales et les incubateurs universitaires – pour occuper les nouvelles positions de responsabilité aux différents niveaux de gouvernement. Confrontés aux règles de l'appareil d'État, aux objectifs de résultat, à la concurrence entre organes gouvernementaux et à des rapports souvent distants, voire même d'incompréhension mutuelle[33] avec les fonctionnaires affectés à leurs propres services, les nouveaux cadres de l'économie solidaire expérimentent la difficulté d'introduire la démocratisation de l'économie dans l'action publique. Parallèlement, la co-construction de ces politiques soulève la question du rapport entre représentants des pouvoirs publics et de la société civile – organisations

---

33 Gabriela Cunha (2012) parle d'étrangeté (*estranhamento*) mutuelle au niveau du secrétariat national d'Économie solidaire (p. 202).

d'appui et initiatives – dans le cadre d'espaces de participation comme les forums, conseils et conférences d'économie solidaire. Le rôle des organisations de la société civile en tant qu'interlocuteurs des pouvoirs publics pour la conception et l'exécution de ces politiques est-il suffisant et n'hypothèque-t-il pas par ailleurs leur capacité de questionnement critique ? Quel est par ailleurs la relation et le poids relatif entre travailleurs et personnels des organisations d'appui au sein des instances de la société civile ? Enfin, l'objectif d'extension de l'économie solidaire par les politiques publiques, souvent chiffré en nombre d'initiatives créées ou formalisées, a rendu manifeste le fait que l'existence, sur le terrain, de demandes préalables formulées par des collectifs auprès des pouvoirs publics ne peut être tenue pour la règle. *A fortiori* lorsqu'elles prennent pour cible des territoires ou des populations considérés socialement exclus, ces politiques se constituent en réalité pour créer « du collectif » et de nouveaux sujets, locaux, de l'économie solidaire – populaires et souvent féminins – là où ils sont généralement inexistants[34].

L'étape de consolidation et d'extension de l'économie solidaire par les politiques publiques au Brésil montre finalement une articulation nécessaire et permanente entre construction des sujets politiques et initiatives économiques. Si les années 1980 et 1990 avaient illustré cette articulation à travers le rôle des mobilisations politiques, les politiques d'économie solidaire concourent à renouveler cette problématique en la portant au niveau des territoires où elles s'appliquent. À ce niveau, l'imbrication entre les dimensions socio-politiques, socio-économiques et socio-culturelles des dynamiques d'économie solidaire est évidente, ce qui souligne l'importance de travailler simultanément sur ces différentes dimensions, comme cela a été proposé dans la méthodologie de promotion de réseaux d'économie solidaire[35]. Aujourd'hui comme hier, ces processus nécessitent des changements profonds de mentalité et d'organisation et donc des engagements de longue durée. L'implication des pouvoirs publics dans ce processus, malgré les limites décrites

---

34 Angela Maria Schwengber *et al.* (2005) écrivent que le programme « Opportunité solidaire », à São Paulo au début des années 2000, « est une action du gouvernement municipal que nous pouvons qualifier d'inductive, puisqu'elle ne part pas d'une demande organisée socialement mais d'une offre pour une population désagrégée, désorganisée et méconnaissant ses droits civils et de citoyenneté » (p. 175).

35 Genauto Carvalho de França Filho et Eduardo Vivian da Cunha (2009) ont formulé cette méthodologie à partir de l'expérience de l'incubateur de l'université fédérale de Bahia, voir p. 725-747.

ci-dessus, a permis le déploiement de moyens significatifs et des avancées dans la reconnaissance, légale, idéologique et symbolique, de l'économie solidaire. Elle l'expose en même temps aux échéances électorales et aux luttes de pouvoir, dans un contexte où, lorsque nous écrivons ce texte (2015), la polarisation entre le Parti des travailleurs et les partis dits « conservateurs » a surdéterminé la politique économique et sociale au niveau national et local.

CONCLUSION

La démonstration de la possibilité de pratiques de production, d'échange, de financement et de consommation soumis à une volonté démocratique et à des rapports solidaires, combinée à un regard attentif à l'émergence de sujets de l'émancipation a conduit à s'interroger sur la nature de ces sujets, sur la manière dont ces pratiques surgissent et sur le rôle des mobilisations politiques. L'expérience brésilienne, en montrant une interaction étroite et permanente entre dynamiques et conditions économiques et politiques, a exigé de déplacer les catégories et logiques d'analyse pour saisir ensemble ces deux dimensions.

Quelques propositions de recherche et de méthode en découlent. Situer les acteurs de l'économie solidaire dans le contexte large des luttes pour la démocratisation et dans les contradictions – et les métamorphoses – du processus contemporain de démocratisation capitaliste apparaît essentiel pour appréhender leurs possibilités et conditions d'émergence. Considérer le rôle *a priori* légitime de différents types d'acteurs, généralement tenus à l'écart par les catégorisations comme acteurs « économiques », « politiques » ou « sociaux », est nécessaire pour ne pas se focaliser sur les seuls acteurs « économiques » dits « de base » et éviter ainsi le risque d'un économicisme paradoxal. Ces propositions aboutissent à souligner qu'on ne saurait tenir les initiatives économiques pour premières par rapport aux mobilisations politiques et à se distancier par ailleurs d'approches considérant que les organisations d'appui ou les politiques publiques auraient pour simple rôle d'apporter des réponses plus ou moins adaptées à ces initiatives. Il s'agit bien d'envisager la démocratisation dans sa double dimension, inséparablement économique et politique, en faisant place aux processus complexes de construction de sujets politiques hétérogènes.

QUATRIÈME PARTIE

OUVERTURE

LA TRADUCTION
COMME ACTIVITÉ SCIENTIFIQUE

André Tiran
Université de Lyon;
laboratoire TRIANGLE,
UMR CNRS 5206

> Il faut considérer chaque traducteur comme un médiateur s'efforçant de promouvoir un échange intellectuel universel et se donnant pour tâche de faire progresser ce commerce généralisé.
> *Lettre* de Goethe à Thomas Carlyle, son traducteur, 1827, extrait.

> La traduction n'appartient pas au même genre littéraire que le texte qui a été traduit [...]. La traduction est un genre à part, différent des autres, avec ses propres normes et ses propres fins. La traduction n'est pas l'œuvre en question, mais un chemin d'accès à cette œuvre.
> José Ortega Y Gasset, 1937/2013, *Miseria y esplendor de la traducción / Misère et splendeur de la traduction*[1].

La première et consolante réponse pourrait être : dire la même chose dans une autre langue. Si ce n'est que, en

---

[1] Traduit de l'espagnol sous la direction de François Géal, bilingue, aux éditions Les Belles Lettres.

premier lieu, nous avons beaucoup de problèmes pour définir ce que signifie « dire la même chose », et nous ne le savons pas très bien pour toutes ces opérations que nous appelons paraphrases, définition, explication, reformulation, pour ne rien dire des prétendues substitutions synonymiques. En deuxième lieu parce que devant un texte à traduire nous ne savons pas ce qu'est cette chose.

Umberto Eco, 2003/2007, Dire quasi la stessa cosa. Experienze di traduzione / Dire presque la même chose. Expériences de traduction[2].

INTRODUCTION
La traduction comme une nécessité

Il y a de cela quelques années Jean-Michel Servet m'avait mobilisé avec plusieurs autres collègues pour une nouvelle traduction de la *Richesse des nations* d'Adam Smith[3]. Cette traduction aujourd'hui publiée, réunissait alors des linguistes et des économistes, spécialistes du domaine et de la période. Il y avait en particulier une lecture à haute voix de la traduction et ensuite une discussion avec tous les membres de l'équipe. Ce qui représentait un temps considérable mais permettait une analyse du texte plus profonde qu'aucune lecture attentive. Pour ma part, je constatais par ailleurs que dans le champ de l'histoire de la pensée économique en France les économistes italiens étaient totalement absents par manque de traduction et aussi parce que toute la discipline était focalisée sur le commentaire d'un tout petit nombre d'auteurs anglo-saxons, toujours les mêmes : Ricardo, Smith, Malthus.

La question de la traduction, au sens courant du terme, est fondamentale. Le défaut d'attention aux problèmes de traduction (et donc

2 Traduit de l'italien par Myriem Bouzaher, chez Grasset.
3 Collaboration à la nouvelle traduction d'Adam Smith, sous la direction de Jean-Michel Servet et Philippe Jaudel (2000-2005), en trois volumes, chez Economica.

à l'importance de la langue et de l'écriture) est la règle plutôt que l'exception chez les chercheurs. Soulignons l'absence très fréquente, dans les bibliographies rédigées par les auteurs d'ouvrages de sciences sociales, d'économie, d'histoire et de philosophie, de la mention du nom des traducteurs.

La volonté d'élargir le champ de l'analyse économique dans le domaine spécifique de l'histoire des idées m'a conduit à initier plusieurs chantiers de traduction de textes monétaires : les *Écrits monétaires* de John Locke, le *Della Moneta* de Ferdinando Galiani, les *Méditations sur l'économie politique* de Pietro Verri et enfin le *Bref Traité*[4] d'Antonio Serra. Il y avait par d'ailleurs un autre objectif : réagir contre la valorisation exclusive des articles de commentaires dans une revue, où les chercheurs finissent par ne plus lire que des articles qui se situent dans la continuité des précédents sans jamais revenir au texte original. Dans le domaine de l'histoire des idées, nous pensons qu'il est plus important du point de vue scientifique de mettre à la disposition du lecteur la traduction du texte original. Faute de quoi le travail d'analyse est fortement entaché de faiblesses. Ainsi les commentateurs anglo-saxons utilisent pour commenter Jean-Baptiste Say la quatrième édition de son *Traité*, la seule traduite en anglais. Or il existe aujourd'hui une édition *variorum* du *Traité*[5] établie à partir des six éditions réalisées par Say et qui aboutit à doubler le nombre de pages et à des changements majeurs dans son analyse. Dès lors on peut dire que le travail de ces chercheurs ne répond pas aux critères élémentaires du travail scientifique et pourtant dans le contexte actuel ils font référence, appuyés sur la domination de la langue anglaise et l'ultra-valorisation des articles de revues qui ont censées constituer une savoir cumulatif.

Ce que peut apprendre une longue période passée dans domaine de l'histoire de la pensée économique c'est que, au bout d'une cinquantaine d'années, sur la centaine d'articles publiés de par le monde sur tel auteur, telle œuvre, il n'y en a véritablement que deux ou trois qui ont traversé l'épreuve du temps et qui conservent un véritable intérêt. En effet la plupart des articles de commentaire et d'interprétation des textes sont le plus souvent et c'est bien normal fortement conditionnés

---

4   Le titre complet de l'édition française (à paraître chez Classiques Garnier) est *Bref traité sur les causes qui font que les royaumes abondent d'or et d'argent*, traduction de l'original de 1613 *Breve trattato delle cause che possono far abbondare li regni d'oro e d'argento dove non sono miniere*.

5   Voir Say (2006).

par le moment et le contexte dans lesquels ils ont été écrits. Il faut y ajouter la conception de ces commentaires qui pour un grand nombre sont aujourd'hui totalement dépassés, qu'il s'agisse de l'hagiographie pure et simple, d'une lecture rétrospective considérant que tel ou tel auteur a anticipé tel ou tel développement théorique, ce qui le plus souvent nous en dit plus sur l'auteur du commentaire que sur celui que l'on prétend commenter ou analyser, ou encore de la mobilisation de tel auteur en appui d'une théorie particulière.

Le retour au texte original reste une nécessité et c'est ici que la traduction, à un double niveau, est nécessaire et indispensable, ainsi que de nouvelles traductions. Traduction de la langue source à la langue cible, mais traduction aussi du texte écrit il y a deux cents ans à un texte qui doit être lu deux siècles plus tard. On peut à cet égard prendre l'exemple de la *Richesse des nations* et voir qu'il existe en français un grand nombre de traductions[6]. Laquelle choisir ? Sur quel critère ? Doit-on privilégier la qualité de la traduction du point de vue conceptuel, du point de vue de la dimension littéraire du texte (elle existe par exemple chez Galiani, Smith et d'autres). En outre quelle que soit (sauf pour les bilingues) la maîtrise acquise de la langue source, la lecture de la traduction va laisser échapper des nuances, des différences, des aspects conceptuels essentiels.

À la différence de ce qui se passe dans le cas de la traduction poétique, la traduction en sciences humaines est destinée à dispenser de l'apprentissage complet d'une langue étrangère. Le caractère fiable de la traduction est de ce fait primordial. Il s'agit donc de permettre aux lecteurs de faire l'économie de la lecture de l'original ce qui n'est cependant pas toujours possible s'agissant d'auteurs chez qui le style a une importance cruciale. Cela suppose l'absence de contresens et de faux sens et la création d'équivalents ou de comparables pour les concepts n'existant pas dans la langue cible.

L'expérience acquise m'a conduit à un certain nombre de réflexions sur la nécessité de la traduction, sur les difficultés auxquelles on se heurte

---

6   Il n'existe pas moins de douze traductions du texte de Smith en français, dont deux nouvelles dans les vingt dernières années : celle de Paulette Taieb (1995), conçue dans un souci de fidélité par rapport au vocabulaire du XVIIIe siècle, et celle sous la direction de Jean-Michel Servet et Philippe Jaudel (2000-2005). Avant celles-ci, cependant, le lecteur désireux de lire la *Richesse des nations* disposait surtout de la traduction, ancienne, de Germain Garnier, publiée en 1802 (revue et corrigée en 1843 et 1881 avant d'être republiée plus récemment, en 1991, par Gérard Mairet chez Flammarion).

dans le domaine des sciences humaines et sociales et sur la façon dont on peut les résoudre pour les équipes qui ont travaillé dans une dimension réellement pluridisciplinaire. Avant de relater cette expérience il est utile de revenir sur un certain nombre de considérations théoriques concernant la traduction.

ÉVOLUTION ET OBJECTIFS DE LA TRADUCTION

« QU'EST-CE QUE TRADUIRE[7] ? »

La traduction proprement dite n'est apparue qu'à partir du moment où l'on a cherché à transmettre dans une autre culture des textes initialement conçus pour faire eux-mêmes l'objet d'une transmission, des textes écrits pour être lu, discutés commentés. La traduction au cours de l'histoire a démontré sa capacité à susciter des prises de conscience au sein de la société provoquant par là même la régénération de celle-ci. En outre, elle a joué un rôle central dans les grandes renaissances et fondations par exemple dans la Rome antique ou dans l'humanisme européen. Lorsqu'on traduit, une modification affecte donc aussi bien la langue que la culture d'arrivée. Dans certains cas la traduction dans nos langues nationales a lieu au moment où cette langue connaît un substantiel changement d'état comme ce fut le cas en Allemagne au tournant du XVᵉ et du XVIᵉ siècle. La traduction peut alors jouer un rôle tout à fait singulier, elle accélère cette métamorphose et donne l'impression que son résultat, la *Bible* de Luther, aurait un statut comparable à celui de la révélation originale. Si la traduction est toujours une pratique solitaire, il y a toutefois une grande tradition de la transmission occidentale des textes qui s'est accompagnée d'une réflexion sur cette pratique : Cicéron, Horace, Saint Jérôme, Luther, notamment[8].

La traduction a connu plusieurs phases. La première correspond à la traduction en latin des penseurs grecs. Elle peut être dite « philosophique » dans la mesure où l'enjeu de la transmission est le savoir sur le *cosmos*

---

7   De Launay (2006).
8   Voir Cicéron (1967), Horace (2002), Saint Jérôme (2002), Konneker, Weber, Longeon et Mont (1982), Benjamin (1923/2000), Mounin (1963/1976), Berman (1995).

médiatisé par le *logos*. Avec l'arrivée du christianisme l'enjeu de la traduction a changé et traduit un acte de foi. Ainsi interprétation et traduction
des textes sacrés sont parfaitement jointes dans la tradition chrétienne
pour transformer le monde par le biais de la conversion personnelle aux
lumières de la vraie foi. Le monopole de l'interprétation va dépendre de la
traduction jugée tout aussi canonique que le choix des textes à traduire.
C'est la deuxième étape de la traduction qui gravite autour du problème
de la réception ; laquelle engendre une dynamique dont le moteur est
« la fidélité à l'original ». Il faut considérer chaque traducteur comme un
médiateur s'efforçant de promouvoir un échange intellectuel universel.
Autrement dit la survie même d'une langue et d'une culture est désormais
fonction de sa capacité à traduire et donc à participer à l'échange mondial.

Si l'on considère les différentes approches théoriques de la traduction, en
particulier les plus anciennes, celle de la fidélité au sens, et non pas le mot
à mot, ressort très nettement. La traduction a été essentiellement analysée
et discutée dans le cas de la littérature. Si l'on considère seulement les
règles de la traduction et que l'on se limite à citer quelques auteurs nous
avons Saint-Augustin qui considère que la fidélité doit être celle de l'esprit
de la vérité et non pas du mot lui-même. En 1540, Étienne Dolet publie
son célèbre traité sur la *Manière de bien traduire d'une langue en aultre* et
énonce cinq règles pour y parvenir. La première impose que « le traducteur
entende parfaitement le sens, & matière de l'auteur qu'il traduit : car par
cette intelligence il ne sera jamais obscur en sa traduction[9] ».

L'approche est prescriptible, systématique, fondée sur les cinq
principes suivants :

- comprendre le sens de l'original ;
- connaître les deux langues ;
- éviter de traduire mot à mot ;
- éviter la forme insolite (non idiomatique) ;
- remettre les mots ensemble, les relier.

Pour John Dryden, un siècle et demi plus tard, la traduction peut
utiliser trois procédés : métaphrase, paraphrase et imitation[10]. Pour

---

9   Dolet (1540), p. 11. – Étienne Dolet (Orléans, 3 août 1509 – Paris, 3 août 1546) est un écrivain,
     poète, imprimeur, humaniste et philologue français. Voir Picquier (2009) et Clément (2012).
10 Voir Dryden (1680) et sa préface à son ouvrage *Ovid's Epistles* dans la traduction qu'en
     propose Marie-Alice Belle (Dryden, 2012) : « D'abord, la métaphrase, c'est-à-dire la

Friedrich Schleiermacher[11] : l'art de traduire consiste à amener le lecteur vers l'auteur et à lui donner la même impression que s'il lisait l'original. Le bon traducteur est celui qui sait pourquoi il traduit, quoi traduire et enfin à quel moment il faut s'arrêter. Mais que signifie : il est toujours possible de dire la même chose autrement ? Cela signifie que le travail de la traduction consiste à tenter de « construire des comparables[12] ». Paul Ricœur répond : « Il n'est pas de traduction innocente, je veux dire qui échappe à l'histoire de la réception du texte, histoire qui est d'emblée une histoire de l'interprétation. Traduire, c'est déjà interpréter[13]. »

TRADUIRE C'EST ANALYSER L'ORIGINAL, FAIRE UN EFFORT DE TRANSMISSION

Tout d'abord observons que le vrai problème du traducteur est celui de traduire (dans le sens latin « *traducere* » soit « transporter ») la langue qu'il maîtrise dans une langue qui soit compréhensible pour son public sans oublier que cette langue n'est pas la langue originale, ni de ceux qui ont écrit, ni du public qui va lire l'ouvrage mais une troisième langue à la frontière entre les deux langues.

Dans le domaine des sciences sociales et humaines pour le traducteur il s'agit de faire passer des idées écrites dans et pour un contexte précis, dans un autre contexte, totalement ignoré de l'auteur traduit. Il faut donc, par des choix terminologiques éviter les malentendus, les contresens tout au long du texte[14]. Les connotations politiques, notamment, ne sont pas les mêmes dans les différentes cultures. La qualité de la traduction est primordiale, car le texte circule sans son contexte originel et cela peut être une source d'innombrables contresens. L'interprétation d'un texte, dépend beaucoup du contexte de réception, des enjeux et

traduction d'un auteur mot à mot, et vers par vers, d'une langue vers l'autre. [...] La seconde manière est la paraphrase, ou traduction avec latitude, où le traducteur garde les yeux sur son auteur, de manière à ne jamais le perdre de vue ; [...] La troisième manière est l'imitation, où le traducteur (s'il n'en a pas désormais perdu le nom) se donne la liberté, non seulement de s'éloigner des mots et du sens, [...] pour composer sur le thème les variations qu'il lui plaira. » ; [en ligne], http://ttt.univ-paris3.fr/spip.php?article19&lang=fr.

11 Voir Schleiermacher (1999) et sa conférence du 24 juin 1813 à l'Académie royale des sciences de Berlin. – Friedrich Daniel Ernst Schleiermacher (Breslau, 21 novembre 1768 – Berlin, 12 février 1834) est un théologien protestant et un philosophe allemand, qui est le véritable fondateur de l'herméneutique moderne.

12 L'expression est de Marcel Détienne (2002), p. 68.

13 Ricœur (1998/2003), p. 336.

14 Rochlitz (2001).

des représentations propres à chaque nation, chaque discipline, chaque époque. Lorsqu'un auteur américain se réclame du « libéralisme » politique, l'auteur français pourrait y voir une prise de position venant de « droite » sur l'échiquier politique, tandis que les Américains le situent de fait à « gauche », du côté du refus de l'autoritarisme. De même, « nation », en France, renvoie aux principes républicains, tandis qu'en Allemagne le terme est plus fréquemment associé à un nationalisme pervers. Ainsi le mot « libertés » dans les textes du XVIe au XVIIIe siècle n'a pas le contenu classique aujourd'hui du mot « liberté » mais celui de « privilèges ». On est donc confronté à un problème de connaissance culturelle du contexte. Qui, à défaut, peut amener un lecteur étranger et non connaisseur de la période à faire un contresens.

Le problème de la traduction ne consiste pas seulement dans la question de la langue au sens strict, les cultures sont différentes entre elles parce que leur logique interne de structuration est différente. La langue possède diverses structures de signification qui sont véhiculées par des symboles différents. Si le sens doit être conservé il doit être reconstruit dans la traduction d'une façon nouvelle. Toute traduction est une interprétation. L'impératif de fidélité ne peut pas masquer les différences fondamentales qui existent entre les diverses langues, le caractère irréductible d'une langue par rapport à une autre. Il y a donc, dans toute traduction, une perte de sens qui est irréversible. Le sens sera reproduit mais d'une manière partielle aussi complète que possible sans jamais y parvenir complètement. Pour cette raison, le traducteur peut ressembler à un anthropologue parce qu'il doit chercher à appréhender non seulement les significations et les sens de la langue source mais également tous les éléments implicites contenus dans le texte. La question de l'espace et du temps pour la traduction du texte d'une langue à une autre est évidemment essentielle. Il est inévitable qu'en lisant par exemple un texte d'un auteur comme Antonio Serra, publié en 1613, un lecteur du XXe ou du XXIe siècle en ait une compréhension (interprétation) différente. Cette position est en partie la même de celle d'un ethnologue qui cherche à comprendre une culture différente en la comparant à une autre pour en saisir la spécificité.

Le problème de la traduction n'est pas tellement la traduction des mots en tant que tels mais plutôt la structure des relations entre les mots et les concepts et la façon dont ils se situent. Les mots n'existent pas dans le vide, ils acquièrent une signification en relation avec d'autres. La traduction littérale, ainsi que l'ignorance du contexte, peuvent conduire à des contresens. Traduire ne consiste donc pas à réduire la langue à traduire dans sa propre langue mais plutôt à donner une extension, une amplification et un pouvoir de signification plus étendu dans notre langue[15]. Les processus de la traduction impliquent toujours des rapports de pouvoir.

Le traducteur négocie des significations avec un texte qui se présente sous la forme de mots écrits. Le caractère problématique de la traduction d'une langue dans une autre qui prétend traduire le sens original apparaît dans un certain nombre de cas comme, pour l'italien, « *entrate* » ou « *valore* », qui ne peuvent pas être saisi par une traduction littérale mais doivent être appréhendés et considérés dans un contexte qui ne peut être reconstruit qu'à travers le compte rendu complet des conceptions relatives aux relations entre les personnes dans le texte considéré. « *Entrate* » peut signifier : intérêts, rentrées fiscales, revenus, profit de l'activité manufacturière. Cela ne signifie pas que la traduction de concepts d'une langue vers une autre puisse signifier comprendre cette société. En effet, l'ambition de poursuivre un idéal de connaissances capables de saisir la totalité de la signification du texte à traduire, de son insertion dans la vie de l'époque, de la vision du monde de l'auteur, cet idéal repose sur le fait qu'il serait possible d'y parvenir en construisant morceau par morceau l'ensemble des significations, or il n'en est rien.

Toutefois il est absolument nécessaire de prendre en compte le contexte de réception, ce qui implique de maîtriser non seulement la langue, mais aussi la culture des mots dans la langue source et de les reconstruire à l'intérieur de notre langue[16]. La traduction est d'une certaine façon confrontée à des problèmes analogues à ceux de l'anthropologie en particulier lorsqu'il s'agit de textes anciens parce que la cosmologie archaïque de ces textes est fondée sur des prémisses totalement différentes de celles de notre culture occidentale actuelle. Dans ce sens les langues sont incommensurables entre elles, ce qui ne signifie pas qu'elles soient intraduisibles l'une dans l'autre. Le langage n'est pas une structure fermée immuable mais une structure qui se transforme et qui s'adapte. Toute traduction peut apporter une modification du langage dans lequel on traduit. Donc la traduction peut offrir des possibilités

---

15 González Matthews (2003).
16 Voir Canullo (2012-2013).

d'élaborer de nouveaux concepts permettant de traduire et d'appréhender des situations nouvelles.

Notre langue peut trouver en elle-même des ressources adaptées pour chercher l'approximation la moins inexacte possible aux significations exprimées dans la langue source. Il s'agit de mobiliser les capacités transformatrices et créatrices de notre propre langue. Traduire signifie négocier :

- le contexte de production (de départ et d'arrivée) ;
- le contexte de réception (de départ et d'arrivée) ;
- le public ;
- l'axe du temps ;
- les références culturelles.

POURQUOI TRADUIRE ET COMMENT TRADUIRE ?

L'OPPORTUNITÉ DE LA TRADUCTION

La compétence du choix, celle de juger de l'opportunité de traduire le texte en question, s'exerce en amont et n'est pas forcément demandée au traducteur. Pourquoi traduit-on un livre ? Dans le domaine des sciences humaines, il s'agit de la conviction de « l'importance » de l'ouvrage pour la discipline ou la sphère des recherches en question. Dans de nombreux cas, un chercheur spécialiste décide de traduire tel ouvrage, qui est soit réputé dans son champ de recherche soit source d'idées nouvelles ou originales dans un contexte particulier.

Si l'on considère les textes des auteurs italiens du XVIe et XVIIIe sur les questions monétaires, ces questions éminemment politiques, qui touchent directement au pouvoir de l'État, à sa capacité, ou à son incapacité, à ses objectifs, bref à sa souveraineté, rendent les auteurs prudents. La raison de cette prudence est à chercher dans les pesanteurs de la censure et dans les menaces très réelles dont elle peut user. Du coup le texte écrit par l'auteur n'est pas un texte où il a librement exprimé ce qu'il voulait dire mais c'est un texte où il ne peut pas tout dire, ou en tout cas le dire de la façon la plus claire. Ce sont les manques, les absences à l'intérieur du texte compte tenu de son objectif et du sens qu'il porte qui sont révélateurs de cette prudence.

QU'EST-CE QU'UN ORIGINAL ?

Un texte est le produit d'un ou plusieurs auteurs, il s'inscrit dans un espace linguistique, dans une tradition culturelle, parmi d'autres textes ce qui fait qu'il renferme une double dimension celle du code linguistique et celle du type de culture dont il relève ; il faut y ajouter l'objectif du texte, le public visé par l'auteur. Par ailleurs, la rédaction d'un texte est plus complexe que celle d'un discours oral. Aucun auteur ne contrôle jamais la polysémie de son texte, ni la totalité du système de sa langue, pas plus que l'ensemble de la tradition du discours et de l'écrit dans lequel il prend place.

Il faut, lorsqu'il s'agit de textes anciens faire intervenir nombre de procédures d'établissement du texte, donc la philologie. Une combinaison de critiques littéraire, historique et linguistique qui vise à rétablir le contenu original de textes connus par plusieurs sources, et par conséquent sélectionner le texte le plus authentique possible, à partir de manuscrits, d'éditions imprimées ou d'autres sources disponibles. Le texte ne peut pas être réduit en se contentant de mobiliser le système d'une langue ou la reconstitution historique du contexte. Dans les deux cas, il s'agit d'une réduction. Il est impératif de faire intervenir les deux éléments. Dans la pratique la traduction prend donc toujours pour point de départ un texte qu'elle a reconstitué. Ne serait-ce qu'en modernisant l'orthographe, en y introduisant une ponctuation différente, par exemple en italien dans les textes du XVIe et du XVIIe par rapport à ceux du XIXe. Elle a pour résultat un autre texte.

Le travail de la traduction suppose une sorte de destruction de l'original. Avec la traduction la dynamique de chaque langue consiste à donner un sens nouveau à des signifiants traditionnels soit pour en réactiver d'anciens, soit pour en créer de nouveaux. Il reste que la traduction est marquée par le temps, la discontinuité historique. Avec un autre problème : y a-t-il ou n'y a-t-il pas de l'intraduisible ? Il y a effectivement des mots dont le correspondant n'existe pas dans l'autre langue. C'est un problème très classique et bien connu des traducteurs que l'absence d'équivalent, qui peut être à la fois un problème et une source de créativité lorsqu'il s'agit de concepts dans le domaine de la traduction des sciences humaines et sociales. Alors une démarche courante dans ce type de cas est la « banalisation », dispositif par lequel le traducteur abandonne la référence à la culture d'origine pour désigner à l'aide de mots communs la réalité dont il s'agit. Le premier temps consiste à cerner la réalité désignée. Le second temps est consacré au choix de la solution de traduction. Si l'élément réputé intraduisible est facilement compréhensible, le report et l'emprunt sont des solutions acceptables, la banalisation, puis l'adaptation, puis la transposition, pour ne citer que les principaux jalons du travail.

Et dans cette créativité il y a compétition entre les différentes langues. Si l'on prend comme exemple le terme italien de *consumismo*, le français a adopté « consumérisme », qui vient directement de l'américain *consumerism* ; il aurait tout aussi bien pu adopter « consumisme », car instinctivement on sent qu'aucun des deux termes ne s'intègre parfaitement aux codes linguistiques du français. Dans ce sens la traduction construit des comparables. Et comme l'indique Paul Ricœur : « [...] il n'existe pas de critère absolu de ce que serait la bonne traduction. Ce critère absolu serait le même sens, écrit quelque part, au-dessus et entre le texte d'origine et le texte d'arrivée[17]. » Le texte possède une historicité quintuple : celle du sens produit par le texte dans sa tradition, celle du sens au sein du texte qui s'élabore, qui est la base de sa transmission, celle de l'horizon concret dans lequel il s'inscrit, celle de la somme des différences qui le distinguent, celle de la culture à laquelle il se rattache.

La traduction ne se substitue pas à la création des œuvres, elle n'a pas le même statut ni la même force de rupture mais elle inscrit la tradition dans une histoire de nouveau ouverte et évite à l'œuvre de se figer en musée perpétuel. En ce sens les traductions doivent nécessairement être sans cesse reprises à nouveau frais. On peut citer ici l'exemple des deux nouvelles traductions qui sont parues il y a quelques années en français de *La Richesse des nations*[18]. À titre d'illustration, on soulignera

---

17   Paul Ricœur, voir Lassave (2009), p. 4.
18   La première est de Paulette Taieb (1995) et la seconde correspond à la traduction dirigée par Philippe Jaudel et Jean-Michel Servet (2002). Au total, une vingtaine d'universitaires et chercheurs ont participé à cette dernière entreprise ayant demandé pas moins de dix ans de travail. Ils ont soumis le résultat final à l'épreuve dite du « gueuloir », en le lisant à haute voix devant une assemblée d'anglicistes et d'économistes. Car avant d'être lue, la *Richesse des nations* était, comme le rappelle Jean-Michel Servet, le responsable scientifique, destinée à être déclamée dans les salons.

que bien des termes employés par Adam Smith sont devenus depuis de « faux amis » : sait-on que sous sa plume, « *industry* » ne désigne pas l'ensemble des entreprises tournées vers la production de biens matériels mais l'activité humaine en général ? Qu'une « *machine* » peut être un simple outil, comme une bêche ?...

La règle fondamentale que nous avions adoptée pour le choix du texte de référence était de partir impérativement de l'original lui-même et non pas d'une réédition. C'est là une précaution fondamentale, car à l'expérience les éditions successives, notamment d'un texte ancien, peuvent subir toute une série de transformations, ajout, retranchement, erreur etc. ; or ces précautions sont rarement prises, les publications, les éditeurs et les présentations des traducteurs n'explicitent pas toujours l'édition qu'ils ont choisie de traduire et pour quelle raison. Ainsi dans le cas qui nous occupe des auteurs économistes italiens du XVIIe au XVIIIe siècle, il y a l'édition Custodi réalisée au début du XIXe siècle (1803) en quarante-huit volumes, qui a représenté un véritable monument et la mémoire de tout un patrimoine théorique. Patrimoine et monuments qui font gravement défaut aux Français puisque aucune maison d'édition – ni aucun groupe de spécialistes – ne s'est jamais attelée à une entreprise de ce type pour tous les auteurs français. Pour autant l'édition du baron Custodi présente à la fois une grande qualité, celle d'avoir su conserver et rendre accessible un patrimoine théorique inestimable mais aussi une imperfection majeure dans la mesure où l'établissement du texte est souvent aléatoire et le disqualifie comme référence scientifique indiscutable. Ce qui oblige nécessairement à travailler sur l'édition originale de l'œuvre produite.

LE CHOIX DE L'ÉDITION BILINGUE

La publication d'ouvrages bilingues constitue une autre stratégie, qui existe en littérature mais pas pour les œuvres de « non-fiction », malgré son intérêt cognitif certain. Cela évite de confier des traductions à des personnes manquant des qualifications requises. Enfin, les lecteurs non-linguistes bénéficient d'un texte dans leur langue maternelle, l'ouvrage bilingue palliant, d'une part, une maîtrise insuffisante de la langue source et offrant, d'autre part, la possibilité d'améliorer ses connaissances de la langue cible. L'édition bilingue libère de toute volonté de mettre vocabulaire, grammaire et syntaxe à l'aune du XXIe siècle. Ainsi, le lectorat doté de compétences linguistiques dans la langue source bénéficie d'une possibilité immédiate de consultation de l'écrit d'origine.

La lecture de l'original avec sa traduction exerce un double effet et, en premier lieu, permet de comparer les textes entre eux. En second lieu, la traduction elle-même fonctionne comme un commentaire, comme un renvoi aux notes, mais aussi comme un instrument de vérification de la qualité de la traduction et des autres sens possibles. Avec l'appareil critique, le lecteur acquiert la possibilité de valider ou non les traductions. Celle-ci est bien une interprétation particulière[19]. Pour le *Della Moneta*, nous avons fait le pari d'une édition bilingue afin de permettre la confrontation permanente des deux textes même avec l'intime conviction qu'il était impossible de rendre le style de Galiani[20], souvent loué pour son élégance et sa précision. Notre traduction était destinée à être lue et comprise par un lecteur contemporain.

LES COMPÉTENCES DU OU DES TRADUCTEUR(S)

Certaines conditions à remplir par le traducteur d'un ouvrage de sciences humaines sont triviales. Le traducteur doit connaître aussi bien que possible deux langues, de façon à être capable de saisir les nuances du texte original et de les restituer dans la langue cible. La pratique de la traduction est un exercice qui permet d'élargir la connaissance des deux langues. Il est souhaitable que le traducteur connaisse la langue cible complètement et dans le cas du passage de l'italien au français la maîtrise du latin est une condition, en particulier pour les textes anciens. Il faut qu'il possède, autant que faire se peut, les automatismes et un sens des nuances propres à cette langue[21]. On peut s'aider de quelques questions pour compléter notre interrogation :

- Quelle est l'identité culturelle de l'auteur ?
- Quelle est la valeur du texte d'origine ou de la pensée d'origine après avoir traversé les procédés de traduction ?
- Quel contrôle détient le traducteur sur la réception d'une œuvre hors des contextes locaux, des langues d'origine et au-delà du passé culturel qui l'ont formée ?

---

19 Karas (2007).
20 Galiani (2005).
21 Rochlitz (2001).

- Quel traducteur pour quel texte ?
- Qui est capable de traduire un contenu s'inscrivant dans le champ de recherche des sciences humaines ?

De nombreuses traductions réalisées par des non-spécialistes du domaine sont de mauvaise qualité, les traducteurs passent alors fréquemment à côté de concepts et notions clés et ne saisissent pas réellement les tenants et aboutissants du sujet abordé par l'auteur. Des chercheurs défendent la stratégie consistant à former un binôme entre traducteur et auteur, entre traducteur et chercheur spécialiste du domaine. C'est la voie que nous avons choisie depuis la collaboration à la traduction de Smith. Cette collaboration permet d'exploiter les compétences linguistiques d'un traducteur spécialiste de la langue et les compétences théoriques d'un spécialiste du domaine (économie, sociologie, histoire, etc.). Ce fonctionnement assure au traducteur la réponse à ses doutes lorsqu'il s'agit de préciser la pensée de l'auteur et permet de lever d'éventuelles ambiguïtés.

Ainsi, parmi les compétences linguistiques il y a l'exigence d'un triple niveau de compétences : la maîtrise parfaite de la langue cible et des connaissances suffisantes de la langue source pour en saisir toutes les subtilités ; spécialisation dans un champ de recherche particulier (philosophie, anthropologie, histoire, économie…), dans lequel le traducteur doit être totalement immergé ; compétences littéraires, indispensables pour restituer l'ouvrage dans un texte clair et adapté au public cible. Il ne s'agit pas uniquement de traduire une langue : le traducteur en sciences sociales est en effet amené à retranscrire des concepts. De ce fait le traducteur idéal est un spécialiste du domaine et/ou de l'auteur. À ce titre, comme pour tout travail de traduction, le processus de recherches en amont est crucial.

LA TRADUCTION EN PRATIQUE

UNE EXPÉRIENCE PRATIQUE

Au travers de notre expérience de la traduction, traduire un texte a impliqué le travail d'un collectif d'italianisants et d'économistes que nous avons animé de 1997 à 2001 et qui s'est poursuivi jusqu'à aujourd'hui sur d'autres textes[22]. La méthode est une reprise, à une échelle plus modeste, de celle initiée par Jean-Michel Servet, pour la traduction de *The Wealth of Nations* publiée en 2000. Chaque chapitre de l'œuvre de Galiani a été traduit par un italianisant, relu et discuté ensuite avec un économiste. Ce travail commencé en 1997, pour la traduction du *Della Moneta*, a été réalisé par Anne Machet, Anna Paola Pioggiosi, Elisa Rossi, Pier Angelo Solari, Renée Tirelli, et pour la relecture des économistes par Emmanuel Blanc, Loic Charles, Christophe Salvat, André Tiran. Anne Machet a ensuite harmonisé l'ensemble des traductions avec propositions de certaines modifications dans un travail avec André Tiran. Le couple italianiste-économiste a rediscuté ces variantes suggérées. Le texte ainsi revu et corrigé a fait l'objet d'une lecture à haute voix entre la coordinatrice et le responsable de cette traduction. Cette relecture a été décisive pour éclaircir nombre de passages et faire les corrections nécessaires. Au total, ce sont dix relectures qui ont été réalisées. Plusieurs choix de traductions s'offraient à nous :

- moderniser le texte et le traduire dans le vocabulaire d'aujourd'hui ;
- utiliser le vocabulaire d'hier ;
- utiliser une voie moyenne : ni archaïsme portant à confusion, ni modernisme et anachronisme.

Nous avons choisi la voie moyenne. Ce choix était guidé par la nécessité de rendre lisible le texte pour un lecteur d'aujourd'hui, lecteur informé et spécialiste des questions monétaires. L'orthographe et la typographie ont été entièrement modernisées. La ponctuation a également été complètement modifiée en particulier la nécessité d'éviter les très longues phrases. Pour la traduction des concepts nous avons à chaque fois vérifié l'existence du mot sur des dictionnaires de l'époque de façon à éviter tout anachronisme lexical. Cela fait, les pièges sont encore importants. En particulier du côté de l'économiste qui peut proposer de traduire certains concepts par leur « équivalent » dans la théorie économique actuelle. Ce qui est une erreur fatale, car l'on donne alors au texte une précision conceptuelle et une dimension théorique qu'il ne peut pas avoir à ce moment-là. En voici quelques exemples à propos du *Bref Traité* d'Antonio Serra. Lors d'un colloque récent qui lui était consacré

---

22   Voir Galiani (2005), Locke (2011), Verri (2015).

l'une des communications interprétait les concepts de Serra en termes « modernes » d'élasticité, de liquidité, de déficit de la balance des paiements, concepts qui ne figurent pas du tout dans l'œuvre et dont même le sens n'est pas présent. Ce qui revient à introduire des concepts sous prétexte que le sens du texte conduirait à ce type de conceptualisation. Ce qui peut être légitime dans le cadre d'un commentaire mais ne l'est pas du tout dans une traduction.

Une des difficultés est bien évidemment celle du vocabulaire. Les détails de la vie quotidienne deviennent un piège pour le traducteur. Une traduction prétendant trouver une correspondance systématique et traduire chaque terme par un terme unique dans l'autre langue est impossible. Ceci parce que les connotations des termes ne sont pas les mêmes et que les découpages de la réalité pensée sont différents d'une langue à une autre. La traduction est donc d'emblée une opération elle aussi historique, et pas simplement parce qu'elle s'effectue à partir d'un original ancien. La traduction prend toujours pour point de départ un texte qu'elle a *reconstitué* en un original, car ce dernier n'est jamais donné comme tel, et elle a pour résultat un autre texte. Tout en voulant donner une traduction immédiatement accessible, il faut prendre garde de ne pas recourir à une syntaxe trop moderne et à des mots par trop nouveaux. Il faut garder une certaine distance tout en étant parfaitement compréhensible. L'analyse sémantique de certains termes, les différents contextes exigeant différentes traductions du même mot, la consultation des dictionnaires en usage alors, mettent en relief la volonté de ne pas commettre d'anachronisme dans les choix de transcriptions d'une langue à l'autre.

Par exemple le sens de mots comme « *fatica, industria, commercio* » ou d'autres encore a considérablement évolué. Et que dire même du « *grano* », qui peut être du blé, du froment, du seigle, de l'avoine, du maïs et même des pois ou des lentilles, selon la production dominante du pays. Les démonstrations ont parfois recours à des concepts qui ne sont plus couramment sollicités dans les argumentations. Ainsi en est-il du terme « proportion » très utilisé alors en mathématique, employé ici dans différents domaines, servant souvent de pivot au raisonnement. À l'époque (XVIe-XVIIIe), la proportion, tant arithmétique que géométrique ou harmonique, est une clef de compréhension pour saisir l'harmonie du monde, la pertinence de l'observation et des conséquences à en tirer. L'emploi du mot et des images répétées de la roue, du *cercle* est aussi à déchiffrer en tenant compte de la pensée de Vico – la deuxième édition de la *Scienza Nova* date de 1744 – lui aussi un familier du milieu où évolue Galiani.

Une traduction est indéfiniment perfectible, le dialogue entre locuteurs des langues est en fait la situation idéale qui permet d'éviter à la fois contresens dus à une compréhension erronée ou approximative d'une langue source et les faux sens et erreurs grammaticales dus à une connaissance insuffisante de la langue cible. Malheureusement, cette méthode de traduction prend beaucoup de temps.

LES DIFFÉRENTES OPÉRATIONS DE LA TRADUCTION

Notre travail de traduction du *Della Moneta* de Galiani, des *Méditations sur l'économie politique* de Verri, du *Bref Traité* de Serra, a mobilisé à chaque fois une première équipe de traducteurs (s'étant répartis les chapitres) qui réalisaient la traduction pourrait-on dire technique du texte avec une première mise en forme puis, dans une deuxième phase, une relecture de cette traduction à deux mains, associant une traductrice spécialiste de civilisation italienne et possédant une complète maîtrise du latin et un économiste spécialiste des questions monétaires de la période qui va du XVIIe au XVIIIe siècle. La traduction était donc dans cette première phase une opération double. Nous allons examiner maintenant comment s'est fait le passage entre les différentes étapes de sa traduction.

La première opération consiste d'abord à traduire chaque phrase de façon aussi précise et complète que possible avec pour premier principe le souci de comprendre exactement le texte ou à défaut de réunir les éléments d'une compréhension encore à venir. C'est-à-dire une traduction mot à mot, dans un certain sens technique qui constitue la phase préparatoire où domine l'analyse. Le traducteur fait la part de ce qu'il comprend bien, de ce qu'il comprend mal, de ce qu'il ne comprend pas. Il s'efforce d'isoler les difficultés en gardant ouverte toutes les options. Et au fur et à mesure il note les différents mots et termes sur lesquels il a pu hésiter. Chaque fois que la traduction « directe » ou « littérale » aboutit à un énoncé équivalent sur le plan linguistique et stylistique, on la maintiendra ; dans le cas inverse, il faudra recourir à la traduction « oblique ». Le second principe est celui de l'idiomaticité. La traduction doit donner l'impression que l'original a été écrit directement en français. Les opérations de traduction sont indissociables de la ré-énonciation : ce ne sont pas des mots que l'on traduit, mais des contextes. Cette tendance du français à l'« étoffement » se retrouve par rapport à d'autres langues.

La deuxième opération ne consiste pas à mettre en bon français cette première traduction mais à réaliser une première lecture à haute voix associant économiste et traducteur. L'économiste lisant le texte traduit et se concentrant sur la signification économique de celui-ci. Ici, une précision capitale est nécessaire s'agissant du domaine de l'histoire de la pensée économique. Dans la lecture du texte d'un économiste du passé, très souvent considéré comme un grand économiste, on doit toujours estimer, et c'est là presque une règle absolue, que l'auteur ne peut pas être incohérent, contradictoire. C'est donc toujours que nous ne comprenons pas le texte lorsque nous rencontrons une difficulté dans sa lecture et non que le texte est fautif et incohérent. Non l'auteur n'a pas commis d'erreur, dans son argumentation, non il ne s'est pas trompé, c'est nous qui ne comprenons pas ce qu'il écrit. Cette attitude à l'égard de l'œuvre sur laquelle on travaille est essentielle.

Nous avons pu en vérifier la pleine validité dans un contexte plus simple lors de nos travaux sur Jean-Baptiste Say, en particulier à propos de sa théorie de la monnaie. Nous étions confrontés à un texte comportant beaucoup de mots et de concepts qui n'ont pas eu de pérennité. Et il fallait véritablement « traduire » ce texte écrit en français en un texte compréhensible dans la boîte à outil commune des économistes. Ce qui a déterminé notre attitude est un travail préalable de biographie de cet auteur. Précisons qu'à ce moment-là il n'existait que de brèves notices sur sa vie. Ce travail préalable nous a montré que Say était un praticien de toutes les questions monétaires de son époque et qu'il connaissait tous les textes importants sur le sujet. Dès lors, contrairement à un commentaire fait par un chercheur, « l'obscurité » de ses écrits ne pouvait pas être le résultat d'une méconnaissance et d'une incompétence dans la matière mais tout le contraire[23].

La dernière opération est la suivante : on doit laisser cette traduction – que l'on a longtemps reprise, relue, remaniée – reposer pendant un certain temps, quelques mois, pour la relire comme un texte inconnu et s'assurer enfin que le texte se lit facilement, ce qui est toujours une

23   Voir Garello (1972/1991). Celui-ci fait un contresens complet sur l'interprétation de la théorie monétaire de Say en indiquant dans sa préface que Say ne connaissait rien aux questions monétaires tant du point de vue théorique que pratique.

preuve de réussite, et qu'il correspond à ce qui est dit dans la langue italienne. Si l'on dit d'une traduction qu'elle est réussie on signifie par là qu'on ne veut pas, qu'on ne souhaite pas qu'elle soit différente.

DES DIFFICULTÉS SPÉCIFIQUES

S'agissant des écrits sur la monnaie il y a plusieurs difficultés. Tout d'abord la lecture de ces textes suppose la maîtrise d'un certain langage technique, que seul le spécialiste du domaine et de la période peut avoir ; en outre, la façon d'argumenter, la rhétorique utilisée est profondément liée au contexte culturel et à l'époque. Ce qui nécessite de la part du traducteur une familiarité avec la lecture des textes de cette période. Mais ces deux compétences ne suffisent pas. Une fois que l'on a réalisé cette première lecture à haute voix il reste encore un certain nombre de problèmes. Ainsi nous avons dû pour les trois textes considérés réaliser dix relectures de l'ensemble du texte, toujours en binôme. Les choses ont fonctionné à la façon d'un tamis où la première lecture permet d'éliminer les plus gros cailloux pour en arriver enfin, à la dixième relecture, à l'élimination des grains de sable. À ce stade, qui a nécessité une foule de petites opérations et l'utilisation des dictionnaires de l'époque, chaque texte a présenté des difficultés particulières propres à l'auteur, au contexte dans lequel il vit et il écrit, et au public visé.

S'agissant de l'économie au XVIIᵉ au XVIIIᵉ siècle il faut considérer ces textes comme des textes politiques au sens le plus fort du terme puisqu'ils touchent à la souveraineté de l'État, aux actions qui sont menées dans le domaine du commerce des manufactures et de la monnaie. Ceci implique à chaque fois pour l'économiste de se plonger dans l'histoire économique, sociale et politique de la période. Ceci a été un travail difficile dans le cas d'Antonio Serra[24] et de son *Bref Traité*. En effet ce texte célèbre est le produit d'un auteur mort en prison et dont la biographie se résume à dix lignes. Le texte lui-même est orienté vers les cercles du gouvernement et contient énormément d'implicite. En outre, la matière monétaire à cette époque, en dehors des difficultés techniques, est une matière hautement problématique dans le sens où elle touche directement au pouvoir de l'État et ne peut pas être mise sur la place publique. Il faut donc pour traduire un tel texte se réapproprier

---

24 Serra (2016, à paraître). – NdA : dans ce même volume, on trouvera le *Premier et deuxième discours sur le change* de Marc'Antonio De Santis.

319 LA TRADUCTION COMME ACTIVITÉ SCIENTIFIQUE 319

la signification de termes que nous n'utilisons plus, en comprendre le sens dans leur contexte, ce qui n'est pas le plus facile, dès lors que l'auteur adopte une stratégie politique fortement déterminée par le jeu des factions au sein du pouvoir du royaume de Naples.

Enfin même dans le cas où les deux auteurs de la traduction (l'économiste et la spécialiste de la langue et de la civilisation italienne) sont bilingues, la traduction leur permet seule d'aboutir à une compréhension du texte véritablement profonde. Le choix méthodologique qui a été le nôtre – celui de produire une édition bilingue – a profondément conditionné la nature de la traduction, en particulier la syntaxe et l'ordre de la phrase. En effet ce choix a été dicté par la volonté de mettre à disposition de la communauté académique et plus largement de tous les spécialistes du XVIIIe siècle, le texte original et sa traduction en face à face. Ceci de façon à permettre, sur tel ou tel point, de vérifier la qualité de la traduction et les autres choix éventuels qui auraient pu être faits. À travers tout ce processus de travail l'on apprend à beaucoup mieux lire l'italien et plus encore à mieux manier le français et à mieux tirer parti de ses ressources. En traduisant, on apprend donc à manier les langues à bien lire et à bien écrire. Le travail de traduction concentre toute l'attention sur les moyens de l'expression ; il requiert un sens aigu de la forme et en retire en quelque sorte un bénéfice.

LA TRADUCTION EN SCIENCES HUMAINES ET SOCIALES

Dans les sciences humaines et sociales il faut partir du principe que la prose scientifique est du même type que le langage courant et ne recèle pas de vices cachés dans sa forme. Ce qui importe, par conséquent, c'est la lisibilité et l'intelligibilité. Les sciences humaines exigent très souvent l'invention de termes et de concepts. Le traducteur doit être en mesure de participer à cet acte de création. Toutefois les ouvrages en sciences sociales sont souvent rédigés dans un style complexe, résistant à la lecture, y compris pour les locuteurs natifs. Ainsi, le traducteur doit s'approprier le texte, en élaborer sa propre interprétation sans trahir les théories et réflexions véhiculées. Il doit souvent expliciter des concepts ou justifier les choix de traduction de ce que qu'on peut appeler les « intraduisibles », par exemple dans le cadre d'une préface.

Il s'agit pour l'essentiel, dans la traduction des textes théoriques de donner toute leur force aux arguments développés dans la langue source, de restituer, autant que possible, la *raison* et *raisons* de l'auteur dans une autre langue[25]. Ce type de traduction part du principe que les idées développées dans une langue sont intelligibles dans une autre, c'est-à-dire que, de la même façon que nous sommes capables d'élargir nos possibilités lexicales et syntaxiques dans notre propre langue, nous pouvons les développer au-delà de celle-ci en apprenant à manier une autre langue et en nous familiarisant avec sa pratique. La spécificité des textes de sciences humaines tient au fait qu'ils reposent sur des concepts, et que leur traduction va poser le problème de la transmission de ces concepts d'une langue à l'autre. Le traducteur doit, pour accomplir sa tâche être lui-même un spécialiste de la discipline qu'il traduit, et être au courant des enjeux que recouvrent certains concepts particulièrement « chargés ».

Les langues ne sont pas seulement différentes par leur manière de découper le réel mais aussi de le recomposer au niveau du discours. De fait, observe Paul Ricœur :

> Non seulement les champs sémantiques ne se superposent pas, mais les syntaxes ne sont pas équivalentes, les tournures de phrases ne véhiculent pas les mêmes héritages culturels ; et que dire des connotations à demi muettes qui surchargent les dénotations les mieux cernées du vocabulaire d'origine et qui flottent en quelque sorte entre les signes, les phrases, les séquences courtes ou longues. C'est à ce complexe d'hétérogénéité que le texte étranger doit sa résistance à la traduction et, en ce sens, son intraduisibilité sporadique. (Ricœur, 2004, « Défi et bonheur de la traduction » (1997), dans *Sur la traduction*, p. 13.)

Ricœur, invite à sortir de cette alternative théorique : traduisible *versus* intraduisible, et de lui substituer une autre alternative, pratique celle-là, issue de l'exercice même de la traduction, l'alternative fidélité *versus* trahison.

LA NATURE DU TEXTE, LA POLYSÉMIE, LE CONTEXTE, L'IMPLICITE DU TEXTE

Nos mots ont chacun plus d'un sens. On l'a évoqué plus haut avec le cas de figure du mot « *entrate* ». Le sens est alors chaque fois délimité par l'usage, lequel consiste pour l'essentiel à cibler la partie du sens du mot qui convient au reste de la phrase et concourt avec celui-ci à l'unité du sens exprimé. C'est chaque fois le contexte qui décide du sens qu'a pris le mot dans telle circonstance. Car :

---

25   Voir Sapiro (2014).

> Il n'y a pas que les contextes patents, il y a les contextes cachés et ce que nous appelons les *connotations* qui ne sont pas toutes intellectuelles, mais affectives, pas toutes publiques, mais propres à un milieu, à une classe, à un groupe, voire un cercle secret ; il y a ainsi toute la marge dissimulée par la censure, l'interdit, la marge du non-dit, sillonné par toutes les figures du caché. (Ricœur, *Sur la traduction*, 2004, p. 47-48.)

Cet implicite est ce qui n'est pas dit dans un énoncé en termes clairs et que l'interlocuteur doit comprendre par lui-même. L'auteur peut souhaiter en effet passer sous silence certaines informations, parce qu'elles pourraient choquer ou nuire au but qu'il veut atteindre. Il se distingue du présupposé en ce qu'il ne se déduit pas de l'énoncé lui-même mais de la situation d'énonciation. Dans certains cas, l'auteur laisse entendre qu'il pense le contraire de ce qu'il dit. Il y a également les inférences logiques et très souvent les inférences pragmatiques : fondées sur des connaissances usuelles du monde dans lequel le texte s'insère. La notion d'inférence renvoie aux informations que le lecteur ajoute au contenu explicite du texte pour le comprendre. La compréhension d'un texte repose alors sur la mise en œuvre d'un ensemble de processus cognitifs qui intègrent les informations lues et les connaissances du lecteur pour construire une représentation du contenu du texte. Il est possible que les présupposés ne soient pas informatifs. Ils relèvent alors d'une réalité déjà connue du lecteur, soit à partir de son savoir, soit par rapport à son entourage. Dans ce cas-là, ces présupposés n'ajoutent rien de nouveau à la connaissance du lecteur mais posent au traducteur le problème de la connaissance dans le détail du contexte socio-culturel.

À l'opposé des intraduisibles il y a les « faux amis conceptuels », que constituent ces termes faussement transparents d'une langue et d'une culture à une autre. Ainsi, bien que le mot « démocratie » prenne une forme identique dans les langues européennes, son sens diffère non seulement d'une culture à une autre mais aussi d'un locuteur à un autre. Dans l'un et l'autre cas, les « intraduisibles » et « les faux amis conceptuels », on peut considérer qu'il y a un risque d'échec de la transmission, à moins que des notes, voire une préface du traducteur, ne viennent expliciter où se situent exactement le point d'intraduisible dans un cas, la fausse transparence dans l'autre. Le traducteur, dans cette optique, devient un acteur du débat intellectuel.

UNE CONCLUSION PROVISOIRE

A-t-on encore vraiment besoin de traduire des textes de sciences humaines en français ? La question se pose parfois, et certains soulignent une asymétrie fondamentale : si les auteurs francophones doivent traduire leurs travaux pour espérer avoir une influence mondiale, l'inverse ne serait pas ou plus vrai. Le monde de la recherche serait unifié par une langue véhiculaire : l'anglais, la mobilité internationale des universitaires, ou l'accès aux publications électroniques. Publier en français les textes d'auteurs étrangers pourrait avoir un intérêt pour le grand public, mais très peu pour les chercheurs eux-mêmes, puisqu'ils auraient déjà les compétences et les moyens techniques de lire tout ce qui est disponible en anglais[26]. Ce qui est faux dès lors qu'il s'agit de comprendre des énoncés complexes.

Le travail du traducteur doit être revalorisé et la traduction considérée comme une activité scientifique à part entière. Elle doit s'inscrire dans les programmes européens de recherche et bénéficier de soutiens, financiers notamment, afin que les traducteurs soient rémunérés à leur juste valeur et afin d'obtenir des ouvrages de qualité. En effet, la rémunération des traducteurs dans le domaine de l'édition reste souvent faible. Les traductions, sont réalisées soit par des chercheurs qui ne sont pas de bons traducteurs, soit par des traducteurs qui ont avant tout une formation littéraire. Les résultats sont globalement très décevants.

La langue de l'Europe est définitivement la traduction, car elle est gage de pluralité de pensée. Le débat sur la prédominance de l'anglais doit être dépassé. Il peut rester une langue de communication privilégiée, mais la recherche doit être réalisée et publiée dans la langue du chercheur. La diversité des langues assure le maintien d'une diversité des traditions intellectuelles, ainsi que des différents modes de pensée et d'énonciation[27]. Dans le cas des sciences humaines, ce dont il s'agit c'est au moins de donner accès à un public un peu plus large que les quelques spécialistes d'un auteur par ailleurs important, à une pensée qui s'est élaborée dans une autre langue que celle du lecteur.

---

26   Allard, Calfat et La Valle (2014).
27   Berrichi (2012).

Le problème n'est pas seulement celui des concepts et de leur traduction, mais de la façon dont ces concepts s'élaborent dans la construction même du texte ; dans la façon dont l'argumentation est conduite, et qui dépend en partie de la logique interne à la langue dans laquelle ils sont pris. Si le traducteur n'est pas suffisamment averti du fait que l'argumentation, ne se construit pas nécessairement de la même manière d'une langue à l'autre, il risque de produire une traduction qui, tout en étant plus ou moins juste au mot à mot, ne tiendra pas à la lecture dans la langue cible. Afin de traduire un texte de sciences humaines ou de philosophie, notamment quand il s'agit d'un texte difficile, il faut véritablement que le traducteur se l'approprie, c'est-à-dire aussi, qu'il en fasse une interprétation personnelle, nécessairement subjective, et qu'il réfléchisse au meilleur moyen de restituer cette lecture dans sa propre langue, la langue cible donc.

On ne peut pas s'exprimer de manière aussi précise dans une seconde langue, même très bien maîtrisée que dans sa langue natale. D'autre part, cette propension à utiliser la langue de l'autre, s'inscrit dans une volonté d'être publié dans les revues les plus reconnues au niveau international. Mais cela implique le plus souvent qu'il faut adopter non seulement les concepts mais aussi les modèles qui ont été façonnés par les chercheurs appartenant à la communauté scientifique dominante[28], qui souvent se confond avec la communauté linguistique dominante. Or il n'est pas anodin que ces concepts et ces modèles soient forgés dans une langue en particulier qui elle-même reflète les expériences historiques et culturelles de ses usagers. Ce monolinguisme ne peut que mener à terme à un appauvrissement de la recherche en sciences humaines.

Il faudrait également que les chercheurs puissent eux-mêmes se livrer à l'exercice très exigeant de la traduction, en ayant toujours à l'esprit qu'il s'agit non pas de « dupliquer » un texte mais d'en permettre l'accès à un lectorat qui déborde le cercle des spécialistes de la question, et qu'ainsi un dialogue enrichissant interdisciplinaire et interculturel puisse enfin s'instaurer[29]. Cela suppose que les chercheurs aient la possibilité, la volonté et le loisir de se former un tant soit peu à la traduction au sein de leurs institutions et que les traductions d'ouvrages essentiels ou classiques soient prises en compte dans la reconnaissance universitaire. Bref, que

28 Bourdieu *et alii* (2001).
29 Bourdieu *et alii* (2001), p. 49-50.

la traduction ne soit plus considérée comme un simple instrument, dont on espère, dans la mesure du possible, pouvoir faire l'économie, à l'instar de ce qui se produit dans les disciplines scientifiques[30]. Le travail du traducteur doit être revalorisé et la traduction considérée comme une activité scientifique à part entière.

---

30 Poncharal (2007).

BIBLIOGRAPHIE

ABITBOL, Michel, *Tombouctou au milieu du* XVIIIe *siècle d'après la chronique de Mawlay al-Qasim B. Mawlay Sulayman*, Paris, Maisonneuve et Larose, 1982, 85-18 p.

ABSI, Pascale, « Il ne faut pas mélanger les fortunes : travail, genre et revenus chez les commerçantes de Bolivie », *in* : V. HERNANDEZ, P. OULD-AHMED, J. PAPAIL et P. PHÉLINAS, (dir.), *Turbulences monétaires et sociales : l'Amérique latine dans une perspective comparée*, Paris, L'Harmattan, 2007, p. 355-393.

AGLIETTA, Michel, ORLÉAN, André, *La violence de la monnaie*, Paris, Presses universitaires de France, 1982, 324 p.

AGLIETTA, Michel, ORLÉAN, André, (dir.), *La monnaie souveraine*, Paris, Odile Jacob, 1998, 398 p.

AL UMARI, *Masalik al-absar fi mamalik el-amṣar*, trad. Gaudefroy Demombynes, Paris, A. Maisonneuve, 1965, 407 p.

ALARY, Pierre, BLANC, Jérôme, DESMEDT, Ludovic et THÉRET, Bruno, (dir.), *Théories françaises de la monnaie : une anthologie*, Paris, Presses universitaires de France 2016, 330 p.

ALLARD, Olivier, CALFAT Guillaume et LA VALLE, Natalia, (dir.), « Traduire et introduire Calveiro/Smail/Strathern », *Tracés. Revue de sciences humaines*, n° hors sér. 14, Lyon, ENS Éditions, 2014/3, 258 p.

ALLET-ZWISSIG, Danielle, « L'affaire Farinet dans la presse valaisanne contemporaine (1870-1881) », *Annales valaisannes*, 1980, vol. LV, p. 3-83.

ANDERSON, Chris, *La longue traine : la nouvelle économie est là*, (2007), 2e éd. fr., trad. fr. B. Vadé et M. Le Séac'h, Paris, Pearson, 2009, VI-313 p.

ANDERSON, Chris, *Makers : la nouvelle révolution industrielle*, trad. fr. M. Le Séac'h, Paris, Pearson, 2012, 309 p.

ANTOINE, Régis, *L'histoire curieuse des monnaies coloniales*, Nantes, ACL, 1986, 291 p.

APPADURAI, Arjun, « Introduction : Commodities and the Politics of Value », *in* : A. APPADURAI, (dir.), *The Social Life of Things. Commodities in Cultural Perspective*, Cambridge (Angl.) et New York, Cambridge University Press, 1986, p. 2-64. On peut consulter cette « Introduction… » en fr. : trad. J.-P. Warnier sous le titre « Les marchandises et les politiques de la valeur » sur le site de la revue *Sociétés politiques comparées*, n° 11, janvier 2009, http://www.fasopo.org/sites/default/files/article2_n11.pdf (70 p.).

ARDENER, Shirley, « The Comparative Study of Rotating Credit Associations », *Journal of the Royal Anthropological Institute of Great Britain and Ireland*, vol. XCIV, n° 2, juillet-décembre, 1964, p. 201-229.

ARMEY, Laura E., LIPOW, Jonathan et WEBB, Natalie J., « The Impact of Electronic Financial Payments on Crime », *Information Economics and Policy*, vol. XXIX, décembre, 2014, p. 46-57.

ASHTA, Arvind, HANNAM, Mark, « Hinduism and Microcredit », *Journal of Management Development*, vol. XXXIII, n° 8-9, 2014, p. 891-904.

AUZIAS, Jean-Marie, *L'anthropologie contemporaine*, Paris, Presses universitaires de France (PUF), 1976, 173 p.

BALLET, Jérôme, BAZIN, Damien, DUBOIS, Jean-Luc et MAHIEU, François-Régis, *Freedom, Responsibility and Economics of the Person*, Londres et New York, Routledge, 2014, XVI-171 p.

BANKABLE FRONTIER ASSOCIATES (BFA), « Correspondent Banking in Mexico's Rural Areas : Lessons from a G2P Payment Digitization and Financial Inclusion Project », Somerville (Mass.), 2013, 15 p. [en ligne], http://bankablefrontier.com/wp-content/uploads/documents/BFA_Mexico-G2P-Review_2013OCT.pdf

BANQUE MONDIALE, *Rapport sur le développement dans le monde 2015. Pensée, Société, Comportement*, Washington DC, World Bank, 2015, IX-26 p.

BARANZINI, Roberto, SWATON, Sophie, « Walras et l'approche contemporaine de l'économie sociale », *in* : A. DIEMER et J.-P. POTIER, (dir.), *Léon Walras : un siècle après (1910-2010)*, Peter Lang, Bruxelles, 2013, p. 301-319.

BASCOM, William Russell, « The Esusu : A Credit Institution of the Yoruba », *Journal of the Royal Anthropological Institute*, vol. LXXXII, n° 1, 1952, p. 63-69.

BAUMANN, Eveline, *Les pêcheurs du Delta central du Niger (Mali). Rapport socio-économique de fin de projet « Études halieutiques du Delta central du Niger »*, Paris, *Office de la recherche scientifique et technique outre-mer* (ORSTOM), 1994.

BAUMANN, Eveline, « À chacun son bas de laine. Le comportement d'épargne en milieu pêcheur du Delta central du Niger (Mali) », *in* : J.-M. SERVET (dir.), *Épargne et liens sociaux. Études comparées d'informalités financières*, Paris, Association d'économie financière (AEF), 1995, p. 201-230.

BAUMANN, Eveline, BAZIN, Laurent, OULD-AHMED, Pepita, *et alii*, (dir.), *Anthropologues et économistes face à la globalisation*, Paris, L'Harmattan, 2008, 318 p.

BAUMANN, Eveline, « À la recherche de la main visible : l'agriculture en Géorgie post-soviétique », *in* : I. HILLENKAMP et J.-M. SERVET, (dir.), *Le marché autrement. Marchés réels et marché fantasmé*, Paris, Éditions Garnier, 2015, p. 221-250.

BAUWENS, Michel, (en collab. avec R. SUSSAN), « Le *peer-to-peer* : nouvelle formation sociale, nouveau modèle civilisationnel », *Revue du MAUSS semestrielle*, n° 26, 2005/2, p. 193-210.

BAUWENS, Michel, MENDOZA, Nicolas, IACOMELLA, Franco, *et al.*, « Synthetic Overview of the Collaborative Economy », *P2P Foundation Report*, 2012, 346 p.

BAUWENS, Michel, *Sauver le monde. Vers une économie post-capitaliste avec le peer-to-peer*, collab. J. Lievens, Paris, Les liens qui libèrent, 2015, 267 p.

BAYON, Denis, SERVET, Jean-Michel, « Les SEL. Vers un nouveau monde citoyen et solidaire », *Revue du MAUSS*, n° 11, 1er sem. 1998, p. 309-339.

BAYON, Denis, SERVET, Jean-Michel, « Sel'idaires ! Le projet solidaire des systèmes d'échange local », *Économie et solidarités*, Revue du Centre interdisciplinaire de recherche et d'information sur les entreprises collectives, vol. XXX, n° 2, 1999, p. 138-157.

BAZZOLI, Laure, DUTRAIVE, Véronique, « D'une *démocratie créatrice* à un *capitalisme raisonnable*, lecture croisée de la philosophie de J. Dewey et de l'économie de J. R. Commons », *Revue économique*, n° spé. « Économie, règles et normes », vol. LXV, n° 2, mars, 2014, p. 357-372.

BECCHIO, Giandomenica, « Existe-t-il une "doctrine Menger" "hétérodoxe" ? Sur la lecture et l'interprétation des *Grundsätze der Volkswirtschaftslehre* (seconde version, 1923) par Karl Polanyi », *in* : G. CAMPAGNOLO, *Existe-t-il une doctrine Menger ? Aux origines de la pensée économique autrichienne*, Aix-en-Provence, Presses universitaires de Provence, 2011, p. 167-184 ; [en ligne], http://books.openedition.org/pup/1619?lang=fr

BELLE, Marie-Alice, *Critical Introduction to Dryden's Preface* (Ovid's Epistles), 2011 ; [en ligne] version anglaise : 16 octobre 2011 ; http://ttt.univ-paris3.fr/spip.php?article1&lang=fr

BELLE, Marie-Alice, *John Dryden, The Preface to Ovid's Epistles (1680)* : « *métaphrase, paraphrase, imitation* », (édition et traduction), 2012 ; [en ligne], version française, 12 mars 2012 : http://ttt.univ-paris3.fr/spip.php?article19&lang=fr

BENETTI, Carlo, CARTELIER, Jean, *Marchands, salariat et capitalistes*, Paris, Maspero, 1980, 207 p.

BENJAMIN, Walter, « La tâche du traducteur », 1923, trad. fr. M. de Gandillac, R. Rochlitz et P. Rusch, *Œuvres*, t. I, Paris, Gallimard, 2000, p. 244-262.

BENKLER, Yochai, « Overcoming Agoraphobia : Building the Commons of the Digitally Networked Environment », *Harvard Journal of Law and Technology*, vol. XI, n° 2, 1998, p. 290-400.

BENKLER, Yochai, « Coase's Penguin, or Linux and the Nature of the Firm », *Yale Law Journal*, vol. CXII, n° 3, déc. 2002, p. 369-446 ; [en ligne], http://www.yale.edu/yalelj/112/BenklerWEB.pdf

BENKLER, Yochai, *The Wealth of Networks. How Social Production transforms Markets and Freedom*, New Haven (Conn.), Yale University Press, 2006, XII-515 p.

BERGSON, Abram, KUZNETS, Simon, (dir.), *Economic Trends in the Soviet Union*, Cambridge (Mass.), Harvard University Press, 1963, XIV-392 p.

BERMAN, Antoine, *Pour une critique des traductions : John Donne*, Paris, Gallimard, 1995, 275 p.

BERNDT, C., BOECKLER, M., « Behave, Global South ! Economics, Experiments, Evidence », *Geoforum*, vol. LXX, 2016, p. 22-24.

BERNOUX, Philippe, SERVET, Jean-Michel, (dir.), *La construction sociale de la confiance*, Paris, Association d'économie financière et Montchrestien, « Finance et société », 1997, 484 p.

BERRICHI, Alice, « La traduction en sciences sociales », *Traduire. Revue française de la traduction*, n° 227, 2012, p. 16-28.

BERTACCHINI, Enrico, BRAVO, Giangiacomo, MARRELLI, Massimo et SANTAGATA, Walter, (dir.), *Cultural Commons. A new Perspective on the Production and Evolution of Cultures*, Cheltenham (Angl.) et Northampton (Mass.), Edward Elgar, 2012, XI-259 p.

BERTUCCI, Ademar de Andrade, SILVA, Roberto Marinho Alves da, *20 anos de Economia Popular Solidária. Trajetória da Cáritas Brasileira dos PACs à EPS*, Brasilia, Cáritas Brasileira, mai 2003 ; [en ligne], http://caritas.org. br/wp-content/uploads/2011/03/Livrofinal.pdf (146 p.)

BETZLER, Felix, KÖHLER Stephan et SCHLEMM, Ludwig, « Sex Work among Students of Higher Education : a Survey-Based, Cross-Sectional Study », *Archives of Sexual Behavior*, vol. XLIV, n° 3, avril, 2015, p. 525-528.

BLANC, Jérôme, *Les monnaies parallèles : unité et diversité du fait monétaire*, Paris, L'Harmattan, 2000, 351 p.

BLANC, Jérôme, (dir.), *Exclusion et liens financiers. Rapport du Centre Walras 2005-2006. Monnaies sociales*, Paris, Economica, 2006, 547 p.

BLANC, Jérôme, « Usages de l'argent et pratiques monétaires », *in* : Ph. STEINER et F. VATIN, (dir.), *Traité de sociologie économique*, Paris, Presses universitaires de France (PUF), 2009, p. 649-688.

BLANC, Jérôme, « Penser la pluralité des monnaies à partir de Polanyi : un essai de typologie », *in* : I. HILLENKAMP et J.-L. LAVILLE, (dir.), *Socioéconomie et démocratie. L'actualité de Karl Polanyi*, Toulouse, Erès, 2013, p. 241-269.

BLANC, Jérôme, « Monnaie, communauté », Communication au colloque international *Institutionnalismes monétaires francophones : bilan, perspectives et regards internationaux*, Lyon, Sciences Po Lyon, 1-3 juin, 2016.

BOHANNAN, Paul, « The Impact of Money on an African Subsistence Economy », *The Journal of Economic History*, décembre, 1959, vol. XIX, n° 4, p. 491-503.

BOILAT, David, abbé, *Esquisses sénégalaises*, (1ʳᵉ éd. 1853), Paris, Karthala, 1974, 499 p.

BOLTANSKI, Luc, CHIAPPELLO, Ève, *Le Nouvel Esprit du capitalisme*, (1999), nouv. éd., Paris, Gallimard, 2011, 971 p.

BOTSMAN Rachel, ROGERS Roo, *What's Mine Is Yours : The Rise of Collaborative Consumption*, New York, Harper Collins, 2011, 2010, XXII-279 p.

BOUMAN, F. J. A., « Indigenous Savings and Credit Societies in the Third World : A Message », *Savings and Development*, vol. I, nº 4, 1977, p. 181-218.

BOURDIEU, Pierre, *Algérie 60. Structures économiques et structures temporelles*, Paris, Éditions de Minuit, coll. « Grands Documents », 1977, 123 p.

BOURDIEU, Pierre, DE SWAAN, Abram, Claude HAGÈGE, Marc FUMAROLI et WALLERSTEIN, Immanuel, « Quelles langues pour une Europe démocratique ? », *Raisons politiques*, nº 2, 2001/2, p. 41-64.

BOURG, Dominique, *Les scénarios de l'écologie*, Paris, Hachette Livre, 1996, 142 p.

BOYER-XAMBEU, Marie-Thérèse, DELEPLACE, Ghislain et GILLARD, Lucien, *Monnaie privée et pouvoir des princes : l'économie des relations monétaires à la Renaissance*, Paris, Éditions du Centre national de la recherche scientifique (CNRS) et Presses de la Fondation nationale des sciences politiques, 1986, XV-423 p.

BRUNE, Lasse, GINÉ, Xavier, GOLDBERG, Jessica et YANG, Dean, « Facilitating Savings for Agriculture : Field Experimental Evidence from Malawi », *Economic Development and Cultural Change*, vol. LXIV, nº 2, janvier, 2016, p. 187-220.

BURGESS, Robin, PANDE, Rohini et WONG, Grace, « Banking for the Poor : Evidence from India », *Journal of the European Economic Association*, vol. III, nº 2-3, avril-mai, 2005, p. 268-278.

CA DA MOSTO, Alvise de, *Relation des voyages à la côte occidentale d'Afrique : 1455-1457*, Paris, E. Leroux, 1895, 207 p.

CAILLÉ, Alain, « Sur les concepts d'économie en général et d'économie solidaire en particulier », *Revue du MAUSS semestrielle*, nº 21, 2003/1, p. 215-236.

CANULLO, Carla, « La traduction entre métaphore et vérité », Doletiana, nº 4, 2012-201 ; [en ligne], http://webs2002.uab.es/doletiana/4Documents/C_Canullo_la_traduction_Cat.pdf, 15 p.

CARSTEN, Janet, « Cooking Money : Gender and the Symbolic Transformation of Means of Exchange in a Malay Fishing Community », *in* : J. PARRY et M. BLOCH, (dir.), *Money and the Morality of Exchange*, Cambridge et New York, Cambridge University Press, 1989, p. 117-141.

CASTEL, Robert, *Les Métamorphoses de la question sociale : une chronique du salariat*, Paris, Fayard, 1995, 490 p.

CASTELLS, Manuel, *The Rise of the Network Society. The Information Age : Economy,*

Society and Culture, vol. I. Cambridge (Mass.) et Oxford, Blackwell, 1996, XVII-556 p.

CASTELLS, Manuel, *La galaxie Internet*, Paris, Fayard, 2002, 365 p.

CASTORIADIS, Cornélius, *L'institution imaginaire de la société*, Paris, Seuil, 1975, 498 p.

CECCONI, Osiris, *Croissance économique et sous-développement culturel*, Paris, Presses universitaires de France (PUF), 1975, 679 p.

CENIVAL, Pierre de, MONOD, Théodore, (dir.), *Description de la côte d'Afrique de Ceuta au Sénégal par Valentin Fernandès : 1506-1507*, édition bilingue, Comité d'études historiques et scientifiques de l'Afrique occidentale française, sér. A, n° 6, Paris, Larose, 1938, 215 p.

CHANIAL, Philippe, (dir.), *La société vue du don. Manuel de sociologie anti-utilitariste appliquée*, Paris, La Découverte, 2008, 570 p.

CHAYANOV, Aleksandr Vasilevitch, *The Theory of Peasant Economy*, (1966), édité par D. Thorner et B. H. Kerblay, Madison (Wisc.), University of Wisconsin Press, 1986, LXXV-316 p.

CHOPRA, Deepta, « Interactions of "Power" in the Making and Shaping of Social Policy », *Contemporary South Asia*, vol. XIX, n° 2, juin, 2011, p. 153-171.

CHOPRA, Deepta, « The Mahatma Gandhi National Rural Employment Guarantee Act, India : Examining Pathways towards Establishing Rights-Based Social Contracts », *European Journal of Development Research*, vol. XXVI, n° 3, 2014, p. 355-369.

CIA (CENTRAL INTELLIGENCE AGENCY), *Trends in Output, Inputs, and Factor Productivity in Soviet Agriculture*, s.l., 5 mai, 1966.

CICÉRON, *Correspondence*, vol. VIII, *De Oratore* t. I, Londres, William Heinemann et Cambridge (Ma.), Harvard University Press, 1967.

CLÉMENT, Michèle, *Étienne Dolet, 1509-2009*, Genève, Droz, « coll. Cahiers d'humanisme et Renaissance, n° 98 », 2012, 518 p.

COASE, Ronald, « The Nature of the Firm », *Economica*, nouv. sér., vol. IV, n° 16, novembre, 1937, p. 386-405.

COMMISSION EUROPÉENNE, *Europe 2020. Une stratégie pour une croissance intelligente, durable et inclusive*, Bruxelles, Communication de la commission, 3 mars, 2010, 35 p. [en ligne], http://ec.europa.eu/archives/commission_2010-2014/president/news/documents/pdf/20100303_1_fr.pdf

COMMONS, John R., *Institutional Economics : its Place in Political Economy*, (1934), 2 vol., 3ᵉ éd., New Brunswick, Transaction Publishers, 2005, 921 p.

COPESTAKE, James G., « The Transition to Social Banking in India : Promises and Pitfalls », *Development Policy Review*, vol. VI, n° 2, 1988, p. 139-164.

CORAGGIO, José Luís, « Une autre économie est-elle possible sans une (autre)

politique ? Enseignements à partir de l'Amérique latine », *Revue Tiers Monde*, n° 190, 2007, p. 401-416.

CORDONIER, Noël, « Farinet ou la fausse monnaie. Notice », *in* : C. F. RAMUZ, *Romans*, vol. II, sous la dir. D. Jakubec, Paris, Gallimard, coll. « La Pléiade », p. 1616-1633.

CORIAT, Benjamin, (dir.), *Le retour des communs. La crise de l'idéologie propriétaire*, Paris, Les liens qui libèrent, 2015, 297 p.

COURBIS, Bernard, FROMENT, Éric et SERVET, Jean-Michel, « À propos du concept de monnaie », *Cahiers d'économie politique*, vol. XVIII, n° 1, 1990, p. 5-29.

COURBIS, Bernard, FROMENT, Éric et SERVET, Jean-Michel, « Enrichir l'économie politique de la monnaie par l'histoire », *Revue économique*, vol. XLII, n° 2, spéc., « Économie et histoire », 1991, p. 315-338.

CUNHA, Gabriela Cavalcanti, *Outras políticas para outras economias : contextos e redes na construção de ações do governo federal voltadas a economia solidaria (2003-2010)*, Thèse de doctorat en sociologie, Université de Brasilia, 2012, XI-444 p.

CUOQ, Joseph, *Recueil des sources arabes concernant l'Afrique occidentale du VIIIe au XVIe siècle (Bilad al-Sudan)*, Paris, Centre national de la recherche scientifique (CNRS), 1975, 487 p.

CUSTODI, Pietro, *Scrittori classici italiani di economia politica*, 48 vol. (+ 1 suppl. +1 index), Milan, Nella stamperia e fonderia di G.G. Destefanis, 1803-1816.

DAGET, Jacques, « La pêche à Diafarabé, étude monographique », *Bulletin de l'Institut français d'Afrique noire*, t. XVIII, sér. B, n° 1-2, janvier-avril, 1956, p. 1-97.

DAGET, Jacques, « La pêche dans le Delta central du Niger », *Journal de la société des africanistes*, t. XIX, fasc. 1, 1949, p. 1-79.

DAGNAUD, Monique, *Génération Y. Les jeunes et les réseaux sociaux, de la dérision à la subversion*, (2011), nouv. éd. actualisée et augm., Paris, Presses de la Fondation nationale de sciences politiques (FNSP), coll. « Nouveaux débats », 2013, 210 p.

DAGNINO, Evelina, « Citizenship in Latin America. An Introduction », *Latin American Perspectives*, vol. XXX, n° 2, mars, 2003, p. 211-225.

DALE, Gareth, « The Iron Law of Democratic Socialism : British and Austrian Influences on the Young Karl Polanyi », *Economy and Society*, vol XLIII, n° 4, novembre, 2014, p. 650-667 ; [en ligne], http://dx.doi.org/10.1080/0 3085147.2014.898821.

DALEY-HARRIS, Sam, *The Microcredit Summit Report*, Washington DC, 2-4 février, 1997, p. X.

DALEY-HARRISS, Sam, *in* : L. R. REED, *State of the Microcredit Summit Campaign Report 2011*, Washington DC, Microcredit Summit Campaign (MSC), 2011.

DAM-MIKKELSEN, Bente, LUNDBAEK, Torben, *Ethnographic Objects in the Royal Danish Kunstkammer, 1650-1800*, Copenhague, Nationalmuseet, Etnografisk Raekke, vol. XVII, 1980, 260 p.

DAPPER, Olfert, *Description de l'Afrique*, (1668), trad. du hollandais, Amsterdam, Waesberger, Boom et Van Someren, 1686, 534 p.

DARDOT, Pierre, LAVAL, Christian, *Commun. Essai sur la révolution au XXIe siècle*, Paris, La Découverte, 2014, 593 p.

DARTEVELLE, Edmond, *Les Nzimbu, monnaie du Royaume du Congo*, Bulletins et mémoires de la Société royale belge d'Anthropologie et de Préhistoire, Mémoires, nouv. sér. 1, Bruxelles, 1953, 251 p.

DAY, Sophie, PAPATAXIARCHIS, Evthymios et STEWART, Michael, (dir.), *Consider the Lilies of the Field : Marginal People Who Live for the Moment*, Boulder (Col.), Westview Press, 1999, XI-260 p.

DE HAAN, Arjan, « The Rise of Social Protection in Development : Progress, Pitfalls and Politics », *European Journal of Development Research*, vol. XXVI, n° 3, 2014, p. 311-321.

DE HAN, Clara, *Life in Debt Times of Care and Violence in Neoliberal Chile*, Berkeley, University of California Press, 2012, XI-283 p.

DEFALVARD, Hervé, « L'ESS comme idéal-type d'économie », *Cahiers du Centre interdisciplinaire de recherche travail, État et société (Cirtes – UCL)*, n° hors-sér. 3, 2013, p. 69-85.

DEGAVRE Florence, SAUSSEY, Magalie, « Sécuriser l'existence des femmes et résister. Raisons d'agir des initiateurs et initiatrices d'organisations de l'économie sociale et solidaire », *in* : Ch. VERSCHUUR, I. GUÉRIN et I. HILLENKAMP, (dir.), *Une économie solidaire peut-elle être féministe ? Homo oeconomicus, mulher solidaria*, Paris, L'Harmattan, 2015, p. 155-175.

DEGAVRE, Florence, NYSSENS, Marthe, « L'innovation sociale dans les services d'aide à domicile. Les apports d'une lecture polanyienne et féministe », *Revue française de socio-économie*, n° 2, 2008, p. 79-98.

DELAYE, Fabrice, VAKARIDIS, Mary, « Économie de partage : une révolution se prépare », *Bilan*, 8 octobre 2014.

DEMIRGÜÇ-KUNT, Asli, BECK, Thorsten et HONOHAN, Patrick, « Finance for All ? Policies and Pitfalls in Expanding Access », *Policy Research Report*, Washington DC, World Bank, 2008, p. 14. XV-246 p.

DEMIRGÜÇ-KUNT, Asli, KLAPPER, Leora, SINGER, Dorothe et Van OUDHEUSDEN, Peter, « The Global Findex Database 2014 : Measuring Financial Inclusion around the World », Policy Research Working Paper, 7255, Washington, World Bank, 2015, p. 97. [en ligne] : http://www-wds.worldbank.org/external/default/WDSContentServer/WDSP/IB/2015/10/19/090224b083 15413c/2_0/Rendered/PDF/The0Global0Fin0ion0around0the0world.pdf

DEMOUSTIER, Danièle, *L'économie sociale et solidaire : s'associer pour entreprendre autrement*, Paris, Syros, 2001, 206 p.

DEMOUSTIER, Danièle, VALLAT, David, « Économie sociale et solidaire, développement économique local et politique de la ville », *Revue des études coopératives, mutualistes et associatives*, n° 296, mai, 2005, p. 70-82.

DESHINGKAR, Priya, JOHNSON, Craig, « State Transfers to the Poor and back. The Case of the Food for Work Programme in Andhra Pradesh », Working Paper, 222, Londres, Overseas Development Institute, 2003, VI-36 p.

DESTREMAU, Blandine, GEORGES, Isabel, *Le « care », nouvelle morale du capitalisme. Assistance et police des familles en Amérique latine*, Paris et Aix-en-Provence, Karthala et Cherpa, à paraître.

DÉTIENNE, Marcel, « L'art de construire des comparables », *Critique internationale*, n° 14, 2002/1, p. 68-78.

DICHTER, Thomas, « Can Microcredit make an already Slippery Slope more Slippery ? Some Lessons from the Social Meaning of Debt », *in* : T. DICHTER et M. HARPER, (dir.), *What's Wrong with Microfinance ?*, Rugby (Angl.), Practical Action, 2007, p. 9-18.

DICHTER, Thomas, HARPER, Malcolm, *What's Wrong with Microfinance ?*, Rugby (Angl.), Practical Action, 2007, XIV-271 p.

DIMAGGIO, Paul J., POWELL, Walter W., « The Iron Cage revisited : Institutional Isomorphism and Collective Rationality in Organizational Fields », *American Sociological Review*, vol. XLVIII, n° 2, 1983, p. 147-160.

DISSAUX, Tristan, FARE, Marie, « La monnaie comme commun : une illustration à partir du cas des monnaies sociales et complémentaires », Communication au colloque international *Institutionnalismes monétaires francophones : bilan, perspectives et regards internationaux*, Lyon, Sciences Po Lyon, 1-3 juin, 2016.

DISSAUX, Tristan, MEYER, Camille, « L'apport des monnaies sociales à la microfinance : le cas des banques communautaires de développement brésiliennes », *Revue d'économie financière*, n° 124, 4/2016, p. 313-326.

DOCKÈS, Pierre, SERVET, Jean-Michel, *Sauvages et ensauvagés : révoltes, bagaudes et ensauvagement*, Lyon, Presses universitaires de Lyon, 1980, 263 p.

DOCKÈS, Pierre, SERVET, Jean-Michel, « Les lecteurs de l'armée morte : note sur les méthodes en histoire de la pensée économique », Colloque *Editing Economists and Economists as Editors*, Lausanne, 26-27 septembre 1991, *Revue européenne des sciences sociales*, vol. XXX, n° 92, 1992, p. 341-364.

DOLET, Étienne, *La manière de bien traduire d'une langue en aultre : d'advantage de la punctuation de la langue françoyse, plus des accents d'ycelle* Lyon, chez Dolet, 1540.

DONNET, André, *Farinet devant la justice valaisanne (1869-1880) : dossiers de procédure pénale*, 2 vol., Martigny, impr. Pillet, 1980, 593 p.

DOSTOÏEVSKI, Fedor, *Les carnets de la maison morte*, (1860-1862), trad. fr. A. Markowicz, Arles, Actes Sud, 1999, 543 p.

DOUGLAS, Mary, ISHERWOOD, Baron C., *The Worlds of Goods*, Harmondsworth : Penguin Books, 1980, XI-228 p.

DRAPERI, Jean-François, *Comprendre l'économie sociale. Fondements et enjeux*, Paris, Dunod, 2007, VIII-264 p.

DRAPERI, Jean-François, *L'économie sociale et solidaire : une réponse à la crise. Capitalisme, territoires et démocratie*, Paris, Dunod, 2011, 288 p.

DRYDEN, John, « Preface » *in* : J. DRYDEN, *Ovid's Epistles*, Londres, pour Jacob Tonson, 1680.

DUMONT, Louis, *Introduction à deux théories d'anthropologie sociale : groupes de filiation et alliance de mariage*, La Haye et Paris, Mouton, 1971, 139 p.

DUMONT, Louis, « Préface », *in* : K. POLANYI, *La Grande Transformation. Aux origines politiques et économiques de notre temps*, 1944, trad. fr. C. Malamoud, Paris, Gallimard, 1983.

DUPAS, Pascaline, ROBINSON, Jonathan, « Why Don't the Poor Save More ? Evidence from Health Savings Experiments », *American Economic Review*, vol. CIII, n°4, juin, 2013, p. 1138-1171.

DUPUY, Claude, (dir.), *Traité des monnaies de Nicolas Oresme. Et autres écrits monétaires du XIVe siècle, Jean Buridan, Bartole de Sassoferrato*, trad. F. Chartrain, Lyon, La Manufacture, 1989, 206 p.

DURKHEIM, Émile, *De la division du travail social*, (1893), Paris, Presses universitaires de France (PUF), coll. « Quadrige », 1991, XLIV-416 p.

DUTRAIVE, Véronique, THÉRET, Bruno, « Two Models of the Relationship between Money and Sovereignty : an Interpretation based on J. R. Commons' Instutionalism », *Journal of Economic Issues*, vol 55, n° 1, 2017, p. 27-44.

DUYMEDJIAN, Raffi, RÜLING, Charles-Clemens, « Towards a Foundation of Bricolage in Organization and Management Theory », *Organization Studies*, vol. XXXI, n° 2, 2010, p. 133-151.

DYBOWSKI, Jean, *La route du Tchad. Du Loango au Chari*, Paris, Librairie de Paris, Firmin-Didot éditeurs-imprimeurs, (s. d.), 217 p.

ELYACHAR, Julia, *Markets of Dispossession : NGOs, Economic Development, and the State in Cairo*, Durham et Londres, Duke University Press, 2005, XIII-279 p.

EME, Bernard, LAVILLE, Jean-Louis, *Cohésion sociale et emploi*, Paris, Desclée de Brouwer, 1994, 285 p.

EME, Bernard, LAVILLE, Jean-Louis, « Économie solidaire (2) », *in* : J.-L. LAVILLE et A. D. CATTANI, (dir.), *Dictionnaire de l'autre économie*, Paris, Gallimard, 2006, p. 303-312.

ERB, Susan, HARRISS-WHITE, Barbara, *Outcast from Social Welfare : Adult*

Disability in Rural South India, Bangalore, Books for Change, 2002, XVI-186 p.

ESI (European Stability Initiative), *Georgia's Libertarian Revolution. Part One : Georgia as a Model*, Berlin-Tbilissi-Istanbul, 2010a, 12 p. ; [en ligne], http://www.esiweb.org/pdf/esi_-_georgias_libertarian_revolution_-_part_one_-_georgia_as_a_model_-_10_april_2010.pdf

ESI (European Stability Initiative), *Georgia's Libertarian Revolution. Part Two : Bendukidze and Russian Capitalism*, Berlin-Bruxelles-Istamboul, 2010b, 15 p., ; [en ligne], http://www.esiweb.org/pdf/esi_-_georgias_libertarian_revolution_-_part_two_-_bendukidze_and_russian_capitalism_-_17_april_2010.pdf

FARE, Marie, de FREITAS, Carlos et MEYER, Camille, « Territorial Development and Community Currencies : Symbolic Meanings in Brazilian Community Development Banks », *International Journal of Community Currency Research*, vol. XIX, section D, 2015, p. 6-17.

FAY, Claude, « "Car nous ne faisons qu'un". Identités équivalences, homologies au Maasina (Mali) », *Cahiers des sciences humaines*, vol. XXXI, n° 2, 1995, p. 427-456.

FAY, Claude, « Sacrifices, prix du sang, "eau du maître" : fondation des territoires de pêche dans le delta central du Niger (Mali) », *Cahiers des sciences humaines*, vol. XXV, n° 1-2, 1989a, p. 159-176.

FAY, Claude, « Systèmes halieutiques et espaces de pouvoir : transformation des droits et des pratiques de pêche dans le delta central du Niger (Mali) », *Cahiers des sciences humaines*, vol. XXV, n° 1-2, 1989b, p. 213-236.

FELDMAN, Germán, *Créditos para el consumo. Análisis del fenómeno socioeconómico y su impacto en los sectores populares*, Buenos Aires, Ministerio Público Fiscal, Procuraduría de Criminalidad Económica y Lavado de Activos, 2013, 45 p. [en ligne], http://www.pensamientopenal.com.ar/system/files/2014/12/doctrina38006.pdf

FERGUSON, James, *Give a Man a Fish. Reflections on the New Politics of Distribution*, Durham et Londres, Duke University Press, 2015, XV-264 p.

FERNANDO, Jude L., (dir.), *Microfinance. Perils and Prospects*, Londres, Routledge, 2006, XIV-242 p.

FERRATON, Cyrille, VALLAT, David, « La création d'activité : de la prise d'autonomie à l'action collective », *Annals of Public and Cooperative Economics*, vol. LXXV, n° 2, 2004, p. 295-317.

FERRATON, Cyrille, VALLAT, David, « Économie sociale et solidaire, création d'activité et utilité sociale », *Revue de l'économie méridionale*, vol. LIII, n° 211, 2005, p. 289-307.

FERRATON, Cyrille, VALLAT, David, « Les systèmes d'échange local (SEL) ou l'utopie d'une monnaie sans dette », *RECMA-Revue des études coopératives, mutualistes et associatives*, n° 324, 2012, p. 21-34.

FILIPPOVA, Diana, *Société collaborative. La fin des hiérarchies*, Paris, Éditions Rue de l'échiquier, 2015, 118 p.

FISKE, Alan P., « The Four Elementary Forms of Sociality : Framework for a Unified Theory of Social Relations », *Psychological Review*, vol. XCIX, n° 4, 1992, p. 689-723.

FISKE, Alan P., *Structures of Social Life*, New York, Free Press, 1993, x-486 p.

FITZPATRICK, Sheila, *Stalin's Peasants : Resistance and Survival in the Russian Village after Collectivization*, New York, Oxford University Press, 1994, xx-386 p.

FONTAINE, Laurence, *L'économie morale : pauvreté, crédit et confiance dans l'Europe préindustrielle*, Paris, Gallimard, coll. « NRF essais », 2008, 437 p.

FORNEROD, Françoise, « Les deux débuts de Farinet », *La Revue des lettres modernes*, numéro C. F. Ramuz 4 : actes du colloque de Tours 1987, n° 4, 1990, p. 145-155.

FOUCAULT, Michel, *Surveiller et punir : naissance de la prison*, Paris, Éditions Gallimard, 1975, 318 p.

FOUCAULT, Michel, « L'extension sociale de la norme », *Dits et écrits*, t. III (1976-1979), Paris, Gallimard, 1994, p. 74-79.

FOUILLET, Cyril, GUÉRIN, Isabelle, MORVANT-ROUX Solène, ROESCH Marc, SERVET Jean-Michel, « Le microcrédit au péril du néolibéralisme et de marchands d'illusions. Manifeste pour une inclusion financière socialement responsable », *Revue du MAUSS*, vol. XXIX, n° 1, 2007, p. 329-350.

FOUILLET, Cyril, GUÉRIN, Isabelle, MORVANT-ROUX, Solène et SERVET, Jean-Michel, « De gré ou de force : le microcrédit comme dispositif néolibéral », *Revue Tiers Monde*, n° 225, janvier-mars, 2016, p. 21-48.

FOVILLE, Alfred de, *La monnaie*, Paris, Lecoffre, Gabalda et Cᵢᵉ, 1907, 242 p.

FRANÇA FILHO, Carvalho Genauto de, « L'économie populaire et solidaire au Brésil », *in* : J.-L. LAVILLE, J.-Ph. MAGNEN, *et al.*, (dir.), *Action publique et économie solidaire : une perspective internationale*, Ramonville-Saint-Agne, Érès, 2005, p. 75-90.

FRANÇA FILHO, Genauto Carvalho de, CUNHA, Eduardo Vivian da, « Incubação de redes locais de economia solidária : lições e aprendizados a partir da experiência do projeto Eco-Luzia e da metodologia da ITES/UFBA », *Revista Organizações & Sociedade*, vol. XVI, n° 51, 2009, p. 725-747.

FRASER, Nancy, « Social Justice in the Age of Identity Politics : Redistribution, Recognition and Participation », *in* : N. FRASER et A. HONNETH, *Redistribution or Recognition ? A Political-Philosophical Exchange*, Londres, Verso, 2003, p. 7-109.

FRASER, Nancy, « Feminism, Capitalism, and the Cunning of History », *New Left Review*, n° 56, 2009, p. 97-117.

FRASER, Nancy, « Marchandisation, protection sociale, émancipation : vers une conception néo-polanyienne de la crise capitaliste », *in* : I. HILLENKAMP et J.-L. LAVILLE, (dir.), *Socioéconomie et démocratie. L'actualité de Karl Polanyi*, Toulouse, Érès, 2013, p. 39-63.

FROMANT, Éric, *Les clés du renouveau grâce à la crise ! Économie de fonctionnalité : mode d'emploi pour les dirigeants d'entreprise*, Cormelles-le-Royal, Éditions ems, 2012, 154 p.

GADREY, Jean, « L'utilité sociale en question, à la recherche de conventions, de critères de méthodes d'évaluation », *in* : J.-N. CHOPART, G. NEYRET et D. RAULT, (dir.), *Les dynamiques de l'économie sociale et solidaire*, Paris, La Découverte, coll. « Recherches », 2006, p. 237-279.

GAIGER, Luiz Inácio, MENDONÇA DOS SANTOS, Aline, (dir.), *Solidariedade popular e emancipações*, Porto Alegre, Editora Unisinos, 2017.

GALIANI, Ferdinando, *De la Monnaie. Della Moneta*, éd. bilingue, édité et traduit sous la dir. André TIRAN, trad. coord. par A. Machet, Economica, Paris, 2005, LXIX-699 p.

GALLAIS, Jean, *Hommes du Sahel. Espace-temps et pouvoir : le delta intérieur du Niger, 1960-1980*, Paris, Flammarion, 1984, 289 p.

GARELLO, Jacques, « Préface », *in* : Thomas SOWELL, *La loi de Say : une analyse historique*, 1972, trad. fr. Cl. Budin et G. Millière, Litec, Paris, 1991, XVI-186 p.

GARIKIPATI, Supriya, GUÉRIN, Isabelle, JOHNSON, Susan et SZAFARZ, Ariane, « The Cost of Empowerment : Multiple Sources of Women's Debt in Rural India », *Journal of Development Studies*, n° spé. *Microfinance and Women's Empowerment*, 2017, 53(5) : 700-722.

GARUD, Raghu, KARNØE, Peter, « Bricolage *versus* Breakthrough : distributed and embedded Agency in Technology Entrepreneurship », *Research Policy*, vol. XXXII, n° 2, 2003, p. 277-300.

GEERTZ, Clifford, « The Rotating Credit Association : A 'Middle Rung' in Development », *Economic Development and Cultural Change*, vol. X, n° 3, 1962, p. 241-263.

GELASHVILI, Salome, KOCHLAMAZASHVILI, Irakli, KATSIA, Ia et MAMARDASHVILI, Phatima, *The Role of Family Farming in the Sustainable Development of the Agricultural Sector and Poverty Reduction in Georgia*, Tbilissi, International School of Economics at Tbilisi State University (ISET), Agricultural Policy Research Center, United States Agency for International Development (USAID), 2014, 48 p.

GELB, Alan, DECKER, Caroline, « Cash at your Fingertips : Biometric

Technology for Transfers in Developing Countries », *Review of Policy Research*, vol. XXIX, n° 1, 2012, p. 91-117.

GENTIL, Dominique, SERVET, Jean-Michel, (dir.), « Microfinance petits et grands effets. Introduction », n° spé. *Revue Tiers Monde*, vol. XLIII, n° 172, 2002a, p. 729-735.

GENTIL, Dominique, SERVET, Jean-Michel, (dir.), « Entre localisme et mondialisation : la microfinance comme révélateur et comme levier de changements socio-économiques », n° spé. *Revue Tiers Monde*, vol. XLIII, n° 172, 2002b, p. 737-760.

GIDDENS, Anthony, *The Third Way : The Renewal of Social Democracy*, Cambridge (Angl.), Polity Press, 1998, 166 p.

GIDE, Charles, « L'école nouvelle », *in* : Cl. JANNET, G. STIEGLER, Ch. GIDE, *et al.*, *Quatre écoles d'économie sociale : conférences données à l'université de Genève sous les auspices de la Société chrétienne suisse d'économie sociale*, Genève, Librairie Stapelmohr et Paris, Librairie Fischbacher, 1890, p. 97-154.

GLOUKOVIEZOFF, Georges, (dir.), *Exclusion et liens financiers. Rapport du Centre Walras 2004. L'exclusion bancaire des particuliers*, Paris, Economica, 2005, XI-605 p.

GLOUKOVIEZOFF, Georges, *L'exclusion bancaire. Le lien social à l'épreuve de la rentabilité*, Paris, Presses universitaires de France (PUF), 2010, 370 p.

GODBOUT, Jacques T., *L'esprit du don*, en collaboration avec A. Caillé, Paris, La Découverte, 1992, 344 p.

GODBOUT, Jacques, *Le don, la dette et l'identité. Homo donator vs Homo oeconomicus*, Paris, La Découverte et Mouvement anti-utilitariste dans les sciences sociales (MAUSS), 2000, 190 p.

GODELIER, Maurice, « Introduction », *in* : K. POLANYI et C. M. ARENSBERG, (dir.), *Les systèmes économiques dans l'histoire et dans la théorie*, (1957), trad. fr. Cl. et A. Rivière, Paris, Larousse université, 1975.

GONZALES, Felipe, *Micro-foundations of Financialization. Status Anxiety and the Expansion of Consumer Credit in Chile*, Thèse, Cologne, International Max Planck Research School on the Social and Political Constitution of the Economy (IMPRS-SPCE), 2015, 310 p.

GONZALEZ MATTHEWS, Gladys, *L'équivalence en traduction juridique : Analyse des traductions au sein de l'Accord de libre-échange nord-américain* (Alena), Thèse, Faculté des lettres, département de langues, linguistique et traduction, Université Laval (Québec), 2003, IX-250-188 p. ; [en ligne] : http://docplayer.fr/3460276-L-equivalence-en-traduction-juridique-analyse-des-traductions-au-sein-de-l-accord-de-libre-echange-nord-americain-alena.html

GORE, Charles, « The Rise and Fall of the Washington Consensus as a

Paradigm for Developing Countries », *World Development*, vol. XXVIII, n° 5, mai, 2000, p. 789-804.

GOUX, Jean-Joseph, *Frivolité de la valeur : essai sur l'imaginaire du capitalisme*, Paris, Blusson, 2000, 320 p.

GRATZER, Walter, « L'affaire Lyssenko, une éclipse de la raison », *Médecine/Science*, vol. XXI, n° 2, février, 2005, p. 203-206.

GRAEBER, David, *Debt. The First 5,000 Years*, Brooklyn, Melville House, 2011, 534 p.

GREGORY, Chris, « Whatever happened to Householding ? », *in* : C. HANN et K. HART, *Market and Society. The Great Transformation Today*, Cambridge et New York, Cambridge University Press, 2009, p. 133-159.

GROUPE POLANYI, *La multifonctionnalité de l'agriculture. Une dialectique entre marché et identité*, Versailles, Éditions Quae, 2008, 349 p.

GUÉRIN, Isabelle, « Women and Money : Lessons from Senegal », *Development and Change*, vol. XXXVII, n° 3, mai, 2006, p. 549-570.

GUÉRIN, Isabelle, « Travail illégal et servitude pour dette en Inde du Sud », *in* : L. FONTAINE et F. WEBER, (dir.), *Les paradoxes de l'économie informelle*, Paris, Karthala, 2010, p. 93-112.

GUÉRIN, Isabelle, *Dette et pauvreté en Inde rurale du Sud*, Habilitation à diriger des recherches (HDR) en sciences économiques, université Paris Dauphine, novembre 2011, 50 p.

GUÉRIN, Isabelle, « Bonded Labour, Agrarian Change and Capitalism : Emerging Patterns in South-India », *Journal of Agrarian Change*, vol. XIII, n° 3, 2013, p. 405-423.

GUÉRIN, Isabelle, *La microfinance et ses dérives : émanciper, discipliner ou exploiter ?* Paris et Marseille, Institut de recherche pour le développement (IRD) et Demopolis, 2015, 291 p.

GUÉRIN, Isabelle, D'ESPALLIER, Bert et VENKATASUBRAMANIAN, Govindan, « Debt in Rural South India : Fragmentation, Social Regulation and Discrimination », *Journal of Development Studies*, vol. XLIX, n° 9, 2013, p. 1155-1171.

GUÉRIN, Isabelle, HERSENT, Madeleine et FRAISSE, Laurent, (dir.), *Femmes, économie et développement. De la résistance à la justice sociale*, Paris, Érès et Institut de recherche pour le développement (IRD), 2011, 382 p.

GUÉRIN, Isabelle, HILLENKAMP Isabelle et VERSCHUUR Christine, « L'économie solidaire sous le prisme du genre : une analyse critique et possibiliste du rapport au politique », papier présenté à la IIᵉ Conférence internationale EMES-POLANYI, Paris, Cnam, 19 et 20 mai, 2016.

GUÉRIN, Isabelle, MORVANT-ROUX, Solène et VILLARREAL, Magdalena, (dir.), *Microfinance, Debt and Over-Indebtedness. Juggling with Money*, Londres, Routledge, 2013, xx-316 p.

GUÉRIN, Isabelle, ROESCH, Marc, MICHIELS, Sébastien et VENKATASUBRAMANIAN, Govindan, « Dettes, protections et solidarités en Inde du Sud », *Économies et Sociétés*, sér. F, vol. XLVI, n° 2, février, 2012, p. 385-413.

GUÉRIN, Isabelle, SERVET, Jean-Michel, (dir.), *Exclusion et liens financiers. Rapport du Centre Walras 2003. Microfinance, les leçons du Sud*, Paris, Economica, 2004, IX-693 p.

GUEYMARD, Yves, « L'épargne rurale dans les pays africains », *Bulletin de liaison Stateco*, n° 37, mars 1984, p. 55-82.

GUNDRY, Lisa K., KICKUL, Jill R., GRIFFITHS, Mark D. et BACQ, Sophie C., « Entrepreneurial Bricolage and Innovation Ecology : Precursors to Social Innovation ? » *Frontiers of Entrepreneurship Research*, vol. XXXI, n° 19, 2011, p. 659-673.

GUYER, Jane, *Anthropological Models of Production : The Naturalization Problem*, Boston (Mass.), Boston University, African Studies Center, document de travail, n° 78, 1983, 25 p.

GUYER, Jane, *Marginal Gains. Monetary Transactions in Atlantic Africa*, Chicago (Ill.), University of Chicago Press, 2004, XVII-207 p.

GUZZI-HEEB, Sandro, « Politique et réseaux. Logiques de la mobilisation politique populaire dans une vallée suisse, 1839-1900 », *Revue d'histoire du XIXᵉ siècle*, n° 36, juin, 2008, p. 119-131.

HALPERIN, Rhoda H., « Karl Polanyi's Concept of Householding : Resistance and Livelihood in an Appalachian Region », *Research in Economic Anthropology*, vol. XIII, 1991, p. 93-116.

HALPERIN, Rhoda H., « The Concept of Equivalencies in Economic Anthropology », *Research in Economic Anthropology*, vol. XIV, 1993, p. 255-298.

HARDIN, Garrett, « The Tragedy of the Commons », *Science*, nouv. sér., vol. CLXII, n° 3859, 13 déc. 1968, p. 1243-1248.

HARRIBEY, Jean-Marie, *La richesse, la valeur et l'inestimable. Fondements d'une critique socio-écologique de l'économie capitaliste*, Paris, Les Liens qui libèrent, 2013, 544 p.

HARRISS, Barbara, GUHAN, Sanjivi et CASSEN, Robert H., (dir.), *Poverty in India : Research and Policy*, Mumbai, Oxford UniversityPress, 1992, 465 p.

HART, Keith, « Informal Income Opportunities and Urban Employment in Ghana », *The Journal of Modern African Studies*, vol. XI, n° 1, 1973, p. 61-89.

HART, Keith, « Heads or Tails ? Two Sides of the Coin », *Man*, 1986, vol. XXI, n° 4, p. 637-656.

HART, Keith, « The Human Economy », *Association of Social Anthropologists of the UK and Commonwealth* (ASA) ASAonline, n° 1, 2008 ; [en ligne] : https://www.theasa.org/publications/asaonline/articles/asaonline_0101.shtml

HART, Keith, LAVILLE, Jean-Louis et CATTANI, Antonio David, (dir.), *The Human Economy. A Citizen's Guide*, Cambridge, Polity Press, 2010, XVI-371 p.

HAYEK, Friedrich A. von, *La Constitution de la liberté*, trad. fr. R. Audouin et J. Garello (collaboration G. Millière), Paris, Litec, 1994, XXVII-530 p.

HARVEY, David, *A Brief History of Neoliberalism*, (2005), Oxford, Oxford University Press, 2007, VII-247 p.

HELVETISCHE MÜNZENZEITUNG, *Monnaies – Billets de banque. Suisse-Liechtenstein 1798-1984*, Hilterfingen, Albert Meier, 1985.

HÉNAFF, Marcel, « Mauss et l'invention de la réciprocité », *Revue du MAUSS*, n° 36, 2010/2, p. 71-86.

HESS, Charlotte, OSTROM, Elinor, (dir.), *Understanding Knowledge as a Commons. From Theory to Practice*, (2007), Cambridge (Mass.), MIT Press, 2011, XIII-367 p.

HEYER, Amrik, MAS, Ignacio, « Fertile Grounds for Mobile Money : Towards a Framework for Analyzing Enabling Environments », *Enterprise Development and Microfinance*, vol. XXII, n° 1, 2010, p. 30-44.

HIEZ, David, LAVILLUNIÉRE, Éric, *Vers une théorie de l'économie sociale et solidaire*, Bruxelles, Larcier, 2013, 475 p.

HILLENKAMP, Isabelle, *Formes d'intégration de l'économie dans les « démocraties de marché ». Une théorie substantive à partir de l'étude du mouvement d'économie solidaire dans la ville d'El Alto (Bolivie)*, Thèse de doctorat en études du développement, Genève, Institut des hautes études internationales et du développement (IHEID) et université de Genève, 17 juin 2009, 568 p.

HILLENKAMP, Isabelle, *L'économie solidaire en Bolivie. Entre marché et démocratie*, Paris, Karthala, 2013a, 360 p.

HILLENKAMP, Isabelle, « Le principe de *householding* aujourd'hui. Discussion théorique et approche empirique par l'économie populaire », *in* : I. HILLENKAMP et J.-L. LAVILLE (dir.), *Socioéconomie et démocratie. L'actualité de Karl Polanyi*, Toulouse, Érès, 2013b, p. 215-239.

HILLENKAMP, Isabelle, GUÉRIN, Isabelle et VERSCHUUR, Christine, « Économie solidaire et théories féministes : pistes pour une convergence nécessaire », *Revue d'économie solidaire*, n° 7, octobre, 2014, p. 4-43.

HILLENKAMP, Isabelle, LAVILLE, Jean-Louis, (dir.), *Socioéconomie et démocratie. L'actualité de Karl Polanyi*, Toulouse, Érès, 2013a, 312 p.

HILLENKAMP, Isabelle, LAVILLE, Jean-Louis, « Introduction », *in* : I. HILLENKAMP et J.-L. LAVILLE, (dir.), *Socioéconomie et démocratie. L'actualité de Karl Polanyi*, Toulouse, Érès, 2013b.

HILLENKAMP, Isabelle, SERVET, Jean-Michel, (dir.), *Le Marché autrement. Marchés réels et marché fantasmé*, Paris, Classiques Garnier, 2015, p. 61-87.

HIPPEL, Eric von, *Democratizing Innovation*, Cambridge (Mass.), MIT Press, 2005, X-204 p.

HIRSCHMAN, Albert O., « Political Economics and Possibilism », *in* : A. O. HIRSCHMAN, *A Bias for Hope. Essays on Development and Latin America*, New Haven, Yale University Press, 1971, p. 1-34.

HOOVER, Kevin, « Scientific Research Program or Tribe ? A Joint Appraisal of Lakatos and the New Classical Macroeconomics », *in* : N. de MARCHI et M. BLAUG, (dir.), *Appraising Economic Theories*, Aldershot (Angl.) et Brookfield (Vt), Edgar Elgar, 1991, p. 364-394.

HOPKINS, Terence K., « Sociology and the Substantive View of the Economy », *in* : K. POLANYI, C. M. ARENSBERG et H. W. PEARSON, (dir.), *Trade and Market in the Early Empires. Economies in History and Theory*, Glencoe (Ill.), The Free Press, 1957, p. 271-306.

HORACE, *Odes et Épodes*, 2ᵉ éd. revue et corrigée par Jean HELLEGOUARC'H, trad. F. Villeneuve, Paris, Les Belles Lettres, 2002, xcv-238 p.

JAMES, Deborah, *Money from Nothing : Indebtedness and Aspirations in South-Africa*, Stanford, Stanford University Press, 2015, xix-282 p.

JEAN-LÉON L'AFRICAIN, *Description de l'Afrique*, 2 t., trad. de l'italien Alexis Épaulard, Paris, Maisonneuve, 1956, 629 p.

JOHNSON, Gale D., *Prospects for Soviet Agriculture in the 1980s, Final Report to National Council for Soviet and East European Research*, Chicago, University of Chicago, Office of Agricultural Economics, 1982.

JOHNSON, Gale D., McCONNELL BROOKS, Karen, *Prospects for Soviet Agriculture in the 1980s*, Bloomington, Indiana University Press, 1983, x-214 p.

JOHNSON, Susan, « Gender Norms in Financial Market : Evidence from Kenya », *World Development*, vol. XXXII, n° 8, 2004, p. 1355-1374.

JOHNSON, Susan, « Microfinance is dead ! Long Live Microfinance ! Critical Reflections on two Decades of Microfinance Policy and Practice », *Enterprise Development and Microfinance*, vol. XX, n° 4, 2009, p. 291-302.

JOHNSON, Susan, « From Microfinance to Inclusive Financial Markets : The Challenge of Social Regulation », *Oxford Development Studies*, vol. XLI, n° 1 suppl., 2013, p. 35-52 ; [en ligne] : http://www.tandfonline.com/doi/abs/10.1080/13600818.2012.734799

JOHNSON, Susan, ARNOLD, Steven, « Inclusive Financial Markets : Is Transformation Under Way in Kenya ? », *Development Policy Review*, vol. XXX, n° 6, novembre, 2012, p. 719-748.

JOMARD, Edme, *Classification méthodique des produits de l'industrie extra-européenne appliquée aux objets provenant des voyages lointains suivie du plan de classification d'une collection ethnographique complète*, Paris, Challamel aîné, 1862, 23 p.

JONES, Adam, *German Sources for West African History, 1599-1669*, Wiesbaden, Frantz Steiner, 1983, 417 p.

JONES, Adam, « A Collection of African Art in Seventeeth-Century Germany :

Christoph Weickmann's Kunst- und Naturkammer », *African Arts*, 1994, vol. XXVII, n° 2, avril, p. 28-43.

JORAVSKY, David, « Ideology and Progress in Crop Rotation », *in* : J. F. Karcz, (dir.), *Soviet and East European Agriculture*, Berkeley, University of California Press, 1967, p. 156-172.

JOS, Alphina, DENNY, George, SHIVSHANKAR, V. et STANLEY V. Thomas, *Exploring Reasons for Dormancy in no Frills Savings Accounts in Tamil Nadu*, Lucknow, MicroSave, 2011, 53 p. ; [en ligne], http://www.microsave.net/files/pdf/Exploring_Reasons_for_Dormancy_in_No_Frills_Savings_Accounts_In_Tamil_Nadu.pdf

KARADY, Victor, « Présentation », *in* : M. MAUSS, *Œuvres*, t. 1, *Les fonctions sociales du sacré*, Paris, Éditions de Minuit, 1968.

KARAS, Hilla, « Le statut de la traduction dans les éditions bilingues : de l'interprétation au commentaire », *Palimpsestes*, n° 20, 2007, p. 137-160.

KARCZ, Jerzy F., (dir.), *Soviet and East European Agriculture*, Berkeley, University of California Press, 1967, XXV-445 p.

KARLAN, Dean, RATAN, Aishwarya L. et ZINMAN, Jonathan, « Savings by and for the Poor : A Research Review and Agenda », *Review of Income and Wealth*, vol. LX, n° 1, mars, 2014, p. 36-78.

KARSENTI, Bruno, *L'homme total. Sociologie, anthropologie et philosophie chez Marcel Mauss*, Paris, Presses universitaires de France (PUF), 1997, VII-456 p.

KASPROWICZ, Peter, RHYNE, Elisabeth, « Looking through the Demographic Window : Implications for Financial Inclusion (Financial Inclusion 2020 Project : Mapping the Invisible Market) », Washington, Center for Financial Inclusion, n° 18, 2013, 29 p.

KENNEY, Martin, ZYSMAN, John, « Choosing a Future in the Platform Economy : The Implications and Consequences of Digital Platforms », Document de travail, Kauffman Foundation New Entrepreneurial Growth Conference, Amelia Island, Floride, 18 et 19 juin, 2015.

KERBLAY, Basile, « David Joravsky, The Lysenko Affair », *Revue de l'Est*, vol. IV, n° 2, 1973, p. 179-181.

KESSLER, Denis, ULLMO, Pierre-Antoine, *Savings and Development. Proceeding of a Colloquium in Paris, 28,29 and 30 May 1984*, Paris, Economica, 1985, 376 p.

KEUCHEYAN, Razmig, *Hémisphère gauche. Une cartographie des nouvelles pensées critiques*, Paris, La Découverte, 2010, 316 p.

KINGSLEY, Mary, *Travels in West Africa. Congo Français, Corisco and Cameroon*, Londres, Macmillan et Cⁱᵉ, 1898, 541 p.

KLEIN, Juan-Luis, LAVILLE, Jean-Louis et MOULAERT, Frank, (dir.), *L'innovation sociale*, Toulouse, Érès, 2014, 246 p.

KOCHHAR, Sameer, *Speeding Financial Inclusion*, New Delhi, Academic Foundation et Skoch Development Foundation, 2009, 168 p.

KONNEKER, Barbara, WEBER Henri, LONGEON, Claude et MONT, Claude, « Réflexion linguistique et théologie : sur les principes de la traduction chez Luther », *Bulletin de l'Association d'étude sur l'humanisme, la réforme et la renaissance*, vol. XV, n° 2, 1982, p. 95-102.

KOPYTOFF, Igor, « The Cultural Biography of Things : Commoditization as Process », *in* : A. APPADURAI (dir.), *The Social Life of Things. Commodities in Cultural Perspective*, Cambridge (Angl.) et New York, Cambridge University Press, 1986, p. 64-94 ; On peut consulter ce texte en fr., trad. J.-P. Warnier, sous le titre : « La biographie culturelle des choses », *Journal des africanistes*, vol. LXXVI, n° 1, 2006, p. 217-248. http://africanistes.revues.org/954 Mis en ligne le 04 juin 2007, consulté le 5 mai 2016.

LABAT, Jean-Baptiste, R. P., *Voyage du Chevalier des Marchais en Guinée, îles voisines et à Cayenne, fait en 1725, 1726 et 1727, contenant une description très exacte et très étendue de ces pays et du commerce qui s'y fait*, t. 2, Amsterdam, 1731, 292 p.

LACROIX, Jean, *Marxisme, existentialisme, personnalisme : présence de l'éternité dans le temps*, (1950), 7ᵉ éd., Paris, Presses universitaires de France (PUF), 1971, 124 p.

LAËRCE, Diogène, *Vie, doctrines et sentences des philosophes illustres*, t. 1, trad., notice et notes R. Genaille, Paris, Garnier-Flammarion, 1965, 314 p.

LAINEZ, Nicolas, *Par-delà la traite des femmes vietnamiennes en Asie du Sud-Est : anthropologie économique des carrières intimes*, Thèse de doctorat en anthropologie, École des hautes études en sciences sociales (EHESS), 2015, 422 p.

LALLEMENT, Michel, *L'Âge du faire. Hacking, travail, anarchie*, Paris, Seuil, 2015, 448 p.

LANDY, Frédéric, FRANÇOIS, Thomas, RUBY, Donatienne et SEKHSARIA, Peeyush, « Gouvernance verticale et corruption en Inde urbaine : la segmentation spatiale de l'aide alimentaire publique », *L'Espace politique*, vol. XXI, novembre, 2013, p. 4.

LANGLEY, Paul, *The Everyday Life of Global Finance : Saving and Borrowing in Anglo-America*, Oxford, Oxford University Press, 2008, XVI-298 p.

LANTZ, Pierre, « Un changement de paradigme en anthropologie ? Annette Weiner », *Bulletin du MAUSS*, 1983, n° 8, p. 61-78.

LASSAVE, Pierre, « Traduire l'intraduisible », *Archives de sciences sociales des religions*, n° 147, juillet-septembre, 2009, p. 9-19.

LATRIVE, Florent, *Du bon usage de la piraterie : culture libre, sciences ouvertes*, Paris, Exils, 2004, 170 p.

LAUNAY, Marc Buhot de, *Qu'est-ce que traduire ?*, Paris, Librairie philosophique Vrin, 2006, 123 p.

LAUTIER, Bruno, « Les politiques sociales au Mexique et au Brésil : l'assurance, l'assistance, l'absence », *in* : B. LAUTIER et J. MARQUES PEREIRA, (dir.), *Brésil, Mexique. Deux trajectoires dans la mondialisation*, Paris, Karthala, 2004, p. 165-201.

LAVILLE, Jean-Louis, (dir.), *L'économie solidaire, une perspective internationale*, Paris, Desclée de Brouwer, 1994, 334 p.

LAVILLE, Jean-Louis, *Une troisième voie pour le travail*, Paris, Desclée de Brouwer, 1999, 217 p.

LAVILLE, Jean-Louis, « A New European Socioeconomic Perspective », *Review of Social Economy*, vol. LXI, n° 3, 2003, p. 389-405.

LAVILLE, Jean-Louis, *Politique de l'association*, Paris, Seuil, 2010, 354 p.

LAVILLE, Jean-Louis, *L'économie solidaire, une perspective internationale*, (1994), nouv. éd. revue et actualisée, Paris, Pluriel, 2011, 383 p.

LAVILLE, Jean-Louis, « La théorie critique : de l'impasse au renouveau. Écoles de Francfort, sociologie pragmatique et publique, épistémologies du Sud », *in* : B. FRÈRE, (dir.), *Le tournant de la théorie critique*, Paris, Desclée de Brouwer, 2015, p. 407-433.

LAVILLE, Jean-Louis, MAGNEN, Jean-Philippe, FILHO, Genauto Carvalho de França et MEDEIROS, Alzira, (dir.), *Action publique et économie solidaire. Une perspective internationale*, Toulouse, Érès, 2005, 416 p.

LAW, Robin, (dir.), *The English in West Africa, 1685-1688. The Local Correspondence of the Royal African Company of England, 1681-1699*, part. 2, British Academy Publication, Oxford, Oxford University Press, 2001, 468 p.

LAW, Robin, (dir.), *The English in West Africa, 1691-1699. The Local Correspondence of The Royal African Company of England, 1681-1699*, part. 3, British Academy Publication, Oxford, Oxford University Press, 2006, 698 p.

LE BRAS-CHOPARD, Armelle, *De l'égalité dans la différence. Le socialisme de Pierre Leroux*, Paris, Presses de la Fondation nationale des sciences politiques, 1986, 460 p.

Le Confédéré. Organe libéral du Valais, Sion ; accessible en ligne : http://doc.rero.ch/search?c&cc=PRESS&c=NAVPRESS.CONFEDERE&ln=fr

LE MOIGNE, Jean-Louis, MORIN, Edgar, *L'intelligence de la complexité*, Paris, L'Harmattan, 1999, 332 p.

LE MOIGNE, Jean-Louis, *Les Épistémologies constructivistes*, (1992), 4ᵉ éd. corr. et mise à jour, Paris, Presses universitaires de France (PUF), coll. « Que sais-je ? », 2012, 127 p.

LEDGERWOOD, Joanna, EARNE, Julie et NELSON, Candace, (dir.), *Microfinance Handbook. A Financial Market System Perspective*, Washington DC, The World Bank, 2013, xxiv-504 p.

LEENDERS, Reinoud, *Spoils of Truce. Corruption and State-Building in Postwar Lebanon*, Ithaca, Cornell University Press, 2012, x-275 p.

LELART, Michel, « L'endettement du paysan et le crédit rural en Thaïlande », *Études rurales*, vol. LXI, 1976, p. 7-31.

LELART, Michel, « L'endettement du paysan et le crédit rural aux Philippines », *Études rurales*, vol. LXIX, 1978, p. 51-79.

LEMAÎTRE, Andreia, *Organisations d'économie sociale et solidaire. Lecture de réalités Nord et Sud à travers l'encastrement politique et une approche plurielle de l'économie*, Thèse de doctorat en sciences sociales et politiques, Université catholique de Louvain, Louvain-la-Neuve, Presses universitaires, 2009, 480 p.

LEMAÎTRE, Andreia, « 'Popular Cooperatives' and Local Development in South-East Brazil : Towards Socio-Economic Pluralism », *in* : I. Hillenkamp, F. LAPEYRE et A. LEMAÎTRE, (dir.), *Securing Livelihoods. Informal Economy Practices and Institutions*, Oxford, Oxford University Press, 2013, p. 25-46.

LEROUX, Alain, *Retour à l'idéologie. Pour un humanisme de la personne*, Paris, Presses universitaires de France (PUF), 1995, 243 p.

LEROUX, Alain, *Une société à vivre : refonder le personnalisme*, Paris, Presses universitaires de France (PUF), 1999, 249 p.

LEROUX, Alain, *L'économie sociale : la stratégie de l'exemple*, Paris, Economica, 2013, 107 p.

LEROUX, Alain, SWATON, Sophie, « Fonder un nouveau mode de redistribution des aides sociales sur une philosophie de la personne ? », *Revista Portuguesa de Filosofia*, vol. LXV, n° 1-4, 2009, p. 217-229.

LEROUX, Pierre, *Œuvres de Pierre Leroux (1825-1850)*, 2 vol., Paris, Société typographique, 1850-1851.

LESSIG, Lawrence, *Free Culture. How Big Media Uses Technology and the Law to lock down Culture and Control Creativity*, New York, Penguin Press, 2004, XVI-345 p.

LÉVI-STRAUSS, Claude, *Les structures élémentaires de la parenté*, Paris, Presses universitaires de France, 1949, XIV-639 p.

LÉVI-STRAUSS, Claude, *La pensée sauvage*, Plon, 1962, 396 p.

LÉVY, Jean-Claude, (dir.), *Économie circulaire : L'urgence écologique ?*, Presses des Ponts Paris, Presses de l'École nationale des ponts et chaussées, 2009, 179 p.

LITTLE, Kenneth L., « The Role of Voluntary Associations in West African Urbanization », *American Anthropologist*, vol. LIX, n° 4, 1957, août, p. 579-596.

LOCKE, John, *Écrits monétaires*, édité et introduit par A. TIRAN, éd. bilingue, trad. fr. F. Briozzo, Classiques Garnier, 2011, LXXIX-379 p.

LOTY, Laurent, PERRAULT, Jean-Louis et TORTAJADA, Ramón, (dir.), *Vers une économie humaine ? Desroche, Lebret, Lefebvre, Mounier, Perroux au prisme de notre temps*, Paris, Hermann, 2014, 616 p.

LOWEN, Mark, « Greece Bartering System Popular in Volos », BBC News, 12 avril, 2012 ; [en ligne], http://www.bbc.com/news/world-europe-17680904. Consulté le 3 février 2015.

MADDISON, Angus, « Measuring the Performance of a Communist Command Economy : an Assessment of the CIA Estimates for the USSR », *Review of Income and Wealth*, sér. 44, n° 3, september 1998, p. 307-323.

MADER, Philip, *The Political Economy of Microfinance : Financialising Poverty*, Londres, Palgrave Macmillan, 2015, 304 p.

MAIORANO, Diego, « The Politics of the Mahatma Gandhi National Rural Employment Guarantee Act in Andhra Pradesh », *World Development*, vol. LVIII, n° 1, 2014, p. 95-105.

MAJUMDAR, Chirodip, GUPTA, Gautam, « Financial inclusion in Hooghly », *Economic and Political Weekly*, vol. XLVIII, n° 21, 2013, p. 55-60.

MALAMOUD, Charles, (dir.), (1980), *La dette*, Paris, Éditions de l'École des hautes études en sciences sociales (EHSS), coll. « Purushartha, vol. 4 », 289 p.

MALAMOUD, Charles, (dir.), (1988), *Lien de vie, nœud de mort. Les représentations de la dette en Chine, au Japon et dans le monde indien*, Paris, Éditions de l'École des hautes études en sciences sociales (EHSS), 205 p.

MALDONALDO, Jorge Higinio, TEJERINA, Luis, « Investing in Large Scale Financial Inclusion : The Case of Colombia », *Inter-American Development Bank Technical Notes*, n° IDB-TN-197, 2010, 31 p.

MALINOWSKI, Bronislav, *Trois essais sur la vie sociale des primitifs*, 1926, Paris, Payot et Rivages, trad. fr. S. Jankélévitch (1933), 2001, 223 p.

MALONEY, Clarence, *People of the Maldive Islands*, Bombay, Orient Longman, 1980, 441 p.

MANGOLTE, Pierre-André, « Le logiciel libre comme commun créateur de richesses », *in* : B. CORIAT, (dir.), *Le retour des communs. La crise de l'idéologie propriétaire*, Paris, Les liens qui libèrent, 2015, 298 p. 113-132.

MANGU-WARD, Katherine, « Wikipedia and beyond : Jimmy Wales' Sprawling Vision », *Reason*, vol. XXXIX, n° 2, juin, 2007, p. 18-29.

MAREES, Pieter de, *Description and Historical Account of the Gold Kingdom of Guinea*, (1602), trad. du hollandais par A. van DANTZIG et A. JONES, (dir.), British Academy Publication, Oxford, Oxford University Press, 1987, IX-272 p.

MARTIN, Jean-Pierre, (dir.), *Bourdieu et la littérature (suivi d'un entretien avec Pierre Bourdieu)*, Nantes, Ed. Cécile Defaut, 2010, 310 p.

MARTIN, Phyllis, *External Trade of the Loango Coast, 1576-1870 : the Effects of Changing Commercial Relations on the Vili Kingdom of Loango*, Oxford, Clarendon Press, 1972, 193 p.

MATURANA, Humberto R., VARELA, Francisco J., *The Tree of Knowledge. The*

Biological Roots of Human Understanding, (1984), Boston (Mass.) et Londres, New Science Library et Shambhala Publications, 1987, 263 p.

MAUCOURANT, Jérôme, SERVET, Jean-Michel et TIRAN, André, (dir.), *La modernité de Karl Polanyi*, Paris, L'Harmattan, 1998, XXXVI-419 p.

MAUNY, Raymond, « Eustache de la Fosse : voyage dans l'Afrique occidentale, 1479-1480 », *Boletin cultural da Guiné Portuguesa*, n° 14, 1949, p. 181-195.

MAUNY, Raymond, *Esmeraldo de situ orbis, Côte occidentale d'Afrique du sud marocain au Gabon, par Duarte Pacheco Pereira (vers 1506-1508)*, Bissau, Centro de Estudos da Guiné Portuguese, n° 19, 1956, 226 p.

MAUSS, Marcel, « Essai sur le don : formes et raison de l'échange dans les sociétés archaïques », (1923-1924), *in* : M. MAUSS, *Sociologie et anthropologie*, Paris, Presses universitaires de France, 1950, p. 143-279.

MAUSS, Marcel, *Œuvres*, 3 vol., Paris, Éditions de Minuit, 1968 (*Les fonctions sociales du sacré*, 635 p.), 1969 (*Représentations collectives et diversité des civilisations*, 739 p.) et 1974 (*Cohésion sociale et divisions de la sociologie*, 734 p.).

MCAULEY, Alastair, *Economic Welfare in the Soviet Union. Poverty, Living Standards and Inequality*, Madison (Wisc.), The University of Wisconsin Press, 1979, XIX-389 p.

MEDEIROS, Alzira, DUBEUX GERVAIS, Ana Maria, « Recife : une politique publique en construction », *in* : J.-L. LAVILLE *et al.*, (dir.), *Action publique et économie solidaire. Une perspective internationale*, Toulouse, Érès, 2005, p. 203-224.

MEYER, Camille, *Les finances solidaires comme biens communs durables : étude de cas de la Banque communautaire de développement Palmas (Brésil)*, Mémoire de master en sciences de la population et du développement, Université libre de Bruxelles, 2012, IX-127 p.

MINISTRY OF AGRICULTURE OF GEORGIA, *Strategy for Agricultural Development in Georgia 2015-2020*, Tbilissi, 2015, 38 p.

MOLYNEUX, Maxine, « Conditional Cash Transfers : A Pathway To Women's Empowerment ? », Working Paper n° 5, 2009 ; [en ligne], http://www.pathwaysofempowerment.org/archive_resources/conditional-cash-transfers-a-pathway-to-women-s-empowerment-pathways-working-paper-5

MORGAN, Lewis Henry, *Ancient Society, or Researches in the Lines of Human Progress from Savagery through Barbarism to Civilisation*, New York, H. Holt, 1877, XVI-560 p.

MORVANT-ROUX, Solène, *Processus d'appropriation des dispositifs de microfinance : un exemple en milieu rural mexicain*, Thèse de doctorat en sciences économiques, Lyon, Université Lumière Lyon 2, 2006, 432 p.

MORVANT-ROUX, Solène, « Accès au microcrédit et continuité des dynamiques d'endettement au Mexique : combiner anthropologie et économétrie », *Revue Tiers Monde*, n° 197, 2009a, p. 109-130.

MORVANT-ROUX, Solène, (dir.), *Exclusion et liens financiers. Rapport 2008-2009* (réalisé par et à l'initiative de la Fondation pour l'agriculture et la ruralité dans le monde, FARM). *Microfinance pour l'agriculture des pays du Sud*, Paris, Economica, 2009b, 453 p.

MORVANT-ROUX, Solène, « International Migration and Over-indebtedness in Rural Mexico », *in* : I. GUÉRIN, S. MORVANT-ROUX et M. VILLARREAL, (dir.), *Microfinance, Debt and Over-Indebtedness. Juggling with Money*, Londres, Routledge, 2013, p. 171-186.

MORVANT-ROUX, Solène, AFONSO, Joana, FORCELLA, Davide et GUÉRIN, Isabelle, « How Good Repayment Performances can harm Borrowers : Evidence from Dominican Republic », *in* : I. GUÉRIN, M. LABIE, et J.-M. SERVET, (dir.), *The Crises of Microcredit*, Londres, Zed Books, 2015, p. 92-112.

MORVANT-ROUX, Solène, GUÉRIN, Isabelle, ROESCH, Marc et MOISSERON, Jean-Yves, « Adding Value to Randomization with Qualitative Analysis : the Case of Microcredit in Rural Morocco », *World Development*, vol. LVI, 2014, p. 302-312.

MOUNIER, Emmanuel, *Le Personnalisme*, (1949), 17ᵉ éd., Paris, Presses universitaires de France (PUF), coll. « Que sais-je ? », 1995, 187 p.

MOUNIER, Emmanuel, *Écrits sur le personnalisme*, préf. P. Ricœur, Paris, Seuil, 2000, 396 p.

MOUNIN, Georges, *Les problèmes théoriques de la traduction*, 1963, Préface D. Aury, Paris, Gallimard, « coll. Tel, n° 5 », 1976, XII-296 p.

MUELLER, Franz Hermann, « The Principle of Solidarity in the Teachings of Father Henry Pesch, S. J. », *Review of Social Economy*, vol. LXIII, n° 3, 2005, p. 347-355.

MUSKHELISHVILI, Marina, MEZVRISHVILI, Lia, NATSVLISHVILI, Beka et ELIZBARASHVILI, Mariam, *The Role of Social Capital in Rural Community Development in Georgia*, Tbilissi, Centre for Social Studies, Academic Swiss Caucasus Net (ASCN), 2012, 95 p.

NATIONAL STATISTICS OFFICE OF GEORGIA, *Statistical Yearbook of Georgia 2001*, Tbilissi, 2002.

NATIONAL STATISTICS OFFICE OF GEORGIA, *Agriculture of Georgia 2014*, Tbilissi, 2015.

NAYAK, Radhika, SAXENA, N. C. et FARRINGTON, John, « Reaching the Poor : The Influence of Policy and Administrative Processes on the Implementation of Government Poverty Schemes in India », *Overseas Development Institute*, Document de travail, n° 175, Londres, 2002, IX-70 p.

NEURISSE, André, *Le Franc C.F.A.*, Paris, Librairie générale de droit et de jurisprudence, 1987, 275 p.

NICOLAS, Guy, « La pratique traditionnelle du crédit au sein d'une société subsaharienne (vallée du Maradi, Niger) », *Cultures et Développement*, vol. VI, n° 4, 1974, p. 737-773.

O'CONNELL DAVIDSON, Julia, « Troubling Freedom : Migration, Debt, and Modern Slavery », *Migration Studies*, vol. I, n° 2, 2013, p. 176-195.

OCDE/OECD (Organisation de coopération et de développement économiques), (2012a), *Connected Minds. Technology and Today's Learners, Educational Research and Innovation*, sous la dir. de F. PEDRÓ, Paris, OECD Publishing, 170 p.

OCDE/OECD (Organisation de coopération et de développement économiques), (2012b), *Études économiques de l'OCDE. Union européenne*, n° 8, mars, 2012, 98 p.

ORSI, Fabienne, « Revisiter la propriété pour construire les communs », *in* : B. CORIAT, (dir.), *Le retour des communs. La crise de l'idéologie propriétaire*, Les liens qui libèrent, 2015, 298 p.

OSSANDÓN, José, ARIZTIA, Tomás, BARROS, Macarena et PERALTA, Camila, « Accounting in the Margin : Financial Ecologies in between Big and Small Data », *in* : B. MAURER, S. MUSARAJ et I. SMALL, *Money at the Margins : Global Perspectives on Technology, Inclusion and Design*, New-York, Berghahn, 2018, 304 p.

OSTROM, Elinor, BASURTO Xavier, « Façonner des outils d'analyse pour étudier le changement institutionnel », *Revue de la régulation*, vol. XIV, n° 2, automne, 2013 ; [en ligne] : https://regulation.revues.org/10437

OSTROM, Elinor, DIETZ Thomas, DOLSAK Nives, STERN Paul C., STONICH Susan et WEBER Elke U., (dir.), *The Drama of the Commons*, Washington DC, National Academy Press, 2002, XII-521 p.

OSTROM, Elinor, *Governing the Commons. The Evolution of Institutions for Collective Action*, (1990), Cambridge (Angl.), réimpr., Cambridge University Press, 2002, XVIII-280 p.

OSTROM, Elinor, *Understanding Institutional Diversity*, Princeton (NJ), Princeton University Press, 2005, XV-355 p.

OSTROM, V., OSTROM, E., « Public Goods and Public Choices » *in* : E. S. SAVAS, (dir.), *Alternatives for Delivering Public Services. Toward improved Performance*, Boulder (Color.), Westview Press, 1977, p. 7-49.

PANDE, Rohini, COLE, Shawn, SIVASANKARAN, Anitha, BASTIAN, Gautam Gustav et DURLACHER, Katherine, « Does Poor People's Access to Formal Banking Services raise their Incomes ? », Evidence for Policy and Practice Information (EPPI) and Co-ordinating Centre, Social Science Research Unit, Institute of Education, University of London, février, 2012, 107 p.

PANKHURST, Richard, *Economic History of Ethiopia (1800-1935)*, Addis-Abeba, Haïlé Sélassié I University Press, 1968, 772 p.

PATTENDEN, Jonathan, « A Neoliberalisation of Civil Society ? Self-Help Groups and the Labouring Class Poor in Rural South India », *The Journal of Peasant Studies*, vol. XXXVII, n° 3, juin, 2010, p. 485-512.

PATTENDEN, Jonathan, « Gatekeeping as Accumulation and Domination : Decentralization and Class Relations in Rural South India », *Journal of Agrarian Change*, vol. XI, n° 2, 2011, p. 164-194.

PEEBLES, Gustav, « The Anthropology of Credit and Debt », *Annual Review of Anthropology*, vol. XXXIX, 2010, p. 225-240.

PEO, Yu, *Associations de crédit mutuel rural et associations similaires en Chine ('Ts'ing-Houei)*, Paris, Domat-Montchrestien, 1936, 157 p.

PETERSON, Nicolas, « Demand Sharing : Reciprocity and the Pressure for Generosity among Foragers », *American Anthropologist*, vol. XCV, n° 4, 1993, p. 860-874.

PICHERIT, David, « Entre village et chantiers : circulation des travailleurs, clientélisme et politisation des basses castes en Andhra Pradesh, Inde », Thèse de doctorat, Paris, Université de Paris X Nanterre, 2009.

PICKENS, Marc, PORTEOUS, David et ROTMAN PARKER, Sarah, « Banking the Poor via G2P Payments », *Focus Note*, n° 58, Washington DC, Consultative Group to Assist the Poor (CGAP), 2009, 24 p.

PICQUIER, Marcel, *Étienne Dolet, 1509-1546, imprimeur humaniste mort sur le bûcher*, nouv. éd. revue et augmentée, Lyon, Association laïque lyonnaise des amis d'Étienne Dolet, 2009, 311 p.

PIGAFETTA, Filippo, LOPES, Duarte, *Description du royaume du Congo et des contrées environnantes*, trad. de l'ital. par Willy Bal, 2ᵉ éd. rév., Louvain, Publications de l'université Lovanium de Léopoldville, Nauwelaerts, 1965, 253 p.

PIORE, Michael J., SABEL, Charles F., *The Second Industrial Divide*, New York, Basic Books, 1984, IX-355 p.

PLATTEAU, Jean-Philippe, « Mutual Insurance as an Elusive Concept in Traditional Rural Communities », *Journal of Development Studies*, vol. XXXIII, n° 6, 1997, p. 764-796.

POLANYI, Karl, *La Grande Transformation. Aux origines politiques et économiques de notre temps*, (1944), trad. fr. C. Malamoud et M. Angeno, Paris, Gallimard, 1983, XX-419 p.

POLANYI, Karl, *The Great Transformation. The Political and Economic Origins of Our Time*, (1944), Boston (Mass.), Beacon Press, 2001, XLI-317 p.

POLANYI, Karl, « The Economy as Instituted Process », *in* : K. POLANYI, C. M. ARENSBERG et H. W. PEARSON, (dir.), *Trade and Market in the*

Early Empires. Economies in History and Theory, Glencoe (Ill.), The Free Press, 1957, p. 243-270.

POLANYI, Karl, *The Livelihood of Man*, sous la dir. Harry W. PEARSON, New York, San Francisco et Londres, Academic Press, 1977, LV-280 p.

POLANYI, Karl, « L'économie en tant que procès institutionnalisé », (1957), *in* : K. POLANYI et C. M. ARENSBERG, (dir.), *Les systèmes économiques dans l'histoire et dans la théorie*, trad. fr. Cl. et A. Rivière, Paris, Larousse université, 1975, p. 239-260.

POLANYI, Karl, « L'économie en tant que procès institutionnalisé », (1957), trad. fr. L. Collaud, *in* : M. CANGIANI et J. MAUCOURANT, (dir.), *Essais de Karl Polanyi*, Paris, Seuil, 2008a, p. 53-77.

POLANYI, Karl, « Aristote découvre l'économie », (1957), *in* : K. POLANYI, *Essais*, textes réunis et présentés par M. CANGIANI et J. MAUCOURANT, trad. fr. F. Laroche et L. Collaud, Paris, Seuil, 2008b, p. 79-106.

POLANYI, Karl, *La subsistance de l'homme. La place de l'économie dans l'histoire et la société*, (1977), trad. fr. B. Chavance, Paris, Flammarion, 2011, XXXVII-420 p.

POLANYI, Karl, ARENSBERG, Conrad M. et PEARSON, Harry, (dir.), *Les systèmes économiques dans l'histoire et dans la théorie*, Paris, Larousse université, 1975a.

PONCHARAL, Bruno, « Le "Social Science Translation Project" et la traduction des sciences humaines », *Hermès*, n° 49, 3/2007, p. 99-106.

PUTNAM, Robert D., *Bowling Alone : The Collapse and Revival of American Community*, New York, Simon & Schuster, 2000, 541 p.

QUENSIÈRE, Jacques, (dir.), *La pêche dans le Delta Central du Niger. Approche pluridisciplinaire d'un système de production halieutique*, 2 vol., Paris, *Office de la recherche scientifique et technique outre-mer* (ORSTOM) et Karthala, 1994, 495 p. et 39 p.

RADCLIFFE-BROWN, Alfred R., FORDE, Daryll, (dir.), *African Systems of Kinship and Marriage*, Londres, Oxford University Press, 1950, VIII-399 p.

RAMJI, Minakshi, « Financial Inclusion in Gulbarga : Finding Usage in Access », Institute for Financial Management and Research (IFMR), Working Paper Series, n° 26, Chennai, Centre for Micro Finance, 2009, 37 p.

RAMUZ, Charles Ferdinand, « Questions sur l'or », (1931), *in* : C. F. RAMUZ, *Articles et Chroniques, t. III : 1924-1931*, Œuvres complètes, vol. XIII, textes établis, annotés et présentés par L. Saggiorat, Genève, Slatkine, 2009, p. 475-493.

RAMUZ, Charles Ferdinand, « Farinet ou la fausse monnaie », (1932), *in* : C. F. RAMUZ, *Romans*, vol. II, sous la dir. D. Jakubec, Paris, Gallimard, coll. « La Pléiade », 2005, p. 701-833.

RAZETO MIGLIARO, Luís, *Economía de solidaridad y mercado democrático*, Santiago de Chile, Programa de Economía del Trabajo, vol. I et II, 1984.

RBI, RESERVE BANK OF INDIA, *Reserve Bank of India Annual Report*, Mumbai, RBI, 2015, p. 187.

RICARDO, David, *Écrits monétaires : 1809-1811*, trad. sous la dir. de Bernard Courbis et Jean-Michel Servet, Lyon, Association des amis du musée de l'imprimerie et de la banque, 1991, 249 p.

RICŒUR, Paul, « De l'interprétation à la traduction », *in* : P. RICŒUR et A. LACOCQUE, *Penser la Bible*, 1998, trad. fr. A. Patte, Seuil, « coll. Points Essais », 2003, p. 335-372.

RICŒUR, Paul, *Sur la traduction*, Bayard Culture, 2004, 68 p.

RIFKIN, Jeremy, *La troisième révolution industrielle : comment le pouvoir latéral va transformer l'énergie, l'économie et le monde*, (2011), trad. fr. F. et P. Chemla, Paris, Les liens qui libèrent, 2012, 413 p.

RIFKIN, Jeremy, *La nouvelle société du coût marginal zéro : l'internet des objets, l'éergence des communaux collaboratifs et l'éclipse du capitalisme*, trad. fr. F. et P. Chemla, Paris, Les liens qui libèrent, 2014, 509 p.

RINCHON, Dieudonné, *Pierre-Ignace-Liévin Van Alstein, capitaine négrier, Gand 1733 – Nantes 1793*, Dakar, Institut français d'Afrique noire (IFAN), 1964, 452 p.

RIVALLAIN, Josette, *Paléomonnaies africaines*, Paris, Administration des monnaies et médailles, 1986, 91 p.

RIVALLAIN, Josette, *Étude comparée des phénomènes prémonétaires en protohistoire européenne et en ethnoarchéologie africaine*, Paris, Thèse doctorat ès lettres, Université de Paris I, 1988, 1211 p.

RIVALLAIN, Josette, *Échanges et pratiques monétaires en Afrique du XVe au XIXe siècle à travers les récits de voyageurs*, Lyon, Musée de l'Imprimerie et de la Banque, 1994a, 150 p.

RIVALLAIN, Josette, « Pipes européennes du littoral béninois », *Cahiers du Centre de recherches africaines (CRA)*, nº 8, Université Paris I Sorbonne, 1994b, p. 9-24.

RIVALLAIN, Josette, « Les monnaies en argent en Afrique : des monnaies de commerce à longue distance », *in* : G. DEPEYROT (dir.), *Moneys and Economies during XIXth Century (from Europe to Asia)*, Table ronde à Paris, École normale supérieure, les 13 et 14 janvier 2012, Wetteren, Documents and Studies on XIXth c. Monetary History, coll. « Moneta », nº 139, 2012, p. 147-155.

ROBINSON, Douglas, « Classical Theories of Translation from Cicero to Aulus Gellius », *TextconText*, année 7, nº 1, 1992, p. 15-55.

ROCHLITZ, Rainer, « Traduire les sciences humaines », *Raisons politiques*, 2001/2 nº 2, p. 65-77.

ROGALY, Ben, « Micro-Finance Evangelism, "Destitute Women", and the

Hard Selling of a New Anti-Poverty Formula », *Development and Practice*, vol. VI, n° 2, 1996, p. 100-112.

ROIG, Alexandre, « Le développement depuis ses impensés : l'épargne populaire et l'institution monétaire en Argentine, dans la crise financière mondiale », *Informations et Commentaires*, 2009, n° 148, juillet-septembre, p. 43-55.

ROSAS, Rocio Enriquez, VILLARREAL Magdalena, (dir.), *Los retos de la política publica ante el envejecimiento en México*, Instituto Nacional de Desarrollo Social (Indesol) – Centro de investigación y de estudios superiores en antropología social (Ciesas) – Instituto Tecnológico y de Estudios Superiores de Occidente (Iteso), 2014. Mexico (DF), 203 p.

ROUSSIER, Paul, (dir.), *L'établissement d'Issiny, 1687-1702*, Paris, Comité d'études historiques et scientifiques de l'Afrique occidentale française, sér. A, n° 3, Librairie Larose, 1935, 241 p.

RUS, Andrej, « "Gift vs. Commodity" Debate revisited », *Anthropological Notebooks*, vol. XIV, n° 1, 2008, p. 81-102.

SAHAKIAN, Marlyne, SERVET, Jean-Michel, « Separating the Wheat from the Chaff : Sharing *versus* Self-interest in Crowdfunding », *in* : D. ASSADI, *Strategic Approaches to Successfull Crowdfunding*, Hershey (Penn.), IGI Global, 2016, p. 295-313.

SAHLINS, Marshall, *Âge de pierre, âge d'abondance. L'économie des sociétés primitives*, trad. fr. T. Jolas, 1972, Paris, Éditions Gallimard, 416 p.

SAIAG, Hadrien, *Le* trueque *argentin au prisme de la dette. Une socioéconomie des pratiques monétaires et financières*, Thèse de doctorat en science économique, université Paris Dauphine, 2 décembre 2011a, 419 p.

SAIAG, Hadrien, « Les pratiques financières des milieux populaires de Rosario (Argentine) à l'aune du démantèlement du rapport salarial fordiste », *Revue française de socio-économie*, n° 8, 2/2011b, p. 9-30.

SAIAG, Hadrien, « Towards a neo-Polanyian Approach to Money : integrating the Concept of Debt », *Economy and Society*, vol XLIII, n° 4, novembre, 2014, p. 559-581 ; [en ligne], http://dx.doi.org/10.1080/03085147.2014.898825.

SAIAG, Hadrien, *Monnaies locales et économie populaire en Argentine*, Paris, Karthala, 2015a, 303 p.

SAIAG, Hadrien, « Une impossible libération ? Marché, genre et monnaie dans le *trueque* argentin », *in* : I. HILLENKAMP et J.-M. SERVET, (dir.), *Le Marché autrement. Marchés réels et marché fantasmé*, Paris, Classiques Garnier, 2015b, p. 145-169.

SAINT JÉROME, *Correspondance*, t. I, 22, trad. J. Labourt, Paris, Les Belles Lettres, 2002, p. 145.

SALIFOU, André, « Malan Yaroh, un grand négociant du Soudan central à la fin du XIXᵉ siècle », *Journal de la Société des africanistes*, 1972, vol. XLII, p. 7-27.

SAMUELS, Fiona, JONES, Nicola et MALACHOWSKA, Agnieszka, *Holding Cash transfers to Account : Beneficiary and Community Perspectives*, Londres, Overseas Development Institute, 2013, p. 79.

SANTOS, Boaventura de Sousa, « Para uma sociologia das ausências e uma sociologia das emergências », *Revista crítica de ciências sociais*, n° 63, 2002, p. 237-280 ; [en ligne], http://www.boaventuradesousasantos.pt/media/pdfs/Sociologia_das_ausencias_RCCS63.PDF (44 p.)

SAPIRO, Gisèle, « Géopolitique de la traduction », Entretien avec Gisèle Sapiro, par Lucie Campos, *La vie des idées* (sér. *Essais & Débats*), Institut du monde contemporain (Collège de France), 14 juillet 2014, 6 p. ; [en ligne] : http://www.laviedesidees.fr/Geopolitique-de-la-traduction.html

SARRIA ICAZA, Ana Mercedes, « Politiques publiques et économie solidaire au Rio Grande do Sul », *in* : J.-L. LAVILLE, *et al.*, (dir.), *Action publique et économie solidaire. Une perspective internationale*, Toulouse, Érès, 2005, p. 241-257.

SARTHOU-LAJUS, Nathalie, *L'Éthique de la dette*, Paris, Presses universitaires de France (PUF), coll. « Questions », 1997, 229 p.

SAUSSURE, Ferdinand de, *Cours de linguistique générale*, (1916), nouv. éd. critique par Tullio de Mauro, Paris, Payot, 1972, XVIII-510 p.

SAY, Jean-Baptiste, *Traité d'économie politique ou Simple exposition de la manière dont se forment, se distribuent et se consomment les richesses. I / …* ; édit. par Emmanuel Blanc, Pierre-Henri Goutte, Gilles Jacoud… [*et al.*] ; coordonnateur, André Tiran. – Éd. *variorum* des six éditions (1803-1814-1817-1819-1826-1841) / établie par Claude Mouchot. – Paris : Économica, cop. 2006 (Paris : Impr. Jouve). – 2 vol. (C-1165-CIX p.) ; 24 cm. – (Œuvres complètes / Jean-Baptiste Say ; 1, tome 1-2).

SCHELER, Max, *Nature et formes de la sympathie : Contribution à l'étude des lois de la vie émotionnelle*, (1923), trad. fr. M. Lefebvre, Paris, Payot, 1928, 384 p.

SCHLEIERMACHER, Friedrich, *Des différentes méthodes du traduire*, (Conférence lue le 24 juin 1813 à l'Académie royale des sciences de Berlin), éd. bilingue, trad. fr. A. Berman et Ch. Berner, Paris, Seuil, 1999, 150 p.

SCHWENGBER, Angela Maria, FAE PRAXEDES, Sandra et ZOQUI PARRA, Henrique, « São Paulo : le programme Opportunité Solidaire », *in* : J.-L. LAVILLE *et al.*, (dir.), *Action publique et économie solidaire. Une perspective internationale*, Toulouse, Érès, 2005, p. 167-188.

SEIBEL, H. D., MASSING, A., *Traditionnal Organizations and Economics Development : Studies of Indigenous Cooperatives in Liberia*, New York, Praeger Publishers, 1974.

SEN, Arijit, « Marginal on the Map : Hidden Wars and Hidden Media in India's North-East », *in* : J. PAINTER, (dir.), *India's Media Boom : The Good*

News and the Bad, Oxford, Reuters Institute for the Study of Journalism, 2013, p. 43-55.

SERRA, Antonio, *Bref traité sur les causes qui font que les Royaumes abondent d'or et d'argent*, trad. A. Pioggiosi, et Marc'Antonio DE SANTIS, *Premier et deuxième discours sur le change*, trad. E. Rossi, édités et traduits sous la dir. André TIRAN, ensemble des traductions coordonnées par Anne Machet, Classiques Garnier, 2016, à paraître.

SERRES, Michel, *Petite Poucette*, Paris, Éditions Le Pommier, 2012, 82 p.

SERVET, Jean-Michel, « Le troc phantasme sur la marchandise », Mémoire de DES, Lyon, Université Lyon 2, 1974, 129 p.

SERVET, Jean-Michel, « Les figures du troc du XVIᵉ au XIXᵉ siècle », Thèse de 3ᵉ cycle, Université Lyon 2, *Cahier du Centre Analyse-Épistémologie-Histoire économiques* (AEH), nº 12, 1977, 199 p.

SERVET, Jean-Michel, « Monnaie-riz et échanges à volume égal des Diola de Basse Casamance (Sénégal) », *Cahier Monnaie et Financement*, nº 7, 1978a, p. 1-27.

SERVET, Jean-Michel, « Le système communautaire des Diola de Basse-Casamance (Sénégal) », *Cahier du centre Analyse, épistemologie et histoire économique (AEH)*, Université Lyon 2, nº 14-15, 1978b, p. 189-250.

SERVET, Jean-Michel, *Les figures du troc du XVIᵉ au XIXᵉ siècle*, Cahiers du centre Analyse, épistémologie, histoire économiques (AEH), nº 12, 1978c.

SERVET, Jean-Michel, « Essai sur les origines des monnaies », *Cahier Monnaie et Financement*, nº 8, juin, Institut des études économiques, Université Lyon 2, 1979a, 205 p.

SERVET, Jean-Michel, « Le Prince masqué : formation de l'économie politique et occultation du politique, l'exemple de l'argent », *Procès*, nº 4, 1979b, p. 153-184.

SERVET, Jean-Michel, *Genèse des formes et pratiques monétaires*, Thèse de doctorat d'État, Lyon, Université Lyon 2, 1981, 495 p.

SERVET, Jean-Michel, « Traditions de dépôts et pratiques monétaires en Égypte et Mésopotamie antiques », *Cahiers Monnaie et Financement*, nº 12, 1982, p. 3-44.

SERVET, Jean-Michel, *Nomismata. État et origines de la monnaie*, Lyon, Presses universitaires de Lyon, 1984, 191 p.

SERVET, Jean-Michel, « Malestroit, éléments pour une biographie », *Cahiers Monnaie et Financement*, nº 15, juin, 1985a, p. 97-111.

SERVET, Jean-Michel, « Un système alternatif d'épargne et de prêt : les tontines africaines », *Reflets et perspectives de la vie économique*, Bruxelles, vol. XXIV, nº 1, 1985b, p. 13-23.

SERVET, Jean-Michel, « La monnaie contre l'État ou la fable du troc », *in* :

Association internationale de droit économique (AIDE) et Ph. KAHN (coord.), *Droit et Monnaie : états et espace monétaire transnational. Rapport du IVe colloque de l'AIDE*, Dijon, Université de Bourgogne, vol. XIV, 1988, p. 49-62.

SERVET, Jean-Michel, (dir.), *Idées économiques sous la Révolution : 1789-1794*, Lyon, Presses universitaires de Lyon, 1989, 477 p.

SERVET, Jean-Michel, « Les tontines, formes d'activités informelles et initiatives collectives privées en Afrique », *in* : M. LELART (dir.), *La tontine, pratique informelle d'épargne et de crédit dans les pays en voie de développement*, Montrouge, John Libbey Eurotext, 1990, p. 267-279.

SERVET, Jean-Michel, « Occidentalisation du monde et rencontre des imaginaires monétaires : une double illusion », *in* : R.-P. DROIT, (dir.), *Comment penser l'argent ?*, Paris, Le Monde Éditions, 1992, p. 44-57.

SERVET, Jean-Michel, « L'institution monétaire de la société selon Karl Polanyi », *Revue économique*, vol. XLIV, n°6, novembre 1993, p. 1127-1149.

SERVET, Jean-Michel, « Les paradoxes des *Paradoxes de Malestroit* », *in* : A. TOURNON et G.-A. PÉROUSE, (dir.), *Or, monnaie, échange dans la culture de la Renaissance*, Actes du IXe Colloque de l'Association Renaissance, Humanisme, Réforme, Lyon, 1991, Saint-Etienne, Publications de l'université de Saint-Etienne, 1994a, p. 71-79.

SERVET, Jean-Michel, « La fable du troc », *Dix-huitième siècle*, n° 26, 1994b, p. 103-115.

SERVET, Jean-Michel, « Confiance, histoire d'un mot », *in* : *Rapport moral sur l'argent*, Paris, Éd. P.A.U. (Pierre-Antoine Ullmo) et Association d'économie financière, 1994c, p. 244-247.

SERVET, Jean-Michel, (dir.), *Épargne et liens sociaux : études comparées d'informalités financières*, Paris, Association d'économie financière, « Cahiers finance, éthique, confiance », 1995, 305 p.

SERVET, Jean-Michel, « Le chapeau », *in* : Ph. BERNOUX, J.-M. SERVET, (dir.), *La construction sociale de la confiance*, Paris, Association d'économie financière et Montchrestien, 1997, p. 17-38.

SERVET, Jean-Michel, *L'euro au quotidien : une question de confiance*, Paris, Desclée de Brouwer, coll. « Sociologie économique », 1998a, 156 p.

SERVET, Jean-Michel, « Démonétarisation et remonétarisation en Afrique occidentale et équatoriale, XIXe et XXe siècle », *in* : M. AGLIETTA, et A. ORLÉAN, (dir.), *La monnaie souveraine*, Paris, Odile Jacob, 1998b, p. 289-324.

SERVET, Jean-Michel, « Monnaie et lien social selon Karl Polanyi », *in* : J.-M. SERVET, J. MAUCOURANT et A. TIRAN, (dir.), *La modernité de Karl Polanyi*, Paris, L'Harmattan, coll. « Logiques sociales », 1998c, p. 227-260.

SERVET, Jean-Michel, « Les SEL redonnent un caractère social à la monnaie », *Alternatives économiques*, entretien avec S. Trouvelot, n° 157, mars 1998d, p. 27.

SERVET, Jean-Michel, (dir.), *Une économie sans argent. Les systèmes d'échange local*, ouvrage en collaboration avec D. Bayon, J. Blanc, I. Guérin, G. Malandrin et D. Vallat, Paris, Seuil, 1999a, 349 p.

SERVET, Jean-Michel, (dir.), *Exclusion et liens financiers. Rapport du Centre Walras 1999-2000*, ouvrage collectif coordonné par J. Blanc, I. Guérin et D. Vallat, Paris, Economica, 1999b, 439 p.

SERVET, Jean-Michel, « Le troc primitif, un mythe fondateur d'une approche économiste de la monnaie », *Revue numismatique*, vol. VI, n° 157, 2001, p. 15-32.

SERVET, Jean-Michel, GUÉRIN Isabelle, (dir.), *Exclusion et liens financiers. Rapport du Centre Walras 2002*, Paris, Economica, 2002, 528 p.

SERVET, Jean-Michel, « Introduction générale au cinquième rapport : Microfinance − Leçons du Sud », *in* : I. GUÉRIN et J.-M. SERVET, (dir.), *Exclusion et liens financiers. Rapport du Centre Walras 2003. Microfinance, les leçons du Sud*, Paris, Economica, 2004, p. 3-20.

SERVET, Jean-Michel, *Banquiers aux pieds nus : la microfinance*, Paris, Odile Jacob, 2006a, 511 p.

SERVET, Jean-Michel, « La microfinance mise en péril par le néolibéralisme », *Socioeco.org*, décembre 2006b, 5 p. ; http://www.socioeco.org/bdf_fiche-document-164_fr.html

SERVET, Jean-Michel, « Le principe de réciprocité chez Karl Polanyi. Contribution à une définition de l'économie solidaire », *Revue Tiers Monde*, vol. CXC, n° 2, avril-juin, 2007a, p. 255-273.

SERVET, Jean-Michel, « Entre protection et surexploitation : l'ambiguïté de la rémunération par avance en Inde », *Autrepart*, n° 43, 2007b, p. 103-119.

SERVET, Jean-Michel, « Au-delà du trou noir de la financiarisation », *Annuaire suisse de politique de développement*, vol. XXVI, n° 2, 2007c, p. 25-56.

SERVET, Jean-Michel, « Le microcrédit n'a rien d'une panacée », entretien avec C. Halpern, *Sciences Humaines*, n° 206, 2009a, p. 45.

SERVET, Jean-Michel, « Responsabilité sociale *versus* performances sociales en microfinance », *Revue Tiers Monde*, n° 197, 2009b, p. 55-70.

SERVET, Jean-Michel, « Toward an Alternative Economy. Reconsidering the Market, Money and Value », *in* : C. M. HANN et K. HART, *Market and Society. The Great Transformation Today*, Cambridge et New York, Cambridge University Press, 2009c, p. 72-90.

SERVET, Jean-Michel, *Le Grand Renversement. De la crise au renouveau solidaire*, Paris, Desclée de Brouwer, coll. « Solidarité et société », 2010, 264 p.

SERVET, Jean-Michel, « Quelques sources ethnographiques d'un principe polanyien d'intégration économique : la réciprocité », Document de travail, non publié, 2011.

SERVET, Jean-Michel, « Les sociétés civiles entre risques ploutocratiques de la philanthropie et alternatives solidaires : une lecture polanyienne », *Mondes en développement*, t. XL, vol. CLIX, n° 3, 2012a, p. 89-104.

SERVET, Jean-Michel, *Les monnaies du lien*, Lyon, Presses universitaires Lyon, 2012b, 455 p.

SERVET, Jean-Michel, « Monnaie : quand la dette occulte le partage », *Revue française de socio-économie*, n° 12, 2/2013a, p. 125-147.

SERVET, Jean-Michel, « Le principe de réciprocité aujourd'hui. Un concept pour comprendre et construire l'économie solidaire », *in* : I. HILLENKAMP et J.-L. LAVILLE, (dir.), *Socioéconomie et démocratie. L'actualité de Karl Polanyi*, Toulouse, Érès, 2013b, p. 187-213.

SERVET, Jean-Michel, « De nouvelles formes de partage : la solidarité au-delà de l'économie collaborative », Institut Veblen pour les réformes économiques, juin, 2014, 52 p. ; [en ligne], http://www.veblen-institute.org/De-nouvelles-formes-de-partage.html

SERVET, Jean-Michel, *La Vraie Révolution du microcrédit*, Paris, Odile Jacob, 2015a, 250 p.

SERVET, Jean-Michel, « Corporations dans l'Europe d'Ancien Régime et principe d'autosuffisance. Comprendre le caractère moral des corporations d'Ancien Régime », *in* : B. CASTELLI, I. HILLENKAMP et B. HOURS, (dir.), *Économie morale, Morale de l'économie*, Paris, L'Harmattan, 2015b, p. 55-86.

SERVET, Jean-Michel, « La finance et la monnaie comme un "commun" », *Institut Veblen pour les réformes économiques*, 2015c, 10 p. ; [en ligne], http://www.veblen-institute.org/IMG/pdf/jm_servet_monnaie_et_finance_comme_un_commun.pdf

SERVET, Jean-Michel, *L'économisme rampant de la « nouvelle » économie comportementale (1). Une lecture critique du « World Development Report » 2015 de la Banque mondiale*, Paris, Institut Veblen, 2015d, novembre, 13 p. ; [en ligne], https://www.veblen-institute.org/L-economisme-rampant-de-la-nouvelle-economie-comportementale.html

SERVET, Jean-Michel, *L'économisme rampant des études comportementalistes (2). De l'usage de l'épargne et de la monnaie*, Paris, Institut Veblen, décembre, 2015e, 13 p. ; [en ligne], https://www.veblen-institute.org/L-economisme-rampant-des-etudes-comportementalistes-2-de-l-usage-de-l-epargne.html

SERVET, Jean-Michel, *L'économie comportementale en question*, Paris, Éditions Charles Leopold Mayer, 2018.

SERVET, Jean-Michel, DUPUY, Claude, « Pratiques informelles d'épargne et de prêt : exemples sénégalais », *Économie et humanisme*, n° 294, mars-avril, 1987, p. 40-54.

SERVET, Jean-Michel, SAIAG Hadrien, « Household Over-indebtedness in Northern and Southern Countries : a Macro-Perspective », *in* : I. GUÉRIN, S. MORVANT-ROUX et M. VILLARREAL, (dir.), *Microfinance, Debt and Over-indebtedness. Juggling with Money*, Londres, Routledge, 2013, p. 24-45.

SERVET, Jean-Michel, THÉRET, Bruno et YILDIRIM, Zeynep, « Universalité du fait monétaire et pluralité des monnaies. De la confrontation coloniale à la rencontre des sciences sociales », *in* : E. BAUMAN, *et alii*, (dir.), *Anthropologues et économistes face à la globalisation*, Paris, L'Harmattan, 2008, p. 167-207.

SERVET, Jean-Michel, VALLAT, David, (dir.), *Exclusion et liens financiers. Rapport du Centre Walras 1997*, Paris, Association d'économie financière (AEF) et Monchrestien, 1998, 287 p.

SERVET, Jean-Michel, VALLAT, David, *Exclusion et liens financiers. Rapport du Centre Walras 2001*, Paris, Economica, 2001, 439 p.

SHAFFER, Harry G., « Planification et croissance économique en Union Soviétique et l'Europe de l'Est », *Revue de l'Est*, vol. II, n° 4, 1971, p. 75-122.

SHIPTON, Parker McDonald, « How Gambians save : Culture and Economic Strategy at an Ethnic Crossroads », *in* : J. I. GUYER, (dir.), *Money Matters : Instability, Values and Social Payments in the Modern History of West African Communities*, Porstmouth et Londres, Heinemann et Currey, 1995, p. 245-276.

SHIPTON, Parker McDonald, *The Nature of Entrustment. Intimacy, Exchange and the Sacred in Africa*, New Haven (Conn.), Yale University Press, 2007, XVIII-281 p.

SHIPTON, Parker McDonald, *Mortgaging the Ancestors. Ideologies of Attachment in Africa*, New Haven (Conn.) et Londres, Yale University Press, 2009, XIX-327 p.

SHIPTON, Parker McDonald, *Credit between Cultures. Farmers, Financiers and Misunderstandings in Africa*, New Haven (Conn.) et Londres, Yale University Press, 2010, XXVII-335 p.

SILBER, Ilana, « La philanthropie moderne à la lumière de Marcel Mauss », *in* : Ph. CHANIAL, *La société vue du don. Manuel de sociologie anti-utilitariste appliquée*, 2008, p. 364-380.

SIMMEL, Georg, *Philosophie de l'argent*, (1900), trad. fr. S. Cornille et Ph. Ivernel, Paris, Presses universitaires de France (PUF), 1987, 662 p.

SINGER, Paul, « A recente ressurreição da economia solidária no Brasil », *in* : B. de S. SANTOS, (dir.), *Produzir para viver : os caminhos da produção não capitalista*, Rio de Janeiro, Civilização Brasileira, coll. Reinventar a Emancipação Social : Para Novos Manifestos, vol. II, 2002, p. 81-129 ; [en ligne], http://www.ceeja.ufscar.br/a-recente-ressurreicao-singer (30 p.).

SINGER, Paul, « Économie solidaire », *in* : J.-L. LAVILLE et A. D. CATTANI, (dir.), *Dictionnaire de l'autre économie*, Paris, Gallimard, 2006, p. 290-302.

SMITH, Adam, *An Inquiry into the Nature and the Causes of Wealth of Nations*, 2 vol., Londres, W. Strahan et T. Cadell, 1776.

SMITH, Adam, *Enquête sur la nature et les causes de la richesse des nations*, 1776, 4 vol., nouv. trad., sous la dir. P. TAIEB, Paris, Presses universitaires de France (PUF), 1995, XLVII-1429 p.

SMITH, Adam, *Recherche sur la nature et les causes de la richesse des nations*, 1776, 3 vol., nouv. trad., sous la dir. Ph. JAUDEL et J.-M. SERVET, (dir.), Paris, Economica, 2000-2005, 414 p. ; 718 p. ; 300 p.

SOBEL, Richard, POSTEL, Nicolas, « Crise de la pensée, pensée de la crise », *in* : I. HILLENKAMP et J.-L. LAVILLE, (dir.), *Socioéconomie et démocratie. L'actualité de Karl Polanyi*, Toulouse, Érès, 2013, p. 105-123.

SOEN, Dan, COMARMOND, Philippe de, « Savings Associations among the Bamileke : Traditional and Modern Cooperation in South-West Cameroon », *American Anthropologist*, vol. LXXIV, n° 5, octobre, 1972, p. 1170-1179.

SOUSA SANTOS, Boaventura de, RODRÍGUEZ GARAVITO, César, « Alternatives économiques : les nouveaux chemins de la contestation », *in* : I. HILLENKAMP et J.-L. LAVILLE, (dir.), *Socioéconomie et démocratie. L'actualité de Karl Polanyi*, Toulouse, Erès, 2013, p. 127-147.

STIGLITZ, Joseph, « More Instruments and Broader Goals : Moving Toward the Post-Washington Consensus », World Institute for Development Economics Research (WIDER) Annual Lecture, United Nations University, 7 janvier 1998, Helsinki, VIII-45 p.

SUBER, Peter, *Open Access*, Cambridge (Mass.), MIT Press, 2012, XII-242 p.

SWATON, Sophie, *Une entreprise peut-elle être « sociale » dans une économie de marché ?*, Charmey (Suisse), L'Hèbe, 2011, 96 p.

SWATON, Sophie, « Jean-Michel Servet, *Les monnaies du lien* : note de lecture », *Œconomia*, vol. III, n° 1, 2013, p. 165-170.

TAPSCOTT, Don, WILLIAMS, Anthony D., *Wikinomics : How Mass Collaboration changes Everything*, New York, Portfolio, 2006, 324 p.

TAROT, Camille, *De Durkheim à Mauss, l'invention du symbolique*, Paris, La Découverte, 1999, 710 p.

TETREAULT, Darcy Victor, « La política social y los programas para combatir la pobreza en México ¿ Oportunidades para quiénes ? », *Estudios críticos del desarrollo*, vol. II, n° 2, 2012, p. 41-74.

THÉRET, Bruno, *Régimes économiques de l'ordre politique. Esquisse d'une théorie régulationniste des limites de l'État*, Paris, Presses universitaires de France (PUF), 1992, 319 p.

THÉRET, Bruno, « Les métamorphoses fiscales du capital : une approche marxiste

– wébérienne des finances publiques », *Économie appliquée*, vol. XLVI, n° 2, 1993, p. 39-79.

THÉRET, Bruno, « De la dualité des dettes et de la monnaie dans les sociétés salariales », *in* : M. AGLIETTA et A. ORLÉAN, (dir.), *La monnaie souveraine*, Paris, Odile Jacob, 1998, p. 253-287.

THÉRET, Bruno, « Vers un socialisme civil ? L'épreuve de la contrainte démocratique de différenciation de la société », *in* : B. CHAVANCE, E. MAGNIN, R. MOTAMED-NEJAD et J. SAPIR, (dir.), *Capitalisme et socialisme en perspective. Évolution et transformation des systèmes économiques*, Paris, La Découverte, 1999, p. 43-78.

THÉRET, Bruno, « Responsabilité et solidarité : une approche en termes de dette », *in* : C. BEC et G. PROCACCI, (dir.), *De la responsabilité solidaire. Mutations dans les politiques d'aujourd'hui*, Paris, Syllepse, 2003, p. 51-67.

THÉRET, Bruno, (dir.), *La monnaie dévoilée par ses crises*, 2 vol., Paris, Éditions de l'École des hautes études en sciences sociales (EHESS), 2007a, 510 p. et 294 p.

THÉRET, Bruno, « La monnaie au prisme de ses crises d'hier et d'aujourd'hui. Introduction problématique », *in* : B. THÉRET, (dir.), *La monnaie dévoilée par ses crises*, vol. I, *Crises monétaires d'hier et d'aujourd'hui*, 2007b, p. 17-75.

THÉRET, Bruno, « Les trois états de la monnaie. Approche interdisciplinaire du fait monétaire », *Revue économique*, vol. LIX, n° 4, juillet 2008, p. 813-842.

THÉRET, Bruno, « Monnaie et dettes de vie. À propos de quelques critiques adressées à *La monnaie souveraine* », *L'Homme*, n° 190, 2009, p. 153-180.

THÉRET, Bruno, « L'avenir de l'État social. Une perspective polanyienne », *in* : P. BATIFOULIER, A. BUTTARD et J.-P. DOMIN, (dir.), *Santé et politiques sociales : entre efficacité et justice. Autour des travaux de Maryse Gadreau*, Paris, Éditions Eska, 2011, p. 18-29.

THÉRET, Bruno, « La dette (et le don) contre le partage ? », IIe Conférence internationale EMES-Polanyi, *Des sociétés en transition. Économie sociale et solidaire – Commun – Action publique – Bien vivre*, Paris, CNAM, 19-21 mai 2016.

THURNWALD, Richard, *L'économie primitive*, 1932, trad. fr. Ch. Mourey, Paris, Payot, 1937, 390 p.

TRONTO, Joan C., *Moral Boundaries : A Political Argument for an Ethic of Care*, New York, Routledge, 1993, XII-226 p.

VALÉRY, Paul, *Cahiers*, t. I, éd. établie, présentée et annotée par Judith Robinson, Paris, Gallimard, Bibliothèque de la Pléiade, 1973, 1552 p.

VALLAT, David, *Exclusion et liens financiers de proximité (financement de micro-activités)*, Thèse de doctorat en sciences économiques, Université Lyon 2, 1999, 525 p.

VAN DE WALLE, Steven, SCOOT, Zoe, « The Political Role of Service Delivery in

State-Building : Exploring the Relevance of European History for Developing Countries », *Development Policy Review*, vol. XXIX, n° 1, 2011, p. 5-21.

VANDENHELSKEN, Mélanie, KARLSSON, Bengt G., « Fluid Attachments in Northeast India : Introduction », *Asian Ethnicity*, vol. XVII, n° 3, 2016, p. 330-339.

VERRI, Pietro, *Méditations sur l'économie politique*, éd. bilingue, nouv. trad. A. Machet, M. Vitali-Volant et F. Manche, sous la dir. A. TIRAN (introduction et notes), Paris, Classiques Garnier, 2015, 441 p.

VIENNEY, Claude, *L'économie sociale*, Paris, La Découverte, 1994, 125 p.

VILLARREAL, Magdalena, « Deudas, drogas, fiado y prestado en las tiendas de abarrotes rurales », *Desacatos*, n° 3, printemps, 2000 ; p. 69-88.

VISWANATHAN, R., « RBI Report on Financial Inclusion : A Review », *Economic and Political Weekly*, vol. XLIX, n° 9, 2014, p. 16-19.

VOLIN, Lazar, « Agricultural Policy of the Soviet Union », *in* : Joint Economic Committee, 86th Congress of the United States, *Comparisons of the United States and Soviet Economies, Papers submitted by Panelists appearing before the Subcommittee on Economic Statistics. Part I*, Washington, Government Printing Office, Government Printing Office, 1960, p. 285-318.

VOLIN, Lazar, « Khrushchev and the Soviet Agricultural Scene », *in* : J. F. KARCZ, (dir.), *Soviet and East European Agriculture*, Berkeley, University of California Press, 1967, p. 1-21.

WARNIER, Jean-Pierre, *Régner au Cameroun. Le roi-pot*, Paris, Centre d'étude des relations internationales (CERI) et Karthala, coll. « Centre de recherches internationales », 2009, 344 p.

WARNIER, Jean-Pierre, « L'institution monétaire de la royauté en Afrique centrale », *Études rurales*, janvier-juin, 2014, n° 193, p. 107-144.

WEBER, Eugen, *La fin des terroirs. La modernisation de la France rurale, 1870-1914*, (1976), trad. fr. A. Berman et B. Géniès, Paris, Fayard, 1983, XV-839 p.

WEBER, Héloïse, « The Imposition of a Global Development Architecture : the Example of Microcredit », *Review of International Studies*, vol. XXVIII, n° 3, 2002, p. 537-555.

WEINER, Annette B., *Women of Value, Men of Renown : New Perspectives on Trobriand Exchange*, Austin (Tex.), University of Texas Press, 1976, XXI-299 p.

WEINER, Annette B., « La richesse inaliénable », *Revue du MAUSS*, n° 2, 1988, p. 126-160.

WEINER, Annette B., *Inalienable Possessions. The Paradox of Keeping-while-giving*, Berkeley (Calif.), University of California Press, 1992, XIII-232 p.

WELTON, George, (dir.), *Comparative Analysis of Agriculture in the South Caucasus*, Tbilissi, United Nations Development Programme (UNDP), 2013, 191 p.

WORLD BANK, *World Development Report 2015. Mind, Society, and Behavior*, Washington DC, 2015, XVII-215 p.

WOTTRENG, Willi, *Farinet. L'extraordinaire histoire du faux-monnayeur valaisan Joseph-Samuel Farinet qui fut plus grand mort que vivant ou Comment la Suisse a gagné un nouveau héros national*, trad. fr. E. Brüngger, Carouge/Genève, Éditions Heuwinkel, 1995, 224 p.

WRIGHT, Richard, TEKIN, Erdal, TOPALLI, Volkan, McCLELLAN, Chandler, DICKINSON, Timothy et ROSENFELD, Richard, « Less Cash, less Crime : Evidence from the Electronic Benefit Transfer Program », *National Bureau of Economic Research*, Working Paper n° 19996, Cambridge (Mass.), mars, 2014, 48 p.

ZAGGL, Michael A., « Eleven Mechanisms for the Evolution of Cooperation », *Journal of Institutional Economics*, vol. X, n° 2, 2014, p. 197-230.

ZELIZER Viviana A., *La signification sociale de l'argent*, (1994), trad. fr. Ch. Cler, Paris, Seuil, 2005, 348 p.

LISTE DES THÈSES
DE DOCTORAT DIRIGÉES OU CO-DIRIGÉES
PAR JEAN-MICHEL SERVET

NSOLE Jacques – 24/05/1984, « Techniques et pratiques populaires d'épargne et du crédit des origines de la tontine en Afrique noire ».

JEOFFRE Annie – 29/06/1985, « Georg Friedrich Knapp Théoricien monétaire : Une interprétation ».

JACOUD Gilles – 05/11/1990, « La monnaie fiduciaire : d'une émission libérée au privilège de la banque de France (26 Octobre 1795 – 14 Avril 1803) ».

AKPACA Maxime Bertin – 15/05/1991, « Banques, commerce extérieur et monnaie, supports d'indépendance économique : l'exemple béninois ».

TIRAN André – 20/01/1994, « J.B. Say : les écrits sur la Monnaie, la Banque et la Finance ».

MAUCOURANT Jérôme-Pierre – 21/01/1994, « La monnaie dans la pensée institutionnaliste (Veblen, Mitchell, Commons et Polanyi) ».

BLANC Jérôme – 09/01/1998, « Les monnaies parallèles. Approches historiques et théoriques ».

FOKO Emmanuel † – 03/11/1998, « Le système d'épargne rurale : analyse du fonctionnement et des performances dans l'Ouest Cameroun ».

OULD RAGHANI Mohamed-Lemine – 25/11/1999, « Réforme des systèmes financiers en Afrique subsaharienne. Le cas de la Mauritanie ».

VALLAT David – 14/12/1999, « Exclusion et liens financiers de proximité (financements de micro-activités) ».

DIENG Seydi Ababacar – 09/10/2000, « Épargne, crédit et migration : le comportement financier des migrants maliens et sénégalais en France ».

GUÉRIN Isabelle – 15/12/2000, « Pratiques monétaires et financières des femmes en situation de précarité : Entre autonomie et dépendance ».

FERRATON Cyrille – 20/03/2002, « L'idée d'association (1830 – 1928) ».

KAMEWE TSAFACK Hugues – 27/09/2002, « L'épargne postale et le développement financier en Afrique subsaharienne. Du financement de la dette de l'Etat à la réduction de la pauvreté ».

NDZENGUE EMA OTU Ilda Nancy – 27/09/2002, « À la recherche des fondements macro-économiques de l'efficacité micro-économique Analyse comparée d'économies en développement Afrique, Amérique latine, Asie émergente ».

BENAUSSE Alain – 14/11/2003, « Le taux d'intérêt chez les jeunes saint-simoniens (1825-1832) ».

DJEFAL Sabrina – 06/04/2004, « Les ressorts de la microfinance : entre marché et solidarité. Impact et pérennité des systèmes financiers décentralisés. Étude de cas en Afrique de l'Ouest (1980-2000) ».

MORVANT Solène – 16/06/2006, « Processus d'appropriation des dispositifs de microfinance : un exemple en milieu rural mexicain ».

GLOUKOVIEZOFF Georges – 24/11/2008, « De l'exclusion à l'inclusion bancaire des particuliers en France. Entre nécessité sociale et contrainte de rentabilité ».

HILLENKAMP Isabelle – 17/06/2009, « Formes d'intégration de l'économie dans les démocraties de marché : une théorie substantive à partir de l'étude du mouvement d'économie solidaire dans la ville d'El Alto (Bolivie) ».

FOUILLET Cyril – 16/10/2009, « La construction spatiale de la microfinance en Inde ».

KAMALAN Angbonon Eugène – 10/02/2010, « Efficacité des contrats de dette pour les clients individuels en microfinance : le rôle des liens de clientèle. Etude dans des Institutions de microfinance ouest-africaines ».

DIOP Amadou – 17/09/2010, « Institutions de microfinance et inégalités sociales en milieu urbain mauritanien : l'inclusion financière analysée à travers les réseaux sociaux ».

NKOO MABANTULA Marie-Brigitte – 17/09/2010, « Les activités de change dans les rues de Kinshasa : dynamique de genre et encastrement social ».

SAIAG Hadrien – 02/12/ 2011, « Le Trueque argentin au prisme de la dette : une socioéconomie des pratiques monétaires et financières ».

AGBODJAN Edoé Djimitri – 07/02/2012, « Déterminants monétaires de la performance sociale des institutions de microfinance : une analyse à partir du cas de la région de l'Ogou (Togo) ».

OJONG Nathanael Diba – 14/06/2013, « Microfinance, informal financial mechanisms and the low-income population : an analysis of the life-styles of the low-income population in the North West region of Cameroon ».

SOSSA Théophile – 18/10/2013, « Balbutiement des politiques et alternatives de financement des systèmes de santé en Afrique sub-saharienne : cas de la microassurance santé dans le département du Mono (Bénin) ».

SOME Domêguiêlê-Wingoum Yves – 28/10/2013, « Inclusion financière et responsabilité sociale en microfinance au Burkina Faso ».

GUENES Özge Burcu – 15/10/2015, « Social Exclusion and Economic Integration Strategies of Roma in Sakarya, Turkey : A Polanyian Perspective ».

INDEX DES AUTEURS

INDEX DES THÈMES OU DES NOTIONS

RÉSUMÉS

Pierre DOCKÈS, « Jean-Michel ou la socioéconomie »

Jean-Michel Servet à l'œuvre. Sa découverte des Diola et la « fable du troc », ses travaux sur la genèse de la monnaie, les Walras, la confiance et l'économie sociale et solidaire. Sa critique des propositions d'Esther Duflo ou de ses épigones et des pratiques de la Grameen Bank, d'où l'importance accordée à la solidarité, à la lutte contre l'exclusion, en particulier financière, l'accent mis sur la réciprocité, le partage ou le don, la citoyenneté, le rôle qu'il faut attribuer aux *communs*.

Jérôme BLANC, « Farinet ou la monnaie »

Le faux-monnayeur Farinet produit un trouble sur l'authenticité et plus largement sur la nature multidimensionnelle de la monnaie. Si le Farinet historique s'occupait d'abord de ses bénéfices, le Farinet de fiction est une figure de la souveraineté de l'individu. On utilise ici cette dualité pour revenir sur l'essence de la monnaie dans le cadre des « monnaies du lien ».

Jean-Pierre WARNIER, « Biens inaliénables et monnaies du lien »

Annette Weiner articule à frais nouveaux les liens de filiation, d'alliance et de consanguinité en faisant la distinction entre biens aliénables et biens inaliénables. Elle rompt avec le structuralisme lévi-straussien fondé sur l'échange et la communication. Ce qui ne circule pas, ce qui est partagé à titre de communs, ce qui fait dépôt, ce qui s'inscrit dans la transmission apparaît alors comme essentiel aux monnaies du lien.

Josette RIVALLAIN, « Pratiques monétaires en Afrique, du début du premier millénaire à la conquête coloniale »

Comment aborder les aspects mutidimensionnels de la monnaie sans oublier que les sociétés évoluent sans cesse ? L'Afrique d'avant la colonisation nous est connue à travers les multiples monnaies du commerce à longue distance. Ce qui n'entre pas dans ce cadre reste dans l'ombre. Malgré tout, les étrangers, en s'adaptant aux exigences locales, ont modifié leurs pratiques ; en retour, les habitants du continent ont modifié les leurs. L'approche des monnaies traditionnelles et leur réalité actuelle en dépendent.

Cyril FOUILLET et Solène MORVANT-ROUX, « Au-delà de la microfinance, l'inclusion financière comme rouage de la construction de l'État »

Le chapitre revient sur un élément central des travaux de Jean-Michel Servet : la notion d'inclusion financière en lien avec la financiarisation accélérée des économies domestiques dans les pays du Sud. L'article avance l'idée que par-delà l'apparente progression du marché *via* la marchandisation des transactions financières quotidiennes, c'est bien une nouvelle posture de l'État qu'il faut entrevoir et interroger.

Isabelle GUÉRIN, « Pour une socioéconomie de la dette »

La socioéconomie de la dette met en évidence sa dimension à la fois universelle, tragique et émancipatrice. Universelle, puisque la dette est une forme élémentaire et fondamentale de l'interdépendance entre les êtres humains ; tragique, puisque la dette est une source essentielle d'exploitation et de domination ; et enfin émancipatrice, puisque la dette est aussi un vecteur possible de solidarité, entendue ici comme interdépendance recherchée, de reconnaissance et d'intégration sociale.

Hadrien SAIAG, « La financiarisation par les marges en Argentine. Plaidoyer pour la reconnaissance et l'extension de créances non libérables »

Ce chapitre analyse les transformations des pratiques financières du monde populaire argentin. Entre 2009 et 2015, la mensualisation des revenus induite par les transformations du système de protection sociale a ouvert la voie au recours au crédit à la consommation. Il en résulte une nouvelle forme d'exploitation fondée sur le décalage entre le temps de la finance et celui du travail. Pour lutter contre celle-ci, nous proposons le concept de créances non libérables fondées sur la citoyenneté.

Eveline BAUMANN, « Quand "épargner" rime avec "protéger". À propos du renouvellement des ressources naturelles (Mali, Géorgie) »

En ménageant les ressources naturelles, les acteurs – individus, familles, groupes d'appartenance divers – renoncent à la consommation immédiate, tout en veillant à leur propre reproduction, matérielle et symbolique. Cette épargne pas comme les autres est analysée à travers la pêche en milieu sahélien et l'agriculture dans le Caucase du Sud. Elle nécessite des arrangements institutionnels spécifiques que l'intervention d'une force extérieure, en l'occurrence l'État, est susceptible de perturber.

Bruno THÉRET, « La dette (et le don) contre le partage ? »

Depuis 2015 Jean-Michel Servet voit dans le « partage au sens de bien commun » une forme du principe de réciprocité dont il conteste l'assimilation au don. Il rejette aussi la conception de la monnaie qui la rapporte au concept de dette de vie, car elle occulterait l'existence du partage. Le chapitre discute ce point de vue en en récusant avec minutie l'argumentation. Il montre que le partage ne saurait être assimilé à la réciprocité telle que la définissent R. Thurnwald, B. Malinowski, M. Mauss et K. Polanyi.

Marlyne SAHAKIAN, « Réciprocité, *householding* et solidarité. Liens et tensions avec l'économie du partage »

À partir de six exemples suisses, l'hétérogénéité et la diversité de l'économie du partage sont mises en avant, allant de l'économie sociale et solidaire (ESS) au renforcement de l'économie de marché fondée sur la concurrence. Le *householding* de Karl Polanyi, compris comme une forme de partage entre pairs, est proposé comme cadre pertinent pour mieux comprendre le fonctionnement de cette économie. L'importance des contextes institutionnels dans lesquels le partage opère est soulignée.

David Vallat, « Une alternative au dualisme État-marché. L'économie
  collaborative, questions pratiques et épistémologiques »

L'économie collaborative, par ses valeurs (ouverture, collaboration, égalité,
empowerment, réciprocité) serait à même de proposer une alternative au capitalisme. L'article tente de caractériser cette forme d'économie en questionnant
ses intentions (grâce à une grille de lecture polanyienne), son mode de gouvernance (en commun) et son rapport à l'action de produire.

Sophie Swaton, « L'économie sociale et solidaire. Une économie de la réciprocité
  fondée sur une philosophie de la personne »

Selon une approche socioéconomique courante, l'économie sociale et solidaire
(ESS) constitue une alternative au capitalisme. En mobilisant la philosophie
économique, le texte identifie une dimension alternative de l'ESS au niveau
de l'idéologie, et l'interprète comme incarnant une philosophie personnaliste
opposée à l'individualisme. Le type d'interdépendance promu, propre au
principe de réciprocité, constitue un modèle possible d'émancipation.

Isabelle Hillenkamp, « L'économie solidaire, un sujet politique ? Propositions
  de recherche à partir de l'expérience brésilienne »

Ce texte interroge la contribution de Jean-Michel Servet à l'économie solidaire dans son rapport au politique. Il relève son apport à une épistémologie
non déterministe de l'émancipation, les principes économiques pouvant être
soumis à une volonté démocratique et un agir solidaire. À partir de l'expérience
brésilienne, il considère la démocratisation dans sa dimension économique et
politique, les pratiques économiques ne pouvant être tenues pour logiquement
premières par rapport aux mobilisations politiques.

André Tiran, « La traduction comme activité scientifique »

La question de la traduction, au sens courant du terme, est fondamentale.
Le défaut d'attention aux problèmes de traduction est la règle plutôt que
l'exception chez les chercheurs. Le problème n'est pas seulement celui des
concepts et de leur traduction, mais de la façon dont ces concepts s'élaborent
dans la construction même du texte et dans la façon dont l'argumentation
est conduite.

TABLE DES MATIÈRES

DEUXIÈME PARTIE

INCLUSION FINANCIÈRE AU SUD ET AU NORD

ENTRE PROTECTION, MARCHANDISATION ET ÉMANCIPATION

TROISIÈME PARTIE

UNE SOCIOÉCONOMIE ENGAGÉE

ALTERNATIVES DÉMOCRATIQUES ET ÉCONOMIE SOLIDAIRE

QUATRIÈME PARTIE

OUVERTURE